KB091524

자연어 처리와 딥러닝

자연어 처리와 딥러닝

딥러닝으로 바라보는 언어에 대한 생각

리 덩 · 양 리우 지음   김재민 옮김

i!i
에이콘

에이콘출판의 기틀을 마련하신 故 정완재 선생님 (1935-2004)

추천의 글

자연어 처리와 딥러닝 분야에서 국제적으로 인정받고 있는 리 덩 박사와 그가 이끄는 이 분야에서 가장 적극적인 연구 팀이 저술했다. 해당 분야 기술을 포괄적으로 안내하고 최신 연구를 소개하고 함께 자연어 처리 근본 문제를 해결할 수 있는 딥러닝 적용 방법을 설명한다. 자연어 처리를 위한 딥러닝 애플리케이션의 엄청난 진전에 발맞춰 교과서와 참고 자료를 필요로 하는 사람들이 급격히 늘고 있는 지금 이번 책의 출간은 매우 시의적절하다. 자연어 처리 기술이 필수적이자 원동력이면서 핵심 차별화 요소가 되는 인공지능을 개발하는 신생기업 실무자들에게 보기 드문 참고서 역할을 할 것이다.

홍지앙 장 Hongjiang Zhang

소스 코드 캐피탈 창업자, 전 킹소프트KingSoft CEO

자연어 처리에 적용되는 딥러닝 기술의 최근 성장을 폭넓게 소개한다. 풍부한 경험을 갖춘 딥러닝과 자연어 처리 연구원들이 준비한 구어체 언어 이해, 대화 시스템, 어휘 분석, 구문 분석, 지식 그래프, 기계번역, 질의응답, 정서 분석, 소셜 컴퓨팅 등 광범위한 자연어 처리 애플리케이션을 다룬다. 주요 연구 동향에서부터 최신 딥러닝 방법, 그 방법의 한계와 유망한 연구에 이르기까지 다양한 주제를 다룬다. 독창적인 내용, 정교한 알고리즘, 자세한 활용 사례를 제시하기 때문에 딥러닝과 자연어 처리를 배우려는 모든 독자에게 유용한 길잡이가 될 것이다.

하이펑 왕 Haifeng Wang

바이두Baidu 부사장 및 수석연구원, 전 ACL 사장 대부분의 음성인식 애플리케이션에서 컴퓨터가 사람에 비해 적게는 다섯 배에서 열 배의 오류를 발생시켰던 학습이 시작되던 2011년경, 나는 미래 방향으로 지식공학의 중요성을 강조했다. 그로부터 불과 몇 년 만에 딥러닝은 인간과 컴퓨터 간의 대화 음성인식 능력의 차이가 거의 없도록 줄였다. 딥러닝을 통한 음성인식 혁명의 선구자인 리 덩 박사가 편집하고 저술한 이 책은 자연어 처리의 중요한 세부 분야로써 음성인식의 매력적인 점을 멋들어지게 설명한다. 역사적 관점을 음성인식에서부터 자연어 처리 일반 영역으로 확대해 향후 자연어 처리 개발에 가치 있는 가이드를 제공한다.

이 책에서 중요한 것은 딥러닝이 겉으로는 단순히 많은 데이터, 뛰어난 컴퓨팅 능력, 복잡한 모델을 이용하는 것처럼 보일지라도 현재의 딥러닝 추세는 이전의 데이터 중심의 얕은 머신러닝 시대에서 나온 혁명이라고 주장한다. 사실 자연어 처리 애플리케이션을 위해 개발된 최신 딥러닝 기술은 개별 태스크를 성공적으로 해결했음에도 풍부한 지식이나 인간의 인지 능력을 충분히 활용하지 못했다. 따라서 편집자와 저자의 견해와 마찬가지로 지식공학을 완벽하게 통합하는 고도화된 딥러닝이 자연어 처리 혁명의 길을 열어줄 것이라는 주장을 지지한다.

음성 및 자연어 처리 연구자, 엔지니어, 학생들이 자연어 처리와 딥러닝 최첨단 기술을 학습하고 미래에 대한 중요한 통찰력을 얻을 수 있도록 이 책을 읽을 것을 권한다.

사다오키 후루이|Sadaoki Furui

시카고 토요타 기술 연구소 사장

지은이 소개

리 덩Li Deng

2017년 5월부터 시타델Citadel연구소에서 최고 인공지능 관리자로 일하고 있다. 딥러닝 기술센터 창업자이자 AI 최고 연구원이었으며, 마이크로소프트 파트너 연구 관리자를 역임했다. 캐나다 온타리오에 있는 워털루대학교의 정교수를 역임했으며 MIT, 일본 교토의 ATR, 홍콩 HKUST에서 연구와 강의를 병행했다. 현재 IEEE, 전미음성학회, ISCA의 회원이다. 2000년 이후부터 워싱턴대학교에서 겸임교수로 활동하고 있다. IEEE 음성신호처리학회 이사회 회원으로 선출됐으며, 「IEEE Signal Processing(IEEE 음성신호)」 매거진과 「IEEE/ACM Transactions on Audio, Speech, and Language Processing(IEEE/ACM 소리, 음성, 언어 처리 트랜잭션)」 편집장(2008-2014)을 지냈고 IEEE SPS 공로상을 수상했다. 대규모 딥러닝을 사용해 혁신적인 음성인식 초기 연구를 세운 업적을 인정받아 2015년 딥러닝과 자동음성인식에 관한 IEEE SPS 기술 업적상을 받았다. 또한 인공지능, 머신러닝, 자연어 처리, 정보 획득, 멀티미디어 신호 처리, 음성인식에 대한 업적으로 무수한 최고 논문상과 특허를 받았다. 현재 여섯 권의 기술서 저자이자 공동 저자다.

양 리우Yang Liu

칭화대학교 컴퓨터공학과 부교수를 역임하고 있다. 2007년 전산 기술 중국 과학원에서 박사학위를 취득했다. 자연어 처리와 머신러닝에 관심을 두고 있다. Computational Linguistics, ACL, AAAI, EMNLP, COLING 등 자연어와 인공지능 분야 최고 저널 및 학회에서 50편 이상의 논문을 발표했다. 2006년 COLING/ACL 아시아 자연어 처리 논문상과 국가 과학기술 발전 2등상을 수상했으며 「ACM TALLIP」 부편집장, ACL 2014 지도 공동위원장, ACL 2015 지역 공동위원장, IJCAI 2016 시니어 PC, ACL 2017 지역 공동위원장, EMNLP 2016 지역 공동위원장, SIGHAN 정보 관리자, 중국정보처리학회 전산 언어 기술 위원회 의장을 역임했다.

옮긴이 소개

김재민(jkim2252666@gmail.com)
미국 미시건주 오클랜드대학교 비지니스스쿨 경영학과 조교수로 재직 중이다. 학부생과 MBA 학생들을 대상으로 경영전략을 강의하고 있으며 경영전략과 데이터 분석의 교집합을 다루는 마케팅과 비즈니스 전략을 위한 데이터 분석도 강의하고 있다. 경영전략 및 기업의 사회적 책임과 관련된 연구로 「Journal of Business Research」, 「Entrepreneurship Theory & Practice」, 「Journal of Business Ethics」, 「Organization & Environment」 등에 다수의 논문을 실었다. 최근 연구에 자연어 처리를 위한 머신러닝을 분석 방법으로 활용하고 있으며, 10년 이상 개인 블로그(https//blog.naver.com/ibuyworld)에서 연구와 영어 강의에 관한 생각을 공유하고 있다.

옮긴이의 말

나는 IT업계에 종사하고 있는 딥러닝 전문가는 아니다. 대학에서 경영전략을 가르치고 연구하는 경영학자이지만, 마케팅과 경영전략을 위한 데이터 분석Data Analysis for Marketing & Business Strategy을 강의하고 있어서 데이터 과학의 변화에 정신줄을 놓지 않으려고 꾸준히 노력하고 있다. 전략경영을 주제로 연구하면서 자연스럽게 이르게 되는 종착지점은 "조직 의사 결정자"들의 생각과 관심이었다. 그들이 생각하는 방향과 관심은 기업의 전략 변화와 행동에 영향을 미치기 때문에 학자에게는 좋은 연구 주제다. 또한 투자자에게는 경영자 위험executive risks을 줄일 수 있는 예측 모델의 정확성을 높일 수 있도록 하고 다양한 이해관계자에게는 사회에 영향을 미칠 수 있는 기업 행동의 가능성을 판단하는 데 중요한 신호가 된다.

조직 의사 결정자뿐만 아니라 사회생활을 영위해 가고 있는 개인도 급성장해온 소셜미디어 덕분에 다양한 방식으로 소통하고 인터넷상에 엄청난 양의 글을 남기고 있다. 이처럼 글로 된 자료는 많아져도, 행과 열에 맞게 쉽게 정리할 수 있었던 숫자 데이터와 달리, 글은 다양한 문자 조합을 통해 개인마다 쓰는 스타일이 다르고, 같은 말을 해도 뜻이 다르다. 심지어 같은 의미지만 말하는 순서도 다른 문자 데이터를 컴퓨터에게 알려주고 이해시켜 결과를 받아낸다는 아이디어 자체가 어렵기 때문에 자연어로 된 문자 데이터 분석에 진입장벽이 있다.

이번 책을 번역하기 전에는 문자 데이터 분석에 대한 인류의 노력이 얼마나 오랫동안 진행돼 왔는지 몰랐다. 다만 문서를 활용해 진행해왔던 나의 연구 방법 변화는 저자들이 1장에서 소개한 딥러닝 기반 자연어 처리에 이르는 역사적 과정과 매우 유사해 놀랐고, 사람들이 생각하는 흐름이 비슷하단 깨달음에 반갑기도 했다. 박사과정에서 글을 분석할 때 처음 사용했던 방법은 분석 대상 문서의 내용을 인식할 수 있는 단어와 구가 들어간 '사전

dictionary'을 개발하는 작업이었다. 이 부분은 책의 저자들이 말하는 룰rule 기반 학습에 해당한다. 미리 준비한 사전에 충분한 어휘들이 있고 분석해야 할 표적 문서에 있는 단어들을 커버할 수 있다면 효율적인 방식이지만, 단어 의미와 사용법이 시간과 장소가 변하면서 달라지기도 하고 새로운 용어들이 등장하기 때문에 적용 범위가 매우 협소하다는 치명적인 문제점이 있다.

협소한 적용 범위의 일반화 한계점을 극복하기 위해 여러 방법을 찾던 중 머신러닝을 알게 됐는데, 저자들이 말하는 통계 기반 학습과 일치한다. 혼자서 머신러닝을 배우기 시작했을 때, 머신러닝이 소위 '낮은 학습shallow learning'과 '깊은 학습[1]deep learning'으로 나뉘는지 몰랐다. 낮은 학습은 수집한 문서를 컴퓨터가 인식하고, 조건부 확률 방식으로 내용을 분류하는 모델을 학습하기 때문에 특정 '사전'에 의존하는 원칙 기반 방식에 비해 적용 범위가 넓어졌다. 하지만 컴퓨터가 의미를 이해하고 분류한 것이냐는 원천적인 질문에 대한 답변은 룰 기반과 마찬가지로 오로지 구조로만 판단하는 문제점 때문에 사람이 분류된 내용을 사섭 읽어서 검증해야 한다는 한계점에 부딪치게 됐다.

결국 인류에게 한계점 극복에 대한 욕망의 끝은 없는 것 같다. 번역자인 나는 기계에게 말의 구조뿐만 아니라 의미까지 학습시켜서 진정으로 문서를 분석했다고 말하고 싶기 때문에 해결책의 방향은 자연스럽게 딥러닝으로 향한다. 개인적으로는 딥러닝 방법론을 사용해 경영학 저널에 논문을 출판해보겠다는 목표가 있으며, 번역을 통해 구체적으로 적용 방법에 관한 큰 그림을 그릴 수 있어 즐거웠다. 이 책은 코드를 보고 따라 하면서 결과물을 실행할 수 있는 공구 상자를 제공하지 않는다. 대신 딥러닝을 포함한 머신러닝의 역사, 딥러닝과 통계 기반 머신러닝이 적용되는 영역, 딥러닝 디자인, 디자인 한계점과 해결 방법, 향후 연구 과제 등 코드 이면에 담겨 있는 이야기를 여러 전문가의 참여로 제작했다.

나처럼 숫자 데이터를 넘어 문자 데이터의 컴퓨터 인식과 학습, 결과물 제시를 통해 만들 수 있는 자연어 처리 애플리케이션에 관심이 있다면 좋은 지식과 혜안, 아이디어를 줄 수 있는 책이라 생각한다. 실제로 R과 파이썬으로

---

1 낮은 학습과 맞추기 위해서 번역자 서문에서만 '깊은 학습'이라는 표현을 쓰고, 본문에서는 '딥러닝'으로 칭한다.
 - 옮긴이

자연어 처리 작업을 진행하면서 어떤 솔루션을 적용해야 할지에 대한 아이디어가 깊어진다고 느끼는 것은 이 책에서 얻을 수 있었던 또 다른 즐거움이었다.

2021년 1월 13일
미시건에서

연구 공헌자들

애슬리 샐리킬마즈Asli Celikyilmaz: 마이크로소프트 연구소, 레드먼드, 워싱턴주, 미국

완시앙 처Wanxiang Che: 하얼빈 기술연구소, 하얼빈, 중국

리 덩Li Deng: 시타델, 시애틀/시카고, 미국

옌송 펑Yansong Feng: 북경대학교, 북경, 중국

디렉 하카니투르Dilek Hakkani-Tür: 구글, 마운틴뷰, 캘리포니아, 미국

시안페이 한Xianpei Han: 소프트웨어 연구소, 중국과학회, 북경, 중국

샤오동 허Xiaodong He: 마이크로소프트 연구소, 레드먼드, 워싱턴주, 미국

천리앙 리Chenliang Li: 우한대학교, 우한, 중국

캉 리우Kang Liu: 자동화 연구소, 중국과학회, 북경, 중국

양 리우Yang Liu: 칭화대학교, 북경, 중국

즈위안 리우Zhiyuan Liu: 칭화대학교, 북경, 중국

두위 탕Duyu Tang: 마이크로소프트 연구소 아시아, 북경, 중국

고칸 투르Gokhan Tur: 구글, 마운틴뷰, 캘리포니아, 미국

지아쥔 장Jiajun Zhang: 자동화 연구소, 중국과학회, 북경, 중국

메이샨 장Meishan Zhang: 헤이룽장대학교, 하얼빈, 중국

위에 장Yue Zhang: 싱가포르 기술디자인대학교, 싱가포르

신 자오Xin Zhao: 인민대학교, 북경, 중국

약어

AI	Artificial Intelligence 인공지능
AP	Averaged Perceptron 평균 퍼셉트론
ASR	Automatic Speech Recognition 자동 음성인식
ATN	Augmented Transition Network 확장 전이 네트워크
BiLSTM	Bidirectional Long Short-Term Memory 양방향 LSTM
BiRNN	Bidirectional Recurrent Neural Network 양방향 RNN
BLEU	Bilingual Evaluation Understudy 번역 품질 스코어
BOW	Bag-Of-Words 백오브워즈, 빈도수 기반 인코딩
CBOW	Continuous Bag-Of-Words 연속형 백오브워즈
CCA	Canonical Correlation Analysis 정준상관분석
CCG	Combinatory Categorial Grammar 조합형 분류 문법
CDL	Collaborative Deep Learning 협동형 딥러닝
CFG	Context Free Grammar 문맥에서 독립된 문법
CYK	Cocke-Younger-Kasami CYK 알고리즘, 문맥에서 독립된 문법에 사용되는 상향식 파싱(문법) 알고리즘
CLU	Conversational Language Understanding 대화 이해
CNN	Convolutional Neural Network 컨볼루션 신경망
CNNSM	Convolutional Neural Network Based Semantic Model 컨볼루션 신경망 기반 의미 모델
cQA	Community Question Answering 커뮤니티 질의응답
CRF	Conditional Random Field (이웃 표본을 고려하는) 조건부 임의 필드
CTR	Collaborative Topic Regression 협동형 토픽 회귀
CVT	Compound Value Typed 복합값 형태

DA	Denoising Autoencoder 소음 제거 자동인코더	
DBN	Deep Belief Network 심층 신뢰망	
DCN	Deep Convex Net 심층 볼록망	
DNN	Deep Neural Network 심층 신경망	
DSSM	Deep Structured Semantic Model 심층 구조 의미 모델	
DST	Dialog State Tracking 대화 상태 추적	
EL	Entity Linking 개체 연결	
EM	Expectation Maximization 최대 기대	
FSM	Finite State Machine 유한 상태 기계	
GAN	Generative Adversarial Network 생성적 적대 신경망	
GRU	Gated Recurrent Unit 게이트 순환 유닛	
HMM	Hidden Markov Model 히든 마르코프 모델	
IE	Information Extraction 정보 추출	
IRQA	Information Retrieval-based Question Answering 정보 검색기반 질의응답	
IVR	Interactive Voice Response 상호 음성응답	
KBQA	Knowledge-Based Question Answering 지식 기반 질의응답	
KG	Knowledge Graph 지식 그래프	
L-BFGS	Limited-memory Broyden-Fletcher-Goldfarb-Shanno 제한 메모리 BFGS 최적화 알고리즘	
LSI	Latent Semantic Indexing 잠재 의미 인덱싱	
LSTM	Long Short-Term Memory LSTM, 장단기메모리	
MC	Machine Comprehension 기계 이해	
MCCNN	Multicolumn Convolutional Neural Network 다중열 컨볼루션 신경망	
MDP	Markov Decision Process 마르코프 결정 프로세스	
MERT	Minimum Error Rate Training 최소 오류율 학습	
METEOR	Metric for Evaluation of Translation with Explicit Ordering 순서 고려 번역 평가 측정	

MIRA	Margin Infused Relaxed Algorithm 다분류 머신러닝 알고리즘 또는 MIRA
ML	Machine Learning 머신러닝
MLE	Maximum Likelihood Estimation 최대우도추정
MLP	Multiple Layer Perceptron 다중 레이어 퍼셉트론
MMI	Maximum Mutual Information 최대 상호 정보
M-NMF	Modularized Nonnegative Matrix Factorization 음수 미포함 행렬 분해
MRT	Minimum Risk Training 최소 위험 학습
MST	Maximum Spanning Tree 최대 신장 트리
MT	Machine Translation 기계번역
MV-RNN	Matrix-Vector Recursive Neural Network 행렬벡터 순환 신경망
NER	Named Entity Recognition 개체명 인식
NFM	Neural Factorization Machine 신경 요인화 기계
NLG	Natural Language Generation 자연어 생성
NMT	Neural Machine Translation 신경 기계번역
NRE	Neural Relation Extraction 신경 관계 추출
OOV	Out-of-Vocabulary 어휘장에 없는 단어
PA	Passive Aggressive PA 알고리즘
PCA	Principal Component Analysis 주요인 분석
PMI	Point-wise Mutual Information 점수준 상호정보
POS	Part of Speech 품사
PV	Paragraph Vector 문단 벡터
QA	Question Answering 질의응답
RAE	Recursive Autoencoder 순환 자동인코더
RBM	Restricted Boltzmann Machine 제한 볼츠만 머신
RDF	Resource Description Framework 자원 기술 프레임워크
RE	Relation Extraction 관계 추출

RecNN   Recursive Neural Network 재귀신경망

RL   Reinforcement Learning 강화학습

RNN   Recurrent Neural Network 순환 신경망

ROUGE   Recall-Oriented Understudy for Gisting Evaluation
         자동요약 및 기계번역 평가용 측정 지표

RUBER   Referenced metric and Unreferenced metric Blended
         Evaluation Routine 기계응답 평가도구

SDS   Spoken Dialog System 구두 대화 시스템

SLU   Spoken Language Understanding 구두 언어 이해

SMT   Statistical Machine Translation 통계 기계번역

SP   Semantic Parsing 의미 분석

SRL   Semantic Role Labeling 의미역 결정

SRNN   Segmental Recurrent Neural Network 세분화 순환 신경망

STAGG   Staged query Graph Generation 단계별 쿼리 그래프 생성

SVM   Support Vector Machine 서포트 벡터 머신

UAS   Unlabeled Attachment Score
         올바른 레이블이 할당된 단어 비율 지표

UGC   User-Generated Content 사용자 생성 콘텐츠

VIME   Variational Information Maximizing Exploration
         불확실성 감축 극대화 전략

VPA   Virtual Personal Assistant 가상 개인 도우미

차례

들어가며

컴퓨터가 인간의 언어를 지능적으로 처리하는 자연어 처리는 인공지능, 컴퓨터 과학, 인지 과학, 정보 처리 및 언어학과 다양하게 결합되는 중요한 학제 간 영역이다. 음성인식, 대화 시스템, 정보 검색, 질의응답, 기계번역 등 컴퓨터와 인간 언어의 상호작용을 통해 생성된 자연어 처리 애플리케이션은 사람들이 정보를 얻고 사용하는 생활 방식을 바꿔놓기 시작했다.

자연어 처리의 발전은 이성주의, 실증주의, 딥러닝 등 세 가지 주요 물결로 설명된다. 첫 번째 물결인 이성주의 접근법은 언어에 대한 지식을 물려받아 그 지식과 규칙이 사전에 고정돼 있다는 가정하에 자연어 처리 시스템에 지식을 통합하기 위해 사람 손으로 만든 규칙 설계를 옹호했다. 두 번째 물결인 실증주의 접근법은 자연어의 상세한 구조를 학습하는 데 감각기관에서 나온 풍부한 투입값과 관찰 가능한 언어 데이터가 필요충분조건임을 가정한다. 결과적으로 대규모 말뭉치에서 언어의 규칙성을 발견할 수 있는 확률 모델이 개발된다. 세 번째 물결에서는 딥러닝이 인간 인지능력을 시뮬레이션하는 방식으로 언어 데이터에서 내재적 표상representation을 학습하기 위해 생물학적 신경계에서 영감을 받은 비선형 계층 모델을 활용한다.

딥러닝과 자연어 처리의 교차는 업무에 놀라운 성공을 가져왔다. 음성인식은 딥러닝이 큰 영향을 미친 최초의 산업용 자연어 처리 애플리케이션이다. 대규모 학습 데이터를 사용할 수 있게 되면서 심층 신경망Deep Neural Network 방식은 전통적 실증 방식에 비해 인식 오류를 현저히 낮췄다. 자연어 처리에서 딥러닝을 성공적으로 적용한 또 다른 방법은 기계번역이다. 신경망을 사용해 언어 간 매핑을 모델링하는 엔드 투 엔드end-to-end 신경망 기계번역은 번역 품질을 크게 향상시켰다. 신경망 기계번역은 구글, 마이크로소프트, 페이스북, 바이두 등 대형 기술 회사가 제공하는 주요 상용 온라인 번역 서비스에서 사실상의 표준 기술이 됐다. 딥러닝을 활용하는 자연어 처리 제3의 물결에 올라타 언어 이해와 대화, 어휘 분석 및 구문 분석, 지식 그래프, 정보 검색, 텍스트 형식의 질의 답변, 소셜 컴퓨팅, 언어 생성 및 텍스트 감정 분석 등 많은 분야에서 큰 진전을 이루고 있다. 현시점에서 딥러닝은 사실상 모든 자연어 처리 작업에 적용되는 지배적 방법이다.

이 책의 주요 목표는 자연어 처리에 적용된 최근 딥러닝의 발전에 관한 포괄적인 조사 내용을 제공하는 데 있다. 자연어 처리 중심인 딥러닝 연구의 최신 기술이 적용되는 음성언어 이해, 대화 시스템, 어휘 분석, 구문 분석, 지식 그래프, 기계번역, 질의응답, 감정 분석, 소셜 컴퓨팅 및 (이미지에서) 자연어 생성 등을 다룬다. 대학원생, 박사후 연구원, 교육자, 산업계 연구원 및 자연어 처리와 관련된 최신 기법 익히기에 관심이 있는 독자를 대상으로 하며, 컴퓨팅에 대한 기술적 배경을 가진 이에게 적합할 것이다.

이 책은 11개의 장으로 구성된다.

- **1장: 자연어 처리와 딥러닝 소개**(Li Deng과 Yang Liu)
- **2장: 대화 이해에 적용되는 딥러닝**(Gokhan Tur, Asli Celikyilmaz, Xiaodong He, Dilek Hakkani-Tür, Li Deng)
- **3장: 음성 및 텍스트 기반 대화 시스템의 딥러닝**(Asli Celikyilmaz, Li Deng, Dilek Hakkani-Tür)
- **4장: 어휘 분석 및 문법 분석에서 딥러닝**(Wanxiang Che와 Yue Zhang)
- **5장: 지식 그래프의 딥러닝**(Zhiyuan Liu와 Xianpei Han)
- **6장: 기계번역의 딥러닝**(Yang Liu와 Jiajun Zhang)
- **7장: 질의응답의 딥러닝**(Kang Liu와 Yansong Feng)
- **8장: 감성 분석의 딥러닝**(Duyu Tang과 Meishan Zhang)
- **9장: 소셜 컴퓨팅의 딥러닝**(Xin Zhao와 Chenliang Li)
- **10장: 이미지로부터 자연어 생성에서 딥러닝**(Xiaodong He와 Li Deng)
- **11장: 에필로그**(Li Deng과 Yang Liu)

1장에서는 자연어 처리와 딥러닝 전체 소개와 이후에 다룰 주요 내용을 리뷰한 다음 역사적인 발전을 세 가지 물결로 연계하고 향후 방향을 살펴본다. 2장에서 10장까지는 자연어 처리에 적용된 최근 학습 방법의 개별 애플리케이션을 다루는 장으로 구성된다. 각 장은 주요 연구자가 각 분야에서 적극적으로 실행했던 연구를 기반으로 한다.

이 책은 본서의 저자와 에디터 모두 직극적으로 참여하고 주도적으로 이끌었던 2016년 10월 중국 산동성에서 열렸던 제15차 컴퓨터언어학회(CCL 2016)에서 제공된 발표물을 기반한다. 우리에게 이 책을 저술할 것을 제안하고 완성하는 데 필요한 지원을 아끼지 않았던 스프링거Springer 수석 편집자 셀린 란란 창Celine Lanlan Chang 박사에게 감사드린다. 부편집자 제인 리Jane Li에게도 원고 작성의 여러 단계에서 귀중한 도움을 주신 점에 감사드린다.

귀한 시간을 내어 신중하게 참여해준 각 장의 모든 저자들, 고칸 투르Gokhan Tur, 애슬리 샐리킬마즈Asli Celikyilmaz, 디렉 하카니투르Dilek Hakkani-Tür, 완시앙 처Wanxiang Che, 위에 장Yue Zhang, 시안페이 한Xianpei Han, 즈위안 리우Zhiyuan Liu, 지아쥔 장Jiajun Zhang, 캉 리우Kang Liu, 옌송 펑Yansong Feng, 두위 탕Duyu Tang, 메이샨 장Meishan Zhang, 신 자오Xin Zhao, 천리앙 리Chenliang Li, 샤오동 허Xiaodong He께도 고맙다는 말씀을 드린다. 4장에서 9장까지 저자들은 컴퓨터언어학회 2016 튜토리얼 발표자들이며, 해당 분야에서 2016년 10월 이후에 일어난 최신 동향을 다루는 자료를 업데이트하는 데 상당한 시간을 보냈다.

또한 검토자 사다오키 후루이Sadaoki Furyui, 류 앤드루Nrew Andrew, 프레드 주앙Fred Juang, 켄 처치Ken Church, 하이펑 왕Haifeng Wang 그리고 홍지앙 장Hongjiang Zhang 등 많은 이들이 격려를 해줬을 뿐만 아니라 이 책의 초안을 개선할 수 있도록 많은 건설적인 의견을 제시했다.

마지막으로 책을 완성하는 데 도움이 된 훌륭한 환경, 지원 및 격려를 제공한 마이크로소프트와 시타델Citadel 그리고 칭화대학교에 감사하다는 말을 전한다. 저자 양리우Yang Liu는 중국국립자연과학재단(No.61522204, No.61432013 및 No.61331013)의 지원을 받았다.

2017년 10월 미국 시애틀, 중국 베이징에서
리 딩, 양 리우

1
자연어 처리와
딥러닝 소개

리 덩Li Deng과 양 리우Yang Liu

소개

1장에서는 본서의 기본 프레임워크를 설정하고, 인공지능의 필수인 자연어 처리Nallational Language Processing 기본을 소개한다. 3가지 물결 관점에서 첫 번째 두 가지 물결인 합리주의와 실증주의를 통해 현재의 딥러닝으로 연결된 50년 이상된 자연어 처리의 역사적 발전을 조사했다. 딥러닝 혁명의 근간에는 (1) 임베딩을 통한 언어 분산 표상respresentation[1] (2) 임베딩으로 가능해진 의미 일반화 (3) 자연어 표상을 위한 길고 심층적인 시퀀스 모델링[2] (4) 언어를 낮은 수준에서 높은 수준으로 표상하는 효과적 계층 네트워크 (5) 자연어 처리 작업을 공동으로 해결하는 엔드 투 엔드end to end 딥러닝 방법이 있다. 마지막으로 현재 자연어 처리에 사용되는 딥러닝 기술의 주요 한계점을 분석하고 향후 발전을 위한 다섯 가지 연구 방향을 제시한다. ·

---

1 원문에서 representation이라는 단어가 자주 나온다. 자연어를 컴퓨터가 이해할 수 있는 방법으로 표시한다는 차원에서 표현이라기보다는 '표상(표시를 통해 재현해서 나타내는 작업)'이라는 단어가 조금 더 적절해 보인다. - 옮긴이
2 시퀀스 모델링을 순서가 있는 모델링 또는 순차 모델링이라고 부르며, 일반적으로 많이 사용하는 시퀀스 모델링으로 번역한다. - 옮긴이

1.1 자연어 처리: 기본 내용

자연어 처리는 유용한 작업을 수행할 목적으로 인간의 언어를 이해하기 위해 컴퓨터를 고도로 활용한다. 자연이 처리가 다루는 영역으로 컴퓨터 언어, 컴퓨터 과학, 인지 과학 그리고 인공지능을 결합한 다양한 분야가 해당된다. 과학적 관점에서 볼 때 자연어 처리 분야는 인간 언어의 이해와 생성에 대한 인식 메커니즘을 제공하며, 엔지니어링 관점에서 컴퓨터와 언어의 상호작용을 위한 실용적인 논리적 애플리케이션을 개발하는 데 초점을 둔다. 음성인식, 대화 시스템, 감성 분석, 소셜 컴퓨팅, 자연어 생성과 요약이 대표적인 예다. 이러한 애플리케이션은 이 책의 핵심 내용이다.

자연어 시스템은 의미를 전달하기 위해 구체적으로 구성된 시스템이며 기호symbolic 형태를 띤다. 자연어 표면 또는 관찰 가능한 "물리적" 신호를 텍스트라고 하며 항상 기호 형태다. 텍스트 "신호"에 대응되는 음성신호가 있다. 음성신호는 기호 텍스트의 연속적 대응으로 간주되며 둘 다 언어의 고유한 계층 구조를 띤다. 신호 처리 관점에서 말하자면, 음성신호는 "잡음이 심한" 텍스트 버전으로 볼 수 있고, 기본 의미를 이해할 때 잡음을 제거하는 "디노이징"의 어려움이 발생한다. 이 책 1장뿐만 아니라 2장과 3장 모두 자연어 처리의 음성 측면을 상세히 다루고, 나머지 장에서는 머신러닝으로 활성화된 자연어 처리 애플리케이션이 다루는 텍스트 관련 작업을 논의한다.

자연어 기호의 특성은 인간 뇌에서 이뤄지는 언어의 연속적인 성격과는 다르다. 1장 1.6절의 '자연어 처리의 향후 방향'을 다룰 때 구체적으로 논의한다. 자연어 기호가 수화와 같은 제스처, 이미지로 나타나는 필기 그리고 음성 등 연속되는 양식을 어떻게 인코딩할 것이냐는 고민으로 연결된다. 기호 단어는 현실에서 개념과 사물을 유의미하게 만들고 반드시 분류해야 하는 대상의 표현 '신호'로 사용된다. 인간의 인식 시스템에서 감지돼 뇌로 전달되는 연속 형태 신호가 언어다. 이론적으로 중요한 주제이지만 언어 기호적인 본질과 연속 형태를 비교하는 것은 이 책의 범위를 넘어선다.

1장의 여러 절을 통해 다양한 영역의 자연어 처리 방법론 발전을 역사적 관점에서 소개한다. 대화 시스템, 음성인식, 인공지능과 같은 밀접하게 관련된 여러 영역에서 일어난 자연어 처리 성장은 3가지 주요 물결(Deng, 2017; Pereira, 2017)로 설명하고, 각각의 물결은 다음 개별 절에서 자세히 다룬다.

1.2 첫 번째 물결: 이성주의

오랫동안 유지됐던 자연어 처리 연구의 첫 번째 물결은 1950년대로 거슬러 올라간다. 1950년 앨런 튜링은 인간의 지능적 행동과 차이 나는 컴퓨터의 지능적 행동을 보여주는 능력을 평가하기 위해 튜링 테스트를 고안했다(Turing, 1950). 이 테스트는 인간 대 인간과 같은 반응을 내도록 디자인된 컴퓨터 간 자연어 대화를 기반으로 해 시행됐다. 1954년에는 조지타운-IBM 실험에서 60개 이상의 러시아어 문장을 영어로 번역할 수 있는 최초의 기계번역 시스템을 선보였다.

인간 마음속에 있는 언어 지식은 일반적 유전을 통해 사전에 고정돼 있다는 가정은 약 1960년과 1980년대 말 사이의 자연어 처리 연구 대부분을 지배했다. 이러한 가정에 기반한 방법을 이성주의적 접근법으로 불렀다(Church, 2007). 이성주의의 지배는 언어학자 노엄 촘스키의 내재된 언어 구조와 N 그램에 대한 비판(Chomsky, 1957)에 관한 그의 주장이 널리 받아들여지면서 강화됐다. 인간의 유전적 성질 일부로 출생시 뇌에서 언어 핵심 부분이 고정돼 있다고 주장하는 이성주의 접근법은 지식과 추론 메커니즘을 지능형 자연어 처리 시스템에 넣기 위해 손으로 만든 규칙을 고안했다. 1980년대까지 로저리안 심리 치료사를 시뮬레이션한 엘리자ELIZA 그리고 개념적 존재론으로 실제 세상의 정보를 구조화한 마지MARGIE 등과 같은 성공적인 자연어 처리 시스템은 수기handwritten로 작성된 복잡한 룰로 작동했다.

이 기간은 전문적 지식기술자로 특정되는 인공지능의 초기 단계와 거의 일치하며, 특정 영역 전문가들이 좁은 적용 영역에 맞춰 컴퓨터 프로그램을 고안했던 시기다(Nilsson, 1982; Winston, 1993). 전문가들은 주의 깊은 표상과 지식 엔지니어링을 기반으로 논리적 규칙을 사용해 프로그램을 설계했다. 이러한 지식 기반 인공지능 시스템은 "헤드"라고 하는 가장 중요한 파라미터를 살펴보고 각각의 특정 상황에서 취할 적절한 해결책에 도달해서 좁은 영역 문제를 해결했다. "헤드" 파라미터는 전문가들이 사전에 확인해야 하며, "꼬리" 파라미터에 대해서는 다루지 않고 남겨둔다. 지식 기반 전문가 시스템은 학습 능력이 부족했기 때문에 새로운 상황과 새로운 영역에서 기존 솔루션을 일반화하는 데 어려움을 겪게 된다. 이 기간 동안 인간 전문가의 의사 결정 능력을 모방하는 시스템인 전문가 의사 결정 시스템으로 구체화됐으며, 지식 추론을 통해 복잡한 문제를 해결하도록 설계됐다(Nilsson, 1982). 첫 번째 전문가 시스템은 1970년대에 만들어졌고 1980년대에 확산됐다. 사용된 주요 알고리즘은 "if-then-else"(Jackson, 1998) 형태의 유추 방식이었다. 첫 세대 인공지능 시스템의 주된 강점은 논리적인 추론을 수행할 때 나타나는 투명성과 해석 가능성이다. 엘리자와 마지 같은 자연어 처리 시스템처럼 초기의 전문가 시스템은 실무적 애플리케이션에서 나타나는 불확실성을 논리적 사고로 처리할 수는 없었지만 좁게 정의된 문제에서 종종 효과적이었던 수작업 처리 전무 지식을 활용했다.

2장과 3장에 자세히 기술될 대화 시스템과 대화 이해를 돕는 자연어 처리 애플리케이션에 사용된 이성주의 접근은 규칙과 템플릿을 사용하면서 발전했다(Seneff et al., 1991). 해석 가능하고 디버그와 업데이터가 용이하면서도 문법적 적합성과 존재론적 개념이 중심이 되는 디자인이지만, 실용적으로 활용하는 데 심각한 어려움을 겪게 된다. 작동할 때는 제법 멋있게 작동했지만 안타깝게도 그런 작동이 자주 일어나지 않았으며 적용 범위는 상당히 제한됐다.

마찬가지로 이성주의 시대 동안 음성인식 연구와 시스템 설계, 자연어 처리와 인공지능 과제는 화려하게 분석된 전문가 지식 공학의 패러다임에 기반을 뒀다(Church and Mercer, 1993). 1970년대와 1980년대 초에는 음성인식에 전문가 시스템 접근 방식이 널리 사용됐다(Reddy, 1976; Zue, 1985). 그러나 추론하는 과정에서 데이터에서 배울 수 있는 능력과 불확실성을 다룰 수 있는 능력 부족이 연구자들 사이에서 인식됐으며, 이 한계점은 다음에서 논의하게 될 음성인식, 자연어 처리, 인공지능 연구의 두 번째 물결을 이끌어 내게 된다.

1.3 두 번째 물결: 실증주의

자연어 처리의 두 번째 물결은 다양한 대용량 데이터를 활용하는 머신러닝, 통계 학습 등이 그 특징이다(Manning and Schtze, 1999). 당시 자연어에 대한 구조와 이론 상당 부분이 데이터 중심 방식의 선호로 저평가됐거나 관심을 덜 받았기 때문에 이 시대에 개발된 주요 방법은 실증적 방법이라고도 부른다(Church and Mercer, 1993; Church, 2014). 컴퓨터 능력을 높이기 위해 시행된 실증적 접근은 약 1990년부터 자연어 처리 분야를 지배해오고 있다. 자연어 처리의 대표학회 중 하나는 실증 접근 시대 동안 자연어 처리 연구자들의 강한 의지를 직접적으로 반영하기 위해 '자연어 처리의 실증법EMNLP, Empirical Methods in Natural Language Processing' 학회로 명명했다.

이성주의 접근법과 달리 실증주의 접근법은 인간의 생각은 연관, 패턴 인식 그리고 일반화와 관련된 연산으로 시작된다고 가정한다. 자연어의 구조를 학습하는 데 감각기관에서 들어온 풍부한 입력값이 필요하다. 1920년과 1960년 사이의 연구에서 받아들여졌던 실증주의는 1990년 이후 재기를 모색했다. 자연어 처리 초기 실증주의 접근은 히든 마르코프 모델HMM, IBM 번역 모델(Brown et al., 1993), 헤드 기반 분리 모델(Collins, 1997) 등 생성 모델 개발(Baum and Petrie, 1966)을 통해 대형 말뭉치에 있는 언어 규칙성을 발견하고자 했다. 1990년대 후반부터 나온 판별 모델은 다양한 자연어 처리 작업에서 사실상의 중심 방식이 됐다. 대표적인 판별 모델은 최대 엔트로피 모델(Ratnaparkhi, 1997), SVM(Vapnik, 1998), 조건부 임의 영역conditional random fields(Lafferty et al., 2001), 최대 상호정보 및 최소 분류 오류(He et al., 2008) 그리고 퍼셉트론(Collins, 2002) 등이 있다.

자연어 처리 분야에서 실증주의시대는 인공지능, 음성인식 그리고 컴퓨터 시각화 분야에 해당하는 방법의 성장과 평행을 유지한다. 복잡한 인공지능에서 중요한 역할을 하는 학습 능력과 지각 능력은 이전 시대의 전문가 시스템에는 빠져 있었다. 그 예로 DARPA가 자율주행을 위한 첫 번째 도전장을 냈을 때, 대부분의 자동차는 지식 기반의 인공지능 패러다임에 의존했다. 하지만 음성인식과 자연어 처리를 다루는 자율주행 및 컴퓨터 비전 연구원들은 불확실성을 최소화시키고 일반화하는 기능을 갖춘 머신러닝의 필요성을 확인하고, 지식 기반 패러다임의 한계를 즉시 깨달았다.

두 번째 물결인 자연어 처리 및 음성인식의 실증주의는 데이터 집약 머신러닝에 기반을 둔다. 머신러닝은 유입되는 데이터에 대해 다층 또는 "심층"적 표상으로 생성되는 추상화가 부족하면 "얕은" 학습이라고 부르는데, 이 한계점을 세 번째 물결에서 자세히 설명한다. 첫 번째 물결에서 일반적이었던 지식 기반 자연어 처리와 음성시스템이 정확하고 복잡한 룰을 구성해야 한다는 고민을 머신러닝에서는 할 필요가 없다. 오히려 통계 모델(Bishop, 2006; Murphy, 2012)이나 간단한 신경망(Bishop, 1995)에 초점을 맞춘 모델에 집중한다. 불확실성을 처리하기 위해 충분한 양의 학습 데이터를 사용해 엔진의 파라미터를 자동으로 조정하고 학습해 불확실성을 처리하며, 다른 도메인으로 이동해 서로 다른 조건에서 적용할 수 있도록 일반화한다. 머신러닝의 핵심 알고리즘으로 예상 최대 EM 알고리즘, 베이지안 네트워크, 서포트 벡터 시스템, 의사 결정 트리 그리고 신경망 네트워크의 경우 역전파.backpropagation 알고리즘 등이 있다. 머신러닝 기반의 자연어 처리와 인공지능 시스템은 앞서 말한 지식 기반 시스템보다 월등히 뛰어나다. 성공적인 예로는 기계인식-음성인식(Jelinek, 1998), 얼굴인식(Viola and Jones, 2004), 대상인식(Fei-Fei and Perona, 2005), 필기인식(Plamondon and Srihari, 2000) 그리고 기계번역(Och, 2003) 등 거의 모든 인공지능 작업이 포함된다.

6장에서 자세히 다루겠지만 핵심 자연어 처리 응용 분야인 기계번역은 1990년경 이성주의에서 통계적 방법으로 급작스럽게 전환된다(Church & Mercer, 1993). 이중 언어 학습 데이터에서 문장 수준의 정렬이 가능해지면서 자연어에서 구조화된 정보를 포기하거나 저평가하는 비용으로 룰이 아닌 데이터에서 직접 표면 수준의 번역 지식을 확보하는 것이 가능해졌다. 이 물결에서 가장 대표적인 작업은 다양한 버전의 IBM 번역 모델이다(Brown et al., 1993). 실증주의 시대 동안 진행된 기계번역의 발전은 번역 시스템의 질을 크게 개선시켰으나(Och and Ney, 2002; Och, 2003; Chiang, 2007; He and Deng, 2012) 현실에서 사용할 수 있는 수준은 아니었다. 일반적 활용 가능 정도의 수준은 그 다음 단계인 딥러닝 물결에서 이뤄진다.

자연어 대화 및 음성언어 이해 영역에서 실증주의 시대는 데이터 중심 머신러닝으로 대표된다. 이 방식은 정량 평가 및 구체적인 산출물이 있어야 한다는 요구사항을 충족하는 데 적합했다. 매우 제한적인 텍스트와 도메인에 대해 자세하게 분석하기보다는 광범위하지만 표면만을 다루는 데 중점을 뒀다. 학습 데이터는 대화 시스템에서 언어 이해와 응답에 대한 규칙을 설계하는 데 사용되는 것이 아니라 데이터에서 자동으로 (얕은) 통계 모델의 파라미터를 학습하는 데 사용됐다. 이러한 학습은 수작업으로 제작된 복잡한 대화 관리자의 설계 비용을 줄였으며, 대화 이해에서 발생할 수 있는 인식 오류를 전반적으로 개선했다. 자세한 내용을 위해 He와 Deng(2013)을 참조하기 바란다. 대화 시스템의 대화 정책 구성 요소로 강화학습 기반 마르코프 의사 결정 프로세스가 도입된다. 더욱 자세한 내용은 Young 외 (2013)를 참조하기 바란다. 음성언어 이해에서 주로 사용되는 방법은 첫 번째 물결에서 사용되던 규칙 기반 또는 템플릿 기반 모델에서 히든 마르코프 모델HMM, Hidden Markov Model과 같은 생성generative 모델(Wang et al., 2011)과 조건부 임의필드와 같은 판별discriminative 모델로 이동했다(Tur and Deng, 2011).

1980년대 초부터 2010년대까지 30년이 넘는 기간 동안 시각인식분야에서 가우스 혼합 모델과 결합된 히든 마르코프 모델에 기초한 통계 생성 모델을 사용해 (얕은) 머신러닝 패러다임을 지배했다(Baker et al., 2009a, b; Deng and O'Shaughnessy, 2003; Rabiner and Juang, 1993). 일반화된 히든 마르코프 모델 중에서 통계 및 신경망 기반 히든 동적 모델은 그중 하나다(Deng, 1998, Bridle et al., 1998, Deng and Yu, 2007). 통계 모델은 EM 방식과 학습 모델 파라미터를 찾아내는 확장된 칼만Kalman 필터 알고리즘을 채택했으며(Ma and Deng, 2004; Lee et al., 2004), 신경망 모델은 역전파 방식을 채택했다(Picone et al., 1999). 두 모델 모두 인간의 음성인식에서 오랫동안 사용된 분석과 합성 프레임워크를 따라 음성 파형의 생성 과정을 표상하는 다중 잠재층을 광범위하게 사용했다. 더 중요한 것은 "심층" 생성 과정을 엔드 투 엔드 판별 과정으로 전환시켜 최초로 딥러닝을 상업적으로 성공시켰으며(Deng et al., 2010, 2013; Hinton et al., 2012), 다음에 설명할 음성인식 및 자연어 처리의 세 번째 물결의 도래를 이끌어낸다.

1.4 세 번째 물결: 딥러닝

두 번째 물결 중에 개발된 음성인식, 언어 이해 그리고 기계번역을 포함한 자연어 처리 시스템은 첫 번째 물결보다 훨씬 뛰어나고 견고성이 높았지만 인간 수준의 성능과는 거리가 멀었다. 몇 가지 예외를 제외하고는 자연어 처리를 위한 (얕은) 머신러닝 모델은 학습 데이터의 충분향 양을 흡수하는 데 큰 용량을 갖고 있지 못했다. 또한 알고리즘, 방법론 그리고 인프라가 충분히 강력하지 않았다. 수년 전부터 이어 온 변화는 자연어 처리 세 번째 물결로 이어지고, 심층 구조 딥러닝은 새로운 패러다임으로 강력하게 자리 잡고 있다(Bengio, 2009; Deng and Yu, 2014; LeCun et al., 2015; Goodfellow et al., 2016).

전통적인 머신러닝에서 피처feature는 사람에 의해 설계되고 피처엔지니어링은 인간의 전문 지식을 요구하기 때문에 주요 병목 요인이 됐다. 동시에 얕은 모델은 표상 방법이 부족해 관측된 언어 데이터를 형성할 때 복잡한 요인을 자동으로 해결할 수 있는 분해 가능한 추상성을 형성할 수 있는 능력이 부족하다. 딥러닝은 흔히 신경망 형태의 깊게 계층화된 모델 구조와 엔드 투 엔드 학습 알고리즘을 통해 앞에서 언급한 문제점을 극복한다. 딥러닝의 발전은 오늘날의 자연어 처리와 한층 더 일반적인 인공지능의 핵심 원동력이며 애플리케이션과 비즈니스 등을 포함한 다양한 적용 범위를 넓혀준다 (Parloff, 2016).

두 번째 물결 기간 동안 개발된 자연어 처리에 사용되는 판별 모델의 성공에도 불구하고, 도메인 전문 지식을 이용해 수동으로 피처를 설계함으로써 언어의 모든 규칙성을 다뤄야 한다는 어려움에 봉착한다. 불완전성 문제 외에도 얕은 모델은 고차원 피처의 경우 학습 데이터에서 어쩌다 한 번 발생하는 피처들을 모두 포함해야 하는 희소성 문제에 직면하게 된다. 따라서 딥러닝이 구제해주기 전에 피처 디자인은 자연어 처리에서 주요 장애물 가운데 하나였다. "무에서 나온 자연어 처리(Collobert et al., 2011)"라고 불렀던 관점을 갖고 딥러닝은 인간 피처 엔지니어링 문제를 해결할 수 있다는 희망을 가져다줬다. 이러한 딥러닝 방식은 피처 엔지니어링이 필요 없는 일반적인 머신러닝 테스크를 해결하기 위해 다중 잠재층을 포함한 강력한 신경망을 활용한다. 얇은 신경망 머신러닝과는 달리, 심층 신경망은 피처 추출을 위해 비선형으로 구성된 나중 레이어를 사용해 데이디로부터 표상 representation 학습을 가능하게 했다. 낮은 수준의 피처로부터 고차원의 피처가 도출되기 때문에 이러한 층들은 개념에 대한 계층 구조를 형성한다.

딥러닝은 생체 신경시스템에서 영감을 받은 세포 순차 모델로 볼 수 있는 인공신경망에서 시작돼, 역전파 알고리즘의 등장으로 1990년대 심층 신경망 학습은 큰 이목을 끌었다. 초기에는 학습 데이터도 부족하고 적절한 설계나 학습 방법이 없어 신경망 학습 중에 학습 신호가 여러 단계의 레이어를 거치면서 기하급수적으로 사라지는 문제점이 발생했다. 심층 신경망 특히 재귀심층 신경망의 연결 가중치를 조정하는 것은 매우 어려웠다. 힌턴 교수 팀(2006)은 일반적으로 유용한 피처 디텍터 feature detectors를 학습하도록 비지도 사전학습 unsupervised pretraining을 사용해 이 문제를 극복했으며, 이후 레이블이 있는 데이터를 분류하는 지도학습으로 해당 신경망은 추가로 학습됐다. 결과적으로 저차원 표상을 사용해 고차원 표상의 분포를 학습하는 것이 가능해졌다. 해당 연구는 신경망 연구의 부활을 일으킨다. 이 시기부터 네트워크 구조의 다양성이 제안됐고 대표적으로 심층 신뢰망 deep belief network(Hinton et al., 2006), 적층 자동인코더(Vincent et al.,2010), 심층 볼츠만 머신(Hinton and Salakhutdinov, 2012), 컨볼루션 신경네트워크(Krizhevsky et al., 2012), 심층 적층 네트워크(Deng et al., 2012), 심층 Q 네트워크(Mnih et al., 2015) 등이 나왔다. 고차원 데이터의 복잡한 구조를 포착할 수 있는 딥러닝은 음성인식(Yu et al., 2010; Hinton et al.,2012), 영상 분류(Krizhevsket et al., 2012; He et al., 2016)와 이 책의 모든 장에서 다루는 자연어 처리의 다양한 분야 등 실제 작업에 2010년부터 성공적으로 적용됐다. 딥러닝에 대한 상세한 분석과 검토는 튜토리얼 논문(Deng, 2014; Le Cun et al., 2015; Juang, 2016)으로 제공되고 있다.

음성인식은 자연어 처리 분야의 핵심이자 딥러닝으로 큰 영향을 받은 첫 번째 상업 애플리케이션이므로 여기서 간단히 논의한다. 대규모 상업화가 가능한 음성인식에 딥러닝의 적용은 2010년경 시작했다. 그 노력의 시작은 음성인식 애플리케이션에 대한 2009년 NIPS 워크숍에서 발표된 오리지 널 연구와 함께 학계와 산업계 간의 협력이었다. 그 워크숍은 음성의 심층 생성 모델deep generative model 한계와 빅데이터 시대가 열어준 심층 네트워크의 개발 가능성 등으로 동기부여가 됐다. 당시 대조 확산 학습contrastive divergence learning 알고리즘 기반 심층 신뢰망의 생성 모델을 활용한 DNN을 학습시키면 1990년대에 봉착했던 신경망의 주된 어려움을 극복할 수 있을 것으로 믿었 다(Dahl et al., 2011; Mohamed et al., 2009). 그러나 마이크로소프트의 초기 연 구에서 대조 확산 학습 없이도 큰 규모의 문맥 의존 출력 레이어와 주의 깊 은 엔지니어링으로 디자인된 심층 신경망으로 대용량의 학습 데이터를 사용하 면 당시 최첨단의 심층 레이어가 없던 얕은 머신러닝 시스템보다 인식률 오 류를 현저히 낮출 수 있음을 발견하게 됐다(Yu et al., 2010, 2011; Dahl et al., 2012). 이 발견은 북미(Hinton et al., 2012; Deng et al., 2013)와 해외에서 여러 주요 음성인식 연구 팀에 의해 신속하게 검증됐다. 더욱이 두 유형의 시스템 에서 나타나는 인식 오류 특성은 다른 것으로 판명됐고, 음성인식 산업에서 업체들이 사용하고 있는 기존의 효율적인 런타임 음성 디코딩 시스템에 딥 러닝을 어떻게 통합할 것인가란 통찰을 제공하게 된다(Yu and Deng, 2015; Abdel-Hamid et. al., 2014; Xiong et al., 2016; Saon et al., 2017). 오늘날에는 최 신 음성인식 시스템(Yu and Deng, 2015; Amodei et al., 2016; Saon et al., 2017) 및 주요 상용 음성인식 시스템에 다양한 형태의 심층 신경망에 역전파 방법 이 적용되고 있다. 주요 음성인식 시스템, 예를 들어 마이크로소프트의 코타나 와 xbox, 스카이프의 트랜스레이터, 아마존의 알렉사, 구글의 어시스턴트, 애 플의 시리, 바이두의 iFlyTek 음성검색 등은 모두 딥러닝 방법을 기반으로 한다.

2010년부터 2011년 음성인식의 성공은 자연어 처리와 인공지능의 세 번째 물결의 도래를 알렸다. 음성인식 딥러닝의 성공에 따라 컴퓨터 비전 (Krizhevsky et al., 2012)과 기계번역(Bahdanau et al., 2015)에서 딥러닝 패러 다임이 주를 이루게 된다. 특히 단어 신경망 임베딩 기술은 2011년 초에 개 발됐지만(Bengio et al., 2001) 빅데이터와 컴퓨터의 빠른 연산능력 부재 때문 에 규모가 크면서 실용적으로 사용(Mikolov et al., 2013) 가능할 때까지 10년 이상의 시간이 걸렸다. 또한 딥러닝 덕분에 이미지 캡션(Karpathy and Fei-Fei, 2015; Fang et al., 2015; Gan et al., 2017), 시각적 질의응답(Fei-Fei and Perona, 2016), 웹 검색(Huang et al., 2013b) 그리고 추천 시스템과 같은 실제 자연어 처리 애플리케이션뿐만 아니라 자연어 처리와는 관련이 없는 독성학 분야의 약물 검색, 고객 관계 관리, 추천 시스템, 제스처 인식, 의학 정보학, 광고, 의학 이미지, 분석, 로봇, 자기 주행 차량, 보드게임 및 eSports 게임(예: Atari, Go, Poker, andthelatest, DOTA2) 등에서 성공을 거둔다. 자세한 내용은 http://en.wikipedia.org/wiki/deep_learning을 참조하기 바란다.

텍스트 기반 자연어 처리 적용 분야에서 기계번역은 딥러닝에 가장 큰 영향을 받았다. 두 번째 물결 기간 동안 개발된 통계 기계번역은 심층 신경망 시스템으로 전환했다. 2016년 9월 구글은 신경망 기계번역으로의 첫 번째 단계를 발표했고, 2개월 뒤 마이크로소프트는 비슷한 발표를 했다. 페이스북은 약 1년 동안 신경망 기계번역으로 전환하는 작업을 거쳐 2017년 8월 상용화시켰다. 대규모 심층 기계번역 시스템에 관한 내용은 6장에서 다룰 것이다.

대화 이해와 대화 시스템 분야에서 딥러닝은 역시나 큰 영향을 미치고 있다. 현재 널리 사용되는 기술은 두 번째 물결시대에 개발된 통계 방법을 여러 형태로 유지하고 확장한다. 얕은 머신러닝과 같이 딥러닝은 수작업이 요구되는 복잡한 이해와 대화 관리 비용을 줄이고 소음 환경에서의 음성인식 오류 및 언어 이해 오류에 더욱 강건하도록 하고, 대화 정책 디자인을 위한 마르코프 결정 과정과 강화학습의 파워를 활용하는 데이터 집약 방식이다(Gasic et al., 2017; Dhingra et al., 2017). 이전 방법과 비교할 때 심층 신경망 모델과 표상은 훨씬 강력하며 엔드 투 엔드 학습 방식이 가능하다. 그러나 딥러닝은 아직 해석 가능성과 전문 능력 확장성에 관한 문제를 해결하지 못했다. 구두 언어 이해와 대화 시스템에 적용돼 널리 알려진 딥러닝 기술에 관한 세부 사항과 그 과제는 2장과 3장에서 다루게 될 것이다.

자연어 처리 문제에 딥러닝을 적용하는 데 있어서 나타난 최근의 2가지 중요한 기술 혁신은 시퀀스 투 시퀀스 학습(Sutskevar et al, 2014)과 관심 모델링(Bahdanau et al., 2015)이다. 시퀀스 투 시퀀스 학습은 엔드 투 엔드 방식으로 인코딩과 디코딩을 수행하기 위해 순환recurrent 신경망을 사용한다는 강력한 아이디어를 도입한다. 관심^{attention} 모델링은 긴 시퀀스를 인코딩하는 어려움을 극복하기 위해 초기에 개발됐지만 후속 개발은 신경망 파라미터와 함께 학습할 수 있는 두 개의 시퀀스를 유연하게 연계할 수 있는 능력을 확장했다. 이러한 시퀀스 투 시퀀스 학습과 관심 메커니즘이라는 핵심 개념은 단어와 구문의 통계 학습과 국지적³ 표상을 기반으로 하는 시스템에 비해 분산 임베딩을 하는 신경망 기계번역의 성능을 향상시켰다. 성공 직후 이미지 캡션(Karpathy and Fei-Fei, 2015; Devlin et al., 2015), 음성인식(Chorowski et al., 2015), 프로그램 실행을 위한 메타러닝, 원샷^{one-shot} 러닝, 구문 분석, 입모양 읽기, 테스트 이해, 요약, 질의 답변 등 여러 다른 자연어 처리 관련 작업에서 성공적으로 적용됐다.

거대한 실증적 성공을 차치하더라도 신경망 기반의 딥러닝 모델은 초기 물결 시기에 개발된 전통적인 머신러닝 모델보다 간단하고 설계하기 쉽다. 많은 애플리케이션에서 딥러닝은 추출에서 예측에 이르기까지 모델의 모든 부분이 동시에 수행된다. 신경망 모델의 단순화에 기여하는 또 다른 요소는 레고처럼 동일한 블록을 다양한 애플리케이션에 조립해 사용할 수 있다는 것이다. 다양한 작업에 동일한 블록을 사용하면 하나의 작업이나 데이터에 사용되는 모델을 다른 목적에 쉽게 적응할 수 있게 해준다. 이러한 모델을 더욱 빠르고 효율적으로 구현할 수 있도록 소프트웨어 툴킷이 개발되고 있다. 심층 신경망은 자연어 처리 작업을 포함해 대규모 데이터셋에 머신러닝과 인공지능 작업을 위한 탁월한 선택이다.

딥러닝이 음성, 영상 및 비디오의 처리 과정을 혁명적인 방식으로 재설계하는 데 효과가 있음이 밝혀졌지만 수많은 자연어 처리 작업에서 실제 성공을 보여주었음에도 텍스트 기반 자연어 처리에서 그 효과성은 명확하지 않다. 구두 언어, 이미지 및 비디오 처리에서 딥러닝은 처리되지 않은 원본 데이터로부터 고차원 개념을 학습함으로써 의미적 차이 문제를 효과적으로 다룬다. 그러나 자연어 처리에서는 형태론, 언어 구조, 의미론 등 강력한 이론과 구조 모델들이 자연어 생성과 이해를 강화하기 위해 진전을 거듭했지만

---

3 '국지적(local)'이라는 의미는 이 책에서 '전역적(global)'이라는 표현과 반대의 성격을 갖는다. – 옮긴이

신경망과는 쉽게 호환되지 못했다. 음성, 이미지 및 비디오 신호와 비교할 때 텍스트 데이터에서 학습된 신경망 형태는 자연어와 일치하거나 직접적인 통찰력을 제공하는 것으로 보이지 않는다. 따라서 자연어 처리에 정교한 계층적 아키텍처를 가진 신경망을 적용하는 것은 점점 더 많은 관심을 받았으며, 자연어 처리와 딥러닝 커뮤니티에서 최근 활발한 진전이 이뤄지면서 가장 적극적인 분야로 자리 잡고 있다(Deng, 2016; Manning and Socher, 2017). 연구자들이 현재 빠른 속도로 진행 중인 이 분야의 연구를 가속화할 수 있도록 자연어 처리를 위한 딥러닝의 발전을 조사하고 미래 방향을 분석하겠다는 점이 이 책을 쓴 주요 동기다.

1.5 미래로의 전환

더 진전된 딥러닝으로 할 수 있는 자연어 처리 미래 방향을 분석하기 전에 자연어 처리의 과거 물결에서부터 현재로의 전환 중요성을 먼저 요약하고, 현재 자연어의 광범위한 딥러닝 기술의 한계점과 숙제를 논의해 차세대 혁신을 위해 한계를 극복할 수 있는 방안을 논의하고자 한다.

1.5.1 실증주의에서 딥러닝으로: 혁명

1.4절에서 논의한 딥러닝 상승 물결은 자연어 처리의 두 번째 실증 물결을 더 큰 데이터와 더 큰 모델, 더 큰 컴퓨팅을 가진 힘으로 옮겨 가도록 하고 있다. 결국 두 물결 동안 개발된 근본적인 접근법은 데이터 기반이며 머신러닝과 연산을 중심으로 자연어 처리 애플리케이션에서 취약하고 비용이 많이 드는 인간중심적 "이성주의" 규칙을 따르지 않게 됐다. 그러나 더 심층적이면서 종합적으로 분석한다면 실증주의 머신러닝에서 딥러닝으로 이동하는 개념적 혁명의 여러 측면을 확인할 수 있고 해당 분야의 미래 방향을 분석할 수 있다(1.6절). 우리가 보기에 이 혁명은 초기의 이성주의 물결에서 실증주의의로 옮겨 가는 혁명만큼이나 중요하다(Church and Mercer, 1993; Charniak, 2011).

두 번째 자연어 처리 물결 동안 머신러닝과 자연어 데이터 분석은 어휘 분야에서 매우 제한된 자연어 소스를 연구하는 암호 분석가와 컴퓨터 과학자에 의해 1990년대 초에 시작됐다. 1.3절에서 논의한 바와 같이 단어나 그 시퀀스 등 표면 수준 텍스트 관측은 자연어의 심층 구조에 의존하지 않고 개별 확률 모델로 카운팅된다. 기본 표상 방법은 단어 사이의 의미 유사성이 파악되지 않는 "원 핫" 또는 국지적 방식이다. 특정 영역의 제한이나 관련 텍스트 콘텐츠의 범위가 있는 경우, 이러한 구조에서 자유로운 표상법과 실증모델이 다뤄야 할 대부분을 다루기에 충분하다. 즉, 얕은 카운팅 기반 통계 모델은 구체적인 자연어 처리 작업에서 자연스럽게 잘 수행되기엔 매우 제한적이라는 의미이다. 더 현실적인 자연어 처리 애플리케이션이 되기 위해 특정 영역 콘텐츠 제한성이 해제되면 카운팅 기반 모델은 카운팅의 희박성 문제를 완화하기 위해 고안된 어떠한 스무딩smoothing 기법이 적용되더라도 효과가 없게 된다. 여기서 자연어 처리에 사용되는 딥러닝이 빛을 발하게 되는데 임베딩을 통한 단어의 분산 표상, 임베딩으로 인한 의미 일반화, 긴 심층 시퀀스 모델링과 엔드 투 엔드 학습 방법 등이 1.4절에서 소개된 것처럼 자연어 처리의 방식으로 실증주의 카운트 기반 방법을 넘어서는 데 기여한다.

1.5.2 현재 딥러닝 기술의 한계

음성인식 이해, 언어 모델링 및 기계번역 분야에서 자연어 처리 작업에 관한 딥러닝이 성공했음에도 여전히 큰 어려움이 있다. 신경망으로 한 현재의 딥러닝 방법은 전문가들이 고안한 룰이 설명 가능하다는 첫 번째 자연어 처리 물결 기간 동안 확립된 "이성주의적" 패러다임에서와는 달리 해석 가능성과 설명 가능성이 부족하다. 그러나 모델을 개선하는 것뿐만 아니라 취해야 할 행동에 대한 해석을 예측 시스템 사용자에게 전달하기 위해 블랙박스에서 나온 예측을 설명하는 것은 바람직하다(Koh and Liang, 2017).

많은 애플리케이션에서 딥러닝 방법은 사람과 비슷하거나 그 이상의 인식 정확도를 제공하는 것으로 입증됐지만 인간보다 훨씬 더 많은 학습 데이터, 전력 소비 및 컴퓨팅 리소스가 필요하다. 또한 정확도 결과는 통계적으로 인상적이지만 개별적으로 신뢰할 수 없는 경우도 많다. 또한 현재의 딥러닝 모델 대부분은 추론력과 설명력을 갖고 있지 않아서, 갑작스러운 실패와 훼방에 취약할 수밖에 없고 이를 예방하는 데 약점을 보인다. 현재의 자연어 처리 모델은 자연어 처리 시스템을 통해 의사 결정을 해야 하는 목표와 계획을 개발하고 실행해야 할 니즈를 고려하지 않았다. 딥러닝 기반 현재의 자연어 처리 방법이 갖는 구체적인 한계점은 문장에 있는 단어와 구에 대해서는 큰 진전이 있었지만, 상호간의 관계를 이해하고 추리할 수 있는 능력은 부족하다.

앞에서 논의했듯이 자연어 처리 분야 딥러닝의 성공은 장단기메모리^{LSTM} 기반 표준 시퀀스 모델을 적용하고, 작업에서 요구되는 정보가 다른 소스로부터 들어와야 한다면 관심 메커니즘을 적용해 엔드 투 엔드 방식으로 전체 모델을 학습하는 간단한 전략으로 돌릴 수 있다. 그러나 시퀀스 모델링은 구두 언어에는 적합한 반면, 텍스트 형식의 자연어를 인간이 이해하는 데에는 시퀀스보다 더욱 복잡한 구조를 요구한다. 즉, 문장이나 큰 텍스트에 대해 모듈화, 구조화된 메모리 그리고 재귀적이며 확장돼 가는 나뭇가지 같은 표상을 활용해 자연어 처리에 대한 현재 시퀀스 기반의 딥러닝 시스템을 더욱 발전시킬 수 있다(Manning, 2016).

앞서 요약된 도전 과제를 극복하고 핵심 인공지능 분야인 자연어 처리의 궁극적인 성공을 위해 기본 및 응용 연구가 모두 필요하다. 자연어 처리와 인공지능의 새로운 물결은 패러다임과 알고리즘 측면으로 하드웨어 포함해 연산 능력의 획기적인 돌파구를 만들어낼 때까지는 발생하지 않을 것이다. 여기에서 잠재적인 돌파구로 다가가는 높은 수준의 방향을 제시한다.

1.6 자연어 처리의 향후 방향

1.6.1 신경망과 기호의 통합

향후 연구의 돌파구는 기억과 지식, 특히 상식적인 지식을 구축하고 활용해 현재의 방법보다 효과적인 딥러닝 모델을 개발하는 데 있다. 분산 표상 중심의 현재 딥러닝 방법을 명확히 이해할 수 있고, 세상과 지식을 표상하는 자연어와 추론 메커니즘을 어떻게 통합할 것인가에 대해서는 아직 확실치 않다.

이 목표의 한 가지 방안은 신경망과 기호 언어 시스템을 자연스럽게 결합하는 것이다. 이러한 자연어 처리와 인공지능 시스템은 기호적 자연어 형태로 인간 사용자에게 해석 가능한 예측과 의사 결정 과정을 형성하는 인과관계와 논리적 룰을 스스로 찾아낼 수 있어야 한다. 최근 이 방향에 있는 초기 연구들은 기호 형태로 풀어낼 수 있는 텐서곱 신경기억세포tensor-product neural memory cells라고 부르는 통합 신경기호 표상을 활용한다. 이러한 구조 신경망 표상은 신경 텐서 영역 내에서 광범위한 학습을 거친 후 코딩된 정보에는 손실이 거의 발생하지 않는다(Palangi et al., 2017; Smolensky et al., 2016; Lee et al., 2016). 그러한 텐서곱 표상 확장은 기계 독해와 질의응답과 같은 자연어 처리 작업에 적용될 때 대량의 지식 문서를 처리하고 이해하고 학습한다는 목표를 달성할 수 있다. 학습 후 시스템은 분별력 있게 답을 할 수 있을 뿐만 아니라 정답에 도달하는 데 거쳐야 하는 과정에 대한 단서를 제공하며, 인간이 이해할 수 있는 만큼 이해할 수 있게 된다. 이러한 단계들은 기계 독해와 기계 이해 시스템을 사용하는 사용자들이 자연스럽게 이해할 수 있는 자연어로 된 논리적 형태로 나타날 것이다. 사람의 관점에서 보면 자연어 이해는 단지 질문, 구문, 답변이 매치된 수많은 예제를 본 후 지도supervised학습 형식으로 문맥 지식인 관련 문구나 데이터 그래프가 있는 질문에 답을 정확히 예측하는 것은 아니다. 오히려 이해력을 갖춘 바람직한 자연어 처리 시스템은 인간의 인지능력을 닮아야 한다. 그러한 능력의 예로(Nguyen et al., 2017) — 이해 체계가 잘 학습된 후, 가령 질의응답 과제에서 이해 체계는 질문을 해결하기 위해 제공된 텍스트 자료의 필수 측면aspect을 마스터해야 한다. 마스터라는 의미는 학습된 시스템이 외국어 텍스트나 요약본과 짝을 맞춘 텍스트 데이터를 보지 않고도 번역, 요약, 추천 등 자연어 처리를 잘 수행하는 것이다.

강력한 신경기호 시스템의 특성을 다루는 한 방법은 1.2절에서 논의된 자연어 처리 첫 번째 물결 동안 알려졌던 전문가 추론과 구조의 풍부함의 특징이 있는 "이성주의" 접근법과의 통합으로 볼 수 있다. 흥미롭게도

Church(2007)는 이성주의에서 실증주의 접근법으로 이동하는 진자는 딥러닝 (세 번째) 물결이 일어나기 전인 두 번째 자연어 처리 물결의 절정기에서 너무 크게 흔들리고 있다고 주장하고 새로운 이성주의 물결이 도래할 것이라 예측했다. 그러나 확장된 이성주의 시대로 돌아가기보다는, 딥러닝 시대가 Church(2007)가 쓴 시기로부터 얼마 지나지 않아 전속력으로 도래했다. 딥러닝은 이성주의 색채가 더해지기보다는 빅데이터와 빅컴퓨터 그리고 거대한 병렬 분산으로 폭넓은 언어의 개체를 표상하는 개념적으로 혁명적인 방법으로 자연어 처리 실증주의를 정점으로 몰아가고 있으며, 차세대 자연어 처리 모델의 능력을 빠르게 높이고 있다. 연구자들은 자연어 처리용 딥러닝 방법의 성공과 다양한 한계점 분석과 동시에, 다음 단계의 물결을 살펴보고 있으며, 실증주의에서 벗어나서 인간의 인지 기능에 다가가기 위한 구조화된 신경망 방식에 이성주의가 잃어버린 핵심 부분을 자연스럽게 통합하는 더욱 진전된 딥러닝 패러다임을 개발하고 있다.

1.6.2 구조, 기억 그리고 지식

1장의 앞부분과 자연어 처리 문헌(Manning and Socher, 2017)에서 논의된 바와 같이 현재 연구원들은 여전히 구조를 활용해 기억과 지식 구축에 초기 단계의 딥러닝 방법을 사용한다. 자연어 처리 벤치마크를 넘어서기 위해 관심attention을 포함하는 LSTM이 자연어 처리 작업에 폭넓게 보급돼 왔지만 LSTM은 인간 인지 능력의 훌륭한 기억 모델과는 거리가 멀다. 특히 LSTM은 에피소드 메모리를 시뮬레이션하기 위한 적절한 구조가 결여돼 있으며, 인간 인지 능력의 핵심 구성 요소는 과거의 사건 사고를 불러일으켜서 다시 경험하는 것이다. 이 능력은 순간적 학습을 도출해내고 자연어로 기술된 사건을 추론해낼 뿐만 아니라 자연어 텍스트와 음성을 읽고 이해하는 데 중요한 역할을 한다. 최근의 많은 연구는 비지도학습으로 시행되는 외부 메모리 구조(Vinyalsetal. 2016; Kaiser et al., 2017)와 강화학습으로 시행되는 증강 메모리 구조(Graves et al., 2016; Oh et al., 2016)를 포함한 더 나은 메모리 모델링 개발에 전념해왔다. 그러나 일반적인 효과를 아직 보여주지 못하고 있으며 메모리 내 저장된 모든 요소를 접근해야 하는 관심attention 사용에서 발생할 수 있는 유연한 확장성 등 다수의 한계점으로 어려움을 겪고 있다. 텍스트 이해와 추론을 위해 지식을 저장하고 활용하는 더 나은 모델을 연구하는 방향에 많은 연구들이 향할 것이다.

1.6.3 비지도학습과 생성 딥러닝

자연어 처리를 위한 딥러닝의 또 다른 혁신은 학습 가이드를 위해 입력값과 결합된 지도 신호를 사용하지 않는 비지도학습용 새로운 알고리즘 개발에 있다. 1.4절에서 논의된 단어 임베딩은 비용 없이 주변의 단어들을 지도 신호로 활용하는 비지도학습의 약한 형태로 볼 수 있지만, 번역, 이해, 요약 등과 같은 실제의 자연어 처리 예측 작업에서 비지도 방식으로 획득된 임베딩은 비용이 많이 발생하는 지도 신호를 필요로 하는 또 다른 지도학습 아키텍처에 투입해야 한다. 비싼 학습 지도 신호를 필요로 하지 않는 진정한 비지도학습에서 새로운 형태의 목적함수와 최적화 알고리즘이 필요하다. 가령 비지도학습의 목적함수는 지도학습에서 가장 인기 있는 크로스 엔트로피처럼 입력 데이터와 연계되는 표적 레이블 데이터가 필요하지 않다. 비지도 딥러닝 알고리즘 개발은 역전파 및 Q-학습 알고리즘이 이미 성숙된 지도 강화학습의 알고리즘 개발에 비해 크게 뒤처져 있다.

비지도학습에서 최근의 초기 개발은 순차적 출력 구조와 첨단 최적화 방법을 활용해 예측 시스템을 학습하는 데 레이블 사용 필요성을 완화하는 방법을 취한다(Russell and Stefano, 2017; Liuetal, 2017). 미래 비지도학습의 발전은 입력 데이터 구조와 입력 데이터와 출력 결과물의 관계를 포함한 학습 신호의 새로운 원천을 활용함으로써 이뤄질 가능성이 높다. 입력 데이터와 출력 결과물의 관계 활용은 조건부 생성 모델 구축과 밀접한 관련이 있다. 딥러닝에서 가장 인기 있는 토픽인 생성 적대적 신경망GAN, Generative Adversarial Networks(Goodfellow et al., 2014)은 패턴 인식과 머신러닝에 합성 데이터로 하는 분석이 자연어 처리 과제를 새로운 방식으로 해결하는 데 큰 역할을 할 것이다.

생성 적대적 신경망은 노드 사이의 촘촘한 연결성을 가지면서 확률 설정이 없는 신경망 형태로 형성된다. 다른 한편으로 "노드" 사이에 발생하는 드문 연결성에 컴퓨터 연산 장점을 활용하는 확률적 베이지안 추론은 머신러닝의 주요 이론 기둥 중 하나이며 1.3절에 논의했던 자연어 처리 실증주의 물결 동안 개발된 수많은 자연어 처리 방법의 기반이 돼 왔다. 딥러닝과 확률 모델링 간의 올바른 연결 고리는 무엇인가? 확률적 사고가 딥러닝 기술을 더 잘 이해할 수 있어서 자연어 처리 작업을 위한 새로운 딥러닝 방법을 유도하는 데 도움이 될 수 있는가? 그 반대의 방향도 될 수 있는가? 향후 연구에서 폭넓게 다루게 될 주제다.

1.6.4 다중양식 및 멀티태스킹 딥러닝

다중양식multimodal과 멀티태스킹 딥러닝은 서로 다른 양식(예: 오디오, 스피치, 비디오, 이미지, 텍스트, 소스 코드 등) 또는 혼재된 영역의 작업(예: 점 예측 및 구조화된 예측, 랭킹, 추천, 시계열 예측, 클러스팅 등)에서 축적된 심층 네트워크 형태로 잠재적 표상을 하는 작업이다. 딥러닝 이전에 다중양식과 멀티태스킹 학습은 여러 전달양식과 해결해야 할 과제 간에 공유되는 매개 표상이 없었기 때문에 효과적으로 이뤄지기가 매우 어려웠다. 실증주의 물결(Lin et al., 2008)과 딥러닝 물결(Huang et al., 2013a) 동안 이뤄진 다중언어 인식과 같은 멀티태스킹 학습의 대조성에 대한 가장 놀라운 예 한 가지를 살펴보라.

다중양식 정보는 저비용 비지도 방식으로 활용될 수 있다. 예를 들어 표준 음성인식, 이미지 인식 및 텍스트 분류는 영상, 이미지 및 텍스트 등의 다중양식 각각에서 지도 레이블을 사용한다. 그러나 이 방법은 아이들이 텍스트를 분류하기 위해 스피치와 이미지를 인지하는 것을 학습하는 것과는 상당히 동떨어져 있다. 아이들은 음성과 관련된 이미지 화면, 텍스트, 또는 필기를 가르치는 어른들로부터 음성에 대한 원거리 지도 신호를 얻는다. 비슷하게 이미지 분류를 학습하는 아이들의 경우 지도 신호로써 음성이나 텍스트를 활용한다. 아이들에게 발생하는 이러한 유형의 학습은 여러 양식의 딥러닝을 위한 엔지니어링 시스템을 개선하기 위해 다중양식 데이터를 활용하는 학습 메커니즘을 작동시킨다. 유사한 값은 서로 다른 양식을 통해 최대의 상호 정보를 사용해 훈련돼 심층 신경망을 통해 음성, 이미지 및 텍스트가 매핑되는 동일한 의미 공간에서 정의돼야 한다. 이 메커니즘의 잠재력은 자연어 처리 문헌에서는 깊게 연구되고 있진 않다.

다중양식 딥러닝과 마찬가지로 멀티태스크 딥러닝은 여러 작업이나 도메인에서 다양한 잠재 표상을 활용하면서 혜택을 얻는다. 공동의 많은 태스크 학습을 다루는 최근 연구들은 하나의 큰 심층 신경망 모델(Hashimoto et al., 2017)로 형태에서 구문 그리고 의미적 수준까지 자연어 처리의 다양한 범위 문제를 해결하고 있다. 이 모델은 의미 관련성 및 함축성을 예측할 뿐만 아니라 태깅, 청킹chunking, 구문 분석syntactic parsing 등 표준 자연어 처리 작업을 달성해 연속적 심층 레이어에서 다양한 수준의 언어 결괏값을 예측한다. 단일 엔드 투 엔드 학습 모델을 사용해 얻은 강력한 결과는 실제 세계에서 더욱 까다로운 자연어 처리 작업은 물론 이를 넘어서는 작업을 해결하는 방향으로 향한다.

1.6.5 메타러닝

유익한 자연어 처리와 인공지능 연구를 위한 미래의 방향은 메타러닝 패러다임이 될 것이다. 메타러닝의 목표는 각자의 새로운 작업을 별도로 다루고 각 작업을 처음부터 다시 배우는 대신 이전의 경험을 재사용해 새로운 작업을 빠르게 학습하는 방법을 배우는 데 있다. 즉, 메타러닝을 통해 적은 수의 훈련 샘플을 사용해 새로운 학습 과제를 해결할 수 있는 것처럼 다양한 학습 과제를 기반으로 모델을 학습시킨다. 자연어 처리 환경에서 성공적인 메타러닝은 소량의 학습 데이터를 사용해 자연어 처리 작업을 해결하도록 새로운 학습 알고리즘(예: 비지도학습을 위한 정교한 최적 알고리즘)을 향상시키거나 자동으로 발견하는 지능형 자연어 처리 시스템의 설계를 가능하게 한다.

머신러닝의 하위 영역인 메타러닝에 관한 연구는 30년 전부터 시작됐지만(Schmidhuber, 1987; Hochreiter et al., 2001), 딥러닝 방식이 성숙해진 최근에야 메타러닝의 거대한 영향에 대한 증거들이 분명해졌다. 메타러닝의 초기 진행은 하이퍼파라미터 최적화(Maclaurin et al., 2015), 신경망 아키텍처 최적화(Wichrowska et al., 2017), 빠른 강화학습(Finn et. al., 2017) 등 딥러닝에 성공적으로 적용된 기술 형태로 나타났다. 실제 세계에서 메타러닝의 궁극적 성공은 자연어 처리 및 컴퓨터 과학 문제를 딥러닝 문제로써 다시 형성하고 오늘날의 딥러닝을 위해 디자인되고 통일된 인프라로 해결할 수 있도록 알고리즘을 개발하는 것이다. 메타러닝은 바로 강력하게 떠오르고 있는 인공지능과 딥러닝 패러다임이며, 자연어 처리 애플리케이션에 영향을 줄 것이라 기대되는 연구 영역이다.

1.7 요약

1장에서 이 책의 기본 프레임워크를 설정하기 위해 자연어 처리의 기본을 소개했다. 자연어 처리는 컴퓨터 언어보다 애플리케이션 지향성이 높고, 두 분야 모두 인공지능과 컴퓨터 공학 분야에 속한다. 자연어 처리 분야의 역사적인 발전은 수십 년에 걸쳐 이성주의와 실증주의에서 시작해 현재의 딥러닝의 물결에 이르기까지 자연어 처리의 세 가지 물결 측면에서 관찰하고 조사했다. 이번 조사의 목표는 미래 방향을 이끌어 갈 역사적 발전에서 통찰을 얻어내는 것이었다.

3가지 물결 분석에서 얻을 수 있는 결론은 자연어 처리에 대한 현재 딥러닝 기술은 이전의 두 물결에서 개발된 자연어 처리 기술에서 나온 개념과 패러다임 혁명이라는 점이다. 이 혁명의 핵심 기둥은 임베딩을 통한 언어 개체(하위 단어, 단어, 구문, 문장, 단락, 문서 등)의 분산 표상, 임베딩으로 인한 의미 일반화, 언어의 길고 깊은 시퀀스 모델링, 낮은 수준에서 높은 수준의 언어를 표상하는 계층 네트워크 그리고 많은 자연어 처리 작업을 공동으로 해결할 수 있는 엔드 투 엔트 딥러닝이다. 이 어떤 것도 딥러닝 물결 이전에는 가능하지 않았다. 이전 물결에서 빅데이터와 강력한 연산이 없었을 뿐만 아니라 최근의 딥러닝 패러다임이 나타날 때까지 올바른 프레임워크를 놓치고 있었기 때문이었다.

딥러닝에 기인한 여러 자연어 처리 응용 분야의 눈에 띄는 성공을 조사한 후에, 현재의 딥러닝 기술의 주요 한계점을 지적하고 분석했다. 이번 조사는 자연어 처리 분야의 발전을 위한 4가지 연구 방향을 제시해준다. 신경-기호 통합 프레임워크, 더 좋은 메모리 모델 개발, 더욱 나은 지식 활용 그리고 지도 및 생성 학습, 멀티모드와 멀티태스크 학습, 메타러닝 등 더 좋은 딥러닝 패러다임이다.

딥러닝은 자연어 처리 분야에 과거 어느 때보다 밝은 미래를 열었다. 컴퓨터 시스템으로 자연어를 처리하는 인간의 인지능력을 표현하는 강력한 모델링 프레임워크를 제공할 뿐만 아니라 자연어 처리의 주요 응용 분야에서 뛰어난 결과를 만들어왔다. 이 책의 나머지 장에서는 딥러닝 프레임워크를 사용해 개발된 자연어 처리 기술에 대해서 자세한 설명을 하고 가능하면 딥러닝과 자연어 처리 바다에 딥러닝 물결을 일으키기 전에 개발됐던 불과 몇 년 전의 전통적인 방식의 벤치마크 결과와 비교한다. 종합적 증거들이 1장에서 논의됐던 현재의 한계점을 극복할 수 있는 훌륭한 딥러닝 방법을 개발하는 데 도움이 되고 앞으로의 연구 방향에 좋은 영감을 주기를 기대한다.

참고문헌

Abdel-Hamid, O., Mohamed, A., Jiang, H., Deng, L., Penn, G., & Yu, D. (2014). *Convolutional neural networks for speech recognition*. IEEE/ACM Trans. on Audio, Speech and Language Processing.

Amodei, D., Ng, A., et al.(2016). Deep speech 2: End-to-end speech recognition in English and Mandarin. In *Proceedings of ICML*.

Bahdanau, D., Cho, K., & Bengio, Y. (2015). Neuralmachine translation by jointly learning to align and translate. In *Proceedings of ICLR*.

Baker, J., et al.(2009a). Research developments and directions in speech recognition and understanding. *IEEE Signal Processing Magazine, 26*(4).

Baker, J., et al.(2009b). Updated MINDS report on speech recognition and understanding. *IEEE Signal Processing Magazine, 26*(4).

Baum, L., & Petrie, T. (1966). Statistical inference for probabilistic functions of finite state markov chains. *The Annals of Mathematical Statistics*.

Bengio, Y. (2009). *Learning Deep Architectures for AI*. Delft: NOW Publishers.

Bengio, Y., Ducharme, R., Vincent, P., & d Jauvin, C. (2001). A neural probabilistic language model. *Proceedings of NIPS*.

Bishop, C. (1995). *Neural Networks for Pattern Recognition*. Oxford: Oxford University Press.

Bishop, C. (2006). *Pattern Recognition and Machine Learning*. Berlin: Springer.

Bridle, J., et al. (1998). An investigation of segmental hidden dynamic models of speech coarticulation for automatic speech recognition. *Final Report for 1998 Workshop on Language Engineering, Johns Hopkins University CLSP*.

Brown, P. F., Della Pietra, S. A., Della Pietra, V. J., & Mercer, R. L. (1993). The mathematics of statistical machine translation: Parameter estimation. *Computational Linguistics, 19*.

Charniak, E. (2011). The brain as a statistical inference engine—and you can too. *Computational Linguistics, 37*.

Chiang, D. (2007). Hierarchical phrase-based translation. *Computaitional Linguistics*.

Chomsky, N. (1957). *Syntactic Structures*. The Hague: Mouton.

Chorowski, J., Bahdanau, D., Serdyuk, D., Cho, K., & Bengio, Y. (2015). Attention-based models for speech recognition. In *Proceedings of NIPS*.

Church, K. (2007). A pendulum swung too far. *Linguistic Issues in Language Technology, 2*(4).

Church, K. (2014). The case for empiricism (with and without statistics). In *Proceedings of Frame Semantics in NLP*.

Church, K., & Mercer, R. (1993). Introduction to the special issue on computational linguistics using large corpora. *Computational Linguistics, 9*(1).

Collins, M. (1997). *Head-driven statistical models for natural language parsing*. Ph.D. thesis, University of Pennsylvania, Philadelphia.

Collins, M. (2002). Discriminative training methods for hidden markov models: Theory and experiments with perceptron algorithms. In *Proceedings of EMNLP*.

Collobert, R., Weston, J., Bottou, L., Karlen, M., Kavukcuoglu, K., & Kuksa, P. (2011). Natural language processing (almost) from scratch. *Journal of Machine Learning Reserach, 12.*

Dahl, G., Yu, D., & Deng, L. (2011). Large-vocabulry continuous speech recognition with contextdependent DBN-HMMs. In *Proceedings of ICASSP.*

Dahl, G., Yu, D., Deng, L., & Acero, A. (2012). Context-dependent pre-trained deep neural networks for large-vocabulary speech recognition. *IEEE Transaction on Audio, Speech, and Language Processing, 20.*

Deng, L. (1998). A dynamic, feature-based approach to the interface between phonology and phonetics for speech modeling and recognition. *Speech Communication, 24*(4).

Deng, L. (2014). A tutorial survey of architectures, algorithms, and applications for deep learning. *APSIPA Transactions on Signal and Information Processing, 3.*

Deng, L. (2016). Deep learning: From speech recognition to language and multimodal processing. *APSIPA Transactions on Signal and Information Processing, 5.*

Deng, L. (2017). Artificial intelligence in the rising wave of deep learning—The historical path and future outlook. In *IEEE Signal Processing Magazine, 35.*

Deng, L., & O'Shaughnessy, D. (2003). *SPEECH PROCESSING A Dynamic and Optimization-Oriented Approach.* New York: Marcel Dekker.

Deng, L., & Yu, D. (2007). Use of differential cepstra as acoustic features in hidden trajectory modeling for phonetic recognition. In *Proceedings of ICASSP.*

Deng, L., & Yu, D. (2014). *Deep Learning: Methods and Applications.* Delft: NOW Publishers.

Deng, L., Hinton, G., & Kingsbury, B. (2013). Newtypes of deep neural network learning for speech recognition and related applications: An overview. In *Proceedings of ICASSP.*

Deng, L., Seltzer, M., Yu, D., Acero, A., Mohamed, A., & Hinton, G. (2010). Binary coding of speech spectrograms using a deep autoencoder. In *Proceedings of Interspeech.*

Deng, L., Yu, D., & Platt, J. (2012). Scalable stacking and learning for building deep architectures. In *Proceedings of ICASSP.*

Devlin, J., et al. (2015). Language models for image captioning: The quirks and what works. In *Proceedings of CVPR*.

Dhingra, B., Li, L., Li, X., Gao, J., Chen, Y., Ahmed, F., & Deng, L. (2017). Towards end-to-end reinforcement learning of dialogue agents for information access. In *Proceedings of ACL*.

Fang, H., et al. (2015). From captions to visual concepts and back. In *Proceedings of CVPR*.

Fei-Fei, L., & Perona, P. (2005). ABayesian hierarchical model for learning natural scene categories. In *Proceedings of CVPR*.

Fei-Fei, L., & Perona, P. (2016). Stacked attention networks for image question answering. In *Proceedings of CVPR*.

Finn, C., Abbeel, P., & Levine, S. (2017). Model-agnostic meta-learning for fast adaptation of deep networks. In *Proceedings of ICML*.

Gan, Z., et al. (2017). Semantic compositional networks for visual captioning. In *Proceedings of CVPR*.

Gasic, M., Mrk, N., Rojas-Barahona, L., Su, P., Ultes, S., Vandyke, D., Wen, T., & Young, S. (2017). Dialogue manager domain adaptation using gaussian process reinforcement learning. *Computer Speech and Language, 45*.

Goodfellow, I., Bengio, Y., & Courville, A. (2016). *Deep Learning*. Cambridge: MIT Press.

Goodfellow, I., et al. (2014). Generative adversarial networks. In *Proceedings of NIPS*.

Graves, A., et al. (2016). Hybrid computing using a neural network with dynamic external memory. *Nature, 538*.

Hashimoto, K., Xiong, C., Tsuruoka, Y., & Socher, R. (2017). Investigation of recurrent-neuralnetwork architectures and learning methods for spoken language understanding. In *Proceedings of EMNLP*.

He, X., & Deng, L. (2012). Maximum expected BLEU training of phrase and lexicon translation models. In *Proceedings of ACL*.

He, X., & Deng, L. (2013). Speech-centric information processing: An optimization-oriented approach. *Proceedings of the IEEE, 101*.

He, X., Deng, L., & Chou, W. (2008). Discriminative learning in sequential pattern recognition. *IEEE Signal Processing Magazine, 25*(5).

He, K., Zhang, X., Ren, S., & Sun, J. (2016). Deep residual learning for image recognition. In *Proceedings of CVPR*.

Hinton, G., & Salakhutdinov, R. (2012). A better way to pre-train deep Boltzmann machines. In *Proceedings of NIPS*.

Hinton, G., Deng, L., Yu, D., Dahl, G., Mohamed, A.-r., Jaitly, N., Senior, A., Vanhoucke, V., Nguyen, P., Kingsbury, B., & Sainath, T. (2012). Deep neural networks for acoustic modeling in speech recognition. *IEEE Signal Processing Magazine, 29*.

Hinton, G., Osindero, S., & Teh, Y. -W. (2006). A fast learning algorithm for deep belief nets. *Neural Computation, 18*.

Hochreiter, S., et al. (2001). Learning to learn using gradient descent. In *Proceedings of International Conference on Artificial Neural Networks*.

Huang, P., et al. (2013b). Learning deep structured semantic models for web search using clickthrough data. *Proceedings of CIKM*.

Huang, J. -T., Li, J., Yu, D., Deng, L., & Gong, Y. (2013a). Cross-lingual knowledge transfer using multilingual deep neural networks with shared hidden layers. In *Proceedings of ICASSP*.

Jackson, P. (1998). *Introduction to Expert Systems*. Boston: Addison-Wesley.

Jelinek, F. (1998). *Statistical Models for Speech Recognition*. Cambridge: MIT Press.

Juang, F. (2016). Deep neural networks a developmental perspective. *APSIPA Transactions on Signal and Information Processing, 5*.

Kaiser, L., Nachum, O., Roy, A., & Bengio, S. (2017). Learning to remember rare events. In *Proceedings of ICLR*.

Karpathy, A., & Fei-Fei, L. (2015). Deep visual-semantic alignments for generating image descriptions. In *Proceedings of CVPR*.

Koh, P., & Liang, P. (2017). Understanding black-box predictions via influence functions. In *Proceedings of ICML*.

Krizhevsky, A., Sutskever, I., & Hinton, G. (2012). Imagenet classification with deep convolutional neural networks. In *Proceedings of NIPS*.

Lafferty, J., McCallum, A., & Pereira, F. (2001). Conditional random fields: Probabilistic models for segmenting and labeling sequence data. In *Proceedings of ICML*.

LeCun, Y., Bengio, Y., & Hinton, G. (2015). Deep learning. *Nature, 521*.

Lee, L., Attias, H., Deng, L., & Fieguth, P. (2004). A multimodal variational approach to learning and inference in switching state space models. In *Proceedings of ICASSP*.

Lee, M., et al. (2016). Reasoning in vector space: An exploratory study of question answering. In *Proceedings of ICLR*.

Lin, H., Deng, L., Droppo, J., Yu, D., & Acero, A. (2008). Learning methods in multilingual speech recognition. In *NIPS Workshop*.

Liu, Y., Chen, J., & Deng, L. (2017). An unsupervised learning method exploiting sequential output statistics. In arXiv:1702.07817.

Ma, J., & Deng, L. (2004). Target-directed mixture dynamic models for spontaneous speech recognition. *IEEE Transaction on Speech and Audio Processing, 12*(4).

Maclaurin, D., Duvenaud, D., & Adams, R. (2015). Gradient-based hyperparameter optimization through reversible learning. In *Proceedings of ICML*.

Manning, C. (2016). Computational linguistics and deep learning. In *Computational Linguistics*.

Manning, C., & Schtze, H. (1999). *Foundations of statistical natural language processing*. Cambridge: MIT Press.

Manning, C., & Socher, R. (2017). *Lectures 17 and 18: Issues and Possible Architectures for NLP*. Tackling the Limits of Deep Learning for NLP. CS224N Course: NLP with Deep Learning.

Mesnil, G., He, X., Deng, L., & Bengio, Y. (2013). Investigation of recurrent-neural-network architectures and learning methods for spoken language understanding. In *Proceedings of Interspeech*.

Mikolov, T., Sutskever, I., Chen, K., Corrado, G., & Dean, J. (2013). Distributed representations of words and phrases and their compositionality. In *Proceedings of NIPS*.

Mnih, V., Kavukcuoglu, K., Silver, D., Rusu, A. A., Veness, J., Bellemare, M. G., Graves, A., Riedmiller, M., Fidjeland, A. K., Ostrovski, G., Petersen, S., Beattie, C., Sadik, A., Antonoglou, I., King, H., Kumaran, D., Wierstra, D., Legg, S., & Hassabis, D. (2015). Human-level control through deep reinforcement learning. *Nature, 518*.

Mohamed, A., Dahl, G., & Hinton, G. (2009). Acoustic modeling using deep belief networks. In *NIPS Workshop on Speech Recognition*.

Murphy, K. (2012). *Machine Learning: A Probabilistic Perspective*. Cambridge: MIT Press. Nguyen, T., 외(2017). MS MARCO: A human generated machine reading comprehension dataset. arXiv:1611,09268

Nilsson, N. (1982). *Principles of Artificial Intelligence*. Berlin: Springer.

Och, F. (2003). Maximum error rate training in statistical machine translation. In *Proceedings of ACL*.

Och, F., & Ney, H. (2002). Discriminative training and maximum entropy models for statistical machine translation. In *Proceedings of ACL*.

Oh, J., Chockalingam, V., Singh, S., & Lee, H. (2016). Control of memory, active perception, and action in minecraft. In *Proceedings of ICML*.

Palangi, H., Smolensky, P., He, X., & Deng, L. (2017). Deep learning of grammatically-interpretable representations through question-answering. arXiv:1705.08432

Parloff, R. (2016). Why deep learning is suddenly changing your life. In *Fortune Magazine*.

Pereira, F. (2017). A (computational) linguistic farce in three acts. In http://www.earningmyturns.org.

Picone, J., et al. (1999). Initial evaluation of hidden dynamic models on conversational speech. In *Proceedings of ICASSP*.

Plamondon, R., & Srihari, S. (2000). Online and off-line handwriting recognition: A comprehensive survey. *IEEE Transactions on Pattern Analysis and Machine Intelligence, 22*.

Rabiner, L., & Juang, B. -H. (1993). *Fundamentals of Speech Recognition*. USA: Prentice-Hall.

Ratnaparkhi, A. (1997). A simple introduction to maximum entropy models for natural language processing. Technical report, University of Pennsylvania.

Reddy, R. (1976). Speech recognition by machine: A review. *Proceedings of the IEEE, 64*(4).

Rumelhart, D., Hinton, G., & Williams, R. (1986). Learning representations by back-propagating errors. *Nature, 323*.

Russell, S., & Stefano, E. (2017). Label-free supervision of neural networks with physics and domain knowledge. In *Proceedings of AAAI*.

Saon, G., et al. (2017). English conversational telephone speech recognition by humans and machines. In *Proceedings of ICASSP*.

Schmidhuber, J. (1987). *Evolutionary principles in self-referential learning*. Diploma Thesis, Institute of Informatik, Technical University Munich.

Seneff, S., et al. (1991). Development and preliminary evaluation of the MIT ATIS system. In *Proceedings of HLT*.

Smolensky, P., et al. (2016). Reasoning with tensor product representations. arXiv:1601.02745

Sutskevar, I., Vinyals, O., & Le, Q. (2014). Sequence to sequence learning with neural networks. In *Proceedings of NIPS*.

Tur, G., & Deng, L. (2011). *Intent Determination and Spoken Utterance Classification; Chapter 4 in book: Spoken Language Understanding*. Hoboken: Wiley.

Turing, A. (1950). Computing machinery and intelligence. *Mind, 14*.

Vapnik, V. (1998). *Statistical Learning Theory*. Hoboken: Wiley.

Vincent, P., Larochelle, H., Lajoie, I., Bengio, Y., & Manzagol, P. -A. (2010). Stacked denoising autoencoders: Learning useful representations in a deep network with a local denoising criterion. *The Journal of Machine Learning Research, 11.*

Vinyals, O., et al. (2016). Matching networks for one shot learning. In *Proceedings of NIPS.*

Viola, P., & Jones, M. (2004). Robust real-time face detection. *International Journal of Computer Vision, 57.*

Wang, Y. -Y., Deng, L., & Acero, A. (2011). *Semantic Frame Based Spoken Language Understanding; Chapter 3 in book: Spoken Language Understanding.* Hoboken: Wiley.

Wichrowska, O., et al. (2017). Learned optimizers that scale and generalize. In *Proceedings of ICML.*

Winston, P. (1993). *Artificial Intelligence.* Boston: Addison-Wesley.

Xiong, W., et al. (2016). Achieving human parity in conversational speech recognition. In *Proceedings of Interspeech.*

Young, S., Gasic, M., Thomson, B., & Williams, J. (2013). Pomdp-based statistical spoken dialogue systems: A review. *Proceedings of the IEEE, 101.*

Yu, D., & Deng, L. (2015). *Automatic Speech Recognition: A Deep Learning Approach.* Berlin: Springer.

Yu, D., Deng, L., & Dahl, G. (2010). Roles of pre-training and fine-tuning in context-dependent dbn-hmms for real-world speech recognition. In *NIPS Workshop.*

Yu, D., Deng, L., Seide, F., & Li, G. (2011). Discriminative pre-training of deep neural networks. In *U.S. Patent No. 9,235,799, granted in 2016, filed in 2011.*

Zue, V. (1985). The use of speech knowledge in automatic speech recognition. *Proceedings of the IEEE, 73.*

2
대화 이해에
사용되는 딥러닝

고칸 투르Gokhan Tur, 애슬리 샐리킬마즈Asli Celikyilmaz,

샤오동 허Xiaodong He, 디렉 하카니투르Dilek Hakkani-Tür, 리 덩Li Deng

소개

인공지능의 발전으로 특정 시간에 레스토랑을 찾거나 테이블을 예약하기 위해 스케줄 작성을 돕는 대화 보조자 역할이 중요해지고 있다. 그러나 인간 수준의 지능을 가진 자동화된 대리인을 개발하는 것은 인공지능 분야에서 어려운 문제 중 하나다. 시스템의 핵심은 대화 이해이며, 이 분야는 아직 명료하게 밝혀지지 않았고 인공지능에 깊이 의존하기 때문에 수십 년 동안 이뤄진 인공지능 연구의 성배와도 같다. 이러한 어려움을 고려하면서 목표 기반 대화 이해 연구를 토대로 딥러닝 역사에서 시작해 딥러닝 시대 이전 연구 그리고 최근 발전 방향으로 이어간다.

2.1 서론

지난 10년 동안 구글 어시스턴트, 아마존 알렉사, 마이크로소프트 코타나 그리고 애플 시리와 같은 가상 개인 비서의 실용적인 목표 지향 대화 이해CLU, Conversation Language Understanding 시스템이 구축돼왔다. 말의 순서를 자동으로 기록하는 음성인식과는 달리(Deng and O'Shaughnessy, 2003; Huang and Deng, 2010), 대화 이해는 명확하게 정의된 작업은 아니다. 가장 높은 수준의 대화 이해 목표는 말이나 글로 된 대화 문맥 속 자연어에서 "의미"를 추출하는 것이다. 이 방법은 사용자가 자연어로 특정 작업을 수행할 수 있도록 도와주는 실용적 애플리케이션을 의미한다. 대화 이해 시스템은 구두 형태 자연어를 이해하는 데 사용된다. 2장에서 논의되는 대화 이해는 문헌에서 사용되는 구두 언어 이해와 매우 가까우며 때로는 동의어로 사용될 것이다(Tur and Mori, 2011; Wang et al., 2011).

음성인식, 대화 이해/구두 언어 이해 그리고 텍스트로 된 자연어 이해 사이의 연결 고리에 관해 설명한다. 음성인식은 이해와 관계없지만 구두 형식을 테스트 형식으로 전환하는 것을 담당한다(Deng and Li, 2013). 음성인식에서 발생하는 오류는 다운스트림 언어 처리 과정에서 발생하는 노이즈noise로 볼 수 있다(He and Deng, 2011). 노이즈가 있는 자연어를 다루는 문제는 음향 환경에서 발생한 잡음이 있는 음성인식 문제를 다루는 것과 직결된다(Li et al., 2014).

음성 입력이 필요한 구두 언어 이해와 대화 이해의 경우, 음성인식에서 필연적으로 발생하는 오류 때문에 음성인식 오류가 발생하지 않는 텍스트보다 이해하기 어렵다(He and Deng, 2013). 구두 언어 이해와 대화 이해 연구의 오랜 역사에서 음성인식 오류 처리의 어려움 때문에 텍스트 형식의 언어 이해 연구 영역보다 상당히 협소하게 발전했다(Tur and Deng, 2011). 그러나 음성인식 분야에 최근 딥러닝의 성공으로(Hinton et al., 2012) 인식 오류는 현저하게 감소돼 대화 이해 시스템은 더욱 광범위한 애플리케이션 영역을 만나고 있다.

대화 이해 연구는 사람들의 이해를 모방하면서 대화를 주고받는 1960년대에 만들어진 MIT의 엘리자 시스템(Weizenbaum, 1966)과 같은 오래전의 인공지능 업적에 뿌리를 두고 있다. 만약 사용자가 "우울해"라고 말하면 엘리자는 "자주 우울합니까?"라고 물어본다. 이러한 시스템은 지식 기반으로 이뤄지며 문장을 논리적 형태로 매핑하고 공식에 따라 해석한다. 가장 간단한 형식은 술어predicate와 주어를 포함하지만 문맥을 전혀 고려하지 않는 구조다. 예를 들어 John은 Mary를 사랑한다(John loves Mary)라는 문장이 있을 때, 논리 형식은 love (john, mary)로 구성된다. 이러한 아이디어에 기반해 일부 연구자는 모든 언어가 의미적 기능을 공유한다고 가정하고 보편성을 띠는 의미 문법을 구축하고자 노력했다(Chomsky, 1965). 이러한 방법은 통계적 접근법이 압도하기 시작했던 1990년대 후반까지 기계번역 연구에 큰 영향을 미치는데, 언어 이해에 대한 인공지능 기술을 알고 싶으면 Allen(1995)의 연구를 볼 것을 추천한다.

다양한 업무와 영역에 적용을 목표로 이해를 의미적으로 표상하는 것은 매우 어려운 일이라 적용 방법은 애플리케이션과 환경(예: 모바일과 TV)에 따라 조정해야 한다. "목표된 이해"의 세 가지 주요 작업은 도메인 분류(사용자들은 무엇에 관해 이야기하는가? 예: "여행"), 의도 결정(사용자들은 무엇을 하고 싶어 하는가? 호텔방 예약) 그리고 슬롯 채우기(이 작업의 파라미터는 무엇인가? 예: 디즈니랜드에 가까운 방 2개짜리 숙소)이며(Tur and Mori, 2011), 사용자와 질문 의미를 포착하는 의미 프레임을 만드는 것이 작업의 목표다. '내일 뉴욕 비행편 찾기'라는 비행 관련 질의에 대한 의미 프레임 예는 그림 2.1에 제시돼 있다.

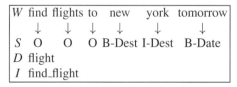

그림 2.1 공간값을 위해 IOB(In-Out-Begin) 표현 방식을 따르는 슬롯 채우기(S), 도메인(D), 사용자 의도(I)로 구성된 발언(W) 의미 분석 예

2장에서는 최신 딥러닝 기반 대화 이해를 자세히 소개할 것이며, 앞에서 말했던 3가지 작업에 초점을 맞춘다. 다음 절에서는 작업들을 정의하고 딥러닝 이전 시대에 발표된 연구 문헌을 살펴본다. 그런 다음 2.4절에서 해당 작업들을 대상으로 한 최근 연구를 다룬다.

2.2 역사적 관점

미국에서는 프레임 기반 대화 이해 연구가 1970년대 DARPA의 스피치 이해 연구SUR, Speech Understanding Research와 자원 관리에서 시작됐다. 초기 단계에서 몇 가지 명령어로 할 수 있는 동작이 정해진 유한 상태 기계FSM, Finnite State Machine와 완전히 나눌 수 있을 때까지 분해하는 자연어 분석법인 확장된 전이망ATN, Augmented Transition Network 등 자연어 이해 기술이 구두 언어 이해에 적용됐다 (Woods, 1983).

목표 프레임을 사용하는 구두 언어 이해 연구는 1990년대에 DARPA의 항공여행정보시스템ATIS, Air Travel Information System 프로젝트 평가로 급성장했다 (Price 1990; Hemphill et al., 1990; Dahl et al., 1994). AT&T와 BBN Technologies 등 산업계와 카네기멜론대학교, MIT, SRI 등 학계 연구소들이 비행 정보, 육상 운송 정보, 공항 서비스 정보 등 여행 정보에 대한 사용자의 음성 질의를 이해하고 표준 데이터베이스에서 답할 수 있는 시스템을 개발했다. ATIS는 공통된 테스트 환경을 가지고 여러 기관에서 참여해 엄격하게 적용한 엔드 투 엔드 방식의 평가 덕분에 프레임 기반 구두 언어 이해의 중요한 이정표를 세울 수 있었다. 훗날 항공여행정보시스템은 DARPA 커뮤니케이터 프로그램(Walker et al., 2001)을 통해 여러 번 대화를 주고받을 수 있도록 확장됐다. 그동안 인공지능 커뮤니티는 TRAINS 시스템처럼 대화를 계획하는 대리인을 만들려는 노력을 했으며(Allen et al., 1996), 동시에 유럽에서도 비슷한 노력이 이뤄졌다. 프랑스의 EVALDA/MEDIA 프로젝트는 구두 대화에서 상황 의존적 구두 언어 이해와 상황 독립적 구두 언어 이해를 비교하고, 진단을 위해 평가 방법을 설계하고 테스트하는 것을 목표로 했다

(Bonneau-Maynard et al., 2005). 참가자들은 학술단체(IRIT, LIA, LIMSI, LORIA, VALORIA, CLIPS)와 산업기관(FRANCETELECOMR & D, TELIP)을 포함했다. 항공 여행 정보시스템처럼 연구 범위는 여행객과 호텔 정보에 대한 데이터베이스 질의에 한정했다. 유럽연합이 후원한 좀 더 최근의 LUNA 프로젝트는 첨단 통신 서비스 환경에서 동시에 발생한 음성발화utterance[1]를 실시간으로 이해하는 문제에 초점을 맞췄다(Hahn et al., 2011).

딥러닝 시대 이전 연구자들은 제공된 훈련 데이터를 사용해 적용 도메인의 프레임 슬롯을 채우는 시퀀스 분류 방법을 채택하고 비교 실험을 수행했다. 여기에는 히든 마르코프 모델(Pieraccini et al.1992), 차별화 분류법(Kuhn and Mori, 1995), 지식 기반 방법, 확률적 상황에 독립적인 문법CFGs(Seneff, 1992; Ward and Issar, 1994), 조건부 무작위 필드CRF(Raymond and Riccardi, 2007; Tur et al., 2010)와 같은 생성 모델을 사용했다.

슬롯 채우기 방식과 동시에 콜센터 쌍방향 음성 응답IVR, Interactive Voice Response 시스템에서 기계로 제어된 대화에 사용되는 대화 이해 작업이 등장했다. 쌍방향 음성 응답 시스템에서 상호작용은 기계로 완전히 제어된다. 기계로 주도되는 시스템은 사용자에게 질의하고 사용자로부터 나온 입력값은 미리 결정된 키워드나 구phrase 중 하나가 될 것으로 예상한다. 우편 배달 시스템은 사용자에게 픽업 예약, 패키지 추적, 주문 등을 물어보도록 사용자에게 요구하거나 피자 배달 시스템에서는 가능한 토핑을 요청하도록 말하는 것이다. 이러한 쌍방 대화 시스템은 콜센터에서 기계 주도 대화를 할 수 있도록 확장되며 VoiceXMLVXML과 같은 표준화된 플랫폼을 사용해 광범위하게 구현된다.

쌍방향 음성 응답 시스템의 성공은 사용자 발화를 사전에 정의된 분류로 구분한다는 아이디어를 더욱 정교하게 하는 데 촉매제가 됐고, AT&T(Gorin et al., 1997, 2002; Gupta et al., 2006), 벨연구소(Chu-Carroll and Carpenter, 1999), BBN(Natarajan et al., 2002), 프랑스 텔레콤(Damnati et al., 2007) 등 주요 회사들은 그 정교화된 버전을 채택했다.

---

1 대화에서 말하는 사람이 듣는 사람에게 보내는 메시지 단위 – 옮긴이

이 시스템은 대화 이해에 대한 또 다른 관점이지만, 실제로는 프레임 채우기를 보완한다. 예를 들어 ATIS 말뭉치에는 지상 교통편이나 특정 항공기의 좌석 규모를 묻는 발화들이 있어서, 사용자는 비행 정보를 찾는 것 이외에 다른 의도를 가질 수 있다. 도메인 탐지, 의도 결정 그리고 슬롯 채우기에 대한 딥러닝 이전 시대의 구체적인 내용은 Tur와 Mori(2011)의 연구에서 찾을 수 있다.

2.3 주요 언어 이해 작업

이번 절에서는 인간과 기계 간의 대화 시스템에서 사용되는 목적이 있는 대화 이해와 연관된 핵심 작업을 다룬다. 여기에는 도메인 탐지, 의도 결정 그리고 슬롯 채우기를 위한 발화 분류 작업을 포함한다.

2.3.1 도메인 탐지 및 의도 결정

도메인 탐지 및 의도 결정의 발화 분류 작업은 주어진 음성 표상 X_r을 M개의 의미 클래스 $\hat{C}_r \in \mathcal{C} = \{C_1, ..., C_M\}$로 분류하는 것이다. 여기서 r은 발화 인덱스다. X_r이 관측될 때, X_r 의미 클래스의 사후확률 $P(C_r|X_r)$이 최대가 되는 $\hat{C}_r$이 선택된다. 공식화하면 다음과 같다.

$$\hat{C}_r = \arg \max_{C_r} P(C_r|X_r) \tag{2.1}$$

의미 분류는 상당한 자유도를 가져야 한다. 어떤 사용자는 "다음 주 뉴욕에서 보스턴으로 가는 비행편이 필요하다"고 말하고 다른 사용자는 "나는 다음 주에 JFK에서 보스턴으로 가는 비행편을 찾고 있다"라고 동일한 정보를 다르게 표현할 수 있다. 표현의 자유가 있음에도, 애플리케이션은 각 표현의 특정 정보를 묶는 명확한 구조를 가진다. 사용자의 발화에 사전적 제약이 없을 뿐만 아니라 시스템은 소량의 훈련 데이터로부터 쉽게 일반화돼야 한다. 이를테면 "모든 항공편을 보여줘"와 "항공편을 달라"는 동일한 의미 클래

스인 "비행편"의 변형 정도로 해석돼야 한다. 반면 "비행 요금을 알려줘"라는 명령은 다른 의미 클래스인 "요금"으로 해석돼야 할 것이다. 전통적 텍스트 분류 기술은 텍스트 W_i 조건에서 클래스 C_i의 확률을 극대화할 수 있는 사후 확률 $P(C_i|X_i)$ 최대화를 학습하는 방법을 고안한다. 개체 목록, 개체명(조직 이름 또는 날짜 표현) 그리고 상황 특수성(이전 단계의 대화)과 같은 중요한 피처들은 분류를 정확하게 하는 데 사용된다.

2.3.2 슬롯 채우기

애플리케이션에서 사용되는 의미 구조는 의미 프레임 관점에서 정해진다. 의미 프레임은 "슬롯"이라고 하는 여러 유형의 구성 요소를 포함한다. 예를 들어 그림 2.1에서 비행편 도메인에는 Departure_City, Arrival_City, Departure _Date, Airline_Name 등과 같은 슬롯이 있다. 슬롯 채우기 작업은 의미 프레임의 슬롯을 구체화한다.

일부 구두 언어 이해 시스템은 표현력이 풍부하고 하부 구조를 공유하는 계층 표상을 채택하고 있으며, 이 방식은 단어가 기반이 되는 구와 절 그리고 문단 등 구조를 연구하는 통사 구성트리에서 영향을 받았다.

통계프레임을 기반으로 하는 대화 이해에서 슬롯 채우기는 패턴 인식 문제로 정형화된다. 단어 시퀀스 W가 주어진 조건에서 슬롯 채우기 목적은 사후확률 $P(\mathbf{S}|\mathbf{W})$를 최대화하는 의미 태그 시퀀스 S를 찾는 데 있다.

$$\hat{\mathbf{S}} = \arg\max_{\mathbf{S}} P(\mathbf{S}|\mathbf{W}) \tag{2.2}$$

2.4 기술의 고도화: 통계 모델링에서부터 딥러닝까지

이번 절에서는 대화 언어의 이해와 멀티태스크를 다루는 최근 딥러닝 적용 노력을 살펴본다.

2.4.1 도메인 탐지와 의도 결정

심층 신뢰망DBN, Deep Belief Network으로 시작된 발화 분류 딥러닝의 첫 번째 애
플리케이션(Hinton et al., 2006)은 정보 처리 분야에서 인기를 얻었다. 심층
신뢰망은 미세 조정이 후속적으로 필요한 제한 볼츠만 머신RBMs의 적층 형태
로, 제한 볼츠만 머신은 비지도 방식으로 상당히 효과적으로 훈련되는 2층
네트워크다. 제한 볼츠만 학습과 계층 구조를 도입한 후 심층 신뢰망은 음성
및 언어 처리 분야의 수많은 작업에 성공적이었고, 궁극적으로 목적별로 전
화를 연결하는 콜 라우팅 설정(Sarikaya et al., 2011)의 의도 결정에 성공적으
로 적용됐다. 이 분야는 Sarikaya 외(2014)의 연구에서 확장되는 데 사전 학
습을 위해 추가적으로 레이블이 없는 데이터가 활용됐다.

심층 신뢰망의 성공에 따라 Deng과 Yu는 심층 신뢰망과 같은 딥러닝 기술
의 규모 확장 이슈를 해결할 수 있는 심층 볼록망Deep Convex Net 사용을 제안했
다(Deng and Yu, 2011). 심층 볼록망은 정확도뿐만 아니라 학습의 확장성과
효율성 측면에서 심층 신뢰망보다 우수함이 입증됐다. 심층복록망은 순방향
신경망feed-forward neural network이지만 입력 벡터는 각 히든 레이어에서 처리된다.

그림 2.2는 심층 볼록망의 개념 구조를 나타내며 **W**는 입력값을, **U**는 가
중치를 의미한다. 목표 벡터 **T**에 손실함수loss function를 적용해 평균제곱오차
mean square error를 구한다. 하지만 네트워크는 앞에서 설명한 대로 심층 신뢰망
을 사용해 사전 학습된다.

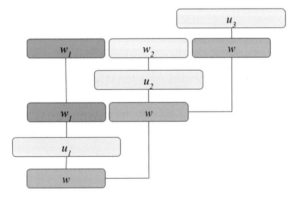

그림 2.2 전형적인 DCN 구조

연구 초기에 단어 규모가 입력값 벡터로 사용하기에는 너무 커서, 분류 작업을 하는 데 중요한 구phrases를 찾도록 피처 변환 대신 부스팅(Freund and Schapire, 1997) 기반의 피처 선택을 채택했고, 찾아낸 결과들을 부스팅 기준선과 비교했다.

초기 작업 이후 심층 신뢰망은 사전 학습에 거의 사용되지 않았고, 대신 컨볼루션 신경망CNN과 그 변형들을 사용했다(Collobert and Weston, 2008; Kim, 2014; Kalchbrenner et al., 2014).

그림 2.3은 문장이나 발화 분류를 위한 전형적인 컨볼루션 신경망 구조를 보여준다. 컨볼루션 연산은 필터 $\mathbf{U}$를 포함하며, 이 필터는 새로운 피처 c_i을 생성하기 위해 입력 문장의 h개 단어 윈도우에 적용된다. b는 편향, $\mathbf{W}$는 단어 입력 벡터, c_i는 새로운 피처다.

$$c_i = \tanh(\mathbf{U}.W_{i:i+h-1} + b)$$

맥스 풀링Max-over-time pooling 연산은 최댓값 피처 $\hat{c} = max\mathbf{c}$를 찾기 위해 $\mathbf{c} = [c_1, c_2, ..., c_{n-h+1}]$에 적용된다. 이 피처들은 완전히 연결된 상태의 softmax 레이어로 전달된다. 레이어의 출력값은 레이블에 대한 확률분포다.

$$P(y = j|\mathbf{x}) = \frac{e^{\mathbf{x}^{\mathrm{T}}\mathbf{w}_j}}{\sum_{k=1}^{k} e^{\mathbf{x}^{\mathrm{T}}\mathbf{w}_k}}$$

순환 신경망RNN에서 통찰을 얻은 도메인 탐색 방법을 사용하거나 컨볼루션 신경망과 결합해 두 분야에서 가장 좋은 결과를 얻기 위해 CNN과 결합하려고 시도한 몇몇 연구들이 있다. Lee와 Dernoncourt(2016) 연구는 순방향 네트워크로 입력되는 RNN 인코더[2]를 구성해서 일반 CNN과 비교했다. 그림 2.4는 RNN 기반 인코더의 개념 모델이다.

Ravuri와 Stolcke(2015) 연구는 발화 분류를 위해 순방향 신경망이나 컨볼루션 신경망을 사용하지 않는다. 그림 2.5에서 보여주듯이 RNN 인코더를 사용해 토큰된 문장의 마지막 단계에서 분류 클래스를 보여주는 발화를 모델링했다. 그들의 연구 결과를 CNN과 DNN 모델 결과와 비교하지는 않았지만 사용자들이 아키텍처를 쉽게 양방향 RNN으로 확장할 수 있도록 하고, 문장

---

2 자연어 입력값을 컴퓨터가 이해할 수 있는 형태로 표상시키는 입력 구조 – 옮긴이

시작 토큰을 클래스 형태로 입력할 수 있도록 했으며, Hakkani-Tretal(2016) 연구에서 보여주듯이 발화 의도뿐만 아니라 의미 분류 모델을 위한 슬롯 채우기도 지원하기 때문에 중요한 연구다.

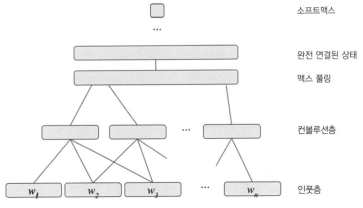

그림 2.3 전형적인 CNN 구조

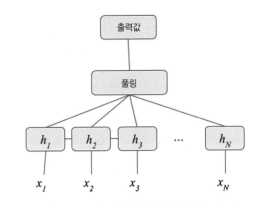

그림 2.4 문장 구분용 RNN-CNN 기반 인코더

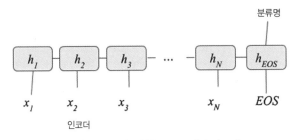

그림 2.5 문장 구분용 RNN 기반 인코더

대표 모델링 연구 외에도 Dauphin 외(2014)의 비지도 발화 분류 또한 중
요한 연구다. 이 방법은 클릭된 URL과 관련된 검색 쿼리 데이터에 의존한다.
유사한 URL을 클릭했다면 해당 쿼리는 비슷한 의미와 의도를 갖는다고 가
정한다. 그림 2.6은 쿼리-클릭 그래프의 예다. 이 데이터는 여러 개의 히든
레이어가 있는 심층 네트워크를 학습하는 데 사용하며, 최종 레이어는 특정
쿼리의 잠재 의도를 파악한다. 단어 임베딩 학습 방법과는 다르며 특정 쿼리
에 직접적으로 임베딩한다.

제로-샷zero-shot 분류기는 클래스 이름(예컨대 레스토랑 또는 스포츠)이 의미
있는 방식으로 주어졌다고 가정하고 임베딩이 의미상 쿼리와 가장 가까운
카테고리를 간단하게 찾아낸다. 특정 클래스에 속할 가능성은 쿼리와 클래스
이름의 임베딩 유클리드 거리에 기반해 모든 클래스를 비교해 구한 소프트
맥스값이 된다.

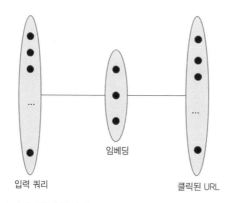

그림 2.6 쿼리에서부터 클릭된 URL을 보여주는 이분된 쿼리-클릭 그래프

2.4.2 슬롯 채우기

슬롯 채우기의 최신 기술은 RNN 방식과 그 변형을 활용한다. RNN 이전 방법
은 신경망 마르코프 모델NN-MM 또는 조건부 무작위 필드CRF가 있는 DNN 방식
등이었다. RNN 이전 시기의 연구 중 하나로 Deoras와 Sarikaya(2013)는 슬
롯 채우기를 위한 심층 신뢰망DBN을 연구했다. 후에 네트워크를 사전 훈련
시키고 국지적 분류를 사용해 판별하는 데 사용되는 촘촘하면서 실수값으로

구성된 피처 벡터에 희박하면서 넓은 투입 레이어를 투영하는 판별 임베딩 기술을 제안했다. 연구자들은 항공여행정보시스템 구두 언어 이해에 이 기술을 적용해 조건부 무작위 필드 시스템을 능가하는 성능을 얻어냈다.

CNN은 피처 추출과 문장 의미를 학습하는 데 우수하게 작동된다(Kim, 2014). 사용자 쿼리와 의미 태그를 연결하는 슬롯 태깅을 위한 히든피처를 학습시키는 데에도 사용된다. Xu와 Sarikaya(2013)는 발화의 국지적 의미를 포착하면서 이웃 단어와의 연관성 피처를 추출하기 위해 하위 계층으로 CNN을 적용했다. 조건부임의필드^{CRF} 레이어는 CRF의 히든피처를 만드는 CNN 레이어 상위에 위치한다. 전체 네트워크는 역전파를 통해 엔드 투 엔드 방식으로 학습되고 개별 도메인에 적용된다. 연구진의 결과는 표준 CRF 모델에 비해 현저한 개선이 있었고 동시에 피처 엔지니어링의 유연성을 높였다.

RNN 기반 모델의 발전에 따라 RNN 모델이 비슷한 시기에 Yao 외(2013) 및 Mesnil 외(2013) 연구진을 통해 처음으로 슬롯 채우기에 적용됐다. 예를 들어 Mesnil 외(2013)는 엘먼 유형(Elman, 1990) 및 조던 유형(Jordan, 1997) 순환 신경망과 그 변형 등 RNN 모델의 몇 가지 중요한 아키텍처를 구현하고 비교했다. 실험 결과에 따르면 엘먼 유형 및 조던 유형 네트워크는 비슷한 성능을 나타내면서, 광범위하게 적용되던 조건부 임의 필드 성능을 월등히 능가했다. 나아가 슬롯 간의 과거 미래 의존성을 모두 고려한 양방향 RNN 모델이 최고의 성능을 제공한다는 결과를 보여줬다. 슬롯 채우기를 위한 RNN 초기화에 있어 단어 임베딩 효과를 두 논문 모두 다루고 있다. Mesnil 외(2015) 연구에서는 표준 RNN 아키텍처, 하이브리드, 양방향 및 조건부 임의 필드 확장을 포괄적으로 평가해 해당 연구를 확장했다.

"B", "I" 그리고 "O"에 해당하는 3개의 출력값을 가지는 Raymond와 Riccardi(2007) 연구와 토큰의 입력 시퀀스 $X = x_1, ..., x_n$에 해당하는 그림 2.1에서 보여주는 바와 같이 IOB 레이블 형태로 구성된 태그 시퀀스 $Y = y_1, ..., y_n$를 예측하기 위해, 엘먼 RNN 아키텍처(Elman, 1990)는 입력 레이어, 다수의 히든 레이어 그리고 출력 레이어로 구성된다. 입력, 히든, 출력 레이어는 각 시간 단계 t의 입력값, 히든 상태 그리고 출력값인 x_t, h_t 및 y_t가 있는 일련의 뉴런으로 구성된다. 입력값은 원 핫 벡터 또는 단어 수준 임베딩으로 표상된다. t시점 입력 레이어 x_t와 한 시점 전의 히든 상태 h_{t-1}가 주어졌다면, 현재 시간 단계의 히든 및 출력 레이어는 다음과 같다.

$$h_t = \phi(W_{xh}\begin{bmatrix}h_{t-1}\\x_t\end{bmatrix})$$

$$p_t = \mathsf{softmax}(W_{hy}h_t)$$

$$\hat{y}_t = \mathsf{argmax}\, p_t$$

여기서 W_{xh}와 W_{hy}는 입력 레이어와 히든 레이어 그리고 히든 레이어와 출력 레이어 사이의 가중치를 표시하는 행렬이다. ϕ는 tanh 또는 $sigm$과 같은 활성화[activation]함수를 의미한다.

대조적으로 조던 RNN은 이전 시점의 출력 레이어에 현재 시점의 입력 레이어 합에서 나온 현재 시점의 순환 히든 레이어를 계산한다.

$$h_t = \phi(W_{xp}\begin{bmatrix}p_{t-1}\\x_t\end{bmatrix})$$

순방향신경망, 엘먼 RNN 및 조던 RNN의 아키텍처는 그림 2.7에서 확인할 수 있다.

대안 방식으로 시퀀스 수준 최적화를 통해 이 모델을 보강하는 방법이 있다. Liu와 Lane(2015)은 그림 2.8에서 보여 주듯이 히든 레이어가 이전 단계의 예측값을 사용하는 아키텍처를 제안했다.

$$h_t = f(Ux_t + Wh_{t-1} + Qy\_out_{t-1})$$

여기서 y_out_{t-1}은 $t-1$ 시점에서 출력 레이블을 나타내는 벡터이며, Q는 출력 레이블 벡터와 히든 레이어 계층을 연결하는 가중치 행렬이다.

출력 레이블이 다음 단계 입력값으로 합쳐지는 새로운 변형 RNN 아키텍처를 제안하기 위해 Dupont 외 (2017)의 논문을 소개할 필요가 있다.

특히 RNN에 사용되는 LSTM(Hochreiter & Schmidhuber, 1997)의 재발견으로 변형 RNN 아키텍처가 관심을 받기 시작했다(Yao et al., 2014). LSTM은 자기 조절[self-regularization]을 통해 그래디언트[gradients]가 사라지는 문제를 해결하고 빠르게 통합시키는 특성을 보여준다. 따라서 LSTM은 장기 종속성을 포착하는 데 RNN보다 강력하다.

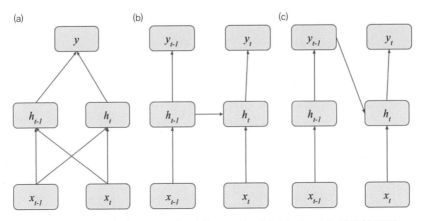

그림 2.7 (a) 순방향 신경망 (b) 엘먼 순환 신경망(RNN) (c) 조던 순환 신경망(RNN)

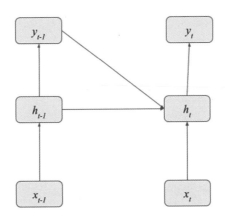

그림 2.8 RNN으로 하는 시퀀스 수준 최적화

Mesnil 외(2015) 연구에서 RNN 슬롯 채우기에 대해 광범위한 리뷰를 했다. LSTM/GRU 이전의 RNN 연구들은 예측하기[look-ahead]와 기억하기[look-back] 기능에 집중했지만(Mesnil et al., 2013; Vu et al., 2016), 현재 슬롯 채우기 방법은 양방향 LSTM/GRU 모델을 채택한다(Hakkani-Tür et al., 2016; Mesnil et al., 2015; Kurata et al., 2016a; Vu et al., 2016; Vukotic et al., 2016).

이러한 방식의 확장에는 인코더-디코더 모델(Liu and Lane, 2016; Zhu and Yu, 2016a)과 메모리(Chen et al., 2016)의 역할이 크다. 일반적인 문장 인코더는 문장에 대해 정보를 순서대로 축적하는 LSTM 또는 GRU 단위의 시퀀스 기반 순환 신경망, 단어와 문자의 짧은 로컬 시퀀스에 필터를 사용해 정보를 축적하는 컨볼루션 신경망 그리고 정보를 두 가지로 나눠진 구문트리에 전파시키는 트리 구조 재귀신경망recursive RecNNs 등이 대표적이다(Socher et al., 2011; Bowman et al., 2016).

재귀신경망recNNs[3]과 관련된 두 편의 논문을 알아두면 좋다. 첫 번째는 Guo 외(2014)의 연구로 단어 대신 문장 구문 분석 구조에 태그를 붙이는 것을 소개하며, 해당 개념은 그림 2.9에 있다. 모든 단어는 단어 벡터와 연관돼 있으며 이 벡터들은 네트워크 하단에 들어가는 입력값이다. 네트워크는 뿌리 노드root node가 단일 벡터 결괏값을 낼 때까지 각 노드에 신경망을 반복적으로 적용해 정보를 상단으로 전파시킨다. 해당 단어 벡터는 의미 분류기에 입력값으로 사용되고 네트워크는 분류기 성능을 최대화도록 역전파 방식을 통해 학습한다. 최종 단계에 있지 않은 노드는 채워져야 하는 슬롯에 해당하며, 최상단에서 전체 문장은 의도 또는 도메인으로 분류된다.

이러한 아키텍처는 화려하면서 고비용을 발생시키지만 다음과 같은 이유로 우수한 성능을 발휘하지 못했다. (1) 구문트리에 잡음이 많고, 구문syntactic 과 의미semantic 분류자를 공동으로 훈련시키지 못한다. (2) 구phrase가 반드시 슬롯 하나하나에 매칭되는 것은 아니다. (3) 높은 수준의 태그 시퀀스가 고려되지 않아서 가장 가능성이 높은 출력값 시퀀스를 구하는 비터비Viterbi 레이어가 필요하다. 따라서 이상적인 아키텍처는 하이브리드 RNN/RecNN 모델일 것이다.

더욱 유망한 접근법은 질의응답에 관해 Andreas 외(2016)가 제시했다. 그림 2.10에서 볼 수 있듯이 의미 분석semantic parsing은 6개의 주요 논리함수에 해당하는 신경망 모듈 구성 요소를 사용해 상향식으로 설계한다. lookup, find, relate, and, exists, describe가 주요 논리함수다. 재귀신경망보다 우월한 장점은 기존 구문 분석기에서 시작해서 앞서 보여준 기본어들을 사용해 학습하는 동안 문법 구조와 프레임을 학습한다는 점이다.

---

3 재귀신경망을 recNN이라고 표시하고, 순환 신경망을 RNN이라고 다르게 표시한다. – 옮긴이

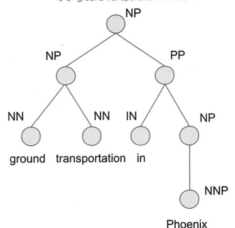

예제: ground transportation in Phoenix

그림 2.9 문장 분석 트릭 위에 위치한 재귀신경망

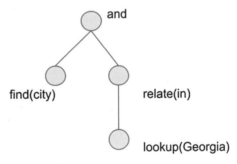

예제: What cities are in Georgia?

그림 2.10 의미 분석 신경모듈 구성

Vu 외(2016)는 교차엔트로피 손실함수 대신 랭킹 손실함수를 사용할 것을 제안했다. 이 함수의 이점은 모델이 존재하지 않을 수도 있는 클래스 O에 대한 패턴을 학습하도록 강요하지 않는다는 점이다. 데이터 포인트 x에 대한 실제 레이블 y와 최상의 경쟁 레이블 c 사이의 거리를 최대화하는 방법을 학습한다. 그 목적함수는 다음과 같다.

$$L = \log(1 + \exp(\gamma(m_{cor}s_\theta(x)y))) + \log(1 + \exp(\gamma(m_{inc} + s_\theta(x)c)))$$

여기서 $s_\theta(x)y$와 $s_?(x)c$는 클래스 y와 c 각각에 대한 점수다. 파라미터 ?는 예측 오류에 패널티를 부과하며, m_{cor} 및 m_{inc}는 올바른 클래스와 잘못된 클래스의 허용치margin이다. ?, m_{cor} 및 m_{inc}는 학습 데이터에 맞게 조정되는 하이퍼파라미터다. 클래스 O의 경우 공식의 두 번째 피가수summand를 계산한다. 이를 통해 클래스 O에 대한 패턴을 학습하지는 않지만, 그럼에도 최고의 경쟁 레이블 수준과 차이를 극대화시킨다. 학습 기간 동안 다른 모든 클래스의 점수가 0보다 낮으면 모델은 클래스 O를 예측한다.

비슷한 연구에서 진전이 있은 후 LSTM 태그 편집기 모델뿐만 아니라 인코더/디코더 RNN 아키텍처에 초점을 맞춘 약간의 연구가 있었다(Sutskever et al., 2012; Vinyals and Le, 2015). Kurata 외(2016b)의 연구는 그림 2.11과 같이 입력 문장은 LSTM 인코더에 의해 고정된 길이의 벡터로 인코딩되는 아키텍처 사용을 제안한다. 그런 다음 슬롯 레이블 시퀀스를 LSTM 레이블러로 예측하는데 LSTM 레이블러의 히든 상태는 LSTM 인코더로 인코드된 벡터로 초기화된다. 인코더-레이블러 LSTM 모델로 전체 문장 임베딩을 사용해 레이블 시퀀스를 예측한다. 출력값은 태그 시퀀스이기 때문에 단어는 이전 예측값과 함께 태그 편집기tagger에 투입된다.

또 다른 이점은 디코더가 태깅하는 동안 원거리 의존성에 주목할 수 있는 관심 메커니즘(Simonnet et al., 2015)이 작동된다는 점이다. 관심attention은 인코더 측에 있는 모든 히든 상태 임베딩의 가중치 합인 벡터 c다. 가중치를 결정하는 여러 가지 방법이 있다.

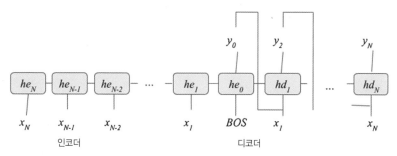

그림 2.11 단어와 라벨을 이용한 인코더/디코더 RNN

$$c_t = \sum_{i=1}^{T} \alpha_{t_i} h_i$$

'다음 주 토요일 오후까지 런던에서 출발하는 비행편(flights departing from London no later than next Saturday afternoon)'이라는 예문을 고려해보자. 단어 afternoon의 태그는 departure_time이고 여덟 단어가 떨어져 있는 동사 덕분에 해당 태그는 명확해진다. 이러한 경우 관심 메커니즘이 유용하다.

Zhu와 Yu(2016b)는 정렬된 인코더 히든 상태를 강조하는 "포커스" 메커니즘을 사용해 인코더/디코더 아키텍처를 확장했다. 즉, 관심은 더 이상 학습되지 않고 단순히 해당 히든 상태에 할당된다.

$$c_t = h_t$$

Zhai 외(2017) 연구는 입력 문장의 뭉치로 된 출력값에 포인터 네트워크(Vinyals et al., 2015)를 사용하는 인코더/디코더 아키텍처를 확장했다. 이 연구의 동기는 RNN 모델이 전체 단위가 아닌 IOB 구조를 사용해 여전히 각 토큰을 독립적으로 처리해야 했던 문제점에서 나왔다. 만약 이 문제점을 제거한다면, 여러 단어가 뭉치chunks로 돼 있는 경우에 정확하게 레이블링할 수 있다. 시퀀스 청킹은 이번 문제를 극복하는 데 자연스러운 해결책이다. 시퀀스 청킹에서 기본 시퀀스 레이블링 작업은 두 개의 하위 작업으로 나눠진다. (1) 뭉치의 범위를 확인하는 세분화segmentation와 (2) 세분화 결과에 기초해 각 청크 단위로 이름을 붙이는 레이블링이다. 따라서 저자들은 그림 2.12에서 보여주는 것과 같이 인코딩 단계에서 입력 문장을 뭉치고 디코더가 그 뭉치를 간단하게 태그하는 통합 모델을 제안했다.

슬롯 채우기 모델의 비지도학습과 관련해 소개하고 싶은 논문은 새로운 도메인을 신속하게 부트스트랩bootstrap하기 위해 레이블되거나 레이블되지 않은 특정 도메인의 예제를 사용하지 않고 문맥에 있는 슬롯 설명description만을 사용할 수 있는 방법을 제안한 Bapna 외(2017) 연구다. 이 연구의 주요 아이디어는 이미 학습된 백그라운드 모델을 가정해서 여러 도메인에 있는 슬롯을 배열하도록 멀티태스크 딥러닝 슬롯 채우기 모델 안에서 슬롯 명칭과 설명 인코딩을 활용한다는 점이다.

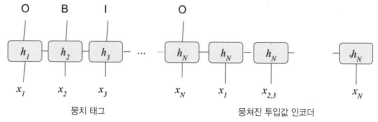

그림 2.12 뭉쳐진 투입값을 이용한 포인터 인코더 및 디코더 RNN

이미 다뤘던 도메인 중 하나가 유사한 슬롯을 포함한다면, 사전에 학습된 임베딩을 공유하면서 얻게 되는 슬롯의 연속 표상은 도메인에 의존하지 않는 일반 모델에서도 활용될 수 있다. 분명한 예로 모델이 아메리칸 항공과 터키 항공의 쿼리를 분석할 수 있을 때 유나이티드 항공을 추가하는 것이다. 슬롯 이름은 다를 수 있지만 출발 도시 또는 도착 도시의 개념은 유지됨으로 자연어 설명을 사용해 유나이티드 항공에 대한 새로운 작업으로 전달된다. 이러한 방식은 도메인 확장 문제를 해결하고 수작업으로 주석 처리되는 데이터나 구조 정렬 필요성을 제거할 수 있어 잠재력이 높다.

2.4.3 멀티태스크 멀티도메인 연결 모델링

역사적으로 보면 의도 결정은 예제 분류 문제로 보고, 슬롯 채우기는 순서가 있는 분류 문제로 인식돼 딥러닝 이전 시대에 두 가지 과제의 해법을 동일하지 않다고 보고 별도로 모델링됐다. 예를 들어 서포트 벡터 머신SVM은 의도 결정에 사용되고, 조건부 임의 필드는 슬롯 채우기에 사용되는 것과 같다. 딥러닝이 발전함에 따라 이제는 멀티태스킹 방식으로 단일 모델을 사용해 전체 의미 구문 분석을 수행할 수 있다. 슬롯 채우기가 의도를 결정하는 데 돕거나 그 반대로 처리할 수도 있다.

도메인 분류가 종종 순차적 처리에 대한 최고 수준의 분류 체계 역할을 하기도 한다. 의도 결정 및 슬롯 채우기는 각 도메인이 도메인 특정 의미 템플릿을 채우도록 작동된다. 이러한 모듈식 디자인 접근법(즉, 세 가지 분리된 작업으로 의미 분석을 모델링하는 것)은 유연성이 장점인데, 한 도메인에서 특정 변경(예를 들어 삽입이나 삭제)이 다른 도메인에서 변경을 하지 않고도 구현될 수 있다. 또 다른 장점은 태스크와 도메인에 맞춰진 피처를 사용해 태스크와 도메인에 특화된 모델의 정확성을 현저하게 향상시킬 수 있다는 점이다. 의도 결정은 단일(또는 제한된 세트) 도메인에서 상대적으로 적은 의도와 슬롯 클래스만 고려하면 되고 모델 파라미터는 특정 의도와 슬롯 집합에 최적화되기 때문에 이 방식은 각 도메인에서 좀 더 집중된 이해를 달성한다.

그러나 이 방법에는 단점이 있다. 첫째, 각 도메인을 학습시켜야 한다. 도메인 간의 처리 일관성을 보장하기 위해 주의 깊은 엔지니어링이 요구될 정도로 오류를 범하기 쉬운 프로세스다. 또한 런타임 중에 작업을 순차적으로 연속해서 실행시키면 한 작업에서 다음 작업으로 오류가 전달된다. 뿐만 아니라 개별 도메인 모델 간에 데이터와 피처 공유가 없기 때문에 데이터가 조각날 수 있는 반면, 특정 도메인에 특화된 개체를 찾거나 구매하는 것과 같은 의도 그리고 날짜, 시간, 장소와 같은 슬롯은 실제로 여러 도메인에서 공통적인 요소가 되는 경우도 많다(Kim et al., 2015a; Chen et al., 2015a). 마지막으로 사용자는 시스템이 어느 도메인을 다루는지 혹은 어느 범위까지 영향을 미치는지 모를 수 있으므로, 사용자가 무엇을 기대하는지 알 수 없는 혼동 부분을 발생시켜 사용자 불만을 야기할 수 있다(Chen et al., 2013, 2015b).

이를 위해 Hakkani-Tür 외(2016)는 단일 RNN 모델에서 도메인 탐지, 의도 감지 및 슬롯 채우기 등의 세 가지 작업을 통합하는 단일 RNN 아키텍처를 제안했다. 의미 프레임과 쌍을 이루는 모든 도메인에서 나온 사용 가능한 발화를 이용해 학습한다. 그림 2.13에서 보여주듯이 RNN 입력값은 사용자 질의와 같은 단어 입력 시퀀스이며 출력값은 도메인, 의도 및 슬롯을 포함하는 전체 의미 프레임이다. Tafforeau 외(2016) 연구의 멀티태스크 문법 분석 및 개체 추출과 유사하다.

도메인, 의도 그리고 슬롯으로 구성된 통합 모델링의 경우 추가 토큰이 각각의 입력 발화 K의 ⟨BOS⟩와 ⟨EOS⟩인 시작과 끝에 삽입되고, 도메인과 의도 태그 d_k 및 i_k의 조합을 문장의 처음 및 최종 토큰에 연결한다. 따라서 새로운 입력 및 출력 시퀀스는 X가 입력값이고 Y가 출력값이 된다(그림 2.13).

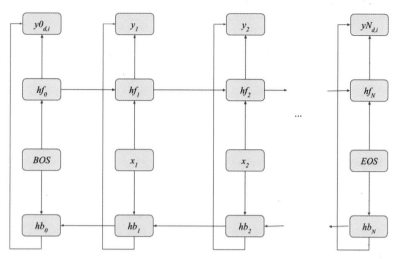

그림 2.13 합쳐진 영역 포착, 의도 결정 그리고 슬롯 채우기용 쌍방향 RNN

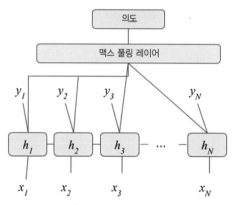

그림 2.14 맥스 풀링층으로 하는 연결 공간 채우기와 의도 결정

$$X = \ <BOS>, x_1, \ldots, x_n, \ <EOS>$$

$$Y = d_k\_i_k, s_1, \ldots, s_n, d_k\_i_k$$

이 아이디어의 핵심은 기계번역(Sutskever et al., 2014)과 칫-챗^{chit-chat}(Vinyals & Le, 2015) 시스템에서 사용되는 시퀀스 투 시퀀스 모델링과 비슷하다. 쿼리 마지막 히든 레이어는 전체 입력 발화의 잠재적 의미 표상을 포함하기 때문에 도메인 예측과 의도 예측(d_k, i_k)에 활용된다.

Zhang과 Wang(2016)은 맥스 풀링 레이어를 추가해 의도 분류를 위한 문장의 전역 피처를 포착했다(그림 2.14). 슬롯 채우기와 의도 결정을 위한 크로스 엔트로피의 가중치 합인 통합손실함수^{united loss function}는 학습하는 동안 사용된다.

Liu와 Lane(2016)은 그림 2.15와 같이 인코더/디코더 아키텍처에 기반한 슬롯 채우기와 의도 결정 통합 모델을 제안했다. 문장 인코드를 특정 태스크에 특화된 관심 c_i와 공유하는 다방향^{multi-headed} 모델이다.

이러한 통합 모델링 방법은 언어 모델 적응과 유사하게 여러 영역에서 학습된 더 큰 배경을 가진 모델에서 새로운 영역으로 확장하는 데 매우 유용하다(Bellegarda, 2004). Jaech 외(2016)는 멀티태스킹 접근법이 전이 학습을 통해 확장 가능한 대화 언어 이해 모델 학습에 활용될 수 있는 연구를 제시했다. 확장성의 핵심은 새로운 작업을 위해 모델을 학습하는 데 필요한 학습 데이터 양을 줄이는 것이다. 제안된 멀티태스킹 모델은 다른 작업으로부터 배우는 패턴을 활용함으로써 적은 데이터로부터 더 높은 성능을 만든다. 이 접근법은 개방된 단어를 지원하고, 보이지 않는 단어에 대해 모델이 일반화할 수 있도록 도와주며, 학습 데이터가 거의 사용되지 않을 때 특히 중요하다.

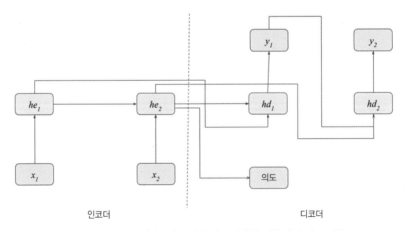

그림 2.15 인코더/디코더 모델을 사용한 슬롯 채우기와 의도 결정

2.4.4 문맥에서 이해하기

자연어 이해는 사용된 문맥을 이해해야 한다. 그러나 문맥을 이해하는 것은 여러 어려움을 동반한다. 첫째, 많은 언어에서 단어들은 여러 가지 의미로 받아들여진다. 그러한 단어들의 모호성을 제거하는 것은 문서에서 단어 사용법이 정확하게 포착될 수 있도록 돕기 때문에 매우 중요한 작업이다. 언어적 감각의 명확화는 자연어 처리에서 관심이 높아지고 있는 영역이며 자연어 이해 시스템을 구축할 때 특히 중요하다. 둘째, 태스크 이해는 여행 예약, 법률 문서 이해, 뉴스 기사, 논문 등과 같은 다양한 영역에서 온 문서들을 수반한다. 각각의 도메인은 특성과 도메인에 특화된 문맥을 가지며, 자연어 이해 모델이 포착하기 위해 학습해야 하는 부분들이다. 셋째, 말로 전달하는 단어와 서면상의 단어들이 종종 다른 개념으로 사용된다. 예를 들어 "제록스"는 복사로 쓰이며, "페덱스"는 "야간 배달"로 사용되는 것과 같다. 마지막으로 문서는 명시적으로 텍스트에 포함되지 않은 지식을 나타내는 단어 또는 구문을 포함한다. 사람들은 오직 지능적 방법만으로 텍스트에 존재하는 정보를 이해하도록 사전 지식을 사용하는 방법을 배운다.

최근 다양한 자연어 처리 과정에서 딥러닝 구조가 적용되고 있으며, 문맥에서 각 단어의 의미 측면과 구조 측면을 포착하는 데 장점이 나타나고 있다. 단어 분포는 구문 및 다중 단어 표현의 의미를 형성하도록 구성되기 때문에 딥러닝의 목표는 분포된 구문 수준 표상을 단일 및 다중 문장 수준으로 확장하고 전체 텍스트의 계층 구조를 생성하는 데 있다.

Hori 외(2014)는 자연어 텍스트로 된 문맥을 학습한다는 목표를 가지고 역할 기반의 LSTM 레이어를 사용해 효율적이며 문맥에 민감한 구두 언어 이해 방법을 제안했다. 구체적으로 말하자면, 대화에서 발화자 의도를 정확히 이해하기 위해서 주고받는 대화 순서의 문맥에서 문장을 고려하는 것이 중요하다. 그들의 연구에서 LSTM RNN을 구두로 된 단어들의 시퀀스에서 대화 개념의 시퀀스를 예측하도록 문맥에 민감한 모델을 학습시키는 데 사용했다. 따라서 전체 대화의 장기적 특성을 포착하기 위해 연구진들은 각 개념 태그의 인과관계 단어 시퀀스를 사용해 의도를 표상하는 LSTM을 실행했다.

그러한 모델을 학습시키기 위해 호텔 예약과 관련된 고객 및 에이전트를 나타내는 개념 태그로 주석 처리된 인간 대 인간의 대화 말뭉치에서 LSTM을 구축한다. 대화에서는 에이전트와 고객 각각의 역할이 특정된다.

그림 2.16에서 볼 수 있듯이 화자의 역할에 따라 달라지는 파라미터를 갖는 두 개의 LSTM 계층이 존재한다. 입력 벡터는 고객 발화를 나타내는 왼쪽 레이어에 의해 처리되고 다른 역할인 에이전트 발화는 오른쪽 레이어에 의해 처리된다. 순환reccurent LSTM 입력값은 이전 프레임에서 활성화된 역할 레이어 출력값을 받으며, 역할 간 변형을 가능하게 한다. 각 역할에 따라 달라지는 발화의 표상을 특징함으로써 지능형 언어 이해 시스템에서 문맥 모델을 학습한다.

Chen 외(2016) 연구는 주고받는 대화의 자연어 발화를 이해하는 데 사용되는 인코드를 위해 문맥 지식으로 사전 정보를 추출하고자 메모리 네트워크를 사용하는 엔드 투 엔드 신경망 대화 이해 모델을 제안했다. 그림 2.17에서와 같이 연구자들의 방법은 대화에서 나온 발화를 분석하기 전에 큰 외부 메모리에서 사전 정보 인코딩을 학습하는 RNN 인코더와 결합된다. 입력 발화와 해당 의미 태그가 있다면, 여러 번 주고받는 음성 언어 이해를 위한 장거리 지식 전달을 모델링하기 위해 엔드 투 엔드 신경망 모델을 채택해 입력값과 출력값 쌍으로 직접 엔드 투 엔드 방식으로 모델은 학습된다.

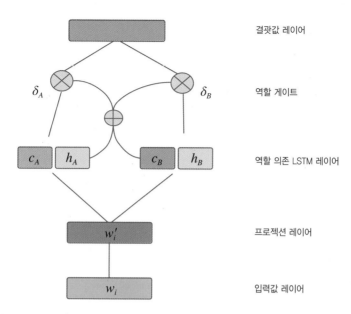

그림 2.16 역할 의존 레이어를 가진 LSTM. 레이어(A)는 클라이언트 발화 상태에 해당하고, 레이어(B)는 에이전트 발화 상태에 해당한다. 역할 게이트는 어떤 역할이 활동 상태여야 하는지 통제된다.

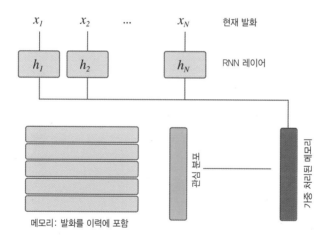

그림 2.17 여러번 주고받는 대화용 제안된 엔드 투 엔드 메모리 네트워크

citeankur:arxiv17은 Sordoni 외(2015)에 의해 제안된 계층형 순환 인코더-디코더HRED 확장인 계층 대화 인코더를 사용해 이 방법을 확장했다. 참고로 HRED에서 현재의 발화가 세션 수준의 인코더로 투입되기 전에 쿼리 수준 인코딩과 현재 발화의 표상이 조합된다. 제안 아키텍처에서 단순 코사인 기반 메모리 네트워크를 사용하는 대신 인코더는 순방향 네트워크를 채택하고 문맥상의 현재와 이전 발화를 입력값으로 해서 그림 2.18에서 보여주듯이 RNN으로 투입된다. 공식으로 표현하자면 현재 발언 인코딩 c는 $g_1, g_2, ...,$ g_{t-1}로 표시되는 문맥 인코딩을 생성하도록 문맥상의 발화들을 순방향 레이어를 통해 묶고 통과시켜 각각의 메모리 벡터 m_k들과 결합된다.

$$g_k = sigmoid(FF(m_k, c))$$

이러한 문맥 인코딩은 양방향 GRU RNN 세션 인코더에 토큰 수준 입력값으로 투입된다. 세션 인코더의 최종 상태는 대화 문맥 인코딩 h_t를 나타낸다.

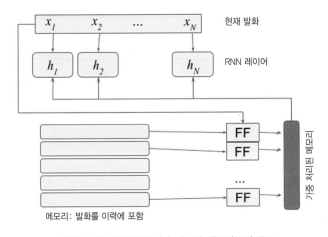

그림 2.18 계층화된 대화 인코더 네트워크의 구조

2장 앞부분에서 언급했듯이 CNN은 학습하기 불가능한 잠재변수를 학습하는 데 효과적이다. Celikyilmaz 외(2016)는 레이블이 부여된 시퀀스로부터 특정 영역의 정보를 예측하도록 학습하면서, 레이블이 없는 대규모 데이터로부터 문맥을 공통으로 학습하기 위해 CNN을 사용하는 심층 신경망 모델 학습법을 소개했다. CRF 아키텍처를 갖는 지도 CNN을 확장한 Xu와

Sarikaya(2013) 연구는 준지도semi-supervised학습 방식으로 레이블이 있거나 또는 없는 시퀀스로부터 피처 표상을 학습하기 위해 최저층에 CNN을 사용했다. 최상위 계층에서 결과 시퀀스로써 단어별 잠재 클래스 레이블을 결괏값 시퀀스로 디코드할 뿐만 아니라 결괏값 시퀀스를 의미 슬롯 태그로 디코드하도록 두 개의 CRF 구조를 사용한다. 따라서 이러한 구조는 단일 모델에서 발화 속 단어들의 슬롯 태깅과 클래스 라벨링을 위한 전이 가중치와 출력emission 가중치를 동시에 학습할 수 있도록 한다.

2.5 요약

딥러닝 기반 방식의 발전은 대화 언어 이해 영역을 두 차원으로 이끌고 있다. 첫 번째 차원은 엔드 투 엔드 학습이다. 대화 이해는 전체 대화 시스템의 수많은 하위 시스템 중 하나다. 예를 들어 음성인식 결과를 투입값으로 사용하고 그 출력값을 상태 추적 및 응답 생성을 위해 대화 관리자에 공급한다. 따라서 전체 대화 시스템의 엔드 투 엔드 최적 설계는 사용자 경험을 향상시킨다. He와 Deng(2013)은 전체 시스템 디자인에서 최적 지향 통계 프레임워크에 대해 논의했는데, 시스템 디자인은 각 하위 시스템 결과물의 불확실성과 하위 시스템 간 상호작용을 활용한다. 프레임워크에서 모든 하위 시스템 파라미터가 상관관계로 평가되고 전체 대화 시스템의 최종 성능 메트릭을 최적화하도록 엔드 투 엔드 방식으로 학습된다. 최근에는 사용자 시뮬레이터와 결합된 강화학습 기반 방법이 대화 이해 작업에 도입되기 시작해서, 좀 더 부드럽게 연결된 엔드 투 엔드 자연어 대화를 제공한다(다음 장 참조).

딥러닝으로 구현되는 대화 이해의 두 번째 차원은 RNN 전개 없이 구현되는 효율적인 인코더들이다. RNN은 자연어, 말하기, 비디오 등과 같은 순차적 데이터를 처리할 수 있는 강력한 모델이다. RNN을 이용해 순차적 데이터를 이해하고 의사 결정을 한다. 전통적 신경망은 고정된 크기의 벡터를 입력값으로 취하고 출력값으로 벡터를 생성한다. 고정된 크기를 요구하지 않는 RNN은 오늘날 언어 이해 시스템에서 가장 많이 사용되는 도구다.

히든 레이어가 없는 네트워크는 입출력을 매핑하는 데 매우 제한적이다. 수작업으로 코딩된 피처로 구성된 레이어를 추가하면 좀 더 네트워크를 강력하게 만들 수 있지만, 이러한 피처를 디자인하는 것은 어렵다. 그래서 네트워크는 피처의 반복되는 시행착오나 태스크에 대한 통찰을 요구하지 않으면서 훌륭한 피처를 찾는다. 루프loop를 디자인해서 시행착오 피처를 자동화해야 한다. 강화학습은 가중치를 교란시킴으로써 구조를 학습한다. 딥러닝에서 강화학습이 도움되는 방식은 실제로 그렇게 복잡하지 않다. 강화학습은 무작위로 가중치를 혼란시킨 후 성능 향상이 발생했는지 확인한다. 향상이 있었다면 그 변화를 저장한다. 이 방식은 비효율적일 수 있어서 머신러닝 커뮤니티, 특히 강화학습 분야에서 최근 몇 년 동안 중점을 두고 있다.

자연어 문장에서 의미는 트리 구조에 따라 재귀적으로 구성된다고 알려져 있어, 좀 더 효율적인 인코더는 TreeLSTMs과 같은 트리 구조 신경망 인코더를 추구한다. 효율성을 유지하면서도 더욱 빠르게 인코딩할 수 있기 때문이다. 빈면에 모듈 파라미터와 함께 네트워크 구조 예측변수를 학습하는 모델은 긴 텍스트 시퀀스에서 나오는 문제를 줄이면서 자연어 이해를 개선하는 것을 보여줬다. Andreas 외(2016)는 자연어 문자열을 사용해 구성 가능한 모듈을 조합해 신경망을 자동으로 조립하기 위해 자연어 스트링을 사용하는 모델을 제시한다. 이러한 모듈의 파라미터는 현실, 질의, 응답 세 가지 기준을 갖는 강화학습을 통해 네트워크 어셈블리 파라미터와 함께 공동으로 학습된다.

결론적으로 우리는 딥러닝의 진전이 인간/기계 대화 시스템, 특히 대화 이해를 위한 흥미진진한 새로운 연구 영역을 이끌어냈다고 믿는다. 현재까지의 연구는 간단한 작업을 처리한 정도로 향후 10년 동안 해당 분야에서 벌어질 표면을 긁었다고 볼 수 있다. 미래의 연구는 양질의 확장 가능한 대화 이해 솔루션을 위해서 전이학습, 자율학습, 강화학습에 더욱 주목할 것이다.

참고문헌

Allen, J. (1995). *Natural language understanding,* chapter 8. Benjamin/ Cummings.

Allen, J. F., Miller, B.W., Ringger, E. K., & Sikorski, T. (1996). A robust system for natural spoken dialogue. In *Proceedings of the Annual Meeting of the Association for Computational Linguistics,* pp. 62–70.

Andreas, J., Rohrbach, M., Darrell, T., & Klein, D. (2016). Learning to compose neural networks for question answering. In *Proceedings of NAACL.*

Bapna, A., Tur, G., Hakkani-Tur, D., & Heck, L. (2017). Towards zero-shot frame semantic parsing for domain scaling. In *Proceedings of the Interspeech.*

Bellegarda, J. R. (2004). Statistical language model adaptation: Review and perspectives. *Speech Communication Special Issue on Adaptation Methods for Speech Recognition, 42,* 93–108.

Bonneau-Maynard, H., Rosset, S., Ayache, C., Kuhn, A., & Mostefa, D. (2005). Semantic annotation of the French MEDIA dialog corpus. In *Proceedings of the Interspeech,* Lisbon, Portugal.

Bowman, S. R., Gauthier, J., Rastogi, A., Gupta, R., & Manning, C. D. (2016). A fast-unified model for parsing and sentence understanding. In *Proceedings of ACL.*

Celikyilmaz, A., Sarikaya, R., Hakkani, D., Liu, X., Ramesh, N., & Tur, G. (2016). A new pretraining method for training deep learning models with application to spoken language understanding. In *Proceedings of The 17th Annual Meeting of the International Speech Communication Association (INTERSPEECH 2016).*

Chen, Y.-N., Hakkani-Tur, D., & He, X. (2015a). Zero-shot learning of intent embeddings for expansion by convolutional deep structured semantic models. In *Proceedings of the IEEEICASSP.*

Chen, Y.-N., Hakkani-Tür, D., Tur, G., Gao, J., & Deng, L. (2016). End-to-end memory networks with knowledge carryover for multi-turn spoken language understanding. In *Proceedings of the Interspeech,* San Francisco, CA.

Chen, Y.-N., Wang, W. Y., Gershman, A., & Rudnicky, A. I. (2015b). Matrix factorization with knowledge graph propagation for unsupervised spoken language understanding. In *Proceedings of the ACLIJCNLP.*

Chen, Y.-N., Wang, W. Y., & Rudnicky, A. I. (2013). Unsupervised induction and filling of semantic slots for spoken dialogue systems using frame-semantic parsing. In *Proceedings of the IEEE ASRU*.

Chomsky, N. (1965). Aspects of the theory of syntax. Cambridge, MA: MIT Press.

Chu-Carroll, J., & Carpenter, B. (1999). Vector-based natural language call routing. *Computational Linguistics, 25*(3), 361–388.

Collobert, R., & Weston, J. (2008). A unified architecture for natural language processing: Deep neural networks with multitask learning. In *Proceedings of the ICML*, Helsinki, Finland.

Dahl, D. A., Bates, M., Brown, M., Fisher, W., Hunicke-Smith, K., Pallett, D., et al., (1994). Expanding the scope of the ATIS task: the ATIS-3 corpus. In *Proceedings of the Human Language Technology Workshop*. Morgan Kaufmann.

Damnati, G., Bechet, F., & de Mori, R. (2007). Spoken language understanding strategies on the france telecom 3000 voice agency corpus. In *Proceedings of the ICASSP*, Honolulu, HI.

Dauphin, Y., Tur, G., Hakkani-Tür, D., & Heck, L. (2014). Zero-shot learning and clustering for semantic utterance classification. In *Proceedings of the ICLR*.

Deng, L., & Li, X. (2013). Machine learning paradigms for speech recognition: An overview. *IEEE Transactions on Audio, Speech, and Language Processing, 21*(5), 1060–1089.

Deng, L., & O'Shaughnessy, D. (2003). *Speech processing: A dynamic and optimization-oriented approach*. Marcel Dekker, New York: Publisher.

Deng, L., & Yu, D. (2011). Deep convex nets: A scalable architecture for speech pattern classification. In *Proceedings of the Interspeech*, Florence, Italy.

Deoras, A., & Sarikaya, R. (2013). Deep belief network based semantic taggers for spoken language understanding. In *Proceedings of the IEEE Interspeech*, Lyon, France.

Dupont, Y., Dinarelli, M., & Tellier, I. (2017). Label-dependencies aware recurrent neural networks. arXiv preprint arXiv:1706.01740.

Elman, J. L. (1990). Finding structure in time. *Cognitive science, 14*(2), 179–211.

Freund, Y., & Schapire, R. E. (1997). A decision-theoretic generalization of on-line learning and an application to boosting. *Journal of Computer and System Sciences, 55*(1), 119–139.

Gorin, A. L., Abella, A., Alonso, T., Riccardi, G., & Wright, J.H. (2002). Automated natural spoken dialog. *IEEE Computer Magazine, 35*(4), 51–56.

Gorin, A. L., Riccardi, G., & Wright, J. H. (1997). How may I help you? *Speech Communication, 23*, 113–127.

Guo, D., Tur, G., Yih, W.-t., & Zweig, G. (2014). Joint semantic utterance classification and slot filling with recursive neural networks. In In *Proceedings of the IEEE SLT Workshop.*

Gupta, N., Tur, G., Hakkani-Tür, D., Bangalore, S., Riccardi, G., & Rahim, M. (2006). The AT&T spoken language understanding system. *IEEE Transactions on Audio, Speech, and Language Processing, 14*(1), 213–222.

Hahn, S., Dinarelli, M., Raymond, C., Lefevre, F., Lehnen, P., Mori, R. D., et al. (2011). Comparing stochastic approaches to spoken language understanding in multiple languages. *IEEE Transactions on Audio, Speech, and Language Processing, 19*(6), 1569–1583.

Hakkani-Tür, D., Tur, G., Celikyilmaz, A., Chen, Y.-N., Gao, J., Deng, L., & Wang, Y.-Y. (2016). Multi-domain joint semantic frame parsing using bi-directional RNN-LSTM. In *Proceedings of the Interspeech*, San Francisco, CA.

He, X., & Deng, L. (2011). Speech recognition, machine translation, and speech translation a unified discriminative learning paradigm. In *IEEE Signal Processing Magazine, 28*(5), 126–133.

He, X. & Deng, L. (2013). Speech-centric information processing: An optimization-oriented approach. In *Proceedings of the IEEE, 101*(5), 1116–1135.

Hemphill, C. T., Godfrey, J. J., & Doddington, G. R. (1990). The ATIS spoken language systems pilot corpus. In *Proceedings of the Workshop on Speech and Natural Language, HLT'90*, pp. 96–101, Morristown, NJ, USA. Association for Computational Linguistics.

Hinton, G., Deng, L., Yu, D., Dahl, G., Rahman Mohamed, A., Jaitly, N., et al. (2012). Deep neural networks for acoustic modeling in speech recognition. *IEEE Signal Processing Magazine, 29*(6), 82–97.

Hinton, G. E., Osindero, S., & Teh, Y. W. (2006). A fast learning algorithm for deep belief nets. *Advances in Neural Computation, 18*(7), 1527–1554.

Hochreiter, S., & Schmidhuber, J. (1997). Long short-term memory. *Neural computation, 9*(8), 1735–1780.

Hori, C., Hori, T., Watanabe, S., & Hershey, J. R. (2014). Context sensitive spoken language understanding using role dependent lstm layers. In *Proceedings of the Machine Learning for SLU Interaction NIPS 2015 Workshop*.

Huang, X., & Deng, L. (2010). An overview of modern speech recognition. In *Handbook of Natural Language Processing, Second Edition, Chapter 15*.

Jaech, A., Heck, L., & Ostendorf, M. (2016). Domain adaptation of recurrent neural networks for natural language understanding. In *Proceedings of the Interspeech*, San Francisco, CA.

Jordan, M. (1997). Serial order: A parallel distributed processing approach. Technical Report 8604, University of California San Diego, Institute of Computer Science.

Kalchbrenner, N., Grefenstette, E., & Blunsom, P. (2014). A convolutional neural network for modelling sentences. In *Proceedings of the ACL*, Baltimore, MD.

Kim, Y. (2014). Convolutional neural networks for sentence classification. In *Proceedings of the EMNLP*, Doha, Qatar.

Kim, Y.-B., Stratos, K., Sarikaya, R., & Jeong, M. (2015). New transfer learning techniques for disparate label sets. In *Proceedings of the ACL-IJCNLP*.

Kuhn, R., & Mori, R. D. (1995). The application of semantic classification trees to natural language understanding. *IEEE Transactions on Pattern Analysis and Machine Intelligence, 17*, 449 – 460.

Kurata, G., Xiang, B., Zhou, B., & Yu, M. (2016a). Leveraging sentence-level information with encoder LSTM for semantic slot filling. In *Proceedings of the EMNLP*, Austin, TX.

Kurata, G., Xiang, B., Zhou, B., & Yu, M. (2016b). Leveraging sentence-level information with encoder lstm for semantic slot filling. arXiv preprint arXiv:1601.01530.

Lee, J. Y., & Dernoncourt, F. (2016). Sequential short-text classification with recurrent and convolutional neural networks. In *Proceedings of the NAACL*.

Li, J., Deng, L., Gong, Y., & Haeb-Umbach, R. (2014). An overview of noise-robust automatic speech recognition. *IEEE/ACM Transactions on Audio, Speech, and Language Processing, 22*(4), 745 – 777.

Liu, B., & Lane, I. (2015). *Recurrent neural network structured output prediction for spoken language understanding*. In Proc: NIPS Workshop on Machine Learning for Spoken Language Understanding and Interactions.

Liu, B., & Lane, I. (2016). Attention-based recurrent neural networkmodels for joint intent detection and slot filling. In *Proceedings of the Interspeech*, San Francisco, CA.

Mesnil, G., Dauphin, Y., Yao, K., Bengio, Y., Deng, L., Hakkani-Tür, D., et al. (2015). Using recurrent neural networks for slot filling in spoken language understanding. *IEEE Transactions on Audio, Speech, and Language Processing, 23*(3), 530–539.

Mesnil, G., He, X., Deng, L., & Bengio, Y. (2013). Investigation of recurrent-neural-network architectures and learning methods for spoken language understanding. In *Proceedings of the Interspeech*, Lyon, France.

Natarajan, P., Prasad, R., Suhm, B., & McCarthy, D. (2002). Speech enabled natural language call routing: BBN call director. In *Proceedings of the ICSLP*, Denver, CO.

Pieraccini, R., Tzoukermann, E., Gorelov, Z., Gauvain, J.-L., Levin, E., Lee, C.-H., et al., (1992). A speech understanding system based on statistical representation of semantics. In *Proceedings of the ICASSP*, San Francisco, CA.

Price, P. J. (1990). Evaluation of spoken language systems: The ATIS domain. In *Proceedings of the DARPA Workshop on Speech and Natural Language*, Hidden Valley, PA.

Ravuri, S., & Stolcke, A. (2015). Recurrent neural network and lstm models for lexical utterance classification. In *Proceedings of the Interspeech*.

Raymond, C., & Riccardi, G. (2007). Generative and discriminative algorithms for spoken language understanding. In *Proceedings of the Interspeech*, Antwerp, Belgium.

Sarikaya, R., Hinton, G. E., & Deoras, A. (2014). Application of deep belief networks for natural language understanding. *IEEE Transactions on Audio, Speech, and Language Processing, 22*(4).

Sarikaya, R., Hinton, G. E., & Ramabhadran, B. (2011). Deep belief nets for natural language call-routing. In *Proceedings of the ICASSP*, Prague, Czech Republic.

Seneff, S. (1992). TINA: A natural language system for spoken language applications. *Computational Linguistics, 18*(1), 61–86.

Simonnet, E., Camelin, N., Deleglise, P., & Esteve, Y. (2015). Exploring the use of attentionbased recurrent neural networks for spoken language understanding. In *Proceedings of the NIPS Workshop on Machine Learning for Spoken Language Understanding and Interaction*.

Socher, R., Lin, C. C., Ng, A. Y., & Manning, C. D. (2011). Parsing natural scenes and natural language with recursive neural networks. In *Proceedings of ICML*.

Sordoni, A., Bengio, Y., Vahabi, H., Lioma, C., Simonsen, J. G., & Nie, J.-Y. (2015). A hierarchical recurrent encoder-decoder for generative context-aware query suggestion. In *Proceedings of the ACM CIKM*.

Sutskever, I., Vinyals, O., & Le, Q. V. (2014). *Advances in neural information processing systems 27*, chapter Sequence to sequence learning with neural networks.

Tafforeau, J., Bechet, F., Artiere1, T., & Favre, B. (2016). Joint syntactic and semantic analysis with a multitask deep learning framework for spoken language understanding. In *Proceedings of the Interspeech*, San Francisco, CA.

Tur, G., & Deng, L. (2011). *Intent determination and spoken utterance classification, Chapter 4 in book: Spoken language understanding*. New York, NY: Wiley.

Tur, G., Hakkani-Tür, D., & Heck, L. (2010). What is left to be understood in ATIS? In *Proceedings of the IEEE SLT Workshop*, Berkeley, CA.

Tur, G., & Mori, R. D. (Eds.). (2011). *Spoken language understanding: Systems for extracting semantic information from speech*. New York, NY: Wiley.

Vinyals, O., Fortunato, M., & Jaitly, N. (2015). Pointer networks. In *Proceedings of the NIPS*.

Vinyals, O., & Le, Q. V. (2015). A neural conversational model. In *Proceedings of the ICML*.

Vu, N. T., Gupta, P., Adel, H., & Schütze, H. (2016). Bi-directional recurrent neural network with ranking loss for spoken language understanding. In *Proceedings of the IEEE ICASSP*, Shanghai, China.

Vukotic, V., Raymond, C., & Gravier, G. (2016). A step beyond local observations with a dialog aware bidirectional gru network for spoken language understanding. In *Proceedings of the Interspeech*, San Francisco, CA.

Walker, M., Aberdeen, J., Boland, J., Bratt, E., Garofolo, J., Hirschman, L., et al. (2001). DARPA communicator dialog travel planning systems: The June 2000 data collection. In Proceedings of the Eurospeech

Conference.

Wang, Y., Deng, L., & Acero, A. (2011). *Semantic frame based spoken language understanding, Chapter 3*. New York, NY: Wiley.

Ward, W., & Issar, S. (1994). Recent improvements in the CMU spoken language understanding system. In *Proceedings of the ARPA HLT Workshop*, pages 213 – 216.

Weizenbaum, J. (1966). Eliza—A computer program for the study of natural language communication between man and machine. *Communications of the ACM, 9*(1), 36 – 45.

Woods, W. A. (1983). *Language processing for speech understanding*. Prentice-Hall International, Englewood Cliffs, NJ: In Computer Speech Processing.

Xu, P., & Sarikaya, R. (2013). Convolutional neural network based triangular crf for joint intent detection and slot filling. In *Proceedings of the IEEE ASRU*.

Yao, K., Peng, B., Zhang, Y., Yu, D., Zweig, G., & Shi, Y. (2014). Spoken language understanding using long short-term memory neural networks. In *Proceedings of the IEEE SLTWorkshop*, South Lake Tahoe, CA. IEEE.

Yao, K., Zweig, G., Hwang, M.-Y., Shi, Y., & Yu, D. (2013). Recurrent neural networks for language understanding. In *Proceedings of the Interspeech*, Lyon, France.

Zhai, F., Potdar, S., Xiang, B., & Zhou, B. (2017). Neural models for sequence chunking. In *Proceedings of the AAAI*.

Zhang, X., & Wang, H. (2016). A joint model of intent determination and slot filling for spoken language understanding. In *Proceedings of the IJCAI*.

Zhu, S., & Yu, K. (2016a). Encoder-decoder with focus-mechanism for sequence labelling based spoken language understanding. In *submission*.

Zhu, S., & Yu, K. (2016b). Encoder-decoder with focus-mechanism for sequence labelling based spoken language understanding. arXiv preprint arXiv:1608.02097.

3
음성 및 텍스트 기반
대화 시스템에 사용되는 딥러닝

애슬리 샐리킬마즈Asli Celikyilmaz, 리 덩Li Deng,

디렉 하카니투르Dilek Hakkani-Tür

소개

수십 년 동안 사람과 기계 간 대화 시스템 구축을 위해 스피치와 언어 이해 연구 분야에서 획기적인 발전이 있었다. 인터렉티브 대화 에이전트인 가상 에이전트 또는 챗봇으로 알려진 대화 시스템은 기술 지원 서비스에서부터 언어 학습 도구 및 엔터테인먼트에 이르는 애플리케이션에 폭넓게 사용되고 있다. 최근 심층 신경망의 성공으로 데이터 기반 대화 모델 구축 연구가 빠르게 성장 중이다. 3장에서는 효과적인 대화 시스템을 구축하는 데 사용되는 딥러닝의 아키텍처와 세부 정보를 다룬다. 태스크 지향 대화 시스템이 초점이 될 것이고 후반부에서 특정 태스크에 지향되지 않는 개방형 대화 시스템을 구축하는 네트워크를 소개한다. 대화 시스템의 데이터 기반 학습에 적합하면서 공개적으로 사용할 수 있는 데이터셋과 소프트웨어에 관한 구체적인 정보도 제공한다. 마지막으로 학습 목적에 맞는 평가 지표를 살펴본다.

3.1 서론

지난 10년 동안 가상 개인 비서^{virtual personal assistant}인 대화형 챗봇은 가장 흥미진진한 기술 중 하나였다. 음성 대화 시스템^{SDS, Spoken Dialog System}은 가상 개인 비서의 두뇌로 간주된다. 예를 들어 마이크로소프트 코타나[1], 애플 시리[2], 아마존 알렉사[3], 구글 홈[4] 그리고 페이스북 M[5]은 다양한 장치에 음성 대화 시스템 모듈을 통합해 사용자가 자연스럽게 말하고 작업을 더욱 효율적으로 마무리할 수 있게 한다. 전통 대화 시스템은 복잡하거나 별도로 모듈화된 파이프라인을 가지지만, 최근 딥러닝 기술의 발전으로 대화 모델링에 신경망 적용이 빠르게 일어나고 있다.

표 3.1 대화 시스템이 현재 사용되는 작업 종류

작업 종류	예
정보 소비	"회의 스케줄이 어떻게 되지?" "어떤 룸에서 회의하지?"
작업 완료	"내일 3시로 알람을 맞춰줘." "시애틀 중심부에 아이들이 좋아할 만한 채식 식당을 찾아줘." "점심 후에 샌디와 미팅을 잡아줘."
의사 결정 지원	"남부 지역 판매가 왜 이리 뒤처져 있지?"
소셜 인터렉션(칫챗)	"잘 지내고 있어?" "난 사람처럼 똑똑해." "나도 사랑해."

음성 대화 시스템의 지난 30년 간 역사는 기호 규칙과 템플릿(1990년대 후반 이전), 통계 학습 그리고 딥러닝 기반(2014년 이후) 등 세 구간으로 나눌 수 있다. 3장에서는 대화 시스템 역사를 소개하고 기본 기술이 한 세대에서 다음 세대로 어떻게 이동하는지 살펴보며 크게 3가지로 나뉘는 봇^{bot} 기술의 장점과 단점을 논의한다.

현재의 대화 시스템은 사용자가 여러 작업을 통해 일상적 활동을 완료하고 대화형 게임을 즐기는 동반자가 되고 있다(표 3.1의 예 참조). 따라서 대화

---

1 https://www.microsoft.com/en-us/mobile/experiences/cortana/

2 http://www.apple.com/ios/siri/

3 https://developer.amazon.com/alexa

4 https://madeby.google.com/home

5 https://developers.facebook.com/blog/post/2016/04/12/bots-for-messenger/

시스템은 많은 목적을 위해 디자인됐지만 목표 지향 대화(개인 비서 시스템 또는 구매나 기술 지원 서비스 등 작업 완료를 목적으로 하는 대화)와 잡담과 컴퓨터 게임 캐릭터(아바타) 등 목표를 지향하지 않는 대화 간 의미 있는 차이를 만들었다. 목적에 따라 구조적으로 대화 시스템의 디자인과 구성 요소가 다르다. 3장에서는 목표 지향 대화 시스템의 구성 요소에 대한 세부 정보를 제공하고, 잡담과 같은 목표 지향적이지 않은 시스템 내용도 자세히 다룬다.

그림 3.1에서 보여주듯이 기존 음성 대화 시스템에 자동 음성인식ASR, Automatic Speech Recognition, 언어 이해 모듈, 상태 추적기 그리고 대화 정책 등이 포함되는 응답 생성기라고 알려진 자연어 생성 대화 관리자를 만든다. 일상 대화에 딥러닝을 적용해 인간과 시뮬레이션이 대화 구성 요소 학습에 참여하는 데이터 기반 인터렉티브 대화 시스템이다.

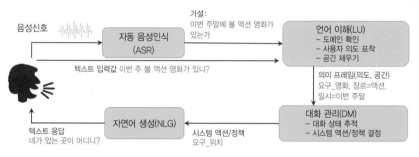

그림 3.1 대화 시스템 파이프라인 프레임워크

구어체 언어와 음성인식은 음성 대화 시스템 성공에 큰 영향을 미쳤다. 시스템 시작 부분에 기계가 음성을 인식하는 데 어렵게 하는 요소들이 있다. 음성분석의 경우 연속형 음성신호가 크게 변하고 단어 간에 뚜렷한 경계선이 없어서 어려운 작업이다. 구두로 전달된 언어 체계를 형성하는 기술적 내용과 문제점을 이해하기 위해 Huang과 Deng(2010), Deng과 Li(2013), Li 외(2014), Deng과 Yu(2015), Hinton 외(2012) 그리고 He와 Deng(2011)의 연구 논문을 추천한다.

구두 대화 시스템 음성인식은 화자 독립형이라서 전체 대화 동안 동일 사용자임을 가정하지 않는다. 엔드 투 엔드 방식의 구두 대화 시스템의 경우 음성인식에서 발생할 수밖에 없는 에러 때문에 인식 에러가 없는 텍스트가 입력물일 때에 비해 요소 구성이 어렵다(He and Deng, 2013). 구두 언어 이해를 다뤘던 연구의 긴 역사에서 음성인식 오류 문제점은 구어체 언어 이해 영역을 텍스트 언어 이해 영역보다 훨씬 좁게 만들었다(Tur and Deng, 2011). 그러나 최근 음성인식 딥러닝의 성공으로 인식 오류가 현저히 감소해 대화 이해 시스템 애플리케이션 영역이 점차 넓어지고 있다.[6]

대부분의 초창기 목표 지향 대화 시스템은 인간이 만들었던 규칙에 기반했다(Aust et al., 1995; Simpson and Eraser, 1993). 얼마 지나지 않아 대화 시스템의 구성 요소들은 머신러닝을 사용하게 된다(Tur and De Mori, 2011; Gorin et al., 1997). 이러한 작업 대부분은 마르코프 결정 프로세스를 기반한 순차적 의사 결정 방식으로 대화를 공식화시킨다. 음성인식, 음성언어 이해(Hastie et al., 2009), LSTMs(Graves and Schmidhuber 2005)를 포함하는 RNNs 그리고 대화 모델링 연구들이 대화 시스템에서 나온 결과의 지속성과 견고성 차원에서 큰 성공을 이뤘다(Wen et al., 2016b; Dhingra et al., 2016a; Lipton et al., 2016). 반면 대부분 초기의 비목표 지향 시스템은 고차원 마르코프 체인을 사용한 이산기호(단어)의 확률적 시퀀스로 간단한 규칙, 주제 모델 그리고 모델링된 대화를 사용해왔다. 대규모 말뭉치로 훈련된 심층 신경망 아키텍처가 구체적으로 연구돼 전도 유망한 결과들을 내고 있다(Ritter et al., 2011; Vinyals and Le, 2015; Lowe et al., 2015a; Sordoni et al., 2015a; Serban et al., 2016b, 2017). 심층 신경망을 사용하는 비목표 지향 시스템의 가장 큰 어려운 문제로 좋은 결과를 얻기 위해 상당히 큰 말뭉치가 필요하다는 점이다.

3장의 구성은 다음과 같다. 3.2절에서 현재 대화 시스템의 구성 요소를 만드는 데 사용되는 딥러닝 도구를 소개한다. 3.3에서는 목표 지향 신경망 대화 시스템의 구성 요소를 설명하고 최근 발표된 연구 사례들을 소개한다. 3.4절에서는 딥러닝 기술을 사용하는 사용자 시뮬레이터 유형을 논의한다. 3.5절에서 자연어 생성의 딥러닝 방법 활용을 설명하고, 이후 3.6절에서는 엔드 투 엔드 대화 시스템 생성에 중요한 딥러닝 방법을 자세히 다룬다. 3.7절에서는 개방 도메인 비목적 지향 대화 시스템이 제시되고, 심층대화 모델을

---

6   이 주제에 관한 좀 더 자세한 내용을 보기 위해서는 2장, '대화 언어 이해에서 사용되는 딥러닝'을 참조하기 바란다.

만드는 데 사용되는 데이터베이스를 소개하며, 대화들이 어떻게 생성되고 수집되는지 집중하면서 각 말뭉치에 접근할 수 있는 링크를 제공한다. 3.9절에서는 오픈 소스 신경망 대화 시스템 모델링 소프트웨어를 간단히 다룬다. 대화 시스템을 평가하는 데 사용되는 측정 자료 평가 내용이 3.10절에서 제시된다. 3.11절에서는 대화 모델링 전망을 소개하고 3장을 마무리한다.

3.2 대화 시스템의 구성 요소 학습 방법

대화형 에이전트를 구축하는 데 사용되는 몇 가지 딥러닝 기법을 요약한다. 딥러닝 기술은 대화 시스템의 거의 모든 요소를 모델링하는 데 사용돼 왔다. 판별, 생성, 의사 결정 기반, 즉 강화학습 등 세 가지 유형에서 사용되는 방법을 자세히 살펴본다.

3.2.1 판별 방법

지도학습 데이터가 풍부해짐으로써 사후확률 $p(y|x)$를 모델링하는 딥러닝 방법은 대화 모델링 연구에서 가장 많이 연구된 방법 중 하나다. 목표 추정 및 사용자 의도 식별과 같은 음성언어 이해 작업을 위해 자세히 연구되고 있고, 구두 대화 시스템에서 반드시 필요한 요소이며 다양한 결과를 구분하도로 모델링된다. 대부분의 작업은 다층 순방향 신경망과 다층 퍼셉트론 등 판별을 위해 심층 신경망을 사용한다(Hastie et al., 2009). 이러한 모델들은 x로부터 평가되고 f를 정의하기 위해 중간 연산을 하며, 최종적으로 출력값 y를 제시하는 함수를 통해 정보가 흐르기 때문에 순방향feed-forward이라고 부른다.

심층 구조 의미 모델DSSM, Deep Structured Semantic Model 또는 심층 의미 유사성 모델Deep Semantic Similarity Models은 딥러닝 연구에서 많이 사용하는 방법이다. 잠재 피처를 찾아내 두 텍스트 간의 유사성을 내재적으로 학습하는 전통적 텍스트 분류에서 흔히 사용된다. 대화 시스템 모델링에서 심층 구조 의미 모델 접근법은 주로 구두 언어 이해 분류에 사용된다(Huang et al., 2013). 심층 구조 의미 모델은 두 텍스트 스트링 간 의미 유사성을 모델링하고 연속 의미 공간에 텍스트 스트링(문장, 쿼리, 서술문, 주어 등)을 나타내는 심층 신경망 모델링 기법이다(Sent2Vec). 또한 흔히 사용되는 방식은 로컬 피처에 적용되는 회선convolving 필터 레이어를 활용하는 CNN이다(Le Cun et al., 1998). 원래는 컴퓨터 시각을 위해 발명된 CNN 모델은 표준 선형 머신러닝 방식으로는 추출이 불가능한 잠재 피처를 학습하는 데 주로 사용하며, 특히 구두 언어 이해 모델에 효과적이다.

의미 슬롯 채우기는 구두 언어 이해에서 가장 어려운 작업 가운데 하나이며 순차적 (또는 시퀀스) 학습으로 간주된다. 같은 이유로 대화 상태 추적도 주고받는 대화를 통해 대화문의 상태를 유지한다는 차원에서 순차 학습이다. 비록 CNN은 국지적 정보를 수집하는 데 매우 훌륭한 방법일지라도, 데이터의 순차성을 실제로 포착하지 못하며 시퀀스 모델링에서 첫 번째 선택은 아니다. 따라서 대화 시스템에서 사용자 발언을 모델링하는 데 순차적 정보를 다룰 수 있도록 대부분의 연구에서는 순차적 정보에 효과적인 RNN 사용에 중점을 둬 왔다.

메모리 네트워크(Weston et al., 2015; Sukhbaatar et al., 2015; Bordes et al., 2017)는 질의응답(Weston et al., 2015)과 언어 모델링(Sukhbaatar et al., 2015) 등 다양한 자연어 처리 작업에 적용되는 모델의 최근 종류다. 메모리 네트워크는 응답에 대한 근거로 과거 대화들과 단기 문맥을 저장할 수 있는 메모리 구성 요소로부터 쓰고 읽기를 반복하면서 작동한다. 메모리 네트워크는 이러한 작업에 훌륭한 성능을 내고 있고 RNN에 기반한 특정 엔드 투 엔드 아키텍처를 능가하는 것을 보여준다. 또한 LSTM과 같은 관심 기반 RNN 네트워크는 메모리 구성 요소를 유지하고 대화 문맥을 학습하는 데 다른 방식을 취한다(Liu and Lane, 2016a).

심층 지도학습 모델을 구축하기 위해 모든 애플리케이션에 대형 말뭉치 확보가 가능하지 않은 경우도 있다. 관련 데이터셋을 사용하면 학습 프로세스를 효율적으로 부트스트랩할 수 있다. 특히 딥러닝에서 모델을 사전 훈련하는 데 관련 데이터셋을 사용하는 것은 복잡한 환경으로 규모를 키우는 데 효과적이다(Kumar et al., 2015). 이는 개방형 도메인 대화 시스템뿐만 아니라 멀티태스크 대화 시스템(예: 호텔, 공항, 레스토랑 등과 같은 서로 다른 영역의 여러 태스크로 구성된 여행 도메인)에도 중요하다. 대화 모델링 연구자들은 대화 시스템의 구성 요소를 학습하거나 학습 전이를 적용해서 엔드 투 엔드 대화 시스템을 학습하는 것과 같이 데이터 주도 대화 시스템을 만들기 위해 학습 전이를 적용하는 딥러닝 접근법을 이미 제안해왔다.

3.2.2 생성 방법

심층 생성 모델은 입력 데이터 분포를 모델링하고 그 분포로부터 현실적인 예를 생성할 수 있는 능력 때문에 최근 많은 인기를 얻고 있으며, 그 결과 최근 대화 시스템 모델링 연구 분야가 주목을 받고 있다. 데이터의 객체와 사건들instances을 군집하고 구조화되지 않은 텍스트에서 잠재 요인을 추출한다. 심층 모델을 사용하는 대화 모델링 시스템의 많은 연구들은 응답 생성 신경망 생성 모델에 중점을 둔 개방형 도메인 대화 시스템을 주목하고 있다. 이 연구들의 공통점은 인코더-디코더 기반 신경 대화 모델(Vinyals and Le, 2015; Lowe et al., 2015b; Serval et al., 2017; Shang et al., 2015)을 사용한다는 점이며 인코더 네트워크는 대화 의미를 인코딩하기 위해 전체 과거 자료를 사용하고 디코더는 자연어 발화를 생성한다. 또한 추상적인 대화 행동을 적절한 텍스트로 매핑하는 RNN 기반 시스템이 사용된다(Wen et al., 2015a).

생성 적대적 신경망(Goodfellow et al., 2014)은 대화 응답 생성을 위한 신경망 대화 모델링으로 최근 대화 분야에 등장한 생성 모델의 한 가지이다. Li 외(2017)는 응답 생성을 위해 심층 GAN를 사용하며, Kannan과 Vinyals (2016)는 대화 모델을 서로 주고받는 상호적adversarial 방식으로 사용 방법을 평가한다.

3.2.3 의사 결정

대화 시스템의 핵심은 의사 결정 모듈이며, 대화 관리자 또는 대화 정책이라고도 부른다. 대화 정책은 대화 각 단계에서 대화가 성공적으로 완료될 수 있도록 안내한다. 시스템 동작은 작업 수행을 위한 특정 요구 사항을 받아서 대안을 찾아내고 이를 제공하기 위해 사용자와 상호작용한다. 강화학습을 사용하는 통계 기반 대화 관리자의 최적화 방법은 빠르게 발전하고 있는 연구 영역이다(Fatemi et al., 2016a; b; Su et al., 2016; Lipton et al., 2016; Shah et al., 2016; Williams and Zweig, 2016a; Dhingra et al., 2016a). 피드백이 지연될 수 있는 상황에서 강화학습은 의미 있게 작동하기 때문에 대화 환경에 적합하다. 대화 에이전트가 사용자와의 대화를 처리할 때, 그 대화가 성공적이었는지 혹은 대화의 목적이 달성됐는지 여부는 대화가 끝난 후에 알게 된다.

위의 범주 외에도 차세대 대화 시스템을 위한 학습전이와 도메인 적용 등의 애플리케이션을 포함한 새로운 솔루션을 가진 심층 대화 시스템이 소개됐으며, 해당 시스템은 특히 구두 언어 이해(Kim et al., 2016a; b; 2017a; b)와 대화문 모델링(Gai et al., 2015; 2016; Lipton et al., 2016) 분야에서 도메인 전이에 집중하고 있다.

3.3 목표 지향 신경 대화 시스템

대화 시스템에서 가장 유용한 애플리케이션은 주고받는 대화의 제한된 횟수 내에서 시스템이 사용자가 요청하는 내용을 이해하고 명확한 목표로 작업을 완료하는 목표 지향적이고 거래적 성격을 띤다. 목표 지향 대화 시스템의 구성 요소에 관한 설명과 최근 연구를 자세히 설명한다.

3.3.1 신경망 언어 이해

언어 이해를 위해 딥러닝 적용에 초점 맞춘 연구가 늘고 있다. 목표 지향 대화 시스템에서 백엔드 행동과 지식 제공자를 활성화시키도록 언어 이해는 의미 표상에 맞게 사용자 발화를 해석하는 작업을 담당한다. 언어 이해 애플리케이션의 세 가지 핵심 작업은 도메인 분류, 의도 결정, 슬롯 채우기(Tur and De Mori, 2011)이며, 사용자 발화와 질의에 대한 의미를 포착하기 위한 의미 프레임 형성을 목표로 한다. 도메인 분류는 보통 구두 언어 이해 시스템에서 완료되며, 후속 처리를 위해 높은 수준의 분류를 수행한다. 도메인 기반 의미 템플릿을 채우기 위해 의도 결정과 슬롯 채우기가 실행된다. 영화 관련 발언 "재키 찬(성룡)의 최근 영화를 찾아주세요"의 의미 프레임이 그림 3.2에 나와 있다.

딥러닝 발전으로 심층 신뢰망DBN은 도메인과 의도 분류 작업에 적용됐다(Sarikaya et al., 2011; Tur et al., 2012; Sarikaya et al., 2014). 최근 Ravuri와 Stolcke(2015)는 인코더 네트워크가 입력 발화를 표상하고, 단일 계층 디코더 네트워크를 사용해 입력된 발화의 도메인과 의도 종류를 예측하는 의도 결정 RNN 아키텍처를 제안했다.

	find	recent	action	movies	by	jackie	chan
Slots	O	B-date	B-genre	B-type	O	B-director	I-director
Intent	movies						
Domain	find_movie						

그림 3.2 IOB 형태, 도메인 그리고 의도에서 의미 슬롯에 대한 주석을 가진 발화의 예

슬롯 채우기는 딥러닝 피처 생성기로 가장 많이 처리되고 있다. 예를 들어 Xu와 Sarikaya(2013)는 CRF 모델 투입값을 위해 CNN을 활용해 피처를 추출했다. Yao 외(2013)와 Mesnil 외(2015)는 슬롯 채우기에 필요한 시퀀스 레이블링을 위해 RNN을 사용했다. 최근 연구로는 시퀀스 투 시퀀스 모델(Kurata et al., 2016), 관심attention 메커니즘이 적용된 시퀀스 투 시퀀스(Simonnet et al., 2015), 다중 영역 훈련(Jaech et al., 2016), 다중 작업 훈련(Tafforeau et al., 2016), 다중 도메인 공통 의미 프레임(Hakkani-Tür et al., 2016; Liu and Lane, 2016b) 그리고 엔드 투 엔드 메모리 네트워크를 사용한 문맥 모델링(Chen et al., 2016; Bapna et al., 2017) 등이 있다. 자세한 설명은 언어 이해를 다루는 장에서 제공한다.

3.3.2 대화 상태 추적기

음성 대화 시스템 파이프라인의 다음 단계는 대화 상태 추적이다. 대화 경로를 통해 사용자의 목표에 대한 믿음을 추적하는 것이 그 목적이다. 대화 상

태 추적은 배경지식 정보 소스를 찾고 대화 관리자가 다음 행동을 결정하는 데 사용된다. 대화 각 단계에서 대화 상태 추적은 바로 전 사용자 대화 상태 s_{t-1}로부터 추정된 대화 상태를 입력값으로 받아서 현재 순서의 대화 상태 s_t를 추정한다. 대화 상태 추적은 해당 분야 도전 과제로 수행된 프로젝트 평가와 사용된 데이터 덕분에 많이 발전했다(Williams et al., 2013; Henderson et al., 2014). 최첨단 대화 관리자는 신경망 대화 상태 추적 모델로 진행 상황을 모니터링한다. 초기 모델 중 RNN 대화 상태 추적 접근법(Henderson et al., 2013)은 베이지안 네트워크 방식보다 뛰어난 성과를 낸다(Thomson and Young, 2010). 지식 그래프 표상뿐만 아니라 슬롯 짝 맞추기와 발화 간 연결 형태를 다루는(Wen et al., 2016b; Mrkšić et al., 2016) 신경망 대화 관리자에 관한 최근 연구는 신경망 대화 모델을 적용해 개방형 도메인 대화 시스템에서 발생하는 현재의 문제점을 극복할 수 있음을 보여준다.

3.3.3 심층 대화 관리자

대화 관리자는 대화 시스템 디자인 작업을 사용자가 마칠 수 있도록 자연스런 방식으로 상호작용하는 구성 요소다. 대화 관리자는 대화의 상태와 흐름에 어떤 대화 정책이 사용돼야 하는지 결정한다. 대화 관리자에 들어가는 투입값은 사람의 발화이며, 자연어 이해 구성 요소에 의해 특정 시스템에 맞는 의미 표상으로 전환된다. 비행 스케줄 대화 시스템의 투입값이 "ORDER (from=SFO, to=SEA, date=2017-02-01)"라고 하자. 대화 관리자는 대화 이력, 최근에 답변되지 않은 질문, 최근 사용자 의도와 개체 등 대화의 도메인에 따라 달라질 수 있는 상태변수를 유지한다. 대화 관리자의 출력값은 가령 "Inform (flight-num=555, flight-time=18:20)"이라는 의미 표상을 통해 대화 시스템 다른 부분으로 연결하는 정보가 된다. 이러한 의미 표상은 자연어 생성을 통해 자연어로 변환된다.

전문가 시스템은 몇몇 대화 디자인 선택지를 입력하는 등 대화 관리 정책을 수동으로 설계한다. 수작업 대화 정책 설계는 다루기 힘들며 도메인 특화 기능, 자동 음성인식기 시스템 견고성, 작업의 어려움 등을 포함한 여러 가지 요인에 따라 대화 정책의 수행 능력이 달라질 수 있어서 범위 확장이 어렵다. 따라서 복잡한 의사 결정 룰을 작성하기보다 강화학습을 사용하는 것이 일반적이다. 이러한 대화는 마르코프 의사 결정 프로세스^{MDP, Markov Decision Process}로 나타나며, MDP는 각 상태에서 대화 관리자가 각각의 행동으로부터 얻을 수 있는 보상과 상태에 근거해 선택한다. 이러한 설정에서 대화 관리자는 보상함수를 정의해야 하는데, 가령 레스토랑 예약 대화에서 보상은 테이블을 성공적으로 예약한 것이 되며, 정보를 찾는 대화에서 사용자가 정보를 얻는다면 보상은 긍정이 되지만 부정 보상도 있을 수 있다. 강화학습은 각 단계에서 시스템이 어떤 확인을 해야 하는지와 같은 정책을 학습하는 데 사용된다(Lemon and Rieserr, 2009). 대화 정책을 학습하는 또 다른 방법이라면 인간이 숨어 있는 방에서 컴퓨터에 무엇을 말해야 하는지 알려주는 오즈의 마법사 실험(Passonneau et al., 2011)을 활용해 인간을 모방하는 것이 될 수 있다.

복잡한 대화 시스템의 경우 시간이 흐르면서 대화 환경은 변하기 때문에 사전에 좋은 정책을 구체화하는 것은 불가능하다. 따라서 강화학습을 통해 온라인과 인터렉티브한 학습 정책을 구체화한다(Singh et al., 2016; Gasic et al., 2010; Fatemi et al., 2016b). 예를 들어 정확한 보상 함수를 계산하는 능력은 강화학습을 통해 대화 정책을 최적화하는 데 필수다. 현실 적용에서 보상 신호로 사용자 피드백 사용은 신뢰성이 낮고 수집하는 데 비용이 크다. Su 외(2016)는 대화 정책이 가우시안 프로세스와 함께 보상 모델에 따라 적극적으로 훈련되는 온라인 학습 프레임워크를 제안한다. 연구진들은 대화 정책, 대화 임베딩 그리고 사용자 피드백(그림 3.3)에 기반한 세 가지 시스템 구성 요소를 제안했다. 대화에서 추출한 대화 순서 피처를 사용하고 대화 임베딩 개발을 위한 쌍방향 장단기 기억 네트워크^{BLSTM, Bidirectional Long Short-Term Memory Network}를 구축한다는 내용이다.

딥러닝 기술로 효율적 대화 정책을 학습하는 것은 심층 강화학습의 최근 발전과 함께 대화를 다루는 연구자 사이에서 큰 관심을 받고 있다. 가령 Lipton 외(2016)는 베이지안 신경망에서부터 몬테카를로 샘플을 추출한 톰슨 샘플링을 통해 다양한 대화 방향을 효율적으로 탐색하는 대화 정책 모델의 심층 신경망 구조 경계를 연구했다(Blundell et al., 2015). 그들은 정책을 최적화하기 위해 심층 Q-네트워크를 사용하고 VIME^Variational Information Maximizing Exploration에서 나온 내재적 보상을 투입하는 방법들을 개발했다(Blundell et al., 2015). 베이지안 접근법은 현재의 정책에서 주어진 Q값의 불확실성을 다루는 반면, VIME는 탐구되지 않은 환경 부분의 역학 관계 불확실성을 다룬다. 따라서 두 접근법을 결합하면 시너지 효과를 기대할 수 있다. 도메인 확장 작업에서는 결합된 방법이 유망하고 다른 방법보다 월등히 뛰어난 것으로 입증됐다.

대화 관리자를 위한 정책을 최적화하는 데 영향을 미치는 여러 요인이 있다. 그중 일부는 다중 도메인 시스템상의 학습 정책(Gasic et al., 2015; Ge and Xu, 2016), 다중 도메인 시스템을 위한 프로젝트 기반 학습(Gasic et al., 2015), 학습 도메인에서 독립된 정책(Wang et al., 2015), 문맥에 맞는 단어 의미 적응(Yu et al., 2016), 새로운 사용자 행동 적응(Shah et al., 2016) 등이 포함된다. 이런 시스템 중에서 Peng 외(2017)는 복합적인 하위 작업이 있는 태스크 기반 시스템용 계층 구조 정책 학습을 연구한다. 연구자들은 하위 작업 간 슬롯 제한성을 만족시키면서 보상의 희소성이라는 이슈를 다룬다. 이러한 조건은 다중 영역 대화 에이전트를 학습하는 현재 방식을 적용하는 것을 불가능하게 하고(Cuayahuitl et al., 2016; Gasic et al., 2015), 영역별로 하나씩 존재하는 정책으로 전체를 훈련시키고, 대화를 성공적으로 완성하는 데 요구되는 도메인 간 제한이 없도록 한다. 그림 3.4에서 볼 수 있듯이 복합 작업 대화 에이전트에는 다음 네 가지 요소가 있다. (1) 사용자 의도를 식별하고 관련 슬롯을 추출하는 LSTM 언어 이해 모듈 (2) 대화 상태 추적기 (3) 현재 상태에 기반한 다음 행동을 선택하는 대화 정책 (4) 에이전트 행동을 자연어 응답으로 변환하는 모델 기반 자연어 생성이다. 마르코프 의사 결정 프로세스 MDP 구성에 대한 옵션에 따라(Sutton and Singh, 1999) 연구자들은 여행 계획과 같은 복합 작업과 옵션으로 모델링할 수 있는 항공권 예약과 호텔 예약 등 하위 작업을 학습하기 위해 에이전트를 만든다.

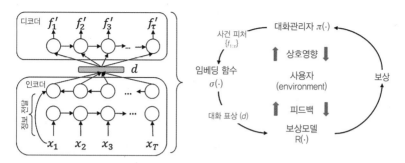

그림 3.3 심층 인코더 디코더 네트워크가 있는 대화 정책 학습 도식. 세 가지 주요 시스템 구성 요소: 대화 정책, 대화 임베딩 생성, 사용자 피드백에 기반한 보상 모델링

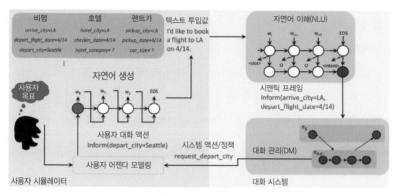

그림 3.4 복합 작업 완료 대화 시스템

3.4 모델 기반 사용자 시뮬레이터

대화 시스템을 위한 사용자 시뮬레이터는 인간사용자와 대화 시스템 간의 실제 대화를 표상하도록 하는 인공적인 상호작용을 목표로 한다. 대화 모델을 만들기 위해 모델 기반으로 시뮬레이션된 사용자는 대화 시스템의 다른 요소만큼 일반적이진 않다. 관련 방법에 관한 리뷰는 Schatzmann 외(2006)와 Georgila 외(2005, 2006)의 연구에 잘 나타난다. 이번 절에서는 사용자 시뮬레이션에 대한 딥러닝 방법을 살펴보며, 데이터와 딥러닝 방법에 기반한 방법들만을 다룬다.

초기 음성 대화 시스템 최적화는 강화학습 알고리즘이 많은 데이터를 요구했기 때문에 시뮬레이션 사용을 정당화했다. 최근에 사용된 샘플 활용 강화학습 방법은 음성 대화 시스템 최적화에 적용됐다. 이 방법을 이용해 실제 사용자가 활용한 비최적화 시스템(Li et al., 2009; Pietquin et al., 2011b)뿐만 아니라 온라인상의 상호작용(Pietquin et al., 2011a)으로부터 수집된 데이터에서 최적의 대화 정책을 학습하고 모델을 훈련시킨다. 이 방식은 대화 시스템이 사용자 피드백으로 시뮬레이션된 사용자를 이용해 학습하고 프로세스가 진행되면서 수정될 수 있음을 보여준다.

대부분의 시스템 피처가 숨겨져 있어서 사용자 시뮬레이션 모델의 학습 파라미터를 최적화하는 것은 어렵다(예: 사용자 목표, 정신 상태, 대화 이력 등). 이 문제에 초점을 맞춘 Asri 외(2016)는 전체 대화 이력을 고려해 비목적 지향 도메인(예: 잡담 또는 챗챗)의 시퀀스 투 시퀀스 기반 사용자 시뮬레이터를 제시했다. 사용자 시뮬레이터는 일관된 사용자 행동을 만들기 위해 외부 데이터 구조에 의존하지 않고 높은 정밀성으로 사용자 행동을 모델링할 수 있는 행동 공간으로의 매핑을 요구하지도 않는다.

Crook과 Marin(2017)은 목표 지향 대화 시스템에서 사용할 수 있는 자연어에서 자연어NL-to-NL로 시뮬레이션된 사용자 모델용 시퀀스 투 시퀀스 학습법을 연구했다. 이들은 여러 방식으로 문맥을 투입하기 위해 그들의 아키텍처 확장 방법을 소개하고 개인 비서 시스템 도메인에서 언어 모델링 기본 시뮬레이터와 비교한 각 방법의 효과를 연구한다. 연구 결과는 문맥 기반 시퀀스 투 시퀀스 방법이 다른 모든 기준을 능가하면서 인간과 같은 발화를 생성할 수 있음을 보여준다.

3.5 자연어 생성

자연어 생성은 의미가 표상돼 있는 상태에서 텍스트를 생성하는 프로세스다. 자연어 이해의 역으로 간주된다. 자연어 생성 시스템은 텍스트 요약, 기계번역 그리고 대화 시스템에 대한 중요한 정보를 제공한다. 몇 가지 범용 규칙 기반 생성 시스템이 개발됐지만(Elhadad and Robin, 1996), 일반성 때문에 소규모이면서 태스크 중심 애플리케이션으로 적용하는 것은 어렵다. 이를 극복하기 위해 연구자들이 다양한 솔루션을 제안했다. Bateman과 Henschel(1999)은 자동으로 맞춤화된 문법을 이용해 특정 애플리케이션에 대해 더 낮은 비용으로 효율성이 높은 생성 시스템의 적용을 제안했다. Busemann과 Horacek(1998)은 템플릿과 규칙 기반 생성을 혼합한 시스템을 설명한다. 이 방식은 특정 문장이나 발화가 필요한 템플릿과 규칙 기반 생성의 장점을 살린다. Stent(1999)도 음성 대화 시스템에 유사한 방법을 제안했다. 이러한 방법들은 개념적으로 단순하고 도메인에 맞춰져 있어 일반화 가능성이 부족하고, 스타일의 변형이 힘들며, 새로운 발화를 수작업으로 추가해야 하기 때문에 규모를 키우는 것도 어렵다. 또한 문법 규칙을 작성하고 적절한 어휘 목록을 확보해야 하는 요구 조건이 부과되는 등 전문가 참여가 요구된다.

머신러닝 기반 자연어 생성 시스템은 오늘날의 대화 시스템에서 일반적이다. 사용자와 어떤 의사소통을 할지에 대한 계획(예: 특정 식당 설명), 도메인에 맞춤화된 개체를 알려주는 구조화 데이터베이스(예: 식당의 데이터베이스), 결과 발언에 제한을 부과하는 사용자 모델(예: 사용자가 짧은 표현을 원함), 반복을 피하기 위해 이전 대화에서 가져온 대화 이력 등 다양한 입력값을 사용한다. 머신러닝 기반 자연어 생성 시스템의 목표는 입력값을 기술하는 자연어 문자열(예: 식당 '주카'의 음식은 맛있다)을 생성하기 위해 말할 내용을 가르쳐주는 의미 표상을 사용하는 것이다.

학습 가능한 자연어 생성 시스템은 다양한 후보 발화(예: 확률론적 또는 규칙 기반)를 생성하고 통계 모델을 사용해 순위를 매긴다(Dale and Reiter, 2000). 통계 모델은 각 발화에 점수를 할당하고 텍스트 데이터로 학습된다. 이러한 시스템의 대부분은 발화를 생성하기 위해 2개의 단어 결합[bigram]과 3개의 단어 결합[trigram] 모델을 사용한다. HALOGEN(Langkilde and Knight, 1998)과 SPaRKy 시스템(Stent et al., 2004)으로 구체화된 학습 가능한 생성법은 가장 주목할 만한 학습 방법 중 하나다. 이 시스템들은 모델을 다른 영역에 적용할 수 있도록 프레임워크 내에 다양한 학습 가능 모듈을 포함하거나(Walker et al., 2007) 특정 스타일(Mairesse and Walker, 2011)을 재생산한다. 그러나 해당 방식은 결정 공간을 정의하는 데 수작업으로 만든 생성기가 여전히 필요하다. 결과적으로 만들어진 발화들은 미리 정의된 구문에 의해 제약을 받으며 도메인 기반 구어체 응답을 수동으로 추가해야 한다. 이 방법뿐만 아니라 말뭉치 기반 방법(Oh and Rudnicky, 2000; Mairesse and Young, 2014; Wen et al., 2015a)은 확률적 생성기에서 생성된 후보 집합을 순위 매김함으로써 최종 응답을 얻는 과생산$^{over-generation}$ 재순위 패러다임(Oh and Rudnicky, 2000)을 적용해 데이터로부터 직접 생성을 학습한다는 목표로 유연한 학습 구조를 가지고 있음을 보여준다.

심층 신경망 시스템의 발전으로 더욱 정교한 자연어 생성 시스템이 개발돼 정렬되지 않은 데이터로부터 학습되거나 더 긴 발언을 생성할 수 있게 됐다. 최근 연구에 따르면 (LSTM, GRU 등) RNN 방법에서 일관성 있고 현실적이며, 더욱 적합한 응답을 생성할 수 있는 것으로 발표됐다. 이러한 연구 중 Vinyals 및 Le(2015)의 신경 대화 모델 연구는 자연어 생성을 위해 인코더-디코더 기반 모델을 사용하는 새로운 장을 열었다. 그들의 모델은 두 가지 LSTM층에 기반한다. 하나는 투입 문장을 "생각 벡터$^{thought\ vector}$"로 인코딩하는 것이고, 다른 하나는 벡터를 하나의 답변으로 디코딩하는 것이다. 이 모델은 시퀀스 투 시퀀스 또는 seq2seq로 부르며, 질문에 간단하고 짧은 응답을 제공한다.

Sordoni 외(2015b)는 문맥-메시지 쌍 (c, m) 형태로 응답 (r)을 생성하는 세 가지 신경 모델을 제안한다. 문맥은 단일 메시지로 정의된다. 제안한 첫 번째 모델은 (c, m, r) 세 가지를 제공받는 순환 언어 모델이다. 두 번째 모델은 문맥과 메시지를 백오브워즈$^{BOW,\ Bag\ of\ Words}$ 표상으로 인코딩하고 이를 순방향 신경망 인코더를 통해 처리한 다음, RNN 디코더를 사용해 응답을 생성한다. 마지막 모델은 비슷하지만 단일 백오브워즈 벡터로 인코딩하는 대신 문맥과 메시지를 별도로 표상하는 방식을 채택한다. 해당 연구자들은 트위터에서 온 2천 9백만 개의 트리플(c, m, r)을 기반으로 모델을 훈련시키고 BLEU, METEOR 그리고 인간 평가자 점수를 이용해 모델을 평가한다. 평균적으로 (c, m)은 매우 길기 때문에 저자들은 그들의 첫 번째 모델 성능이 좋지 않을 것으로 예상했으며, 8개 토큰을 넘어서는 길이를 가진 응답에서 품질이 저하되는 현상이 나타났다.

Li 외(2016b)는 신경망 대화 모델(Vinyals and Le, 2015)과 같은 시퀀스 투 시퀀스 모델로 생성된 응답에 일관성을 추가하는 방법을 제시한다. 연구진은 대화 상호작용 동안 에이전트가 가져야 하는 페르소나를 정의한다. 해당 연구진의 모델은 아이덴티티, 언어, 행동 및 상호작용 스타일을 결합하고 대화가 진행되는 중에 변화되면서 적응하는 과정을 거친다. 제안 모델은 기본 시퀀스-투-시퀀스 모델보다 불확실성 및 BLEU 점수 부분에서 성능이 향상됐다. 페르소나 기반 신경 대화 모델과 비교해 기본 신경 대화 모델은 대화를 통해 일관성 있는 페르소나를 유지하지 못해 결과가 일관성이 없었다. Li 외(2016a)는 최대상호정보MMI, Maximum Mutual Information 목적함수를 사용해 대화 응답을 생성한다. 이들은 여전히 최대우도법을 사용해 모델을 훈련시키지만, 디코딩하는 동안 응답을 생성하기 위해 MMI를 사용한다. MMI의 기본 아이디어는 다양성을 촉진하고 사소한 응답에 불이익을 주는 것이다. 해당 연구자들은 BLEU 점수, 인간 평가자 그리고 정성 분석을 통해 방법을 평가했는데 제안 방법이 실제로 더 다양한 응답으로 이어짐을 발견했다.

Serban 외(2017)는 대화를 생성하기 위한 계층 잠재변수 인코더-디코더 모델을 제시한다. 그들의 목표는 자연어 대화 응답을 생성하는 것이다. 모델은 출력 시퀀스가 두 수준의 계층으로 모델링되는데, 하나는 서브시퀀스의 시퀀스이며 두 번째는 토큰의 서브시퀀스이다. 가령 대화는 발화라는 하위 시퀀스의 시퀀스로 모델링되며, 각 발화는 단어 시퀀스로 모델링된다. 그들의 모델은 인코더 RNN, 문맥 RNN 그리고 디코더 RNN 등 3개의 RNN 모듈로 구성된다. 토큰의 하위 시퀀스는 인코더 RNN을 통해서 실수 벡터로 인코딩된다. 각 하위 시퀀스는 문맥 RNN의 투입값이 되면서 현재 시점까지 모든 정보를 반영하도록 내부 히든 상태를 업데이트한다. 문맥 RNN은 결괏값으로 실수 벡터를 출력하며, 해당 벡터는 디코더 RNN이 후속 토큰 시퀀서를 생성하는 데 조건으로 작용한다.

자연어 생성에 관한 최근 연구는 여러 학습 신호를 이해하기 위해 강화 학습 전략 사용에 초점을 맞추고 있다(He et al., 2016; Williams and Zweig, 2016b; Wen et al, 2016a; Cuayahuitl, 2016). 강화학습에 대한 관심은 학습을 강화하는 교사를 활용하자는 생각에서 기인한다. 지도 방식으로써 기준 시퀀스를 가지는 단어별 크로스 엔트로피 손실word-by-word cross-entropy loss을 적용해서 학습된 텍스트 생성 시스템은 국지적 일관성을 보여주지만 텍스트 생성 시스템이 모델링하는 도메인의 문맥 변화를 포착하지는 못한다. 예를 들어 재료와 요리법 타이틀을 조건으로 하는 요리법 생성 시스템은 시작 시점의 재료 성분을 합쳐서 성공적으로 최종 요리를 만들어내지 못하는 것과 같다. 마찬가지로 대화 생성 시스템은 대화의 이전 발언에 응답을 조건화시키는 데 종종 실패한다. 강화학습은 보상 방식으로 모델을 학습시키며, 올바른 단어 예측을 넘어서는 작업이다. 교사의 강제성 및 기타 "전역적" 지표를 사용한 보상체계 혼합은 최근 도메인과 유관한 결과물을 만들어내는 데 널리 사용된다.

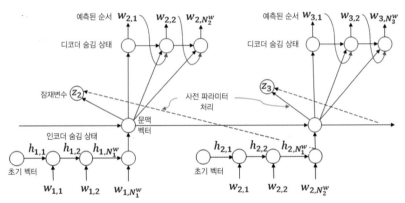

그림 3.5 계층 인코더 디코드 모델 연산 그래프. 다이아몬드 박스들은 결정변수를 나타내고 원형의 박스는 확률적 변수를 나타낸다. 실선은 생성 모델을 나타내며, 점선은 대략적인 사후 모델을 나타낸다.

3.6 대화 시스템 구축을 위한 엔드 투 엔드 딥러닝 방식

엔드 투 엔드 대화 시스템은 인지 시스템이며 훈련 말뭉치에서 에이전트의 행동을 복제하기 위해 동일한 네트워크 내 자연어 이해, 추론, 의사 결정 그리고 자연어 생성을 반복적으로 수행한다. 이 시스템은 딥러닝 기술이 대화 시스템 개발에 사용되기 전에 깊이 있게 검토되지 않았다. 오늘날 딥러닝을 적용한 시스템 개발은 딥러닝 시스템과 역전파 기술로 모든 파라미터가 동시에 훈련될 수 있어서 훨씬 쉬워졌다. 이제는 목표 지향과 비목표 지향에 대한 최근 엔드 투 엔드 모델을 간단하게 살펴본다.

엔드 투 엔드 목표 지향 대화 시스템을 개발하는 데 주요 문제점 중 하나는 사용자가 요구한 정보를 얻기 위해 시스템이 실행한 데이터베이스 요청이 명료하게 나뉘져서 처리되지 않는다는 점이다. 구체적으로 말하자면 시스템이 생성하고 지식베이스로 송부되는 쿼리는 수작업 방식으로 처리되는데, 시스템의 어떤 부분이 훈련되지 않아서 특정 기능이 학습되지 않았음을 의미한다. 이 문제점은 지식베이스 응답과 받은 정보를 접목하는 데 딥러닝 모델이 제대로 작동하지 못하게 한다. 신경망 응답 생성 부분이 학습돼 대화 정책 네트워크와 별도로 작동되는 문제점도 있다. 이런 문제점 때문에 전체 사이클을 엔드 투 엔드 방식으로 학습시키는 것이 최근까지도 완전하게 밝혀지지 못했다.

최근 심층 신경망을 이용해 피처 추출과 정책 최적화를 결합하는 엔드 투 엔드 대화 시스템을 구축하는 데 초점을 맞추는 연구가 늘고 있다. Wen 외 (2015b)는 지식베이스 룩업을 사용하는 모듈형 신경망 대화 에이전트를 도입해 전체 시스템의 분리 문제를 해결했다. 그 결과 대화 시스템의 구성 요소 학습은 별도로 실행된다. 의도 네트워크와 신뢰 추적기belief trackers는 수집된 지도 레이블supervised labels을 사용해 학습되고, 정책 네트워크와 생성 네트워크는 시스템 발화에 기반해서 별도 학습된다.

Dhingra 외(2016b)는 모듈 방식을 소개한다. 모듈에는 사용자 의도를 파악하고 관련 슬롯을 추출하며 대화 상태와 사용자의 목적을 추적하는 신뢰 추적belief tracker 모듈, 관련 결과를 문의하는 데이터베이스 인터페이스, 현재의 상태를 하나의 벡터로 요약하는 요약 모듈, 현재의 상태를 기반한 다음 시스템 행동을 선정하는 대화 정책 그리고 템플릿 기반 자연어 생성기로 구성된다(그림 3.6). 이 연구가 공헌한 점은 신뢰 추적기를 별도로 유지시켜 엔드 투 엔드 네트워크의 모듈성을 유지하면서 고정 룩업을 분리 가능한 룩업으로 대체했다는 점이다. 해당 연구자들은 필드 또는 슬롯에 대한 에이전트의 정보 상태 조건부 데이터베이스 요청에 대한 미분 가능 확률 프레임워크를 제안했으며, 이 프레임워크는 강화학습자에게 더 많은 정보를 제공해서 좀 더 나은 대화 정책을 찾아낼 수 있음을 보여준다.

큰 대화 말뭉치를 기반으로 한 오픈 도메인 대화 시스템을 구축하는 비목적 지향 엔드 투 엔드 대화 시스템을 구체적으로 살펴본다. Serban 외(2015)는 자율적으로 단어 단위로 생성되는 시스템 응답을 생성하기 위해 생성 모델을 실행해, 현실적이며 유연한 인터렉션 가능성을 높였다. 그들은 발언과 스피치를 모델링하는 작업에서 계층적 RNN 생성 모델이 ngram 기반 모델과 베이스라인 신경망 모델보다 우월함을 보여준다.

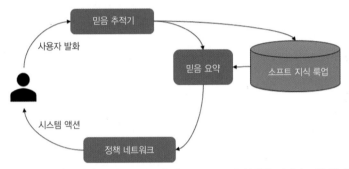

그림 3.6 엔드 투 엔드 지식 기반 InfoBot의 개요. InfoBot은 복잡한 쿼리의 조합 없이 지식을 사용자들이 찾을 수 있도록 도와주는 대화 에이전트다. 이러한 목표 지향 대화 에이전트는 실제 지식을 접속하기 위해 외부 데이터와 인터렉트할 필요가 있다. 이러한 모델은 기호로 된 쿼리를 사용자가 관심이 있는 개체를 보여주는 지식 베이스의 사후분포로 대체한다.

3.7 오픈 대화 시스템을 위한 딥러닝

비작업 지향 시스템으로 알려진 개방형 도메인 대화 시스템은 명시된 목표를 갖지 않는다. 이러한 유형의 시스템은 소셜 환경(예: social bots)이나 여러 유용한 시나리오(예: 노인들과의 관계 유지)에서 상호적으로 관계를 맺으면서 (Higashinaka et al., 2014) 사용자를 즐겁게 하는 데(Yu et al., 2015) 유용하다. 개방형 도메인 음성 대화 시스템은 폭넓은 지식 그래프 안 어떠한 토픽에 대해서라도 자연스러운 대화를 지원한다. 지식 그래프는 개체의 존재 정보뿐만 아니라 개체에 적용되는 운영(예: 비행 정보 찾기, 호텔 예약하기, 전차책 구입하기 등)까지 포함한다.

비작업 지향 시스템은 목표를 갖고 있지 않으며, 따라야 할 상태나 슬롯도 없지만 의도는 있다. 이러한 이유로 사용자에게 응답을 내놓기 위해 입력값으로 대화 이력(인간-에이전트 대화)을 사용한 응답 생성에 주요 초점을 두는 비목적 지향 대화 시스템 연구가 많이 있었다. 대표적으로 기계번역(Ritter et al., 2011), 검색 기반 응답 선택(Banchs and Li, 2012), 바닐라 RNN과 같이 다른 구조를 가진 시퀀스 투 시퀀스 모델(Vinyals and Le, 2015), 계층 신경 모델(Serban et al., 2015; 2016a; Sordoni et al., 2015b; Shang et al., 2015), 기억신경망(Dodge et al., 2015) 연구 등이 있다. 비목표 지향 시스템을 개발하는 데는 여러 이유가 있다. 직접적으로 측정할 수 있는 목표를 보여주지 않는 태스크(예: 언어 학습)나 간단한 오락 목적을 위해 비목표 지향 시스템이 사용된다. 또한 목적 지향 대화 시스템 태스크와 관련이 있는 말뭉치(예: 비슷한 토픽 대화를 다루는 말뭉치)로 학습된다면 이 모델은 정책 전략을 학습시킬 수 있는 사용자 시뮬레이터를 학습시키기 위해 사용 가능하다.

최근까지 목표 지향 대화 시스템과 비목표 지향 대화 시스템을 결합한 연구는 없었다. 최근 연구에서 대화의 성공을 이끌고 사용자의 참여를 개선시키기 위해 자연스럽고 부드러운 방식으로 두 종류 대화를 결합한 프레임워크를 만들려는 시도가 나타났다(Yu et al., 2017). 이러한 프레임워크는 명시적 의도를 가지지 않는 사용자를 다루는 데 특히 유용하다.

3.8 대화 모델링을 위한 데이터셋

지난 몇 년 동안 공개적으로 사용할 수 있는 다수의 대화 데이터가 출시됐다. 대화 말뭉치는 대화 시스템의 다양한 특성에 따라 다를 수 있으며 서면, 음성, 다중 모델, 인간 대 인간 사이의 대화, 인간 대 기계 사이의 대화, 자연스러운 대화 대 부자연스러운 대화(예: 〈오즈의 마법사〉에서 인간은 자신이 기계에게 말한다고 생각하지만, 사실은 인간 제어자가 대화 시스템을 통제하고 있음)를 기반으로 분류할 수 있다. 이번 절에서는 태스크 완료를 위해 음성언어 이해, 상태 추적, 대화 정책 수립 등의 목적으로 커뮤니티에서 공개된 유용한 데이터를 간단하게 리뷰한다. 개방형이지만 태스크 완성 목적이 아닌non-task completion 데이터는 3장에서 다루지 않는다.

3.8.1 카네기 멜론 커뮤니케이터 말뭉치

여행 예약 시스템과 관련된 인간과 기계의 인터렉션을 포함하는 말뭉치 데이터다. 분단위 여행 정보, 호텔 정보, 자동차 렌트 등의 정보를 제공하는 중급 규모의 데이터셋이다. 시스템과의 대화는 인터랙션 끝에서 사용자 코멘트와 함께 기록돼 있다.

3.8.2 ATIS: 항공여행정보시스템 파일럿 말뭉치

ATIS 파일럿 코퍼스(Hemphill et al., 1990)는 최초의 인간-기계 말뭉치 중 하나다. 인간 참여자와 여행 유형별 예약 시스템 사이 각각 40분 정도의 상호작용으로 이루어져 있으며, 비밀리에 인간에 의해서 운영된 시스템이다. 카네기 멜론 커뮤니케이션 말뭉치와는 달리 단지 1,041개의 발화만 포함한다.

3.8.3 대화 상태 추적 챌린지 데이터셋

대화 상태 추적 챌린지DSTC, Dialog State Tracking Challenge는 진행 중인 일련의 연구 커뮤니티 챌린지 과제다. 각 과제는 현재 대화까지 이뤄진 모든 대화 이력 조건부 사용자가 원하는 식당 검색 쿼리와 같은 대화 상태 정보로 레이블된 대화 데이터를 내놓는다. 그 도전 과제는 새로운 대화에 대한 대화 상태를 예측할 수 있는 "추적기"를 만드는 것이다. 각 챌린지에서 대화 데이터를 사용해 추적기를 평가한다. Williams 외(2016)는 다음에서 요약한 것처럼 챌린지 과제와 데이터셋에 전반적인 설명을 제공한다.

　DSTC1.[7] 버스 시간표 도메인에서 발생하는 인간과 컴퓨터 간의 대화로 구성돼 있다. 그 결과는 SIGDIAL2013의 특별 세션에서 발표됐다.

---

7 https://www.microsoft.com/en-us/research/event/dialog-state-tracking-challenge/

DSTC2와 DSTC3.[8] DSTC2는 식당 정보 도메인에 있는 인간 – 컴퓨터 간의 대화로 구성되며, 식당 검색과 관련된 많은 대화로 이뤄져 있다. 또한 "요청 슬롯"을 추적하면서 바뀌는 사용자 목표를 보여준다. 결과는 SIGDIAL 2014 및 IEEE SLT 2014의 특별 세션에서 발표됐다. DSTC3는 여행 정보 도메인이며, 새로운 도메인으로 적응하는 데 발생하는 문제점을 다룬다. DSTC2와 DSTC3는 Matthew Henderson, Blaise Thomson, Jason Williamson이 운영했다.

DSTC4.[9] 인간 대 인간 대화의 대화 상태 추적에 초점을 맞추고 있으며, 동일 데이터에 기반한 엔드 투 엔드 대화 시스템을 개발하는 데 필요한 핵심 구성 요소를 위해 일련의 파일럿 추적을 소개한다. 결과는 IWSDS 2015에서 발표됐다. DSTC4는 김석환, Luis DHaro, Rafael E Banchs, Mahhtew Henderson 그리고 Jason D. Williams가 운영했다.

DSTC5[10]는 여행자 정보 도메인에서 벌어진 인간 대 인간 대화로 구성되며, 해당 도메인에서 학습 대화가 한 언어로 제공되고 테스트 대화는 다른 언어로 제공된다. 결과는 IEEE SLT 2016 특별 세션에서 발표됐다. DSTC5는 김석환, Luis DHaro, Rafael E Banchs, Matthew Henderson, Jason D. Williams, Koichiro Yoshino가 운영했다.

3.8.4 말루바 프레임 데이터셋

말루바Maluuba 프레임은 비행편과 호텔을 포함해 바캉스 예약과 같은 복잡한 환경에서 의사 결정을 지원할 수 있는 대화형 에이전트 분야의 연구를 위해 제시됐다. 말루바 프레임 데이터셋과 함께 프레임이 추구하는 목표는 사용자가 데이터베이스를 활용하고 아이템을 비교하며 결정을 내리는 데 도움이 될 수 있는 대화 에이전트를 학습시키는 것이다. 인간 대 인간 대화 프레임 데이터는 복합적인 작업 완료 대화 세팅을 위해 디자인된 인간이 숨어서 컴퓨터에게 알려주는 오즈의 마법사 방식을 사용해 수집된다. 종합적으로 수행

---

8 http://camdial.org/~mh521/dstc/
9 http://www.colips.org/workshop/dstc4/
10 http://workshop.colips.org/dstc5/

돼야 하는 하위 작업들로 구성된 복잡한 작업의 중요한 유형을 고려한다. 예를 들어 여행 계획을 세우기 위해 사용자들은 소위 슬롯 제약slot constraints이라고 부르는 일련의 하위 작업 제약을 동시에 충족하는 종합적 방식으로 비행기 티켓, 호텔, 자동차 등을 예약한다. 여행 계획 수립을 위한 슬롯 제약의 예라면 호텔 체크인 시간은 호텔 도착 시간보다 이후여야 하고, 호텔 체크아웃 시간은 귀국 항공편 출발 시간보다 이전이어야 하며, 비행편 티켓은 호텔 체크인하는 사람들의 수와 동일해야 한다는 내용 등이다.

3.8.5 페이스북 대화 데이터셋

페이스북 인공지능 연구소FAIR, Facebook AI and Research는 대화 조사 공동체에 의해 사용될 작업 지향 대화 데이터셋을 발표했다(Bordes et al., 2017). 프로젝트 목표는 질문에 대한 답변과 목표 지향 대화 시스템에 신경망 아키텍처를 개발하는 것이다. 연구진은 식당 예약이라는 목표 지향 문맥에서 다섯 가지 작업을 설계했다(그림 3.7 참조). 식당과 그 속성(위치, 요리 유형 등)에 해당하는 핵심 지식 기반에 바탕을 둔 5가지 작업은 대화의 여러 단계를 처리하고 대화 관리 수행, 지식 기반 문의, 대화를 계속하기 위한 쿼리 결괏값 해석, 학습 데이터로 대화에서 나타나지 않은 새로운 개체 다루기 등 모델이 다양한 능력을 학습할 수 있는지 검증한다.

3.8.6 우분투 대화 말뭉치

우분투 대화 말뭉치(Lowe et al., 2015b)는 다양한 우분투 관련 문제의 기술적 지원에 관한 우분투 채팅 로그로부터 추출된 100만 개 정도 되는 2인 대화로 구성된다. 따라서 챗봇 시스템과 대조적으로 목표된 애플리케이션에서 인공지능 에이전트 개발을 위한 케이스 스터디로 사용된다. 모든 대화들은 텍스트 형식으로 수행된다. 해당 데이터셋은 DSTC 데이터셋과 같이 구조화된 말뭉치보다 10배 정도 크다. 데이터셋은 긴 발언뿐만 아니라 여러 번 주고받은 대화들을 포함한다.

3.9 오픈소스 대화 소프트웨어

대화 시스템은 주요 회사들의 관심 대상이었으며 해당 분야의 연구자들은 대화 시스템 여러 구성 요소를 개선하기 위해 시스템을 개발해왔다. 일부 연구는 학습 가능한 데이터와 레이블링 플랫폼, 인터렉션을 통해 학습하는 머신러닝 알고리즘을 제공하는 데 집중하며, 또 다른 연구들은 상호대화 시스템을 학습하는 데 필요한 시뮬레이터와 그 환경 제공에 집중한다. 다음은 대화 연구자들이 쉽게 접근할 수 있는 오픈소스 소프트웨어와 플랫폼에 대해 간단한 요약이다.

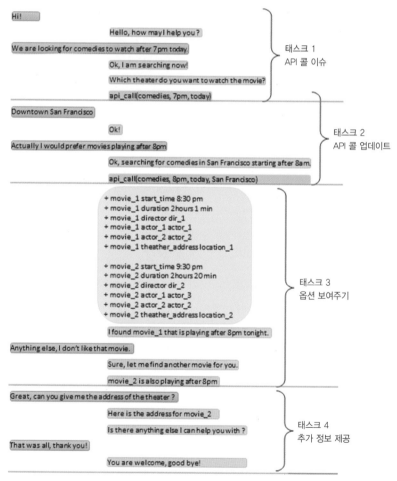

그림 3.7 식당 도메인에서 벌어지는 가상 에이전트와 손님과의 대화

- **오픈 다이얼**OpenDial: 개발자 피어 리슨Pierre Lison이 중심이 된 노르웨이 오슬로대학교의 언어 기술 팀에 의해 독자적으로 개발됐으며, 음성 대화 시스템 개발을 위한 자바 기반이자 특정 도메인에 관계없이 사용할 수 있는 도구다. 음성인식, 언어 이해, 언어 생성 및 음성 합성을 통합해 엔드 투 엔드 대화 시스템을 완벽하게 지원한다. 오픈 다이얼의 목적은 논리적 접근과 통계적 접근법에서 얻을 수 있는 이익을 하나의 프레임워크로 통합하는 것이다. 해당 툴킷은 간단 명료하면서 인간이 읽을 수 있는 형태로 도메인 모델을 표상하는 데 확률 규칙에 의존하며, 지도학습과 강화학습 기술은 상대적으로 적은 데이터로부터 알려지지 않은 규칙 파라미터를 자동으로 추정하는 데 적용된다(Lison, 2013). 이 툴킷은 강건한 확률 프레임워크에 전문가 지식과 도메인 기반 제한 조건들을 투입 가능하게끔 한다.
- **펄에이아이**ParlAI: 데이터와 함께 페이스북 인공지능 연구소FAIR는 데이터 수집 및 휴먼 평가를 위한 아마존의 미케니컬 터커mechanical turk와의 통합뿐만 아니라 많은 데이터셋으로 멀티태스킹 대화 모델을 학습하고 검증하는 통합 프레임워크를 연구자에게 제공한다는 목표를 가지고 플랫폼 기반 ParlAI를 공개했다.
- **알렉스 대화 시스템 프레임워크**Alex Dialog Systems Framework: 음성 대화 시스템 연구를 촉진한 대화 시스템 프레임워크다. 체코 프라하에 있는 찰스대학교의 형태 언어 및 응용 언어학 연구소 소속 수학 물리학 교수진이 만들었다. 오디오 대본, 의미에 대한 주석 그리고 음성 대화 시스템 평가 등 대화 시스템 상호작용 로그를 처리하는 도구를 제공할 뿐만 아니라 음성 대화 시스템을 구축하는 데 필요한 기본 구성 요소를 제공한다.
- **심플디에스**SimpleDS: 최소한의 인간 개입으로 대화 에이전트를 학습시키는 간단한 심층 강화학습 대화 시스템이다. 경험 재생expeprience replay 능력이 있는 심층 Q 학습(Mnih et al., 2013)을 포함하고 멀티스레드 및 클라이언트 서버 프로세싱을 지원하며 제한된 검색 공간을 통해 빠르게 학습한다.

- **코넬 영화 대화 말뭉치**Cornell Movie Dialogs Corpus: 영화 스크립트에서 추출한 픽션 대화로 구성된 풍부한 메타데이터를 포함하는 말뭉치다(Mizil and Lee, 2011). 영화 등장인물 간에 주고받은 여러 대화가 포함돼 있다.
- **기타**: 칫챗chit-chat 대화 시스템과 같은 비업무 위주의 대화 시스템을 제공하는 수많은 소프트웨어 애플리케이션(일부 오픈소스)이 있다. 이러한 시스템은 챗봇을 만들기 위한 머신러닝 도구와 대화식 대화 엔진을 제공한다. 그 예로 챗봇을 만들기 위한 대화 엔진Chatterbot과 레딧Reddit서 나온 데이터로 훈련하고 딥러닝으로 작동되는 챗봇인 Chatbot-rnn 등이다. metaguide.com에는 톱 100 챗봇이 나열돼 있다.

3.10 대화 시스템 평가

3장 전반에 걸쳐 대화 모델의 여러 유형을 살펴봤다. 그 예로는 도메인에 의존하는 업무 지향 대화와 어느 정도만 도메인에 의존하거나 업무 지향 모델과 오픈 도메인 대화 사이를 옮겨 다니는 모델이다.

태스크 지향 대화 시스템은 개별 구성 요소의 성능에 근거해서 평가된다. 가령 대화 이해는 의도 포착, 슬롯 시퀀스 태깅 등의 성능에 근거해서 평가되고(Hakkani-Tür et al., 2016; Celikyilmaz et al., 2016; Tur and De Mori, 2011; Chen et al., 2016), 대화 상태 추적기는 대화를 주고받는 동안 발견되는 상태 변화의 정확성으로 평가된다. 태스크 지향 대화 시스템의 대화 정책은 사용자인 인간이 판단하는 완성된 작업의 성공 비율에 근거해서 평가된다. 평가는 업무 완료 테스트 또는 사용자 만족도 점수와 같은 인간이 만든 감독 신호를 사용해 평가한다(Schatzmann et al., 2006).

대화 모델 성능을 평가하는 데 발생하는 문제는 대화 시스템이 개방 도메인일 때 발생한다. 대부분의 접근법은 대화 맥락에 기반해서 합리적인 발언을 생성하도록 훈련하는 대화 응답 생성 시스템 평가에 집중한다. 언어 생성 모델을 자동으로 평가하는 것은 정확한 답으로 구성된 큰 데이터를 준비하는 것이 어렵기 때문에 힘든 작업이다. 그럼에도 오늘날 몇몇 성과 측정 방법은 자동적으로 제안된 답변이 대화에 얼마나 적절한지 평가하는 데 사용된다(Liu et al., 2010). 대부분의 평가 지표는 단어 기반 유사성 지표와 단어 임베딩 유사성 지표를 이용해 대화의 실제 응답과 생성된 응답을 비교한다. 대화 시스템에서 가장 일반적으로 사용되는 몇몇 지표를 소개한다.

- BLEU(Papineni et al., 2002)는 텍스트에 사용된 n-gram과 생성된 답변에 있는 n-gram의 공통 발생을 조사해서 테스트 질을 평가하는 알고리즘이다. 다중 참조 번역을 기준으로 후보 번역을 비교하도록 다음과 같이 보정된 형태의 정확성을 사용한다.

$$P_n(r, \hat{r}) = \frac{\sum_k \min(h(k, r), h(k, \hat{r}_i))}{\sum_k h(k, r_i)}$$

여기서 k는 모든 가능한 n-gram을 나타내고, $h(k, r)$은 r에 있는 n-gram k의 수다. 해당 메트릭은 텍스트 생성 시스템이 참조 텍스트보다 더 많은 단어를 생성하는 것으로 알려져 있기 때문에 간단 정밀도precision를 수정한다. 이런 방식은 짧은 시퀀스를 선호하는 편향이 있다. 이를 해결하기 위해 Papineni 외(2002) 연구에서는 간결성 점수인 BLUE-N 점수를 사용하는데, 여기서 N은 n-gram의 최대 길이이며 다음과 같이 정의된다.

$$BLEU\text{-}N = b(r, \hat{r}) \exp\left(\sum_{n=1}^{N}\right) \beta_n \log P_n(r, \hat{r})$$

여기서 β_n은 가중치 요인이고 $b(\cdot)$ 간결 페널티이다.

- METEOR(Banerjee and Lavie, 2005)는 BLEU를 기반으로 한 방법으로 BLEU의 몇 가지 약점을 해결하기 위해 도입된 또 다른 방법이다. BLEU와 마찬가지로 평가 기본 단위는 문장이며 알고리즘은 먼저 참조 문장과 후보 생성 문장을 정렬시킨다. 정렬은 unigram 간의 매핑 집합이며 여러 가지 제약 사항을 따라야 한다. 가령 후보 생성 문장에 있는 모든 unigram은 참조 문장에 있는 0 또는 1 unigram에 매핑돼야 하고, 후속적으로 WordNet 동의어 매칭, 불필요한 형태가 제거

된 토큰^{stemmed tokens} 그리고 텍스트의 재구성^{paraphrases} 등이 이뤄진다. METEOR 점수는 제안된 문장과 실제 문장 간의 정확성^{precision}과 민감성^{recall}의 조화 평균으로 계산된다.

- **ROUGE**(Lin, 2004)는 자동 요약 시스템을 평가하는 데 주로 사용되는 평가 척도다. ROUGE의 5가지 확장이 있다. (1) N-gram 기반 공동 발생 통곗값 ROUGE-N (2) 최장 공통 서브시퀀스 LCS 기반 통곗값 ROUGE-L(최장 공통 서브시퀀스는 문장 수준 구조 유사성을 고려하고 시퀀스 n-grams로 가장 긴 공통 발생을 자동으로 확인한다) (3) 연속적 최장 공통 서브시퀀스를 선호하는 가중치가 적용된 LCS 기반 통곗값 ROUGE-W (4) skip-bigram 기반 공통 발생 통곗값 ROUGE-S (Skip-bigram은 문장 순서대로 이루어진 단어 쌍이다) (5) skip-bigram과 unigram 공통 발생 통곗값 ROUGE-SU 등이 있다. LCS가 동일한 순서로 두 개의 문장 간 유사도를 측정하는 데 용이하기 때문에, 텍스트 생성에서 ROUGE-L은 가장 흔히 사용되는 지표다.

- **임베딩 기반 방법**은 n-gram 매칭을 고려하는 앞서 소개한 지표들과는 대조적으로 각 단어에 벡터를 할당하는 단어 임베딩의 정의대로 각 단어의 의미를 고려한다. Mikolov 외(2013) 방식과 같은 단어 임베딩 학습법은 분산 의미를 사용해 임베딩을 계산하는데, 즉 말뭉치에 있는 다른 단어들이 얼마나 자주 동시에 발생하는가를 고려함으로써 단어의 의미를 추정한다. 이러한 임베딩 기반 메트릭은 문장에 있는 개별 단어 벡터를 결합하는데 단순화된 프레임을 사용해 문장 수준 임베딩을 근사한다. 생성된 응답과 참조 응답 간의 문장 수준 임베딩은 코사인 거리와 같은 지표를 이용해 비교한다.

- **RUBER**(Tao et al., 2017)는 오픈 영역 대화 시스템을 위해 참조 메트릭과 비참조 메트릭이 혼합된 평가법이다. RUBER에는 다음과 같은 고유한 기능이 있다. (i) 참조 메트릭은 임베딩 기반 점수이며, 생성된 응답과 실제 응답 사이의 유사성을 측정한다. 단어 중첩 정보를 사용하는 대신 단어 임베딩을 묶어서 유사성을 평가하는데(Forgues et al., 2014), 응답의 다양성 때문에 대화 시스템에 적합하다. (ii) 비참조 메

트릭이라고 부르는 신경망 기반 득점 평가는 생성된 응답과 해당 질의 간의 관련성을 측정한다. 이 방법은 실제 응답을 참조하지 않고 수작업 레이블을 요구하지 않기 때문에 비참조 방식이다. (iii) 참조와 비참조 지표가 평균화 전략과 결합되면서 성능을 더욱 향상시킨다(그림 3.8 참조).

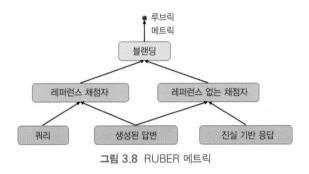

그림 3.8 RUBER 메트릭

3.11 요약

3장에서는 음성인식, 언어 이해(음성 및 텍스트), 대화 관리자 그리고 언어 생성을 포함한 음성 대화 시스템의 다양한 구성 요소에 대한 소개를 한 후, 딥러닝 기술을 사용한 데이터 주도 대화 모델링에 나타나고 있는 현재 방법에 대한 다양한 연구를 다뤘다. 또한 연구, 개발 및 평가에 적합하면서 사용 가능한 심층 대화 모델링 소프트웨어와 데이터셋에 관해서도 설명했다.

딥러닝 기술은 최근의 연구 활동뿐만 아니라 대화 시스템에서도 개선을 가져왔다. 현재의 대화 시스템과 관련 연구 대부분은 대규모 데이터 주도 모델과 엔드 투 엔드 학습 가능 모델로 이동하고 있다. 현재 사용되는 새로운 접근 방법과 데이터셋뿐만 아니라 3장에서 집중 조명했던 계층 구조, 다중 대리인 시스템 그리고 도메인 적응 등은 대화 시스템 구축에서 미래 연구 방향이다.

대화 시스템 특히 구어체 버전은 자연어 처리에서 나타나는 다단계multiple-stage 정보 처리의 대표적인 예다. 다단계는 음성인식, 언어 이해(2장), (대화 관리자를 통한) 의사 결정, 언어/말하기 생성을 포함한다. 그러한 다단계 처리 모형은 다층 시스템인 엔드 투 엔드 학습에 기반하는 딥러닝 방법론에 매우 적합하다. 3장에서 리뷰했듯이 딥러닝을 대화 시스템에 적용하는 현재의 진전은 딥러닝을 이용해 모델링을 하고 전체 시스템의 개별 처리 단계를 최적화하는 데 국한되고 있다. 딥러닝 발전은 앞으로 범위가 더 넓어지고 완전한 엔드 투 엔드 시스템에서 성공할 것이라 기대된다.

참고문헌

Asri, L. E., He, J., & Suleman, K. (2016). A sequence-to-sequence model for user simulation inspoken dialogue systems. *Interspeech*.

Aust, H., Oerder, M., Seide, F., & Steinbiss, V. (1995). The philips automatic train timetable information system. *Speech Communication, 17*, 249–262.

Banchs, R.E., & Li., H. (2012). Iris: A chat-oriented dialogue system based on the vector space model. *ACL*.

Banerjee, S., & Lavie, A. (2005). Meteor: An automatic metric for mt evaluation with improved correlation with human judgments. In *ACL Workshop on Intrinsic and Extrinsic Evaluation Measures for Machine Translation and/or Summarization*.

Bapna, A., Tur, G., Hakkani-Tur, D., & Heck, L. (2017). Improving frame semantic parsing with hierarchical dialogue encoders.

Bateman, J., & Henschel, R. (1999). From full generation to near-templates without losing generality. In *KI'99 Workshop, "May I Speak Freely?"*.

Blundell, C., Cornebise, J., Kavukcuoglu, K., & Wierstra, D. (2015). Weight uncertainty in neural networks. *ICML*.

Bordes, A., Boureau, Y.-L., & Weston, J. (2017). Learning end-to-end goal-oriented dialog. In *ICLR 2017*

Busemann, S., & Horacek, H. (1998). A flexible shallow approach to text generation. In *International Natural Language Generation Workshop, Niagara-on-the-Lake, Canada*

Celikyilmaz, A., Sarikaya, R., Hakkani-Tur, D., Liu, X., Ramesh, N., & Tur, G. (2016). A new pretraining method for training deep learning models with application to spoken language understanding. In *Proceedings of Interspeech* (pp. 3255 – 3259).

Chen, Y.-N., Hakkani-Tür, D., Tur, G., Gao, J., & Deng, L. (2016). End-to-end memory networks with knowledge carryover for multi-turn spoken language understanding. In *Proceedings of The 17th Annual Meeting of the International Speech Communication Association (INTERSPEECH)*, San Francisco, CA. ISCA.

Crook, P., & Marin, A. (2017). Sequence to sequence modeling for user simulation in dialog systems. *Interspeech*.

Cuayahuitl, H. (2016). Simpleds: A simple deep reinforcement learning dialogue system. In *International Workshop on Spoken Dialogue Systems (IWSDS)*.

Cuayahuitl, H., Yu, S., Williamson, A., & Carse, J. (2016). Deep reinforcement learning for multidomain dialogue systems. arXiv:1611.08675.

Dale, R., & Reiter, E. (2000). *Building natural language generation systems*. Cambridge, UK: Cambridge University Press.

Deng, L. (2016). Deep learning from speech recognition to language andmulti-modal processing. In *APSIPA Transactions on Signal and Information Processing*. Cambridge University Press.

Deng, L., & Yu, D. (2015). *Deep learning: Methods and applications*. NOWPublishers.

Deng, L., & Li, X. (2013). Machine learning paradigms for speech recognition: An overview. *IEEE Transactions on Audio, Speech, and Language Processing, 21*(5), 1060 – 1089.

Dhingra, B., Li, L., Li, X., Gao, J., Chen, Y.-N., Ahmed, F., & Deng, L. (2016a). End-to-end reinforcement learning of dialogue agents for information access. arXiv:1609.00777.

Dhingra, B., Li, L., Li, X., Gao, J., Chen, Y.-N., Ahmed, F., & Deng, L. (2016b). Towards end-to-end reinforcement learning of dialogue agents for information access. ACL.

Dodge, J., Gane, A., Zhang, X., Bordes, A., Chopra, S., Miller, A., Szlam, A., &Weston, J. (2015). Evaluating prerequisite qualities for learning end-to-end dialog systems. arXiv:1511.06931.

Elhadad, M., & Robin, J. (1996). An overview of surge: A reusable comprehensive syntactic realization component. *Technical Report 96-03, Department of Mathematics and Computer Science, Ben Gurion University, Beer Sheva, Israel.*

Fatemi, M., Asri, L. E., Schulz, H., He, J., & Suleman, K. (2016a). Policy networks with two-stage training for dialogue systems. arXiv:1606.03152.

Fatemi, M., Asri, L. E., Schulz, H., He, J., & Suleman, K. (2016b). Policy networks with two-stage training for dialogue systems. arXiv:1606.03152.

Forgues, G., Pineau, J., Larcheveque, J.-M., & Tremblay, R. (2014). Bootstrapping dialog systems with word embeddings. *NIPS ML-NLP Workshop.*

Gai, M., Mrki, N., Su, P.-H., Vandyke, D., Wen, T.-H., & Young, S. (2015). Policy committee for adaptation in multi-domain spoken dialogue sytems. *ASRU.*

Gai, M., Mrki, N., Rojas-Barahona, L.M., Su, P.-H., Ultes, S., Vandyke, D., et al. (2016). Dialogue manager domain adaptation using Gaussian process reinforcement learning. *Computer Speech and Language, 45,* 552 – 569.

Gasic, M., Jurcicek, F., Keizer, S., Mairesse, F., Thomson, B., Yu, K., & Young, S. (2010). Gaussian processes for fast policy optimisation of POMDP-based dialogue managers. In *SIGDIAL.*

Gasic, M., Mrksic, N., Su, P.-H., Vandyke, D., &Wcn, T.-H. (2015). Multi-agent learning in multidomain spoken dialogue systems. *NIPS workshop on Spoken Language Understanding and Interaction.*

Ge, W., & Xu, B. (2016). Dialogue management based on multi-domain corpus. In *Special Interest Group on Discourse and Dialog.*

Georgila, K., Henderson, J., & Lemon, O. (2005). Learning user simulations for information state update dialogue systems. In *9th European Conference on Speech Communication and Technology (INTERSPEECH— EUROSPEECH).*

Georgila, K., Henderson, J., & Lemon, O. (2006). User simulation for spoken dialogue systems: Learning and evaluation. In *INTERSPEECH— EUROSPEECH.*

Goller, C., & Kchler, A. (1996). Learning task-dependent distributed representations by backpropagation through structure. *IEEE.*

Goodfellow, I., Pouget-Abadie, J., Mirza, M., Xu, B., Warde-Farley, D., Ozair, S., Courville, A., & Bengio, Y. (2014). Generative adversarial nets. In *NIPS.*

Gorin, A. L., Riccardi, G., & Wright, J.H. (1997). How may I help you? *Speech Communication, 23,* 113 – 127.

Graves, A., & Schmidhuber, J. (2005). Framewise phoneme classification with bidirectional lstm and other neural network architectures. *Neural Networks, 18,* 602 – 610.

Hakkani-Tür, D., Tur, G., Celikyilmaz, A., Chen, Y.-N., Gao, J., Deng, L., & Wang, Y.-Y. (2016). Multi-domain joint semantic frame parsing using bi-directional rnn-lstm. In *Proceedings of Interspeech* (pp. 715–719).

Hastie, T., Tibshirani, R., & Friedman, J. (2009). *The Elements of Statistical Learning: Data Mining, Inference, and Prediction*. Berlin: Springer.

He, X., & Deng, L. (2011). Speech recognition, machine translation, and speech translation a unified discriminative learning paradigm. In *IEEE Signal Processing Magazine*.

He, X., & Deng, L. (2013). Speech-centric information processing: An optimization-oriented approach. In *IEEE*.

He, J., Chen, J., He, X., Gao, J., Li, L., Deng, L., & Ostendorf, M. (2016). Deep reinforcement learning with a natural language action space. *ACL*.

Hemphill, C. T., Godfrey, J. J., & Doddington, G. R. (1990). The ATIS spoken language systems pilot corpus. In *DARPA Speech and Natural Language Workshop*.

Henderson, M., Thomson, B., & Williams, J. D. (2014). The third dialog state tracking challenge. In *2014 IEEE, Spoken Language Technology Workshop (SLT)* (pp. 324–329). IEEE.

Henderson, M., Thomson, B., & Young, S. (2013). Deep neural network approach for the dialog state tracking challenge. In *Proceedings of the SIGDIAL 2013 Conference* (pp. 467–471).

Higashinaka, R., Imamura, K., Meguro, T., Miyazaki, C., Kobayashi, N., Sugiyama, H., et al. (2014). Towards an open-domain conversational system fully based on natural language processing. *COLING*.

Hinton, G., Deng, L., Yu, D., Dahl, G., Rahman Mohamed, A., Jaitly, N., et al. (2012). Deep neural networks for acoustic modeling in speech recognition. *IEEE Signal Processing Magazine, 29*(6), 82–97.

Huang, X., & Deng, L. (2010). An overview of modern speech recognition. In Handbook of Natural Language Processing (2nd ed., Chapter 15).

Huang, P.-S., He, X., Gao, J., Deng, L., Acero, A., & Heck, L. (2013). Learning deep structured semantic models for web search using click-through data. In *ACM International Conference on Information and Knowledge Management (CIKM)*.

Jaech, A., Heck, L., & Ostendorf, M. (2016). *Domain adaptation of recurrent neural networks for natural language understanding*.

Kannan, A., & Vinyals, O. (2016). Adversarial evaluation of dialog models. In *Workshop on Adversarial Training, NIPS 2016, Barcelona, Spain*.

Kim, Y.-B., Stratos, K., & Kim, D. (2017a). Adversarial adaptation of synthetic or stale data. *ACL*.

Kim, Y.-B., Stratos, K., & Kim, D. (2017b). Domain attention with an ensemble of experts. *ACL*.

Kim, Y.-B., Stratos, K., & Sarikaya, R. (2016a). Domainless adaptation by constrained decoding on a schema lattice. *COLING*.

Kim, Y.-B., Stratos, K., & Sarikaya, R. (2016b). Frustratingly easy neural domain adaptation. *COLING*.

Kumar, A., Irsoy, O., Su, J., Bradbury, J., English, R., Pierce, B., et al. (2015). Ask me anything: Dynamic memory networks for natural language processing. In *Neural Information Processing Systems (NIPS)*.

Kurata, G., Xiang, B., Zhou, B., & Yu, M. (2016). Leveraging sentence level information with encoder lstm for natural language understanding. arXiv:1601.01530.

Langkilde, I., & Knight, K. (1998). Generation that exploits corpus-based statistical knowledge. *ACL*.

LeCun, Y., Bottou, L., Bengio, Y., & Haffner, P. (1998). Gradient-based learning applied to document recognition. IEEE, 86, 2278–2324.

Lemon, O., & Rieserr, V. (2009). Reinforcement learning for adaptive dialogue systems—tutorial. *EACL*.

Li, L., Balakrishnan, S., & Williams, J. (2009). Reinforcement learning for dialog management using least-squares policy iteration and fast feature selection. *InterSpeech*.

Li, J., Galley, M., Brockett, C., Gao, J., & Dolan, B. (2016a). Adiversity-promoting objective function for neural conversation models. *NAACL*.

Li, J., Galley, M., Brockett, C., Spithourakis, G. P., Gao, J., & Dolan, B. (2016b). A persona based neural conversational model. *ACL*.

Li, J., Monroe, W., Shu, T., Jean, S., Ritter, A., & Jurafsky, D. (2017). Adversarial learning for neural dialogue generation. arXiv:1701.06547.

Li, J., Deng, L., Gong, Y., & Haeb-Umbach, R. (2014). An overview of noise-robust automatic speech recognition. *IEEE/ACM Transactions on Audio, Speech, and Language Processing, 22*(4), 745–777.

Lin, C.-Y. (2004). Rouge: A package for automatic evaluation of summaries. *In Text summarization branches out: ACL-04 Workshop*.

Lipton, Z. C., Li, X., Gao, J., Li, L., Ahmed, F., & Deng, L. (2016). Efficient dialogue policy learning with bbq-networks. arXiv.org.

Lison, P. (2013). *Structured probabilistic modelling for dialogue management*. Department of Informatics Faculty of Mathematics and Natural Sciences University of Osloe.

Liu, B., & Lane, I. (2016a). Attention-based recurrent neural network models for joint intent detection and slot filling. *Interspeech*.

Liu, B., & Lane, I. (2016b). Attention-based recurrent neural network models for joint intent detection and slot filling. In *SigDial*.

Liu, C.-W., Lowe, R., Serban, I. V., Noseworthy, M., Charlin, L., & Pineau, J. (2016). How not to evaluate your dialogue system: An empirical study of unsupervised evaluation metrics for dialogue response generation. *EMNLP*.

Lowe, R., Pow, N., Serban, I.V., and Pineau, J. (2015b). The ubuntu dialogue corpus: Alarge dataset for research in unstructure multi-turn dialogue systems. In *SIGDIAL 2015*.

Lowe, R., Pow, N., Serban, I. V., Charlin, L., and Pineau, J. (2015a). Incorporating unstructured textual knowledge sources into neural dialogue systems. In *Neural Information Processing Systems Workshop on Machine Learning for Spoken Language Understanding*.

Mairesse, F., & Young, S. (2014). Stochastic language generation in dialogue using factored language models. *Computer Linguistics*.

Mairesse, F. and Walker, M. A. (2011). Controlling user perceptions of linguistic style: Trainable generation of personality traits. *Computer Linguistics*.

Mesnil, G., Dauphin, Y., Yao, K., Bengio, Y., Deng, L., Hakkani-Tur, D., et al. (2015). Using recurrent neural networks for slot filling in spoken language understanding. *IEEE/ACM Transactions on Audio, Speech, and Language Processing, 23*(3), 530 – 539.

Mikolov, T., Sutskever, I., Chen, K., Corrado, G. S., & Dean, J. (2013). Distributed representations of words and phrases and their compositionality. In *Advances in neural information processing systems* (pp. 3111 – 3119).

Mizil, C. D. N.&Lee, L. (2011). Chameleons in imagined conversations: A new approach to understanding coordination of linguistic style in dialogs. In *Proceedings of the Workshop on Cognitive Modeling and Computational Linguistics, ACL 2011*.

Mnih, V., Kavukcuoglu, K., Silver, D., Graves, A., Antonoglou, I., Wierstra, D., & Riedmiller, M. (2013). Playing Atari with deep reinforcement learning. *NIPS Deep Learning Workshop*.

Mrkšić, N., Séaghdha, D. Ó., Wen, T.-H., Thomson, B., & Young, S. (2016). Neural belief tracker: Data-driven dialogue state tracking. arXiv:1606.03777.

Oh, A. H., & Rudnicky, A. I. (2000). Stochastic language generation for spoken dialogue systems. *ANLP/NAACLWorkshop on Conversational*

Systems.

Papineni, K., Roukos, S., Ward, T., & Zhu, W. (2002). Bleu: A method for automatic evaluation of machine translation. In *40th annual meeting on Association for Computational Linguistics (ACL)*.

Passonneau, R. J., Epstein, S. L., Ligorio, T., & Gordon, J. (2011). Embedded wizardry. In *SIGDIAL 2011 Conference*.

Peng, B., Li, X., Li, L., Gao, J., Celikyilmaz, A., Lee, S., & Wong, K.-F. (2017). *Composite taskcompletion dialogue system via hierarchical deep reinforcement learning*. arxiv:1704.03084v2.

Pietquin, O., Geist, M., & Chandramohan, S. (2011a). Sample efficient online learning of optimal dialogue policies with kalman temporal differences. In *IJCAI 2011, Barcelona, Spain*.

Pietquin, O., Geist, M., Chandramohan, S., & FrezzaBuet, H. (2011b). Sample-efficient batch reinforcement learning for dialogue management optimization. *ACM Transactions on Speech and Language Processing*.

Ravuri, S., & Stolcke, A. (2015). Recurrent neural network and LSTM models for lexical utterance classification. In *Sixteenth Annual Conference of the International Speech Communication Association*.

Ritter, A., Cherry, C., & Dolan., W. B. (2011). Data-driven response generation in social media. *Empirical Methods in Natural Language Processing*.

Sarikaya, R., Hinton, G. E., & Ramabhadran, B. (2011). Deep belief nets for natural language callrouting. In *2011 IEEE International Conference on Acoustics, Speech and Signal Processing (ICASSP)* (pp. 5680–5683). IEEE.

Sarikaya, R., Hinton, G. E., & Deoras, A. (2014). Application of deep belief networks for natural language understanding. *IEEE/ACM Transactions on Audio, Speech, and Language Processing, 22*(4), 778–784.

Schatzmann, J., Weilhammer, K., & Matt Stutle, S. Y. (2006). A survey of statistical user simulation techniques for reinforcement-learning of dialogue management strategies. *The Knowledge Engineering Review*.

Serban, I., Klinger, T., Tesauro, G., Talamadupula, K., Zhou, B., Bengio, Y., & Courville, A. (2016a). Multiresolution recurrent neural networks: An application to dialogue response generation. arXiv:1606.00776v2

Serban, I., Sordoni, A., & Bengio, Y. (2017). A hierarchical latent variable encoder-decoder model for generating dialogues. *AAAI*.

Serban, I.V., Sordoni, A., Bengio, Y., Courville, A., & Pineau, J. (2015). Building end-to-end dialogue systems using generative hierarchical neural network models. *AAAI*.

Serban, I. V., Sordoni, A., Bengio, Y., Courville, A., & Pineau, J. (2016b). Building end-to-end dialogue systems using generative hierarchical neural networks. *AAAI*.

Shah, P., Hakkani-Tur, D., & Heck, L. (2016). Interactive reinforcement learning for task-oriented dialogue management. *SIGDIAL*.

Shang, L., Lu, Z., & Li, H. (2015). Neural responding machine for short text conversation. *ACLIJCNLP*.

Simonnet, E., Camelin, N., Deléglise, P., & Estève, Y. (2015). Exploring the use of attention-based recurrent neural networks for spoken language understanding. In *Machine Learning for Spoken Language Understanding and Interaction NIPS 2015 Workshop (SLUNIPS 2015)*.

Simpson, A. & Eraser, N. M. (1993). Black box and glass box evaluation of the sundial system. In *Third European Conference on Speech Communication and Technology*.

Singh, S. P., Kearns, M. J., Litman, D. J., & Walker, M. A. (2016). Reinforcement learning for spoken dialogue systems. *NIPS*.

Sordoni, A., Galley, M., Auli, M., Brockett, C., Ji, Y., Mitchell, M., et al. (2015a). A neural network approach to context-sensitive generation of conversational responses. In *North American Chapter of the Association for Computational Linguistics (NAACL-HLT 2015)*.

Sordoni, A., Galley, M., Auli, M., Brockett, C., Ji, Y., Mitchell, M., Nie, J.-Y., et al. (2015b). A neural network approach to context-sensitive generation of conversational responses. In *Proceedings of the 2015 Conference of theNorth American Chapter of theAssociation for Computational Linguistics: Human Language Technologies* (pp. 196–205), Denver, Colorado. Association for Computational Linguistics.

Stent, A. (1999). Content planning and generation in continuous-speech spoken dialog systems. In *KT'99 workshop, "May I Speak Freely?"*.

Stent, A., Prasad, R., & Walker, M. (2004). Trainable sentence planning for complex information presentation in spoken dialog systems. *ACL*.

Su, P.-H., Gasic, M., Mrksic, N., Rojas-Barahona, L., Ultes, S., Vandyke, D., et al. (2016). On-line active reward learning for policy optimisation in spoken dialogue systems. arXiv:1605.07669.

Sukhbaatar, S., Weston, J., Fergus, R., et al. (2015). End-to-end memory networks. In *Advances in neural information processing systems* (pp. 2440–2448).

Sutton, R. S., & Singh, S. P. (1999). Between mdps and semi-MDPs: A framework for temporal abstraction in reinforcement learning. *Artificial*

Intelligence, 112, 181–211.

Tafforeau, J., Bechet, F., Artières, T., & Favre, B. (2016). Joint syntactic and semantic analysis with a multitask deep learning framework for spoken language understanding. In *Interspeech* (pp. 3260–3264).

Tao, C., Mou, L., Zhao, D., & Yan, R. (2017). *Ruber:A nunsupervised method for automatic evaluation of open-domain dialog systems*. ArXiv2017.

Thomson, B., & Young, S. (2010). Bayesian update of dialogue state: A POMDP framework for spoken dialogue systems. *Computer Speech and Language, 24*(4), 562–588.

Tur, G., Deng, L., Hakkani-Tür, D., & He, X. (2012). Towards deeper understanding: Deep convex networks for semantic utterance classification. In *2012 IEEE International Conference on Acoustics, Speech and Signal Processing (ICASSP)* (pp. 5045–5048). IEEE.

Tur, G., & Deng, L. (2011). *Intent determination and spoken utterance classification, Chapter 4 in Book: Spoken language understanding*. NewYork, NY: Wiley.

Tur, G., & De Mori, R. (2011). *Spoken language understanding: Systems for extracting semantic information from speech*. NewYork: Wiley.

Vinyals, O., & Le, Q. (2015). A neural conversational model. arXiv:1506.05869.

Walker, M., Stent, A., Mairesse, F., & Prasad, R. (2007). Individual and domain adaptation in sentence planning for dialogue. *Journal of Artificial Intelligence Research*.

Wang, Z., Stylianou, Y., Wen, T.-H., Su, P.-H., & Young, S. (2015). Learning domain-independent dialogue policies via ontology parameterisation. In *SIGDAIL*.

Wen, T.-H., Gasic, M., Mrksic, N., Rojas-Barahona, L. M., Pei-Hao, P., Ultes, S., et al. (2016a). *A network-based end-to-end trainable task-oriented dialogue system*. arXiv.

Wen, T.-H., Gasic, M., Mrksic, N., Rojas-Barahona, L. M., Su, P.-H., Ultes, S., et al. (2016b). A network-based end-to-end trainable task-oriented dialogue system. arXiv:1604.04562.

Wen, T.-H., Gasic, M., Mrksic, N., Su, P.-H., Vandyke, D., & Young, S. (2015a). Semantically conditioned LSTM-based natural language generation for spoken dialogue systems. *EMNLP*.

Wen, T.-H., Gasic, M., Mrksic, N., Su, P.-H., Vandyke, D., & Young, S. (2015b). Semantically conditioned LSTM-based natural language generation for spoken dialogue systems. arXiv:1508.01745

Weston, J., Chopra, S., & Bordesa, A. (2015). Memory networks. In

International Conference on Learning Representations (ICLR).

Williams, J. D., & Zweig, G. (2016a). End-to-end LSTM-based dialog control optimized with supervised and reinforcement learning. arXiv:1606.01269.

Williams, J. D., & Zweig, G. (2016b). *End-to-end LSTM-based dialog control optimized with supervised and reinforcement learning.* arXiv.

Williams, J. D., Raux, A., Ramachandran, D., & Black, A. W. (2013). The dialog state tracking challenge. In *SIGDIAL Conference* (pp. 404–413).

Williams, J., Raux, A., & Handerson, M. (2016). The dialog state tracking challenge series: A review. *Dialogue and Discourse, 7*(3), 4–33.

Xu, P., & Sarikaya, R. (2013). Convolutional neural network based triangular CRF for joint intent detection and slot filling. In *2013 IEEE Workshop on Automatic Speech Recognition and Understanding (ASRU)* (pp. 78–83). IEEE.

Yao, K., Zweig, G., Hwang, M.-Y., Shi, Y., & Yu, D. (2013). Recurrent neural networks for language understanding. In *INTERSPEECH* (pp. 2524–2528).

Yu, Z., Black, A., & Rudnicky, A. I. (2017). Learning conversational systems that interleave task and non-task content. arXiv:1703.00099v1.

Yu, Y., Eshghi, A., & Lemon, O. (2016). Training an adaptive dialogue policy for interactive learning of visually grounded word meanings. *SIGDIAL.*

Yu, Z., Papangelis, A., & Rudnicky, A. (2015). Ticktock: A non-goal-oriented multimodal dialog system with engagement awareness. In *AAAI Spring Symposium.*

Yu, D., & Deng, L. (2015). *Automatic speech recognition: A deep learning approach.* Berlin: Springer.

4
어휘 분석과 문장 분석에 사용되는 딥러닝

완시앙 처[Wanxiang Che]와 위에 장[Yue Zhang]

소개

어휘 분석과 문장 분석은 단어의 깊은 속성과 단어 간 관계를 모델링한다. 일반적으로 사용하는 테크닉에는 단어 분할, 형태소 분석 그리고 문장 분석 등이 있다. 이 태스크의 공통 특성은 출력값을 구조화한다는 점이다. 구조화 예측 태스크에 사용되는 두 가지 방법은 그래프 기반graph-based과 전이 기반transition-based 방법이다. 그래프 기반은 출력 구조를 단어 특성에 따라 직접 구분해서 나누는 반면, 전이 기반은 출력값 형성 프로세스를 상태 전이 프로세스로 변환해 전이 작업의 시퀀스를 구분해서 나눈다. 신경망 모델은 그래프 기반과 전이 기반으로 구조화된 결괏값을 예측하는 데 사용된다. 4장에서는 어휘 분석과 문장 분석에 적용한 딥러닝을 리뷰하고 전통적인 통계 방법과 비교한다.

4.1 배경

단어 속성에는 형태소^{POS}라고 알려진 구문론적 단어 분류 형태가 있다 (Manning and Schütze, 1999). 이러한 형태 정보를 얻기 위한 분석은 어휘 분석 lexical analysis이다. 중국어와 일본어 같이 띄어쓰기로 단어를 구분하지 않는 언어의 경우 어휘 분석은 일련의 문자를 단어로 묶어서 분할하는 작업도 포함한다. 한글과 영어에서 공백은 단어 경계의 중요한 단서지만 공백이 어휘 분석의 필수요건이거나 충분요건이지도 않다. 예를 들어 New York을 한 단어로 취급하는 경우가 좋은 예이며, 개체명 인식NER, Named Entity Recognition과 관련된다(Shaalan, 2014). 반면 구두점은 항상 단어 옆에 붙는다. 그것들을 포함시킬지 나누어 분리시킬지 여부를 판단할 필요가 있다. 이러한 작업을 토큰화 tokenization라고 한다.

단어 속성을 이해하면 단어 간 관계에 관심을 가질 수 있다. 문법 분석 parsing은 단어 간 관계성을 찾고 구성적으로나 반복적으로 서로 관계가 있는 단어에 레이블을 붙이는 작업이다(Jurafsky and Martin, 2009). 흔하게 사용되는 2가지 분석은 구문 구조(또는 구성) 분석phrase-structure 또는 constituency parsing과 의존성 분석dependency parsing이다.

이러한 분석 작업 모두 출력값은 구조화되고 서로 영향을 받는다는 지도 supervised 머신러닝의 구조 예측 문제로 간주된다. 전통적으로 인간이 디자인한 엄청난 양의 피처들은 각각의 결정 단위에서 선형분류 모델에 입력돼 수를 예측하고 점수를 합친다. 딥러닝의 도움으로 고비용 피처 엔지니어링 없이 엔드 투 엔드 학습 패러다임을 채택할 수 있다. 인간이 디자인하기에 어려운 히든 피처를 찾아낼 수 있었기 때문에 자연어 처리 작업의 많은 부분을 딥러닝이 차지한다.

그러나 입력값과 출력값 사이의 인과관계 모호성이라는 보편적 문제로 예측 과정에서 어느 피처도 사소한 것이 없으며 일부 모호함은 인간이 알아차리지 못한다.

4장의 구성은 다음과 같다. 먼저 모호함이 어디서 시작되는지 살펴보기 위해 몇 가지 작업을 소개할 것이다(4.2절). 그리고 두 가지 대표적인 구조화 예측 방법(4.3절)인 그래프 기반 방법(4.3.1절)과 전이 기반 방법(4.3.2절)을 살펴본다. 4.4절과 4.5절에서 그래프 기반과 전이 기반에 사용되는 신경망을 자세히 다루며, 4.6절에서는 4장의 결론을 맺는다.

4.2 어휘 분석과 문법 분석

자연어 처리를 위한 어휘 분석과 문법 분석parsing[1]은 단어 세분화, 형태소 분석(POS 태깅) 그리고 구문 분석 세 단계로 이뤄져 있다.

4.2.1 단어 세분화

앞에서 언급했듯이 중국어와 같은 언어는 연속 문자다(Wong et al., 2009). 모든 단어를 나열한 사전이 있다고 해도 모호성이 존재하기 때문에 일련의 문자로는 단어를 단순하게 매치할 수 없다.

다음과 같은 중국어 문장을 보자.

- yanshouyibashoujiguanle(Shouyi Yan turned off the mobile phone: 수위 옌은 휴대전화를 껐다)

위의 문장은 단어로 아래와 같이 매치된다.

- yanshouyi(Shouyi Yan)/ba(NA)/shouji(mobile phone)/guan(turn off)/le(NA)

올바르게 세분화된 결과다.

- yanshou(strictly, 엄격히)/yibashou(leader, 지도자)/jiguan(office, 사무실)/le(NA)

- yanshou(strictly, 엄격히)/yiba(handful, 한줌)/shouji(mobile phone, 휴대전화)/guan(turn off, 꺼짐)/le(NA)

---

1 parsing을 '문법 분석'이라고 번역한다. 개별 단위를 보는 어휘 분석과 비교됨과 동시에 4장에서 parsing과 유사한 단어인 구조 분석(syntactic parsing)이 나오는데 parsing의 하위 요소로 사용되는, 구분을 시키기 위해 의미소까지 포함하는 좀 더 넓은 의미의 문법 분석이라고 번역한다. – 옮긴이

- yanshouyi(Shouyi Yan, 수위 옌)/bashou(handle, 핸들)/jiguan(office, 사무실)/le(NA)

위의 세 가지 세분화 결과는 모두 유효한 매칭 결과지만 문장 세분화만 했지 아무런 의미가 없다. 따라서 단어 매칭 방법으로 어떤 세분화 결과가 올바른지 구분할 수 없다. 결과를 평가하기 위해 득점 함수가 필요하다.

4.2.2 형태소 분석

품사 분석이라고도 하는 형태소 분석은 자연어 처리에서 가장 기본적인 작업 중 하나이며 많은 자연어 애플리케이션에 적용된다.[2] 예를 들어 loves라는 단어는 명사(love의 복수형)이거나 동사(love의 3인칭 현재형)다. 다음 문장에서 loves가 동사로 쓰였고 명사가 아님을 쉽게 알 수 있다.

- The boy loves a girl.

단어에 할당된 품사 정보 태그를 모르면 여러 방해 요소가 발생한다. 하지만 정확한 품사 정보를 가진 인근 단어들의 태그가 해당 단어 품사 정보의 모호성을 없애는 데 도움되기 때문에, 훌륭한 형태소 분석 시스템은 주변 단어 태그를 고려한다. 위의 예에서 한정사 a를 통해 loves가 동사임을 알 수 있다.

따라서 위 문장의 완성된 형태소 분석 결괏값인 태그 시퀀스는 다음과 같다.

- D N V D N

여기서 D를 한정사로, N을 명사로, V를 동사로 사용한다. 태그 시퀀스는 입력 문장과 길이가 같기 때문에 문장에 있는 각 단어에 태그를 지정할 수 있다(이 예에서는 D는 the로, boy는 N, loves은 V 등으로 태깅된다). 형태소 분석의 결괏값은 태그 형태 문장으로 작성되고, 각 단어는 대응되는 형태소 태그로 주석 처리된다. 즉, The/D boy/N loves/V a/D girl/N 같이 주석된 형태로 나타난다. 단어 세분화와 마찬가지로 형태소 태그가 시퀀스에 할당되면 문장은 의미를 가질 수 있다.

---

2 https://en.wikipedia.org/wiki/Part-of-speech_tagging

4.2.3 구문 분석

구 구조phrase structures는 문맥에서 독립적인 문법에서 파생된 결과에 해당되도록 제한된다(Carnie, 2002). 이러한 파생에서 한 단어보다 긴 구phrase는 중첩되지 않는 "하위" 구 또는 단어들로 구성되는데, 하위 요소가 상위 구를 "커버"하는 방식이다.

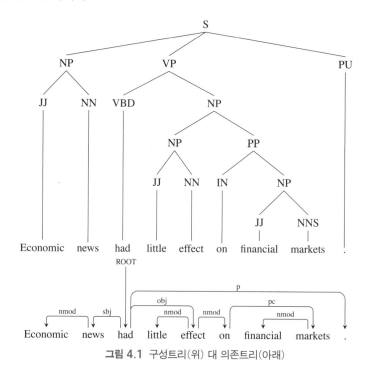

그림 4.1 구성트리(위) 대 의존트리(아래)

자연어 처리에서 널리 사용되는 구문 구조는 의존 분석parse트리다(Kbler et al., 2009). 의존 분석트리는 단어들이 정점(꼭짓점)이 되는 방향성 있는 트리를 의미한다. 호arc라고도 부르는 에지edge는 두 단어 사이의 구문 관계에 해당하며 관계가 레이블로 처리된다. 의사pseudo 단어는 트리의 뿌리가 되고 그 외 개별 단어들은 구문 헤드에서부터 흘러들어오는 하나의 에지를 갖는다. 그림 4.1은 Economic news had little effect on financial markets라는 문장의 구성트리와 의존트리를 보여준다.[3]

---

3 Joakim Nivre's tutorial at COLING–ACL, Sydney 2006.

의존 분석은 두 가지 범주로 분류된다. 투영 분석(트리에 횡단으로 가로지르는 호가 없는 경우) 및 비투영 분석(가로지르는 횡단 호가 있는 경우)이며, 영어와 중국어 구조에는 투영 형태의 분석이 압도적으로 많다.

정보가 많은 구성 구조를 사용하는 대신 의존성 구조를 사용하는 가장 큰 이유는 이해하기 쉽기 때문이다. 그림 4.1에서 보여주듯이 구성트리에서 news가 had의 주어라는 점을 파악하기가 어려운 반면, 의존트리는 두 단어 간의 관계를 정확히 찾아낸다. 나아가 의존 구조는 표적 도메인에 대한 많은 지식을 제공하지만 깊은 언어 지식이 부족한 주석에 잘 맞는다.

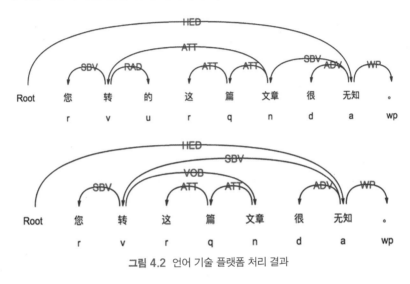

그림 4.2 언어 기술 플랫폼 처리 결과

구문 분석은 애플리케이션에 유용한 구조 정보를 제공한다. 예를 들어 다음 두 개의 중국어 문장 "nin zhuan zhe pian wen zhang hen wu zhi"(당신이 그 기사를 리트윗하다니 무식한 거야)와 "nin zhuan de zhe pian wen zhang hen wu zhi"(당신이 리트윗한 기사는 무식한 내용이야)는 두 번째 문장에 중국어 소유격 관사 de가 추가됐을 뿐이지만 완전히 다른 의미가 됐다. 두 문장의 핵심 차이점은 다른 주어를 가졌다는 점이다.

의존 분석은 구문 정보를 직접적으로 알려준다. 하나의 예로 하얼빈기술대학교에서 개발한 언어 기술 플랫폼은 단어 세분화, 형태소 분석, 의존 분석 등을 포함해 중국어 자연어 전처리 파이프라인을 제공한다. 위 두 문장을 언어 기술 플랫폼LTP, Language Technology Platform[4]에서 처리한 결과가 그림 4.2에 나와 있다. 두 문장 각각의 주어는 wenzhang(기사)과 zhuan(리트윗)이다. 감성 분석과 같은 애플리케이션은 구문 구조 정보를 활용한다. 감성 분석은 두 문장의 극성 단어 wuzhi(무식한)에 의해 결정되지만, 구문 구조를 모른다면 대상 단어의 주변 단어를 식별하는 것은 매우 어렵다.

4.2.4 구조화된 예측

자연어 처리 태스크는 세 가지 유형의 구조화 예측 개념에 해당된다(Smith, 2011).

- 시퀀스 세분화
- 시퀀스 레이블링
- 문법 분석

4.2.4.1 시퀀스 세분화

시퀀스 세분화는 하나의 시퀀스를 세그먼트라고 하는 인접 부분으로 묶어서 분리하는 개념이다. 공식을 이용해 설명하면 입력값이 $\mathbf{x} = x_1, ..., x_n$인 경우, 세분화는 $\langle x_1, ..., x_{y_1} \rangle$, $\langle x_{y_1+1}, ..., x_{y_2} \rangle$, ..., $\langle x_{y_m+1}, ..., x_n \rangle$으로 표시할 수 있고, 결괏값은 $\forall i \in \{1, ..., m\}$, $1 \leq y_i \leq n$인 지점에 해당하는 $y = y_1, ..., y_m$이다.

단어 세분화 외에도 문장 세분화(스트링 형식으로 연결된 텍스트를 문장으로 나누는 작업으로 음성 원고의 중요한 후처리 단계)와 청킹(명사구처럼 문장에서 중요한 구문을 찾는 얕은 구문 분석)과 같은 시퀀스 세분화 개념들이 있다.

4.2.4.2 시퀀스 레이블링

시퀀스 레이블링(또는 태깅)은 입력 문장의 각 아이템에 레이블 또는 태그를 지정하는 작업이다. 공식화해서 설명하면 입력 시퀀스가 $\mathbf{x} = x_1, ..., x_n$이고, 출력 태그 시퀀스는 $\mathbf{y} = y_1, ..., y_m$이며, 입력값 x_i는 출력 태그 y_i를 갖는다.

형태소 분석은 가장 고전적이면서 인기 있다. 여기서 x_i는 문장의 단어이고 y_i는 해당 형태소 태그다.

---

4 http://www.ltp.ai

형태소 태깅 외에도 많은 자연어 처리 태스크를 개체명 인식(텍스트에서 개체명을 찾고 사전에 정의된 카테고리(예: 사람, 장소, 조직의 이름)로 분류하는 것)과 같은 시퀀스 레이블 작업에 매핑시킬 수 있다. 시퀀스 레이블링에서 입력 값은 문장이며, 출력값은 개체명 태그를 갖는 문장이다. 세 개의 개체 유형 PER(사람), LOC(장소), ORG(조직)가 있다고 가정하고, 다음과 같은 입력 문장이 있다.

- Rachel Holt, Uber's regional general manager for U.S. and Canada, said in a statement provided to CNNTech.[5]

개체명이 인식된 출력값은 다음과 같다.

- Rachel/B-PER Holt/I-PER,/O Uber/B-ORG's/O regional/O general/O manager/O for/O U.S./B-LOC and/O Canada/B-LOC, /O said/O in/O a/O statement/O provided/O to/O CNNTech/B-ORG. /O

각 단어는 특정 개체 타입의 시작인 B-XXX(태그 B-PER는 사람의 첫 번째 단어에 해당), 특정 개체 타입의 시작이 아닌 내부를 의미하는 I-XXX(태그 I-PER는 사람의 일부이지만 첫 단어가 아닌 경우) 그리고 그 외의 형태로 O(즉, 개체가 아님)로 태그된다.

일단 훈련 예제에 매핑이 됐으면, 훈련 예제를 기반으로 태깅 모델을 학습시킨다. 새로운 연습 문장이 주어졌다면, 태깅 모델로 태그 시퀀스를 예측할 수 있고 태그된 시퀀스에서 개체를 식별하는 것은 매우 간단해진다.

시퀀스 세분화 아이디어를 적절한 태그 세트를 디자인해서 시퀀스 태깅으로 연결된다. 중국어 단어 세분화의 경우, 문장 각각의 문자는 태그 B(시작 단어) 또는 태그 I(내부 단어)로 주석이 달린다(Xue, 2003).

시퀀스 세분화를 시퀀스 레이블링으로 바꾸는 목적은 레이블링 방식이 모델링하고 디코딩하는 데 훨씬 쉽기 때문이다. 4.3.1.1절에서 전통적으로 인기 있는 시퀀스 레이블링 모델인 조건부 임의 필드CRF, Conditional Random Field를 소개한다.

---

5 http://money.cnn.com/2017/04/14/technology/uber-financials/

142

4.2.4.3 문법 분석 알고리즘

보통 문장을 구문 구조로 전환하는 모든 종류의 알고리즘을 나타내는 데 문법 분석parsing을 사용한다. 4.2.3절에서 언급했듯이 유명한 두 가지 문장 분석인 구성 분석과 의존 분석이 있다.

구성 분석의 경우 구조를 도출하기 위해 문법grammar이 사용된다. 문법은 여러 규칙으로 이뤄진다. 문맥에서 독립적인 문법CFGs은 문법 분석에서 흔히 사용된다(Booth, 1969).

그래프 기반graph-based 방법과 전이 기반transition-based 방법은 현재 가장 많이 사용하는 의존 분석 알고리즘이다(Kbler et al., 2009). 그래프 기반 의존 분석은 단어인 정점vertices과 두 단어 사이의 호인 에지edge를 갖는 방향성 있는 그래프에서 최대확장트리MST를 찾는다. 전이 기반 의존 분석 알고리즘은 여러 상태와 여러 전이 작업으로 구성된 전이 시스템으로 본다. 전이 시스템은 시작 상태에서 최종 상태에 도달할 때까지 전이가 반복적으로 진행된다. 그래프 기반과 전이 기반 의존 분석에서 흔히 발생하면서도 가장 중요한 문제는 호arc 또는 전이 동작 점수를 계산하는 방법이다. 4.3.1.2 및 4.3.2.1절에서 두 가지 방법을 자세히 소개한다.

4.3 구조화 예측 방법

이번에는 그래프 기반과 전이 기반 두 가지 유형의 최첨단 구조화 예측 방법을 소개한다. 구조화 예측에 사용되는 대부분의 딥러닝 알고리즘은 두 가지 방법으로부터 도출됐다.

4.3.1 그래프 기반 방법

그래프 기반의 예측법은 특성에 따라 출력값 구조를 직접적으로 잘게 세분한다. 조건부 임의 필드는 전형적인 그래프 기반 방법으로 올바른 출력 구조의 가능성을 극대화하는데 목적이 있다. 해당 방법은 의존 분석에도 적용이 되는데, 여기서는 올바른 결과 구조의 점수를 최대화하는 것으로 바뀐다. 이 두 가지 방법을 자세히 소개한다.

4.3.1.1 조건부 임의 필드

조건부 임의 필드는 방향성 없는 그래픽 모델의 변형으로 마르코프 임의 필드 또는 마르코프 네트워크라고도 부른다. 확률변수를 이용해 확률적으로 모델 링한다. 조건부 임의 필드는 시퀀스 레이블링을 위해 Lafferty 외(2001)에 의해 소개됐으며, 선형 체인 조건부 임의 필드라고도 알려져 있다. 딥러닝 이전에 시퀀스 레이블링 문제에 대해 사실상 해결법이었다.

조건부 임의 필드는 다음과 같은 선형로그 모델의 특별 케이스로 관측 시퀀스 $\mathbf{x} = x_1, ..., x_n$로 레이블 시퀀스 $\mathbf{y} = y_1, ..., y_n$의 분포를 정의한다.

$$p(\mathbf{y}|\mathbf{x}) = \frac{\exp \sum_{i=1}^{n} \mathbf{w} \cdot \mathbf{f}(\mathbf{x}, y_{i-1}, y_i, i)}{\sum_{\mathbf{y}' \in \mathcal{Y}(\mathbf{x})} \exp \sum_{i=1}^{n} \mathbf{w} \cdot \mathbf{f}(\mathbf{x}, y'_{i-1}, y'_i, i)} \quad (4.1)$$

$\mathcal{Y}(\mathbf{x})$는 모든 레이블 시퀀스 집합이며, $\mathbf{f}(\mathbf{x}, y_{i-1}, y_i, i)$는 시퀀스 $\mathbf{x}$의 포지션 i 에서 피처 벡터를 추출하는 피처함수로, 현재 포지션 y_i와 이전 포지션 y_{i-1}에 있는 레이블을 포함한다.

조건부 임의 필드의 매력은 모든 국지적 피처를 포함할 수 있다는 점이다. 예를 들어 형태소 분석에서 피처에는 단어-태그의 쌍, 인접 태그 간의 쌍, 단어가 대문자로 시작하는지 또는 숫자를 포함하는지를 알려주는 스펠링 피처 그리고 접두어 또는 접미사 피처 등이 있다. 이러한 피처는 의존성을 띠지만, 조건부 임의 필드는 중복되는 피처를 받아들이고 다른 피처들을 감안해서 해당 피처가 예측에 미치는 영향에 대해 밸런싱 학습을 한다. 이러한 피처들을 국지적 피처라고 지칭하는 이유는 레이블 y_i는 y_{i-1}에만 의존한다고 가정하기 때문이다. 이를 1차 마르코프 가정이라고 한다.

다이내믹 프로그래밍 알고리즘인 일반 비터비^{Viterbi} 알고리즘은 조건부 임의 필드로 디코딩하는 데 적용된다. 그런 다음 경사하강법$^{gradient\ descent}$과 같은 1차 경사기반$^{first-order\ gradient-based}$ 또는 2차(예: L-BFGS) 최적화 방법이 공식 (4.1)에 제시된 조건부 확률을 최대화하는 적절한 파라미터를 학습하는 데 사용된다.

시퀀스 레이블링 문제 외에도 조건부 임의 필드는 여러 구조화된 예측 문제를 해결하기 위해 다양한 방식으로 일반화돼왔다. 예를 들어 Sarawagi와 Cohen(2004)은 시퀀스 세분화 문제를 위한 준-조건부 임의 필드 모델을 제안했다. 이 모델에서 입력 시퀀스의 준-마르코프 체인 조건부 확률이 명시적으로 모델링되고, 각각의 상태는 입력 단위의 하위 시퀀스에 해당된다. 하지만 뛰어난 세분화 성능을 달성하기 위해 전통적 준-조건부 임의 필드 모델은 신중하게 수작업된 피처가 세그먼트를 표상해야 한다. 이러한 피처함수는 일반적으로 다음 두 가지 유형으로 분류된다. 첫 번째는 특정 포지션에 있는 단어처럼 입력 단위 수준 정보를 표상하는 조건부 임의 필드 스타일 피처와 두 번째는 세그먼트 길이처럼 세그먼트 수준 정보를 표상하는 준-조건부 임의 필드 스타일 피처다.

Hall 외(2014)는 조건부 임의 필드 기반 구성 분석 모델을 제안하며 해당 모델에는 범위 설정 피처(범위의 첫 단어, 마지막 단어 그리고 길이), 범위 문맥 피처(해당 범위 직전 또는 직후의 단어들), 분리점 피처(범위 내부 분리점에 있는 단어) 그리고 범위 모양 피처(범위에 있는 각 단어들에 대해 대문자, 소문자, 숫자 또는 구두점으로 시작되는지 표시) 등 이러한 피처들은 소규모이면서 핵심 문법 규칙들을 요인화한다. CYK 알고리즘[6]은 학습된 파라미터 조건에서 최대 확률을 갖는 트리를 찾는 데 사용된다.

4.3.1.2 그래프 기반 의존 분석

정점 V와 에지 E를 가지면서 방향성이 있는 그래프를 생각해보자. $s(u, v)$는 정점 u에서 정점 v로 연결되는 에지 점수를 나타낸다고 하자. 방향성이 있는 확장트리spanning tree는 흘러들어오는 에지가 없는 뿌리 정점을 제외하고 모든 정점은 E의 형태로 들어오는 하나만의 호를 가지며, E'는 사이클이 포함되지 않는 등 에지의 하위 집합 $E' \subseteq E$이다. $\mathcal{T}(E)$는 E에 대한 모든 가능한 방향성 있는 확장트리 집합을 의미한다고 하자. 확장트리 E'의 전체 점수는 E'에 있는 에지 점수 합이다. 최대확장트리는 다음과 같이 정의된다.

---

6 https://en.wikipedia.org/wiki/CYK_algorithm

$$\max_{E' \in \mathcal{T}(E)} \sum_{s(u,v) \in E'} s(u, v) \qquad (4.2)$$

레이블이 없는 의존 분석 디코딩 문제는 문장의 단어를 정점으로, 에지를 종속 호로 본다면 최대확장트리 문제로 좁힐 수 있으며 여기서 u는 헤드(또는 부모)로, v는 수식어(또는 자식)를 의미한다.

만약 u에서 v로 연결되는 레이블과 다수의 에지가 있다면 레이블이 있는 의존 분석 방법을 확장하는 것은 간단하다. 동일한 알고리즘이 적용된다. 최대확장트리 문제에 가장 널리 사용되는 디코딩 알고리즘은 투영 분석에 사용되는 아이즈너 알고리즘(Eisner, 1996)과 비투영 분석에 사용되는 추-리우-에드먼드 알고리즘(Chu Liu, 1965; Edmonds, 1967)이다.

여기서는 일차 모델이라고 부르는 기본 그래프 기반 방법을 소개한다. 일차 그래프 기반 모델은 강력한 독립성 가정이 있다. 트리에 있는 호들은 서로 독립적이다. 다른 말로 하면 호의 점수는 다른 호의 영향을 받지 않는다. 이 방법을 호 요인분해법^{arc-factorization}이라고 한다.

따라서 문제는 주어진 입력 문장에서 각각의 후보 호의 점수 $s(u, v)$를 어떻게 결정할 것인가다. 전통적으로 피처함수 $\mathbf{f}(u, v)$로 추출된 피처 벡터 형태로 호를 표상하는 판별 모델이 사용됐다. 호 점수는 피처 가중 벡터 $\mathbf{w}$와 $\mathbf{f}$의 내적^{dot product}, 즉 $s(u, v) = \mathbf{w} \cdot \mathbf{f}(u, v)$이다.

그렇다면 $\mathbf{f}(u, v)$를 어떻게 정의하고 파라미터 $\mathbf{w}$ 최적화를 어떻게 학습할 것인가?

피처 정의

피처 선택은 의존 분석 모델의 성능을 높이는 데 핵심이다. 각각의 호에 대해 다음과 같은 피처를 고려해야 한다.

- 각각의 단어에 대해서는 외형, 명제, 형태소, 모양, 스펠링 그리고 형태 피처
- 헤드, 수식어, 헤드와 수식어의 문맥 단어, 헤드와 수식어 사이에 있는 단어

- 호의 길이(헤드와 수식어 사이의 단어 수), 호의 방향 그리고 구문 관계 유형

이러한 원자 피처 외에도 조합 피처와 백 오프back-off 피처를 추출할 수 있다.

파라미터 학습

평균 퍼셉트론AP, averaged perceptron과 같은 온라인 구조학습 알고리즘(Freund and Schapire 1999; Collins, 2002), 온라인 passive-agressive 알고리즘PA (Crammer et al., 2006), MIRA 알고리즘margin infused relaxed algorithm(Crammer and Singer 2003; McDonald, 2006) 등은 그래프 기반 의존 분석 파라미터 $\mathbf{w}$를 학습하는 데 흔히 사용한다.

4.3.2 전이 기반 방법들

구조 출력값을 직접적으로 구분하는 그래프 기반 방법과 달리 전이 기반 방법은 시작 상태 $s_0 \in S$, 최종 상태 $S_t \in S$ 그리고 전이 동작 T(Nivre, 2008) 등을 포함하는 상태 집합 S로 구성된 전이 시스템이다. 전이 시스템은 s_0에서 시작하고 전이는 최종 상태에 도달할 때까지 반복적으로 실행된다. 그림 4.3은 시작 상태가 s_0이며 최종 상태는 $s_6, s_7, s_8, s_{14}, s_{15}, s_{16}, s_{17}, s_{18}$을 포함하는 간단하면서 유한한 상태 변화를 보여준다. 전이 기반 구조화 예측 모델의 목표는 최종 상태로 이끄는 전이 동작 시퀀스를 세분화해서 올바른 출력 상태에 해당하는 전이 동작에 높은 점수를 주는 데 있다.

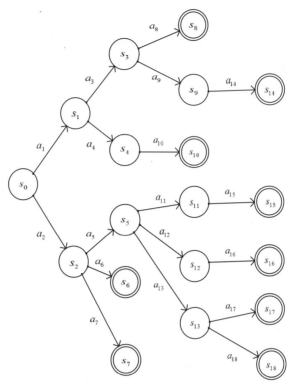

그림 4.3 구조 예측을 위한 전이 기반 방법

4.3.2.1 전이 기반 의존 분석

호-표준 전이 시스템(Nivre, 2008)은 투영 의존 분석에 널리 사용된다. 이 시스템에서 각 상태는 부분적으로 세워진 하위트리를 포함하는 스택 σ, 아직 처리되지 않은 단어의 버퍼 β, 의존성 호 집합 A에 해당한다. 전이 동작은 그림 4.4에서 연역적 규칙으로 나타난다. 그림 4.1에서 호-표준 알고리즘arc-standard algorithm으로 생성된 다음 문장의 전이 시퀀스는 표 4.1에 나와 있다.

- *Economic*$_1$ *news*$_2$ *had*$_3$ *little*$_4$ *effect*$_5$ *on*$_6$ *financial*$_7$ *markets*$_{8.9}$

전체가 아닌 현 상태에서 최선의 선택을 하는 그리디 문법 분석greedy parsing에서, 상태 $s \in S$에서 무엇을 할 것인가 결정은 분류자로 정한다. 분류자 학습은 트리뱅크treebank의 학습 섹션에 있는 기준 트리를 고려해서 달성되며, 학습

섹션으로부터 전이 상태-액션 쌍으로 된 정준 골드 스탠더드 시퀀스Canonical Gold-Standard Sequences를 도출한다.

$$\text{시작 상태} \qquad ([\text{ROOT}], [0...,n], \emptyset)$$

$$\text{왼쪽 호}_i(\text{LA}_i) \qquad \frac{([\sigma \mid s_1, s_0], \beta, A)}{([\sigma \mid s_0], \beta, A \cup \{s_1 \overset{l}{\leftarrow} s_0\})}$$

$$\text{오른쪽 호}_i(\text{RA}_i) \qquad \frac{([\sigma \mid s_1, s_0], \beta, A)}{([\sigma \mid s_1], \beta, A \cup \{s_1 \overset{l}{\rightarrow} s_0\})}$$

$$\text{이동(SH)} \qquad \frac{(\sigma, [b \mid \beta], A)}{([\sigma \mid b], \beta, A)}$$

$$\text{최종 상태} \qquad ([\text{ROOT}], [\,], A)$$

그림 4.4 연역 시스템에서 전이 액션(Nivre, 2008)

표 4.1 호-표준 알고리즘별 전이

상태	액션	σ	β	A
0	Initialization	[0]	$[1, \ldots, 9]$	$\emptyset$
1	SH	[0, 1]	$[2, \ldots, 9]$	
2	SH	[0, 1, 2]	$[3, \ldots, 9]$	
3	LA_{nmod}	[0, 2]	$[3, \ldots, 9]$	$A \cup \{1 \overset{nmod}{\longleftarrow} 2\}$
4	SH	[0, 2, 3]	$[4, \ldots, 9]$	
5	LA_{sbj}	[0, 3]	$[4, \ldots, 9]$	$A \cup \{2 \overset{sbj}{\leftarrow} 3\}$
6	SH	[0, 3, 4]	$[5, \ldots, 9]$	
7	SH	[0, 3, 4, 5]	$[6, \ldots, 9]$	
8	LA_{nmod}	[0, 3, 5]	$[6, \ldots, 9]$	$A \cup \{4 \overset{nmod}{\longleftarrow} 5\}$
9	SH	[0, 3, 5, 6]	$[7, \ldots, 9]$	
10	SH	[0, 3, 5, 6, 7]	[8, 9]	
11	SH	[0, 3, 5, 6, 7, 8]	[9]	
12	LA_{nmod}	[0, 3, 5, 6, 8]	[9]	$A \cup \{7 \overset{nmod}{\longleftarrow} 8\}$
13	RA_{pc}	[0, 3, 5, 6]	[9]	$A \cup \{6 \overset{pc}{\rightarrow} 8\}$
14	RA_{nmod}	[0, 3, 5]	[9]	$A \cup \{5 \overset{nmod}{\longrightarrow} 6\}$
15	RA_{obj}	[0, 3]	[9]	$A \cup \{3 \overset{obj}{\rightarrow} 5\}$
16	SH	[0, 3, 9]	[ ]	
17	RA_p	[0, 3]	[ ]	$A \cup \{3 \overset{p}{\rightarrow} 9\}$
18	RA_{root}	[0]	[ ]	$A \cup \{0 \overset{root}{\longrightarrow} 3\}$

상태 $s = \langle \sigma, \beta, A \rangle$에서 얻을 수 있는 정보는 다음과 같다.

- 모든 단어와 해당 품사 태그
- 부분적으로 분석된 의존성 호 A로부터 도출된 단어 헤드와 레이블
- 스택 σ과 버퍼 β와 관련 있는 단어 위치

예를 들어 Zhang과 Nivre(2011)는 26개의 기본 템플릿과 46개의 새로운 피처 템플릿을 포함한 72개의 피처 템플릿을 제안했다. 기본 피처는 스택과 버퍼, 그 조합상에 있는 단어와 품사 태그를 기술한다. 새로 제시된 피처에는 헤드-수식어 쌍 사이의 방향과 거리, 헤드의 수식어 개수, 고차원 부분 분석된 종속성 호, 스택과 버퍼에 있는 최상위 단어의 수식어에서 나온 고유 종속성 레이블 집합이 포함된다. 마지막으로 이러한 새로운 피처는 UAS(레이블이 없는 첨부 점수)를 1.5% 정도 향상시킨다.

다양한 언어 구조화 예측 태스크를 위한 피처 설계에 들어가는 언어 전문 지식의 필요성을 기술하기 위해 "피처 엔지니어링"이라는 용어를 사용한다.

자연어 처리 연구자는 파라미터 추정 방법이 어떤 피처가 유용하고 그렇지 않은지를 결정하고 학습하는 데 그들이 생각할 수 있을 만큼 많은 피처를 투입하는 전략을 채택하는 경향이 있다. 언어 현상의 꼬리가 긴 분포 특성과 연구자가 사용할 수 있는 연산 기술의 지속적인 성장 덕분에 자연어 처리 모델에서 피처가 많으면 많을수록 환영을 받고 특히 로그선형 모델과 같은 프레임워크에서는 더욱 그렇다.

그리디 전이 기반 알고리즘에서 오류 전파를 줄이기 위해 전역 표준화로 다수의 최적 옵션을 동시에 탐색해 디코딩하는 빔 탐색^{beam search}을 적용하고, 초기 업데이트로 부정확한 탐색에서 학습할 수 있도록 큰 폭의 여유 부분을 두는 학습(Collins and Roark, 2004)이 사용된다.

4.3.2.2 전이 기반 시퀀스 레이블링과 세분화

의존 분석 외에도 전이 기반 프레임워크는 자연어 처리 프로세스에서 가장 구조화된 예측 작업에 적용돼, 구조화된 출력값과 상태 전이 시퀀스 사이의 매핑을 만든다. 시퀀스 레이블링을 예로 들어보자. 출력값은 왼쪽에서 오른

쪽으로 입력값에 레이블을 점진적으로 할당해 구성한다. 이 과정에서 상태는 쌍 (σ, β)로 나타나며, σ는 부분적으로 레이블된 시퀀스를 나타내고 β는 레이블 없는 단어들의 배열이다. 시작 상태 ([], *input*)와 최종 상태 (*output*, [])를 갖는 각 동작은 베타 β 앞쪽에 레이블을 할당해 상태를 진전시킨다.

단어 세분화와 같은 시퀀스 세분화는 전이 시스템의 두 번째 예이며, 시퀀스 세분화를 위해 전이 시스템은 왼쪽에서 오른쪽으로 입력 문자를 처리한다. 하나의 상태는 형태 (σ, β)를 취하는데, σ는 부분으로 분할된 단어 시퀀스이고 β는 다음에 들어오는 문자열을 의미한다. 시작 상태에서 σ는 비어 있고 β는 완전 입력 문장으로 구성된다. 종료 상태에서 σ는 완전 세분화된 시퀀스를 포함하고 β는 비어 있게 된다. 각 전이 액션은 새로운 단어 시작에서 현재 상태를 분리시키거나(SEP) 마지막 단어의 끝에 현재 상태를 추가하는 등 다음에 들어오는 문자를 처리해 현재 상태를 진행한다. "wo xi huan du(나는 책 읽기를 좋아한다)"라는 문장의 골드 스탠더드 상태 전이 시퀀스는 표 4.2에 나와 있다.

4.3.2.3 전이 기반 방법의 장점

전이 기반은 구조 모호성을 줄이진 않는다. 그래프 기반 모델에서 전이 기반 모델로 솔루션이 변경될 때 구조 예측 태스크 검색 공간의 크기가 줄어들지 않는다. 유일하게 달라지는 것은 구조적 모호성이 각 상태의 서로 다른 전이 액션 사이에 발생하는 모호성으로 변환되는 점이다. 여기서 자연스럽게 발생하는 질문은 왜 전이 기반 방법이 상당한 연구 관심을 끌었느냐는 것이다.

표 4.2 단어 세분화 골드 상태 전이 시퀀스

상태	σ	β	다음 액션
0	[]	[wo, xi, huan, du, shu]	SEP
1	[wo (I)]	[xi, huan, du, shu]	SEP
2	[wo (I), xi]	[huan, du, shu]	APP
3	[wo (I), xihuan (like)]	[du, shu]	SEP
4	[wo (I), xihuan (like), dushu (reading)]	[]	APP

그 답은 전이 기반 모델에서 피처와 모호성 해결을 위해 사용할 수 있는 정보에 있다. 전통적인 그래프 기반 방법은 정확한 추론을 하는데 효율성 제약을 받기 때문에 사용되는 피처의 범위가 제한된다. 예를 들어 조건부 임의 필드 모델을 훈련하기 위해(Lafferty et al., 2001) 한계 확률을 효율적으로 추정해야 하는데 그 확률의 크기는 피처 범위로 결정된다. 효율적인 학습을 위해서 조건부 임의 필드 모델은 피처의 저수준 마르코프 속성을 채택한다. 두 번째 예로써 CKY 파싱(Collins, 1997)은 피처가 국지적인 문법 규칙에 제약되므로 허용 가능한 다항 동적 프로그램을 사용해 검색 후보 중에서 가장 높은 점수를 갖는 문법트리를 찾는다.

이와 대조적으로 전이 기반 방법의 초기 연구는 각 단계의 국지적 옵션들로 구성된 문제 해결 위주의 단순 접근법인 그리디 국지 모델greedy local model을 채택하고(Yamada and Matsumoto, 2003; Sagae and Lavie, 2005; Nivre, 2003), 입력값 크기와 비례하는 실행 시간이 필요한 그래프 기반 시스템의 빠른 대안으로 간주됐다. 최근의 전이 기반 방법은 비국지적 피처를 사용한 덕분에 정확성이 최첨단 모델에 비해 많이 뒤지지 않는다. 전역 학습이 학습 시퀀스(Zhang and Clark, 2011b)에 적용되기 때문에 빠르고 정확한 모델이 돼, CCG 파싱(Zhang and Clark, 2011a; Xu et al., 2014), 자연어 합성(Liu et al., 2015; Liu and Zhang, 2015; Puduppully et al., 2016), 의존성 분석(Zhang and Clark, 2008b; Zhang and Nivre, 2011; Choi and Palmer, 2011) 그리고 구성 분석(Zhang and Clark, 2009; Zhu et al., 2013) 등의 정확성을 높인다. 구성 분석을 예를 들면 ZPar(Zhu et al., 2013)는 Berkeley 분석기(Petrov et al., 2006)에 상당한 정확성을 제공하면서 15배 정도 빠른 처리 속도가 나왔다.

전이 기반 시스템의 효율성 이점은 복잡한 검색 공간을 가진 통합 구조 문제를 파헤칠 수 있도록 한다. 단어 세분화와 품사 태깅(Zhang and Clark, 2010), 세분화, 품사 태깅 및 청킹(Lyu et al., 2016), 품사 태깅과 구문 분석(Bohnet and Nivre, 2012; Wang and Xue, 2014), 공통 단어 세분화(Hatori et al., 2012; Zhang et al., 2013, 2014), 마이크로블로그 세분화 및 정규화(Qian et al., 2015), 형태 생성 및 텍스트 선형화(Song et al., 2014), 객체와 관계 추출(Li and Ji, 2014; Li et al., 2016) 등이 대표적인 작업이다.

4.4 신경그래프 기반 방법

4.4.1 신경조건부 랜덤 필드

Collobert와 Weston(2008)은 시퀀스 레이블링 문제에 관해 딥러닝을 활용한 최초의 연구였으며, 자연어 처리를 위해 딥러닝을 성공적으로 사용한 거의 초기 작업이다. 단어를 d차원의 벡터에 임베딩했을 뿐만 아니라 여러 피처를 추가시켰다. 태그를 예측하기 위해 윈도우상에 있는 단어와 해당 피처를 다중 레이어 퍼셉트론MLP에 투입했다. 독립적으로 고려되는 문장 각 단어 수준 로그우도word-level log-likelihood는 학습 기준으로 사용됐다. 앞에서 언급했듯이 문장에서 단어 태그와 인접 단어 태그 간에는 종종 상관관계가 있다. 따라서 업데이트된 연구(Collobert et al., 2011)에서 태그 전이 점수를 문장 수준 로그우도 모델에 추가했다. 그 모델은 기존 조건부 임의 필드 모델이 비선형 신경망 대신에 선형 모델을 사용한다는 점을 제외하고는 동일하다.

반면 마르코프 가정으로 제한된 조건부 임의 필드 모델은 국지적 피처만 사용할 수 있다. 해당 모델은 자연어 처리에서 중요한 부분인 태그 간의 장기 의존성 문제로 이어진다. 이론적으로 RNN은 마르코프 가정에 의지하지 않고도 임의 크기의 시퀀스를 고정된 크기의 벡터로 모델링한다. 그런 다음 출력 벡터를 추후 예측에 사용한다. 가령 RNN은 이전 단어 전체 시퀀스 조건에서 품사 태그의 조건부 확률을 예측한다.

조금 더 상세하게 설명하면 RNN은 입력값으로 이전 상태 벡터와 입력 벡터를 취해 새로운 상태 벡터를 만드는 함수를 통해 재귀적으로 정의된다. 직관적으로 RNN을 여러 층의 레이어에서 파라미터를 나누는 심층 순방향 네트워크로 생각할 수 있다. 그런 다음 그래디언트는 가중치 행렬을 반복적으로 곱해서 값이 사라지거나 폭발적으로 증가하게 된다. 그래디언트 폭발적 증가 문제에 대해 간단하면서도 매우 효과적인 해결법이 있다. 표준값이 특정 임곗값을 초과하면 그래디언트를 짧게 자르는 방법이다. 하지만 사라지는 문제는 훨씬 더 복잡하다. 장단기 기억LSTM(Hochreiter and Schmidhuber, 1997)이나 게이트 순환 유닛GRU(Cho et al., 2014)과 같은 게이팅 메커니즘이 어느 정도 해결한다.

RNN의 자연스러운 확장 형태는 양방향 RNN(Graves, 2008)이다(BiLSTN 및 BiGRU와 같은 BiRNN). 시퀀스 레이블링 문제에서 태그를 예측하는 것은 이전 단어에 의존할 뿐만 아니라 연속되는 단어에도 의존하는데, 표준 RNN에서는 볼 수 없는 현상이다. 따라서 BiRNN은 두 개의 RNN(순방향과 역방향 RNN)을 사용해 현재 단어 앞뒤 단어 시퀀스를 표상한다. 현재 단어 앞뒤 상태가 합쳐져 입력값이 되고 태그 확률을 예측한다.

또한 RNN은 레이어를 쌓을 수 있다. 여기서 RNN의 입력값은 아래 RNN의 출력값이다. 계층화된 아키텍처를 흔히 심층 RNN이라고 한다. 심층 RNN은 시퀀스 레이블링 방법(Zhou and Xu, 2015; https://www.aclweb.org/anthology/P/P17/P17-1044.bib)을 통한 의미 기반 레이블링[SRL, Sematic Role Labeling]은 많은 문제에서 강력한 힘을 발휘한다.

RNN이 여러 시퀀스 레이블링 문제에 성공적으로 적용됐지만, 조건부 임의 필드처럼 출력 태그 간 의존성을 명시적으로 모델링하지 않는다. 따라서 임의 태그 사이의 전이점수 행렬을 추가해 RNN-CRF(RNN은 LSTM, BiLSTM, GRU, BiGRU 등이 될 수 있음)라는 이름의 문장 수준 로그우도 모델을 형성한다.

기존 조건부 임의 필드와 마찬가지로 신경망 조건부 임의 필드를 확장해 시퀀스 세분화 문제를 처리한다. Liu 외(2016)는 RNN으로 입력 단위를 구성해서 세그먼트를 표상하기 위해 SRNN[Segmental Recurrent Neural Network]을 사용한 신경망 준조건부 임의 필드를 제안했다. 동시에 세그먼트 임베딩을 사용하는 세그먼트 수준 표상은 전체 세그먼트를 명시적으로 인코딩하는 입력값으로 간주된다. 결국 연구진들은 최첨단 중국어의 단어 세분화 성능을 달성했다.

Durrett과 Klein(2015)은 조건부 임의 필드 구문 분석(Hall et al., 2014)을 신경망 구문 분석으로 확장했다. 신경망 조건부 임의 필드 구문 분석에서 희소한 피처에 기반한 선형 잠재함수 대신 순방향 신경망을 통해 계산된 비선형 잠재함수를 사용한다. 디코딩과 같은 다른 요소는 종래 조건부 임의 필드 구문 분석에서부터 변하지 않는다. 결국 최첨단 구문 구조 분석 성능을 달성했다.

4.4.2 신경망 그래프 기반의 의존 분석

기존의 그래프 기반 모델은 손으로 만든 엄청난 양의 피처에 의지하기 때문에 심각한 문제를 야기한다. 첫째, 많은 피처의 사용이 오버피팅 위험에 빠질 수 있고 특히 헤드와 수식어 사이의 상호작용을 만드는 조합 피처에서 많이 나타난다. 피처 디자인은 도메인 전문 지식이 필요한데, 중요한 피처가 도메인 지식이 부족하기 때문에 무시될 수 있는 가능성이 있다. 피처 엔지니어링의 문제를 완화하기 위해 최근 연구에서 그래프 기반 의존성 구문 분석에 사용될 수 있는 일반적이며 효과적인 신경망 모델을 제안했다.

4.4.2.1 다중 레이어 퍼셉트론

Pei 외(2015)는 에지edge 점수를 평가하기 위해 다중 레이어 퍼셉트론Multiple Layer Perceptron 모델을 사용했다. 기존 모델처럼 수백만 개의 피처를 사용하는 대신 단어 유니그램 및 품사 태그 유니그램과 같은 글의 원소 피처만 사용한다. 원소 피처가 분산 표상(피처 임베딩 또는 피처 벡터)으로 변환돼 다중 레이어 퍼셉트론에 투입된다. 피처 조합은 히든 계층에 있는 tanh-cub 활성화함수를 통해 자동으로 학습돼 그래프 기반 모델에서 발생하는 피처 엔지니어링 부담을 경감시킨다.

분산 표상을 통해 문법 분석 알고리즘에서 사용되지 못했던 다음과 같은 유용한 피처를 발견한다. 예를 들어 h와 m 사이 단어들과 같은 의존성 에지 (h, m)의 문맥 정보는 그래프 기반 모델에서 유용하게 사용된다. 그러나 종래의 방법에서 데이터 희박성 문제 때문에 문맥을 피처로 직접 사용할 수 없었다. 일반적으로 바이그램과 트라이그램 같은 저수준 단계 표상으로 후퇴한다.

Pei 외(2015)는 문맥을 나타내기 위해 문맥에 있는 모든 단어 임베딩을 평균하는 방식으로 문맥을 분산 표상할 것을 제안한다. 이 방법은 문맥의 모든 단어를 효과적으로 사용할 뿐만 아니라 유사한 단어들은 비슷한 임베딩을 갖는 특징 때문에 문맥 의미 정보를 포착할 수 있다.

마지막으로 최대 차이max-margin 기준이 모델을 학습시키는 데 사용된다. 학습의 목표는 가장 높은 점수를 받은 트리가 정확한 트리이며, 점수는 다른 가능한 트리와의 차이까지 올라간다. 구조화 차이 손실은 예측트리에서 잘못된 헤드와 에지 레이블을 갖고 있는 단어 수로 정의된다.

4.4.2.2 컨볼루션 신경망

Pei 외(2015)는 표상을 위해 문맥 임베딩을 간단히 평균했기 때문에, 단어 위치 정보가 무시됐으며 각각의 단어와 구에 다른 가중치를 할당할 수 없었다. Zhang 외(2016b)는 컨볼루션 신경망 즉, CNN을 사용해 문장 표상을 계산하고, 그 표상을 사용해 에지 점수를 부여한다. 풀링 방식은 CNN 변화에 흔들리지 않도록 하지만 의존 분석에서 매우 중요한 단어 위치 정보를 무시한다. 이 문제를 극복하기 위해 Zhang 외(2016b)는 단어와 헤드 또는 수식어 사이의 상대적 위치를 CNN에 입력한다. Pei 외(2015) 연구와의 차이는 학습을 위해 확률적 방법을 사용한다는 점이다. 확률 기준으로 기울기를 계산한다. 확률 기준은 최대 차이 기준의 소프트 버전으로 볼 수 있으며, 확률 방법을 위해 그래디언트를 계산할 때 가능한 모든 요소들을 고려하지만, 잘못 예측된 요인들만 최대 차이 학습에서 0이 아닌 하위 그래디언트를 갖는다.

4.4.2.3 순환 신경망

이론적으로 순환 신경망RNN은 시퀀스로 된 단어의 상대적 위치에 민감성을 유지한 채 특정 길이를 가진 시퀀스를 모델링한다. 기존 RNN을 개선한 LSTM은 시퀀스를 더욱 잘 반영한다. BiLSTM(양방향 LSTM)은 특히 단어와 그 주위에 "무한"의 윈도우를 적용해 문맥과 함께 단어를 시퀀스로 표상하는 데 뛰어나다. 따라서 Kiperwasser와 Goldberg(2016)는 BiLSTM 히든 레이어에서 나온 출력값으로 각 단어를 표상하고 피처로써 헤드와 수식어 표상에 대한 집합을 사용하고, 그 집합은 비선형 채점 함수에 전달된다. Kiperwasser와 Goldberg(2016)는 구문 분석 속도를 높이도록 2단계 전략을 제안한다. 먼저 앞에서 주어진 방법을 사용해 레이블이 지정되지 않은 구조를 예측하고 각 에지의 레이블을 예측한다. 에지 레이블링은 다른 다층 퍼셉트론MLP 예측기에 투입된 동일한 피처 표상을 사용해 작동한다. 마지막으로 정확한 트리가 부정확한 트리보다 큰 차이로 높은 점수를 받도록 하는 최대 차이 기준이 모델 학습에 사용된다.

Wang과 Chang(2016)은 헤드와 수식어를 표상하는 데 BiLSTM을 사용한다. 그 연구자들은 Pei 외(2015)처럼 두 단어 사이 거리와 문맥 등 몇 가지 추가 피처를 도입했다. 또한 Pei 외(2015)와는 다르게 문맥을 표상하기 위해 LSTM-Minus를 사용했으며, 이 방식은 LSTM 히든벡터 차이를 이용해 문맥의 분산 표상을 학습한다. Cross와 Huang(2016)도 전이 기반 구성 분석 constituent parsing을 위해 비슷한 방식를 적용했다.

앞서 소개한 연구들은 의존 에지 계산을 위해 LSTM이 출력한 헤드와 수식어의 분산 표상을 MLP의 입력값으로 사용한다. Luong 외(2015)의 아이디어를 기반으로 Dozat과 Manning(2016)은 헤드와 수식어 표상 사이에서 양방향 선형변환bilinear transformation을 통해 점수를 계산했다. 한편 그 연구진들은 직접적으로 표상을 사용하는 데는 두 가지 단점이 있음을 주목했다. 첫 번째는 점수를 계산하는 데 필요한 것보다 훨씬 많은 정보가 있어야 한다는 점이다. 해당 방식은 점수를 계산하는 데 반복적 정보를 포함하기 때문이다. 두 번째 단점은 표상 r_i은 왼쪽 반복 상태 $\vec{r}_i$와 오른쪽 반복 상태 $\overleftarrow{r}_i$의 통합으로 구성되며 양선형 변환을 사용해 두 개의 LSTM을 통해 학습된 피처가 별도로 유지돼야 한다는 것이다. 이상적으로는 모델이 두 가지 구성 피처를 학습해야 한다. Dozat과 Manning(2016)은 이 두 가지 문제를 처음으로 동시에 해결할 수 있는 방법을 제시한다. 양선형 변형 전 2개의 반복 상태 r_i 및 r_j에 작은 크기의 숨겨진 다층 퍼셉트론 함수를 적용하는 것이다. 모델은 두 개의 반복 상태를 결합해 차원을 줄인다. 양선형 채점 메커니즘의 다른 변형은 헤드 단어 표상의 선형변환을 의존성이 고려된 단어의 사전확률을 포착하는 점수함수에 추가하는 방법이다. 연구진들은 새로운 방법을 비아파인biaffine 변환이라고 불렀다. 그들의 모델은 추가적으로 의존 관계 분류를 하는 2단계로 구성된다. 비아파인 변환 점수biaffine transformation scoring 함수는 각각의 종속 에지 레이블을 예측한다. 연구진들은 English Penn TreebankEPT 테스트에서 최고의 성능을 달성했다.

4.5 신경망 전이 기반 방법

4.5.1 그리디 이동 축소 의존 분석

의존 분석의 결과물은 시퀀스 형태를 띠는 구문트리syntactic tree다. 그래프 기반 의존 분석은 레이블과 같은 의존성 그래프 요소에 점수를 준다. 반대로 전이 기반 종속성 구문 분석은 점진적으로 출력값을 구성하도록 이동 축소 shift-reduce 액션을 활용한다. 주요 연구들은 MaltParser(Nivre, 2003)가 보여주듯이 취해야 할 액션에 대해 국지적 결정을 할 때 사용하는 서포트 벡터 모델SVM과 같은 통계 모델을 활용한다. 국지적 문법 분석 프로세스는 표 4.1에 설명돼 있다. 그림 4.5에서 스택 σ는 상단에서부터 부분적으로 처리된 단어 s_0, s_1을 포함하며 버퍼 β는 문장에서 나온 단어 q_0, q_1을 포함하며, 문맥이 각 단계에서 추출된다. 국지적 구문 분석 태스크는 현재의 구성 조건에서 다음 분석 액션을 찾으며, 이 액션에 관한 예는 4.3.2절에 나타나 있다.

MaltParser는 σ의 최상위 노드에서 나온 피처와 β의 선행 단어 피처를 추출한다. 예를 들어 s_0, s_1, q_0 및 q_1의 형식과 품사는 이항 형태를 띠는 이산 피처로 사용된다. 추가하자면 s_0와 s_1의 의존변수와 σ에 대한 다른 노드의 형태, 품사, 의존성 호(아크) 레이블 등은 추가 피처로 사용된다. 단어의 의존성인 아크 레이블은 단어와 그 단어가 수식하는 단어 사이를 연결하는 호의 레이블을 가리킨다. 모든 피처가 추출돼 서포트 벡터 머신SVM 분류기에 투입되고, 출력값은 여러 유효한 액션 중에 이동 축소 액션이 된다.

Chen과 Manning(2014)은 MaltParser 대안인 신경망을 만들었다. 그 구조는 그림 4.6a에 나와 있다. MaltParser와 유사하게 분석기 설정에 따라 σ의 상단과 β의 앞에서 피처를 추출하고, 다음 이동 축소 액션을 예측하는 데 사용한다. Chen과 Manning(2014)은 Zhang과 Nivre(2011)에 따라 단어, 품사와 레이블 피처의 범위를 정의한다. 이산 형태의 피처와 달리 임베딩은 단어, 품사 그리고 호 레이블을 표상하는 데 사용된다. 그림 4.6a에서 볼 수 있듯이 3개의 레이어로 된 신경망을 사용해 입력 피처 조건에서 다음 액션을 예측한다. 입력 레이어에서는 문맥에서 나온 단어, 품사 및 호 레이블 임베딩이 결합된다. 히든 레이어는 입력 벡터를 취하고 큐브 활성화함수에 앞서 선형 변환을 한다.

$$h = (Wx + b)^3$$

큐브함수를 표준 시그모이드나 tanh 함수 대신 비선형 활성화함수로 사용하는 이유는 입력 계층에서 세 가지 요소를 조합할 수 있다는 점에서다. 이 요소들은 전통적인 통계 기반 문법 분석 모델에 수동으로 정의되며, 실증적인 측면에서 다른 활성화 기능보다 효과적이다. 마지막으로 액션 선택을 위해 입력값인 히든 레이어가 표준 softmax 레이어로 전달된다.

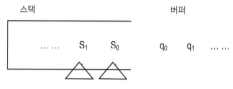

그림 4.5 이동 축소 의존 분석 컨텍스트

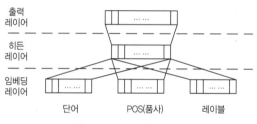

(a) Chen과 Manning(2014)

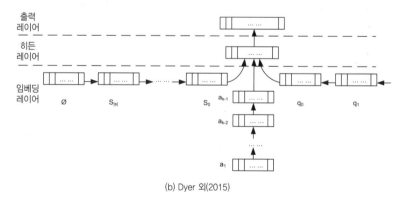

(b) Dyer 외(2015)

그림 4.6 두 가지 그리디(greedy) 문장 분석

Chen과 Manning(2014)의 분석기는 MaltParser를 여러 기준에서 크게 앞선다. 주요 원인은 두 가지다. 첫째, 단어 임베딩을 사용하면 비지도 사전 훈련을 통해 대형 원시 데이터에서 단어의 구문 및 의미 정보를 학습할 수 있으므로 모델의 견고성이 높다. 둘째, 히든 계층은 통계 모델에서 수작업으로 수행되는 복잡한 피처 조합의 효과를 낸다. 예를 들어 조합된 피처는 s_0의 형식과 q_0의 품사를 동시에 포착하는 s_0wq_0p이 되고 취해야 할 액션을 의미하는 강력한 지표다. 그러나 조합은 기하급수적으로 많아져 피처 엔지니어링에 상당한 수작업을 필요로 한다. 또한 두 개 이상의 피처를 하나로 결합하면 희소성sparse 문제가 발생한다. 이러한 희소성은 수천만 개의 이항binary 형태의 피처가 있는 통계 모델을 생성하기 때문에 정확도와 속도 면에서 문제를 일으킨다. 대조적으로 Chen과 Manning(2014)의 신경 모델은 조밀하면서 희박성 문제에서 벗어날 수 있어서, 오버피팅 문제가 약해져 문맥을 만드는 데 더욱 강력하다.

Chen과 Manning(2014)의 조밀한 입력 피처 표상은 통계 문법 분석기의 수동 피처 템플릿과 매우 다르며, 그들의 방식은 실수real value이자 저차원이며 통계 방식은 이진수에 고차원이다. 직감적으로 말하자면 동일한 입력 문장의 다른 측면을 포착한다. Zhang과 Zhang(2015)은 이러한 관찰에 영감을 받아 Chen과 Manning(2014)의 문법 분석기를 확장해 softmax 분류 레이어에 투입하기 전에 규모가 크면서 희소한 피처 벡터를 Chen과 Manning(2014) 연구의 히든 벡터에 연결해 전통적 지시 피처indicator feature 와 결합한다. 이러한 결합은 수십 년에 걸친 피처 엔지니어링에서 있었던 인간 노력을 통합한 신경망 모델을 사용했기 때문에 자동 피처 조합은 강력하지만 반대로 해석하기 힘든 측면이 있다. 결과 성능은 기본 형태인 Chen과 Manning(2014) 문법 분석기에 비해 훨씬 높았고, 지시 피처와 신경망 피처는 서로 보완할 수 있음을 보여준다.

Lewis와 Steedman(2014)의 슈퍼태그에 대한 Xu 외(2015)의 관찰과 유사하게 Kiperwasser와 Goldberg(2016)는 Chen과 Manning(2014)의 국지적 맥락을 사용하는 것이 모델의 잠재적 한계점이라는 것을 알았다. 이 문제를 해결하기 위해 입력 단어에 LSTM을 적용하고 각 단어의 품사 피처를 사용해 비국지적 피처를 추출하고 입력 단어 일련의 히든 벡터 표상을 생성했다. Chen과 Manning(2014)의 피처 벡터와 비교할 때 히든 피처 벡터는 비국지적 문장 정보를 포함한다. Kiperwasser와 Goldberg(2016)는 입력 단어 시퀀스에 대해 양방향 LSTM을 사용하고 두 개의 LSTM 레이어를 쌓아 숨겨진 벡터를 도출했다. 스택 피처와 버퍼 피처는 액션 분류에 사용하기 전에 히든 레이어 벡터에서 추출됐다. Chen과 Manning(2014)보다 정확도 향상이 크게 나타났고, LSTMin이 전역 정보를 수집할 수 있다는 것을 보여준다.

표 4.6b에 표시된 바와 같이 Dyer 외(2015)는 Chen과 Manning(2014)의 모델에서 LSTM을 사용해 스택 σ, 버퍼 β 그리고 이미 수행된 작업 시퀀스를 나타내는 비국지적 피처 부족을 해결할 수 있는 다른 방법을 제시했다. 특히 스택상에 있는 단어는 왼쪽에서 오른쪽으로 반복 모델링되지만 버퍼상의 단어는 오른쪽에서 왼쪽으로 모델링된다. 액션 이력은 시간 순서대로 반복 모델링된다. 스택이 동적이기 때문에 단어가 맨 위에서 튀어나오는 것이 가능하다. Dyer 외(2015)는 "스택 LSTM" 구조를 사용해 다이내믹을 모델링하고 포인터가 있는 현재의 스택 정상을 기록한다. 단어가 s_0 위로 올라가면 s_0에 대한 스택 LSTM의 단어와 히든 상태가 반복 상태를 진전시키고 새로운 단어의 히든 벡터를 생성하면 벡터는 s_0가 되고 위로 올라간 상태 이후에 s_0는 s_1이 된다. 반대 방향에서 s_0가 스택에서 갑작스럽게 터져 나오면 포인터가 s_0의 히든 상태에서 스택 LSTM의 s_1으로 이동, s_1은 액션 후에 s_0로 업데이트된다. 분석기 상태를 표상하기 위해 σ의 꼭대기, β의 앞부분과 마지막 액션의 히든 상태를 사용해 Dyer 외(2015)는 Chen과 Manning(2014)의 모델에 비해 많은 개선을 이뤘다.

Dyer 외(2015)는 재학습된 임베딩, 무작위로 초기화됐지만 미세 조정된 임베딩 그리고 품사 임베딩으로 입력 단어를 표상했다. Ballesteros 외(2015)는 각 단어에 있는 문자 시퀀스를 모델링하도록 LSTM을 사용해 Dyer 외(2015)의 모델을 확장했다. 연구진들은 다국어 데이터를 실험하고 일관된 결과를 관찰했다. Ballesteros 외(2016)는 학습과 테스트 중 액션 이력 간 불일치 이슈를 학습 동안 테스팅 시나리오를 시뮬레이션해 해결했으며, 여기서 액션 이력은 기준 행동 시퀀스가 아니라 모델로 예측됐다. 이 아이디어는 Bengio 외(2015)의 계획된 샘플링 아이디어와 유사하다.

4.5.2 그리디 시퀀스 레이블링

입력 문장이 주어지면 그리디 국지 시퀀스 레이블러는 국지적 결정을 통해 각 입력 단어에 레이블을 할당하고 분류 태스크를 처리한다. 엄밀히 말하면 시퀀스 레이블러는 그래프 구조 모호성이나 전이 액션 모호성을 풀어주는 작업으로 간주되기 때문에 그래프 기반이나 전이 기반으로 여겨질 수 있다. 다음과 같은 이유로 그리디 국지적 시퀀스 레이블링을 전이 기반으로 분류하고자 한다. 그래프 기반 시퀀스 레이블링 모델은 출력 레이블에 마르코프 가정을 적용해 단일 그래프로 전체 레이블 시퀀스를 단 하나의 그래프로 정리해서 비터비Viterbi 알고리즘을 이용해 정확한 추론을 한다. 이러한 제약은 2차 또는 3차 전송 피처와 같은 국지적 레이블 시퀀스로 피처를 추출할 수 있음을 의미한다. 반대로 전이 기반 시퀀스 라벨링 모델은 출력값에 마르코프 가정을 부과하지 않아서 비국지적인 피처를 추출한다. 결과적으로 이 모델은 유추를 하기 위해 그리디 검색 또는 빔 검색 알고리즘이 사용된다. 다음의 모든 예는 그리디 알고리즘이며 그중 일부는 비국지적 피처를 사용한다.

여러 연구들은 품사 태깅과 비교해 더욱 어려운 태스크인 CCG 슈퍼태깅을 목적으로 신경망 모델을 수행한다. CCG는 가볍게 어휘화한 문법이며 많은 구문 정보가 어휘 카테고리, 즉 CCG 문법 분석 슈퍼태그로 전달된다. 품사 태깅 같은 얕은 구문 레이블과 비교할 때 슈퍼태그는 풍부한 구문 정보를 포함하고 있으며 술어predicate-인수argument 구조를 표시한다. 큰 말뭉치에서는 흔히 1,000개가 넘는 슈퍼태그가 있어서, 슈퍼태깅을 어렵게 한다.

CCG 슈퍼태깅용 전통적 통계 모델은 조건부 임의 필드(Clark and Curran, 2007)를 채택해 각 레이블의 피처를 단어 윈도우 문맥에서 추출하고 품사 정보를 중요한 피처로 사용한다. 이러한 프로세스는 슈퍼태그를 적용하기 전에 품사 태깅을 필수적인 전처리 단계로 요구하기 때문에 품사 태그 지정 오류가 슈퍼태그 품질에 부정적 영향을 줄 수 있다.

Lewis와 Steedman(2014)은 CCG 슈퍼태깅을 위한 간단한 신경망 모델을 연구했다. 구조는 그림 4.7a와 같다. 특히 입력 문장이 있으면 세 개의 층으로 된 신경망을 사용해 각 단어에 슈퍼태그를 할당한다. 첫 번째(바닥) 레이어는 각 단어를 임베딩 형식에 매핑하는 임베딩 레이어다. 또한 단어 두 철자로 된 접미사를 포함하는 약간의 이항값binary-valued 이산 피처가 임베딩 벡터와 대문자인지 여부를 보여주는 이진변수에 연결된다. 두 번째 레이어는 피처 통합을 위한 히든 레이어다. 단어 w_i의 경우 단어 w_{i-k}, w_i, w_{i+k}로 구성된 문맥 윈도우가 피처 추출에 사용된다. 문맥 윈도우 각 단어의 입력 임베딩은 연결돼 비선형 피처 조합을 달성하기 위해 tanh 활성화함수를 사용하는 히든 레이어에 공급된다. 최종 (최상단) 레이어는 모든 출력 레이블에 확률을 지정하는 softmax 분류 함수다.

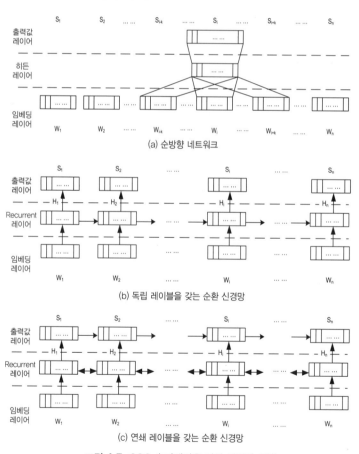

(a) 순방향 네트워크

(b) 독립 레이블을 갖는 순환 신경망

(c) 연쇄 레이블을 갖는 순환 신경망

그림 4.7 CCG 슈퍼태깅을 위한 신경망 모델

이렇게 간단한 모델은 놀랍게도 잘 작동한다. 조건부 임의 필드 기본 태그와 비교해 도메인 내 데이터와 교차 도메인 데이터 모두에서 문법 분석 정확성이 높았다. 그리디 모델인 이번 모델은 신경망 조건부 임의 필드 대안형에 비해 훨씬 빠른 속도로 실행되고 동시에 비교할 만한 정확성을 준다. 성공 요인은 피처를 자동으로 도출해 품사 태깅을 불필요하게 한 신경망 모델의 파워에 기인한다. 또한 단어 임베딩은 대규모 비가공 데이터에서 재학습이 가능하므로 기본 이산 모델에서 발생하는 피처 희소성 문제를 완화하고 더욱 나은 방식으로 도메인 간 태깅을 가능케 한다.

Lewis와 Steedman(2014)의 문맥 윈도우는 Collobert와 Weston(2008)의 연구를 따르며, 조건부 임의 필드 문맥창과 비교될 만하다(Clark and Curran, 2007). 반면 순환 신경망은 전체 시퀀스로부터 비국지적 피처를 추출하는 데 사용돼 자연어 처리 태스크의 좀 더 나은 정확도를 달성할 수 있었다. 성공에 고무된 Xu 외(2015) 연구는 윈도우 기반 히든 레이어를 순환 신경망 레이어(Elman, 1990)로 대체해 Lewis와 Steedman(2014)의 방법을 확장했다. 이 모델의 구조는 그림 4.7b와 같다.

특히 Xu 외(2015)의 입력 레이어는 단어 임베딩이 두 문자 접미사와 대문자 피처와 결합된 Lewis와 Steedman(2014)의 입력 레이어와 동일하다. 히든 레이어는 이전 히든 상태 h_{i-1}과 w_i의 현재 임베딩 레이어를 사용해 w_i의 히든 상태를 반복적으로 계산하는 Elman RNN으로 정의된다. 시그모이드 활성화함수는 비선형성을 달성하기 위해 사용된다. 마지막으로 출력 레이어의 동일한 형태를 사용해 각 단어를 국지적으로 레이블링한다.

Lewis와 Steedman(2014) 방법과 비교해 RNN 방법은 표준 문법 분석기 모델을 사용해 슈퍼태그와 후속 CCG 문장 분석 모두에 정확성을 높였다. 추가로 RNN 슈퍼태그는 Clark과 Curran(2007)의 조건부 임의 필드 방법(2007)과 비교해 더 높은 슈퍼태깅 정확성을 제공한 반면 Lewis와 Steedman(2014)의 NN 방법은 그 정도의 정확도를 달성하지 못했다. 성공 원인은 단어 레이블링을 위해 한계 없는 이력을 모델링하는 RNN 구조 사용이었다.

Lewis와 Steedman(2014)의 연구는 히든 레이어에 있는 Elman RNN 구조를 대체하기 위해 LSTM을 사용해 Xu 외(2015) 모델을 한층 개선했다. 특히 임베딩 레이어에 있는 히든 피처 h_1, h_2, h_n을 추출하는 데 양방향 LSTM을 사용한다. 투입값 표상은 약간 조정되고, 이산 요소는 버려지며 각 단어의 1에서 4개의 철자로 된 접두어와 접미어를 임베딩 벡터로 표상해 입력 피처로 단어 임베딩에 연결한다. 이러한 수정 덕분에 최종 모델은 슈퍼태깅과 후속 CCG 문장 분석에 훨씬 향상된 정확도를 제공한다. 또한 삼각[tri] 학습 테크닉을 사용해 1-베스트 태깅 부분에 94.7% F1을 달성할 정도로 결과가 올라갔다.

Xu 외(2015)와 Lewis와 Steedman(2014) 모델은 입력 단어들 사이의 비국지적 의존성을 고려하지만, 아직 출력 레이블 간의 비국지적 의존성은 포착하진 못했다. 이 점에서 해당 연구진들의 모델은 3개의 연속 레이블 간 의존성을 고려한 Clark과 Curran(2007)의 조건부 임의 필드 모델에 비해 표현성 정도가 약하다. 이 문제를 해결하기 위해 Vaswani 외(2016)는 단어 w_i를 레이블링할 때 레이블 이력 s_1, s_2, s_{i-1}을 고려해서 출력 레이블 시퀀스에 LSTM을 사용한다. 모델 구조는 그림 4.7c와 같다.

이 모델의 입력 레이어는 Lewis 및 Steedman(2014)의 것과 동일한 표상을 사용하고 히든 레이어는 Lewis 및 Steedman(2014)의 표상과 비슷하다. 출력 레이어에서 각 레이블 s_i의 분류는 레이블 LSTM의 히든 상태 h_{i-1}^s에 의해 표상된 히든 레이어 벡터 h_i와 이전 레이블 시퀀스에 기반한다. 레이블 LSTM은 단방향이며, 각 상태 h_i^s는 이전 상태 h_{i-1}^s 그리고 이전 레이블 s_i로부터 도출된다. 정확성을 더욱 향상시키기 위해 계획된 샘플링(Bengio et al., 2015)을 사용해 학습 케이스와 유사한 학습 데이터를 찾는다. 학습하는 동안 레이블링 s_i에 대한 이력 레이블 시퀀스 s_1, s_2, s_{i-1}는 샘플링 확률 p로 각 포지션에 예측된 슈퍼태그를 선택해 샘플링한다. 학습 시간 동안 이력에서 오류가 발생하더라도 올바른 레이블을 할당하는 방법을 더 잘 학습한다.

Vaswani 외(2016)는 출력 레이블 LSTM을 추가해서 계획된 샘플링이 적용되면 정확도가 약간 개선될 수 있지만 계획된 샘플링이 없는 경우 Lewis 및 Steedman(2014)의 그리디 국지 출력 모델에 비해 정확도가 떨어지는 것을 보여줬다. 이 결과는 골드 라벨 시퀀스의 오버피팅과 학습 데이터의 견고성 하락을 방지하는 계획된 샘플링 유용성을 보여준다.

4.5.3 전역 최적화 모델

그리디 국지 신경 모델은 희소성 이슈를 줄이기 위해 단어 임베딩을 활용하고 비국지적 피처를 학습하기 위해 심층 신경망을 사용해 통계 방식보다 우월함을 보여줬다. 문장의 구문 정보와 의미 정보가 구조화 예측에 활용됐고 레이블의 비국지적 의존성도 모델링됐다. 반면 그러한 모델 학습은 최적 시퀀스가 항상 국지적인 토픽을 포함하는 것은 아니기 때문에 라벨 편향성을 야기할 수도 있다. 통계 기반 자연어 처리에서 가장 일반적 방식이었던 전역 최적화 모델은 신경 모델에도 적용돼왔다.

전역 최적화 모델은 아래 알고리즘 1에서 빔 서치를 적용한다. 알고리즘 1에는 각 단계에서 B를 가장 높은 점수를 얻은 액션 시퀀스로 유지하기 위해 어젠다가 사용된다. 호 기반 의존 분석의 빔 서치 과정은 그림 4.8에 제시돼 있다. 파란색 원은 액션의 기준 시퀀스를 나타낸다. 그림 4.8에서 볼 수 있듯이 일부 단계에서 기준 상태가 어젠다에서 얻은 최고 점수가 아닐 수도 있으며, 국지 검색의 경우 이러한 상황은 검색 오류로 이어진다. 그러나 디코더가 후속 단계에서 기준 상태를 해당 어젠다에서 가장 높은 점수를 받은 아이템으로 회복시킬 수 있다.

알고리즘 1 빔 서치 알고리즘

1: **function** Beam- Search(*problem, agenda, candidates, B*)
2:     *candidates* ← {StartItem(*problem*)}
3:     *agenda* ← Clear(*agenda*)
4:     **loop**
5:         **for each** *candidate* ∈ *candidates* **do**
6:             *agenda* ← Insert(Expand(candidate, problem), agenda)
7:         **end for**
8:         *best* ← Top(*agena*)
9:         **if** GoalTest(*problem, best*) **then**
10:             **return** *best*
11:         **end if**

12:        *candiates* ← Top - B(*agenda*, *B*)

13:        *agenda* ← Clear(*agenda*)

14: **end loop**

15: **end function**

전이 기반 구조화 예측의 빔 서치 알고리즘이 알고리즘 1에 제시돼 있다. 초기에 어젠다는 상태 전이 시스템에서 시작 상태만을 가진다. 각 단계에서 어젠다의 모든 아이템은 모든 전이 액션을 적용해 확장되고, 새로운 상태로 연결된다. 이 상태에서 가장 높은 점수를 받은 B가 선택되고 다음 단계의 어젠다 아이템으로 사용된다. 이 프로세스는 최종 상태에 도달할 때까지 반복되며, 가장 높은 점수를 받은 상태가 출력값으로 처리된다. 그리디 서치greedy search와 유사한 빔 서치 알고리즘은 해당 시퀀스 길이에 따른 선형적 시간 복잡성이 나타난다.

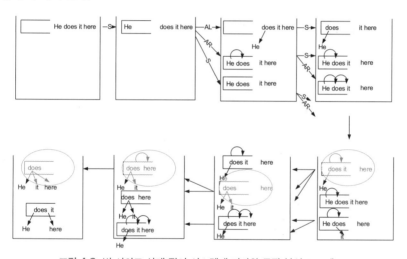

그림 4.8 빔 서치로 상태 전이 시스템에 기반한 문장 분석 프로세스

어젠다에 있는 아이템들은 시퀀스에 있는 모든 전이 액션 총 점수인 전역 점수로 순위가 매겨진다. 그리디 국지 모델과는 달리 전역으로 최적화된 모델의 학습 목표는 전역 스코어를 기반으로 한 모든 액션 시퀀스를 잘게 세분화하는 데 있다. 두 가지 일반적인 학습 방법으로 하나는 액션의 기준 시퀀스 우도likelihood를 최대화하는 것이고 다른 하나는 액션의 기준 시퀀스와 비

기준 시퀀스 간의 점수 차이를 최대화하는 것이다. 나중에 설명하겠지만 다른 학습 목표들도 종종 사용된다.

Zhang과 Clark(2011b)는 전역으로 최적화된 모델은 학습을 빔 검색 최적화로 간주하고, 모델을 업데이트하기 위해 빔 서치 프로세스로 네거티브 학습 예제를 샘플링하고 기준 포지티브 예와 함께 사용된다. 우리는 학습 방법을 보여주기 위해 하나의 예로 Zhang과 Clark(2011b) 연구를 사용한다. 학습 예제를 디코딩하는 데 초기 모델이 적용되는 온라인 학습이 사용된다. 각 샘플을 디코딩하는 동안 기준 액션 시퀀스가 준비된다. 앞에서 설명한 동일한 빔 서치 알고리즘을 사용한다. 어떤 단계에서든 액션의 기준 액션 시퀀스가 어젠다에서 벗어나면 검색 오류는 불가피하다. 이 경우 검색이 중단되고 모델은 현재 단계까지의 기준 액션 시퀀스를 포지티브 예로 그리고 빔에 있는 현재 가장 점수가 높은 액션 시퀀스를 네거티브 예로 사용해 모델을 업데이트한다. Zhang과 Clark(2011b)는 모델 파라미터를 Collins(2002)의 퍼셉트론 알고리즘을 사용해 업데이트한 통계 모델을 사용했다. 빔 서치 조기 정지는 조기 업데이트(Collins and Roark, 2004)로 알려져 있다. 디코딩이 끝날 때까지 기준 액션 시퀀스가 어젠다에 남아 있는 경우, 학습 알고리즘은 최종 단계에서 해당 시퀀스가 가장 높은 점수인지를 확인한다. 가장 높은 점수라면 현재 학습 샘플은 파라미터 업데이트 없이 완료된다. 그렇지 않으면 빔에서 현재 가장 높은 점수를 얻은 액션 시퀀스가 네거티브 예로 인식돼 파라미터를 업데이트한다. 동일한 프로세스가 학습 예제에 반복 적용되고, 최종 모델은 테스트에 사용된다.

다음에는 학습 목표로 분류되는 신경전이 기반 구조 예측에 전역 학습을 사용한 연구에 대해 논의한다.

4.5.3.1 큰 마진(차이) 방법

큰 마진 방법의 목적은 기준 출력 구조와 잘못된 출력 구조의 점수 차이를 최대화하는 것이다. 구조화 퍼셉트론(Collins, 2002)과 MIRA(Crammer and Singer, 2003)와 같은 이산 구조화 예측 방법이 사용된다. 큰 마진 훈련 목표는 기준에 맞는 최적 구조가 잘못된 구조보다 특정 마진만큼 높은 점수를 얻도록 보장하는 것이다. 그러나 구조화된 예측 작업의 경우 잘못된 구조의 수가 기하급수적으로 많을 수 있으므로 정확한 목표를 설정하기 어렵다. 퍼셉트론은 위반된 마진에 대한 모델 조정을 통해 목표를 근사해 학습 과정에서 이론적으로 수렴할 수 있게 한다. 최적 기준 구조를 포지티브 예로 최대 위반의 특징이 있는 부정확한 구조를 네거티브의 예로 설정하고, 퍼셉트론 알고리즘은 포지티브 예의 피처 벡터를 모델에 추가하고 모델 파라미터 벡터에서 네거티브 예의 피처 벡터를 차감해 파라미터를 조정한다. 모든 학습에 해당 절차를 반복하면 모델은 잘못된 구조보다 점수가 높은 기준 구조로 수렴한다. 퍼셉트론 알고리즘은 각 기준 학습 예제를 위해 네거티브 예제를 찾는데, 가령 이상적인 점수 마진에서 위반 정도가 가장 큰 것을 찾는 방식이다. 이는 가장 높은 점수를 받은 부정확한 결괏값, 즉 현재 모델 스코어와 기준에서 벗어난 편차를 고려해 가장 높은 점수를 갖는 결괏값을 찾음을 의미한다. 구조적 편차는 잘못된 결괏값 비용이며 기준과 유사한 구조의 출력값은 그 비용이 적다. 모형 점수뿐만 아니라 비용을 동시에 고려함으로써 학습 목표는 이상적인 기준과 부정확한 구조뿐만 아니라 올바른 구조와의 유사성을 통해 잘못된 구조들을 구별할 수 있도록 한다.

신경망을 사용하면 학습 목표는 포지티브 예와 그에 상응하는 네거티브 예 사이의 점수 차이를 극대화하는 것으로 전환된다. 이 목표는 AdaGrad (Duchi et al., 2011)와 같은 그래디언트 방법을 사용해 모델 파라미터를 업데이트해 모든 모델 파라미터에 점수 차이의 미분을 적용해서 달성된다.

Zhang 외(2016a)는 전이 기반 단어 세분화에 큰 마진 방법을 사용했다. 앞에서 보여줬듯이 작업 상태는 $s = (\sigma, \beta)$ 쌍의 형태로 인코딩되며, σ는 인식된 단어 목록을 포함하고 β는 다음에 들어오는 문자 목록을 포함한다. Zhang 외(2016a)는 σ를 표상하기 위해 단어 LSTM을 사용하고 β를 표상하도록 양방향 문자 LSTM을 사용한다. Dyer 외(2015)의 연구를 따라서 LSTM을 사용해 일련의 액션 시퀀스를 표상한다. 상태 s의 경우 세 개의 LSTM 문맥 표상이 통합돼 SEP와 App 액션을 채점하는 데 사용된다. 공식화해서 말하면 상태 s가 주어졌을때 액션 a의 점수는 $f(s, a)$로 나타나고, f는 네트워크 모델이다. 전역 모델로 Zhang 외(2016a)는 액션이 이끄는 상태의 랭킹을 매기기 위해 액션 시퀀스 점수를 계산했으며, 계산 방식은 다음과 같다.

$$score(s_k) = \sum_{i=1}^{k} f(s_{i-1}, a_i)$$

Zhang과 Clark(2011b)를 따라서 조기 업데이트를 하는 온라인 학습이 사용된다. 각각의 학습 예제는 전이 액션의 이상적인 기준 시퀀스가 빔에서 벗어나거나 디코딩 완료 후 점수 마진으로 가장 높은 순위를 받지 못할 때까지 빔 서치를 사용해 디코딩한다. 여기에서 이상적인 기준 구조와 잘못된 구조 사이의 마진은 요인 η 가중치가 매겨진 부정확한 액션 수로 정의된다. 따라서 k 액션 이후의 상태에서 네트워크 학습의 손실함수는 다음과 같이 정의한다.

$$L(s_k) = \max\left(score(s_k) - score(s_k^g) + \eta\Delta(s_k, s_k^g), 0\right)$$

여기서 s_k^g는 k번의 전이 후에 발생하는 이상적 기준 구조를 의미한다.

학습 도중 Zhang 외(2016a)는 현재 모델 스코어 (s_k)에 (s_k, s_k^g)를 더한 점수를 사용해 어젠다에 있는 상태들의 랭크를 매겨, 최대 위반값을 찾고자 그 구조적 차이를 고려한다. 랭크가 주어진 상태에서 초기와 마지막 업데이트에 네거티브 예를 선택한다. 모델 파라미터는 s_k와 s_k^g 사이의 손실함수에 따라 업데이트된다. $score(s_k)$는 모든 액션 스코어 합이므로 손실은 각 액션에 고르게 분배된다. 실제로 $i \in [1..k]$인 네트워크 $f(s_{i-1}, a_i)$를 통해 모델 파라미터에 대한 손실함수의 미분을 취하는 역전파를 사용해 네트워크를 학습한다. 각 액션 a_i는 앞에서 설명했듯이 동일한 표상 레이어를 공유하기 때문에 손실이 누적되면 모델 파라미터를 업데이트한다. AdaGrad는 모델을 변경하는 데 사용된다.

Cai와 Zhao(2016)는 단어 세분화 실행을 위해 매우 유사한 신경 모델을 채택했다. Zhang 외(2016a)와 Cai 그리고 Zhao(2016) 연구는 신경망을 이용한 Zhang과 Clark(2007) 연구 방법의 연장선으로 볼 수 있다. 한편 Cai와 Zhao(2016) 득점함수는 Zhang과 동료들의 득점함수와 다르다(2016a). Cai와 Zhao(2016)는 문장을 점진적으로 세분화해서 빔 서치를 사용한다. 그러나 점진적 단계는 문자가 아닌 단어를 기반으로 한다. 연구진은 문자의 동일한 수를 포함하는 부분 세분화 결괏값을 저장하는 데 여러 개의 빔을 사용하며, Zhang과 Clark(2008a)의 연구와 비슷하다. 결과적으로 선형적 시간 복잡성을 보장하도록 단어 크기 제약이 반드시 있어야 한다. 학습을 위해서 똑같은 큰 마진 목표를 취한다.

Watanabe와 Sumita(2015)는 구성 분석을 위해 약간 다른 큰 마진 목표를 사용했다. 그들은 Sagae 외(2005)와 Zhang과 Clark(2009)의 전이 시스템을 채택했으며, 상태는 쌍 (σ, β)로 정의되며 의존 분석 케이스와 유사하다. σ는 구성트리이고 β는 입력되는 단어들이다. Shift, Reduce 및 Unary 등을 포함한 일련의 전이 액션은 입력 단어를 활용해 출력 구조를 구성한다. 관심 있는 독자는 상태 전이 시스템에 관한 자세한 내용을 위해 Sagae와 Lavie(2005), Zhang과 Clark(2009)의 연구를 참조하면 좋다.

Watanabe와 Sumita(2015)는 동적으로 변하는 스택 LSTM 구조를 사용해 σ를 표상했으며 그 구조는 Dyer 외(2015) 구조와 비슷하다. β는 표준 LSTM을 사용해 표상된다. 이 문맥 표상이 주어지면 다음 액션 a의 점수는 $f(s, a)$로 표시되고, 여기서 s는 현재 상태를 나타내며 f는 네트워크 구조를 의미한다. Zhang 외(2016a)의 케이스와 비슷한 상태 s_k의 점수는 그림 4.9에서 보여주듯이 상태로 연결되는 모든 액션의 합이다.

$$score(s_k) = \sum_{i=1}^{k} f(s_{i-1}, a_i)$$

Zhang 외(2016a) 연구와 유사한 빔 서치는 모든 구조를 걸쳐 가장 높은 점수를 얻는 상태를 찾는 데 사용된다. 그러나 학습에서 초기 업데이트 값 대신 최대 위반 업데이트 값이 사용되며(Huang et al., 2012), 여기서 최종 상태에 도달할 때까지 빔 서치를 실행하고, 이상적인 기준과 부정확한 구조 사이에서 점수 차이가 가장 큰 위반값이 되는 중간 상태를 찾아서 네거티브 예제를 선택한다. 업데이트 값은 최대 위반 단계에서 실행된다. 최대 위반 상태를 네거티브 예제로 사용하는 대신 빔에 있는 모든 잘못된 상태를 네거티브 예제로 사용해 샘플 공간을 확대하고, 학습 목표는 손실을 최소화하도록 설정한다.

$$L = \max \left(\mathbf{E}_{s_k \in A} score(s_k) - score(s_k^g + 1) \right)$$

A는 어젠다를 나타내고 기댓값 $\mathbf{E}_{s_k \in A} score(s_k)$는 모델 스코어를 사용해 어젠다에 있는 각각의 s_k 확률에 따라 계산된다.

$$p(s_k) = \frac{\exp(score(s_k))}{\sum_{s_k \in A} \exp(score(s_k))}$$

4.5.3.2 최대우도법

신경 구조화 예측을 위한 최대우도 목표는 로그선형 모델에서 영감을 받는다. 특히 출력값 y 점수 $score(y)$가 주어지면 로그선형 모델은 다음과 같이 확률을 계산한다.

$$p(y) = \frac{\exp(score(y))}{\sum_{y \in Y} \exp(score(y))}$$

여기서 Y는 모든 출력값이다. y가 구조일 때 로그선형 모델은 특정 제약 조건의 조건부 임의 필드가 된다.

여러 연구들은 전이 기반 모델을 위해 그림 4.9에서 보여주는 구조화 점수 계산을 가정해 유사한 목표를 조사한다. 여기서 상태 s_k 점수는 다음과 같이 계산된다.

$$score(s_k) = \sum_{i=1}^{k} f(s_{i-1}, a_i)$$

f와 a의 정의는 이전 절과 동일하다. 점수가 나온 경우, 상태 s_k의 확률은 다음과 같다.

$$p(s_k) = \frac{\exp(score(s_k))}{\sum_{s_k \in S} \exp(score(s_k))}$$

$$f(s_0, a_1) + f(s_1, a_2) + \cdots + f(s_{k-1}, a_k) = score(s_k)$$

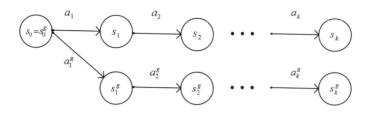

$$f(s_0^g, a_1^g) + f(s_1^g, a_2^g) + \cdots + f(s_{k-1}^g, a_k^g) = score(s_k^g)$$

그림 4.9 구조 스코어 계산

S는 k번 전이 액션 이후의 모든 가능한 상태다. 분명히 S의 상태 수는 k에 포함된 구조 수와 함께 지수 함수로 증가한다. 결과적으로 조건부 임의 필드 경우와 같이 최대우도 학습을 위한 분모를 추정하기 어렵다. 조건부 임의필드는 피처 국지성에 제약을 가함으로써 이 문제를 해결하므로 피처의 한계 확률을 사용해 분배함수partition function를 추정한다. 전이 기반 모델의 경우, 피처 국지성은 존재하지 않는다.

Zhou 외(2015)는 어젠다에서 모든 상태를 사용한 빔 서치 중 S를 근사함으로써 이 문제를 처음으로 해결했다. 이들은 Zhang 외(2016a)와 동일한 방식으로 초기 업데이트를 사용해 빔 서치 및 온라인 학습을 수행한다. 반면에 업데이트 동안, 포지티브인 예와 네거티브인 예 사이의 점수 마진을 계산하기보다는 Zhou 외(2015)는 이상적 기준 단계 s_g의 근사우도 최대화를 계산한다.

$$p(s_g) = \frac{\exp(score(s_g))}{\sum_{s_k \in A} \exp(score(s_k))}$$

이전 절과 마찬가지로 A는 어젠다를 나타낸다.

이 방법은 분배함수partition function를 근사화하기 위해 어젠다에 있는 상태의 확률 질량probability mass을 사용하므로 Zhou 외(2015)는 빔 대조 학습이라고 부른다. Zhou 외(2015)는 학습 목표를 전이 기반 종속 분석 작업에 적용해 Zhang 및 Nivre(2011)의 연구 결과와 비교해 더 나은 성과를 달성했다.

Andor 외(2016)는 품사 태깅을 포함하는 더욱 구조화된 예측 작업에 적용했다. 또한 더 나은 기준을 사용하고 철저한 하이퍼파라미터 검색을 수행해 Zhou 외(2015)보다 훨씬 더 나은 결과를 얻었다. Andor 외(2016)는 전역 표준화 모델이 국지적 학습 기준선을 능가한다는 이론적 근거를 제시했다.

4.5.3.3 최대 기댓값 F1

시도된 다른 학습 목표는 최댓값 F1이며, Xu 외(2016)는 전이 기반 CCG 문법 분석을 위해 사용했다(Zhang and Clark, 2011a). 특히 Xu 외(2016)는 가장 높은 점수를 얻은 상태를 찾는 데 빔 서치를 사용하며, 각 상태의 점수는 그림 4.9 방법으로 계산한다. 상태 s_k인 경우 해당 점수는 다음과 같다.

$$score(s_k) = \sum_{i=1}^{k} g(s_{i-1}, a_i)$$

여기서 함수 g는 네트워크 모델을, a는 전이 작업을 나타낸다. Xu 외(2016)의 네트워크 함수 g와 전술한 모든 네트워크 함수의 차이는 g가 softmax 레이어를 사용해 출력 액션을 정규화하는 반면, f는 상태가 주어진 조건에서 다른 액션 점수에 대해 비선형 활성화함수를 사용하지 않는다.

Xu 외(2016)의 학습 목표는 다음과 같다.

$$E_{s_k \in A} F1(s_k) = \sum_{s_k \in A} p(s_k) F1(s_k)$$

A는 분석 완료 후의 빔을 나타내고 $F1(s_k)$은 기준 구조와 비교해 표준 지표로 평가된 s_k의 $F1$ 점수를 나타낸다.

Xu 외(2016)는 다음과 같이 $p(s_k)$를 계산한다.

$$p(s_k) = \frac{\exp(score(s_k))}{\sum_{s_k \in A} \exp(score(s_k))}$$

앞서 언급한 방법들과 일치한다.

4.6 요약

자연이 치리의 두 가지 표준 작업인 이휘 분석과 문법 분석에 괸한 딥리닝 적용의 개요를 설명하고 딥러닝 학습 방식과 기존의 통계 방법을 비교했다.

먼저 어휘 분석과 문법 분석을 정의했다. 이 분석들은 단어 구조적 속성과 단어 서로간의 관계를 모델링했다. 이러한 작업에서 일반적으로 사용되는 기술로는 단어 세분화, 품사 태그 지정, 구문 구조 분석이 있다. 어휘 분석과 문법 분석의 가장 중요한 특징은 출력값이 구조화된다는 점이다.

구조화된 예측 작업을 해결하는 데 사용되는 두 가지 유형의 전통 방법인 그래프 기반 방법과 전이 기반 방법을 소개했다. 그래프 기반 방법은 출력 구조를 피처로 직접 활용하는 반면 전이 기반 방법은 출력 구성 프로세스를 상태 전이 프로세스로 변환한 후 연속적으로 전환 작업 시퀀스를 처리한다.

마지막으로 4장에서 그래프 기반과 전이 기반의 구조화된 예측에서 신경망과 딥러닝 모델을 사용하는 방법을 소개했다.

최근의 발전에 따라 어휘 분석과 문법 분석에서 전통적인 그래프 기반과 전이 기반 프레임워크에 통계 모델을 효과적으로 보강하거나 대체하기 위해 신경망 모델을 사용하고, 기존 모델링 기능을 넘을 수 있는 신경망 모델의 강력한 표상 능력을 보여준다. 가령 통계 모델링 접근법에서 국지적 학습이 레이블 편향과 같은 약점을 야기한다는 것이 일반적 인식이었다(Lafferty et al., 2001). 그러나 Dozat와 Manning(2016) 연구에서 설명된 모델 방법은 의존트리의 확률을 전역적으로 학습시키지 않고 의존 호^{arcs}를 학습 목표로 고려하는 신경 모델을 사용해 매우 정확도가 높은 결과를 얻었다. LSTM을 사용하는 단어 시퀀스의 강력한 표상으로 출력 레이블 간의 구조화된 상관관계를 얻을 수 있다. 향후에 자연어 처리 어휘 분석과 문법 분석의 구조 학습에 관한 잘 정립된 연구가 나올 것으로 본다. 이 연구는 딥러닝에 새로운 영향을 끼칠 것이다.

참고문헌

Andor, D., Alberti, C., Weiss, D., Severyn, A., Presta, A., Ganchev, K., et al. (2016). Globally normalized transition-based neural networks. In *Proceedings of the 54th Annual Meeting of the Association for Computational Linguistics* (Vol. 1: Long Papers, pp. 2442 – 2452). Berlin, Germany: Association for Computational Linguistics.

Ballesteros, M., Dyer, C., & Smith, N. A. (2015). Improved transition-based parsing by modeling characters instead of words with LSTMs. In *Proceedings of the 2015 Conference on Empirical Methods in Natural Language Processing* (pp. 349 – 359). Lisbon, Portugal: Association for Computational Linguistics.

Ballesteros, M., Goldberg, Y., Dyer, C., & Smith, N. A. (2016). Training with exploration improves a greedy stack LSTM parser. In *Proceedings of the 2016 Conference on Empirical Methods in Natural Language Processing* (pp. 2005 – 2010). Austin, Texas: Association for Computational Linguistics.

Bengio, S., Vinyals, O., Jaitly, N., & Shazeer, N. (2015). Scheduled sampling for sequence prediction with recurrent neural networks. In *Proceedings of the 28th International Conference on Neural Information Processing Systems, NIPS'15* (pp. 1171 – 1179). Cambridge, MA, USA: MIT Press.

Bohnet, B.&Nivre, J. (2012). At ransition-based system for joint part-of-speech tagging and labeled non-projective dependency parsing. In *Proceedings of the 2012 Joint Conference on Empirical Methods in Natural Language Processing and Computational Natural Language Learning* (pp.1455 – 1465). Jeju Island, Korea: Association for Computational Linguistics.

Booth, T. L. (1969). Probabilistic representation of formal languages. *2013 IEEE 54th Annual Symposium on Foundations of Computer Science, 00,* 74 – 81.

Cai, D., & Zhao, H. (2016). Neural word segmentation learning for Chinese. In *Proceedings of the 54th Annual Meeting of the Association for Computational Linguistics* (Vol. 1: Long Papers, pp. 409 – 420). Berlin, Germany: Association for Computational Linguistics.

Carnie, A. (2012). *Syntax: A Generative Introduction* (3rd ed.). New York: Wiley-Blackwell.

Chen, D., & Manning, C. (2014). A fast and accurate dependency parser using neural networks. In *Proceedings of EMNLP-2014.*

Cho, K., van Merrienboer, B., Gulcehre, C., Bahdanau, D., Bougares, F., Schwenk, H., & Bengio, Y. (2014). Learning phrase representations using RNN encoder–decoder for statistical machine translation. In *Proceedings of the 2014 Conference on Empirical Methods in Natural Language Processing (EMNLP)* (pp. 1724–1734). Doha, Qatar: Association for Computational Linguistics.

Choi, J. D., & Palmer, M. (2011). Getting the most out of transition-based dependency parsing. In *Proceedings of the 49th Annual Meeting of the Association for Computational Linguistics: Human Language Technologies* (pp. 687–692). Portland, Oregon, USA: Association for Computational Linguistics.

Chu, Y., & Liu, T. (1965). On the shortest arborescence of a directed graph. *Scientia Sinica, 14*, 1396–1400.

Clark, S., & Curran, J. R. (2007). Wide-coverage efficient statistical parsing with ccg and log-linear models. *Computational Linguistics, 33*(4), 493–552.

Collins, M. (1997). Three generative, lexicalised models for statistical parsing. In *Proceedings of the 35th Annual Meeting of the Association for Computational Linguistics* (pp. 16–23). Madrid, Spain: Association for Computational Linguistics.

Collins, M. (2002). Discriminative training methods for hidden Markov models: Theory and experiments with perceptron algorithms. In *Proceedings of the 2002 Conference on Empirical Methods in Natural Language Processing* (pp. 1–8). Association for Computational Linguistics.

Collins, M., & Roark, B. (2004). Incremental parsing with the perceptron algorithm. In *Proceedings of the 42nd Meeting of the Association for Computational Linguistics (ACL'04)*, Main Volume (pp. 111–118). Barcelona, Spain.

Collobert, R., & Weston, J. (2008). A unified architecture for natural language processing: Deep neural networks with multitask learning. In *Proceedings of the 25th International Conference on Machine Learning, ICML '08* (pp. 160–167). New York, NY, USA: ACM.

Collobert, R., Weston, J., Bottou, L., Karlen, M., Kavukcuoglu, K., & Kuksa, P. (2011). Natural language processing (almost) from scratch. *Journal of Machine Learning Research, 12*, 2493–2537.

Crammer, K., Dekel, O., Keshet, J., Shalev-Shwartz, S., & Singer, Y. (2006). Online passive aggressive algorithms. *Journal of Machine Learning*

Research, 7, 551 – 585.

Crammer, K., & Singer, Y. (2003). Ultraconservative online algorithms for multiclass problems. *Journal of Machine Learning Research, 3*, 951 – 991.

Cross, J., & Huang, L. (2016). Span-based constituency parsing with a structure-label system and provably optimal dynamic oracles. In *Proceedings of the 2016 Conference on Empirical Methods in Natural Language Processing* (pp. 1 – 11). Austin, Texas: Association for Computational Linguistics.

Dozat, T., & Manning, C. D. (2016). Deep biaffine attention for neural dependency parsing. *CoRR*, abs/1611.01734.

Duchi, J., Hazan, E., & Singer, Y. (2011). Adaptive subgradient methods for online learning and stochastic optimization. *Journal of Machine Learning Research, 12*, 2121 – 2159.

Durrett, G., & Klein, D. (2015). Neural CRF parsing. In *Proceedings of the 53rd Annual Meeting of the Association for Computational Linguistics and the 7th International Joint Conference on Natural Language Processing* (Vol. 1: Long Papers, pp. 302 – 312). Beijing, China: Association for Computational Linguistics.

Dyer, C., Ballesteros, M., Ling, W., Matthews, A., & Smith, N. A. (2015). Transition-based dependency parsing with stack long short-term memory. In *Proceedings of the 53rd Annual Meeting of the Association for Computational Linguistics and the 7th International Joint Conference on Natural Language Processing* (Vol. 1: Long Papers, pp. 334 – 343). Beijing, China: Association for Computational Linguistics.

Edmonds, J. (1967). Optimum branchings. *Journal of Research of the National Bureau of Standards, 71B*, 233 – 240.

Eisner, J. (1996). Efficient normal-form parsing for combinatory categorial grammar. In *Proceedings of the 34th Annual Meeting of the Association for Computational Linguistics* (pp. 79 – 86). Santa Cruz, California, USA: Association for Computational Linguistics.

Elman, J. L. (1990). Finding structure in time. *Cognitive Science, 14*(2), 179 – 211.

Freund, Y., & Schapire, R. E. (1999). Large margin classification using the perceptron algorithm. *Machine Learning, 37*(3), 277 – 296.

Graves, A. (2008). *Supervised sequence labelling with recurrent neural networks*. Ph.D. thesis, Technical University Munich.

Hall, D., Durrett, G., & Klein, D. (2014). Less grammar, more features.

In *Proceedings of the 52nd Annual Meeting of the Association for Computational Linguistics* (Vol. 1: Long Papers, pp. 228 – 237). Baltimore, MD: Association for Computational Linguistics.

Hatori, J., Matsuzaki, T., Miyao, Y., & Tsujii, J. (2012). Incremental joint approach to word segmentation, pos tagging, and dependency parsing in Chinese. In *Proceedings of the 50th Annual Meeting of the Association for Computational Linguistics* (Vol. 1: Long Papers, pp. 1045 – 1053), Jeju Island, Korea: Association for Computational Linguistics.

Hochreiter, S., & Schmidhuber, J. (1997). Long short-term memory. *Neural Computation, 9*(8), 1735 – 1780.

Huang, L., Fayong, S., & Guo, Y. (2012). Structured perceptron with inexact search. In *Proceedings of the 2012 Conference of the North American Chapter of the Association for Computational Linguistics: Human Language Technologies* (pp. 142 – 151). Montréal, Canada: Association for Computational Linguistics.

Jurafsky, D., & Martin, J. H. (2009). *Speech and language processing* (2nd ed.). Upper Saddle River, NJ, USA: Prentice-Hall Inc.

Kbler, S., McDonald, R., & Nivre, J. (2009). Dependency parsing. *Synthesis Lectures on Human Language Technologies, 2*(1), 1 – 127.

Kiperwasser, E., & Goldberg, Y. (2016). Simple and accurate dependency parsing using bidirectional lstm feature representations. *Transactions of the Association for Computational Linguistics, 4*, 313 – 327.

Lafferty, J. D., McCallum, A., & Pereira, F. C. N. (2001). Conditional random fields: Probabilistic models for segmenting and labeling sequence data. In *Proceedings of the Eighteenth International Conference on Machine Learning, ICML '01* (pp. 282 – 289), San Francisco, CA, USA: Morgan Kaufmann Publishers Inc.

Lewis, M., & Steedman, M. (2014). A*CCG parsing with a supertag-factored model. In *Proceedings of the 2014 Conference on Empirical Methods in Natural Language Processing (EMNLP)* (pp. 990 – 1000). Doha, Qatar: Association for Computational Linguistics.

Li, F., Zhang, Y., Zhang, M., & Ji, D. (2016). Joint models for extracting adverse drug events from biomedical text. In *Proceedings of the Twenty-Fifth International Joint Conference on Artificial Intelligence, IJCAI 2016* (pp. 2838 – 2844). New York, NY, USA, 9 – 15 July 2016.

Li, Q., & Ji, H. (2014). Incremental joint extraction of entity mentions and relations. In *Proceedings of the 52nd Annual Meeting of the Association for Computational Linguistics* (Vol. 1: Long Papers, pp. 402 – 412). Baltimore, MD: Association for Computational Linguistics.

Liu, J., & Zhang, Y. (2015). An empirical comparison between n-gram and syntactic language models for word ordering. In *Proceedings of the 2015 Conference on Empirical Methods in Natural Language Processing* (pp. 369 – 378). Lisbon, Portugal: Association for Computational Linguistics.

Liu, Y., Che, W., Guo, J., Qin, B., & Liu, T. (2016). Exploring segment representations for neural segmentation models. In *Proceedings of the Twenty-Fifth International Joint Conference on Artificial Intelligence, IJCAI 2016* (pp. 2880 – 2886). New York, NY, USA, 9 – 15 July 2016.

Liu, Y., Zhang, Y., Che, W., & Qin, B. (2015). Transition-based syntactic linearization. In *Proceedings of the 2015 Conference of the North American Chapter of the Association for Computational Linguistics: Human Language Technologies* (pp. 113 – 122). Denver, Colorado: Association for Computational Linguistics.

Luong, T., Pham, H., & Manning, C. D. (2015). Effective approaches to attention-based neural machine translation. In *Proceedings of the 2015 Conference on Empirical Methods in Natural Language Processing* (pp. 1412 – 1421). Lisbon, Portugal: Association for Computational Linguistics.

Lyu, C., Zhang, Y., & Ji, D. (2016). Joint word segmentation, pos-tagging and syntactic chunking. In *Proceedings of the Thirtieth AAAI Conference on Artificial Intelligence, AAAI'16* (pp. 3007 – 3014). AAAI Press.

Manning, C. D., & Schütze, H. (1999). *Foundations of Statistical Natural Language Processing.* Cambridge, MA, USA: MIT Press.

McDonald, R. (2006). *Discriminative learning spanning tree algorithm for dependency parsing.* PhD thesis, University of Pennsylvania.

Nivre, J. (2003). An efficient algorithm for projective dependency parsing. In *Proceedings of the 8th International Workshop on Parsing Technologies (IWPT)* (pp. 149 – 160).

Nivre, J. (2008). Algorithms for deterministic incremental dependency parsing. *Computational Linguistics, 34*(4), 513 – 554.

Pei, W., Ge, T., & Chang, B. (2015). An effective neural network model for graph-based dependency parsing. *In Proceedings of the 53rd Annual Meeting of the Association for Computational Linguistics and the 7th International Joint Conference on Natural Language Processing* (Vol. 1: Long Papers, pp. 313 – 322), Beijing, China: Association for

Computational Linguistics.

Petrov, S., Barrett, L., Thibaux, R., & Klein, D. (2006). Learning accurate, compact, and interpretable tree annotation. In *Proceedings of the 21st International Conference on Computational Linguistics and 44th Annual Meeting of the Association for Computational Linguistics* (pp. 433–440), Sydney, Australia: Association for Computational Linguistics.

Puduppully, R., Zhang, Y., & Shrivastava, M. (2016). Transition-based syntactic linearization with lookahead features. In *Proceedings of the 2016 Conference of the North American Chapter of the Association for Computational Linguistics: Human Language Technologies* (pp. 488–493). San Diego, CA: Association for Computational Linguistics.

Qian, T., Zhang, Y., Zhang, M., Ren, Y., & Ji, D. (2015). A transition-based model for joint segmentation, pos-tagging and normalization. In *Proceedings of the 2015 Conference on Empirical Methods in Natural Language Processing* (pp. 1837–1846), Lisbon, Portugal: Association for Computational Linguistics.

Sagae, K., & Lavie, A. (2005). A classifier-based parser with linear run-time complexity. In *Proceedings of the Ninth International Workshop on Parsing Technology, Parsing '05* (pp. 125–132). Stroudsburg, PA, USA: Association for Computational Linguistics.

Sagae, K., Lavie, A., & MacWhinney, B. (2005). Automatic measurement of syntactic development in child language. In *Proceedings of the 43rd Annual Meeting of the Association for Computational Linguistics (ACL'05)* (pp. 197–204). Ann Arbor, MI: Association for Computational Linguistics.

Sarawagi, S., & Cohen, W. W. (2004). Semi-Markov conditional random fields for information extraction. In L. K. Saul, Y. Weiss, & L. Bottou (Eds.), *Advances in neural information processing systems 17* (pp. 1185–1192). Cambridge: MIT Press.

Shaalan, K. (2014). A survey of arabic named entity recognition and classification. *Computational Linguistics, 40*(2), 469–510.

Smith, N. A. (2011). *Linguistic structure prediction*. Morgan and Claypool: Synthesis Lectures on Human Language Technologies.

Song, L., Zhang, Y., Song, K., & Liu, Q. (2014). Joint morphological generation and syntactic linearization. In *Proceedings of the Twenty-Eighth AAAI Conference on Artificial Intelligence, AAAI'14* (pp. 1522–1528). AAAI Press.

Vaswani, A., Bisk, Y., Sagae, K., & Musa, R. (2016). Supertagging with

LSTMs. In *Proceedings of the 2016 Conference of the North American Chapter of the Association for Computational Linguistics: Human Language Technologies* (pp. 232–237). San Diego, CA: Association for Computational Linguistics.

Wang, W., & Chang, B. (2016). Graph-based dependency parsing with bidirectional LSTM. In *Proceedings of the 54th Annual Meeting of the Association for Computational Linguistics* (Vol. 1: Long Papers, pp. 2306–2315). Berlin, Germany: Association for Computational Linguistics.

Wang, Z., & Xue, N. (2014). Joint pos-tagging and transition-based constituent parsing in Chinese with non-local features. In *Proceedings of the 52nd Annual Meeting of the Association for Computational Linguistics* (Vol. 1: Long Papers, pp. 733–742). Baltimore, MD: Association for Computational Linguistics.

Watanabe, T., & Sumita, E. (2015). Transition-based neural constituent parsing. In *Proceedings of the 53rd Annual Meeting of the Association for Computational Linguistics and the 7th International Joint Conference on Natural Language Processing* (Vol. 1: Long Papers, pp. 1169–1179). Beijing, China: Association for Computational Linguistics.

Wong, K.-F., Li, W., Xu, R., & Zhang, Z.-s., (2009). Introduction to Chinese natural language processing. *Synthesis Lectures on Human Language Technologies, 2*(1), 1–148.

Xu, W., Auli, M., & Clark, S. (2015). CCG supertagging with a recurrent neural network. In *Proceedings of the 53rd Annual Meeting of the Association for Computational Linguistics and the 7th International Joint Conference on Natural Language Processing* (Vol. 2: Short Papers, pp. 250–255). Beijing, China: Association for Computational Linguistics.

Xu, W., Auli, M., & Clark, S. (2016). Expected f-measure training for shift-reduce parsing with recurrent neural networks. In *Proceedings of the 2016 Conference of the North American Chapter of the Association for Computational Linguistics: Human Language Technologies* (pp. 210–220). San Diego, CA: Association for Computational Linguistics.

Xu, W., Clark, S., & Zhang, Y. (2014). Shift-reduce CCG parsing with a dependency model. In *Proceedings of the 52nd Annual Meeting of the Association for Computational Linguistics* (Vol. 1: Long Papers).

Xue, N. (2003). Chinese word segmentation as character tagging. *International Journal of Computational Linguistics and Chinese Language Processing, 8*, 29–48.

Yamada, H., & Matsumoto, Y. (2003). Statistical dependency analysis with support vector machines. In *In Proceedings of IWPT* (pp. 195–206).

Zhang, M., & Zhang, Y. (2015). Combining discrete and continuous features for deterministic transition-based dependency parsing. In *Proceedings of the 2015 Conference on Empirical Methods in Natural Language Processing* (pp. 1316–1321). Lisbon, Portugal: Association for Computational Linguistics.

Zhang, M., Zhang, Y., Che, W., & Liu, T. (2013). Chinese parsing exploiting characters. In *Proceedings of the 51st Annual Meeting of the Association for Computational Linguistics* (Vol. 1: Long Papers, pp. 125–134). Sofia, Bulgaria: Association for Computational Linguistics.

Zhang, M., Zhang, Y., Che, W., & Liu, T. (2014). Character-level Chinese dependency parsing. In *Proceedings of the 52nd Annual Meeting of the Association for Computational Linguistics* (Vol. 1: Long Papers, pp. 1326–1336). Baltimore, MD: Association for Computational Linguistics.

Zhang, M., Zhang, Y., & Fu, G. (2016a). Transition-based neural word segmentation. In *Proceedings of the 54th Annual Meeting of the Association for Computational Linguistics* (Vol. 1: Long Papers, pp. 421–431), Berlin, Germany: Association for Computational Linguistics.

Zhang, Y., & Clark, S. (2007). Chinese segmentation with a word-based perceptron algorithm. In *Proceedings of the 45th Annual Meeting of the Association of Computational Linguistics* (pp. 840–847), Prague, Czech Republic: Association for Computational Linguistics.

Zhang, Y., & Clark, S. (2008a). Joint word segmentation and POS tagging using a single perceptron. In *Proceedings of ACL-08: HLT* (pp. 888–896). Columbus, OH: Association for Computational Linguistics.

Zhang, Y., & Clark, S. (2008b). A tale of two parsers: Investigating and combining graph-based and transition-based dependency parsing. In *Proceedings of the 2008 Conference on Empirical Methods in Natural Language Processing* (pp. 562–571), Honolulu, HI: Association for Computational Linguistics.

Zhang, Y., & Clark, S. (2009). Transition-based parsing of the Chinese Treebank using a global discriminative model. In *Proceedings of the 11th International Conference on Parsing Technologies, IWPT '09* (pp. 162–171). Stroudsburg, PA, USA: Association for Computational Linguistics.

Zhang, Y., & Clark, S. (2010). A fast decoder for joint word segmentation and POS-tagging using a single discriminative model. In *Proceedings of the 2010 Conference on Empirical Methods in Natural Language Processing* (pp. 843 – 852). Cambridge, MA: Association for Computational Linguistics.

Zhang, Y., & Clark, S. (2011a). Shift-reduce CCG parsing. In *Proceedings of the 49th Annual Meeting of the Association for Computational Linguistics: Human Language Technologies* (pp. 683 – 692). Portland, OR, USA: Association for Computational Linguistics.

Zhang, Y., & Clark, S. (2011b). Syntactic processing using the generalized perceptron and beam search. *Computational Linguistics, 37*(1).

Zhang, Y., & Nivre, J. (2011). Transition-based dependency parsing with rich non-local features. In *Proceedings of the 49th Annual Meeting of the Association for Computational Linguistics: Human Language Technologies* (pp. 188 – 193). Portland, OR, USA: Association for Computational Linguistics.

Zhang, Z., Zhao, H., & Qin, L. (2016b). Probabilistic graph-based dependency parsing with convolutional neural network. In *Proceedings of the 54th Annual Meeting of the Association for Computational Linguistics* (Vol. 1: Long Papers, pp. 1382 – 1392), Berlin, Germany: Association for Computational Linguistics.

Zhou, H., Zhang, Y., Huang, S., & Chen, J. (2015). A neural probabilistic structured-prediction model for transition-based dependency parsing. In *Proceedings of the 53rd Annual Meeting of the Association for Computational Linguistics and the 7th International Joint Conference on Natural Language Processing* (Vol. 1: Long Papers, pp. 1213 – 1222), Beijing, China: Association for Computational Linguistics.

Zhou, J., & Xu, W. (2015). End-to-end learning of semantic role labeling using recurrent neural networks. In *Proceedings of the 53rd Annual Meeting of the Association for Computational Linguistics and the 7th International Joint Conference on Natural Language Processing* (Vol. 1: Long Papers, pp. 1127 – 1137), Beijing, China: Association for Computational Linguistics.

Zhu, M., Zhang, Y., Chen, W., Zhang, M., & Zhu, J. (2013). Fast and accurate shift-reduce constituent parsing. In *Proceedings of the 51st Annual Meeting of the Association for Computational Linguistics* (Vol. 1: Long Papers, pp. 434 – 443), Sofia, Bulgaria: Association for Computational Linguistics.

5
지식 그래프에서 사용되는 딥러닝

즈위안 리우Zhiyuan Liu, 시안페이 한Xianpei Han

소개

지식 그래프Knolwedge Graph는 인간의 상식 추론과 자연어 이해의 기초 자원이며, 개체, 개체의 특성 그리고 다른 개체와의 의미적 관계에 대한 풍부한 지식이 담겨 있다. 최근 지식 그래프에 사용되는 딥러닝 기술의 놀라운 성공을 목격했다. 5장에서 딥러닝 기반 지식 그래프 세 가지 방법을 소개한다. (1) 지식 그래프에서 개체와 관계를 고밀도, 저차원 그리고 실수rea value 의미 공간에 임베딩하는 지식 표상 학습 기법 (2) 텍스트에서 사실/관계를 추출하고 지식 그래프를 완성하는 신경망 관계 추출 기술 (3) 지식 그래프와 텍스트를 연결해 다양한 작업을 처리하는 딥러닝 기반 개체 연결 기술이다.

5.1 서론

21세기 인터넷 발전으로 웹 정보의 양은 폭발적으로 늘어나 거대하지만 복잡한 평야에서 귀중한 정보를 정확하게 추출하는 것이 점점 어려워지고 있음을 깨닫고 있다. 세상은 문자열 대신 개체entities로 구성된다는 것을 깨닫기 시작하고, 이 깨달음은 Singhal 박사가 말한 "문자열이 아닌 실체"라고 주장한 것과 일치한다. 결과적으로 지식 그래프 개념이 많이 알려지고 있다.

지식 기반Knowledge Base으로 알려진 지식 그래프는 지식을 구체적 개체로 표상하는 구조화 형태이자 세상에 대한 인간 지식을 조직하는 중요한 데이터 집합이며, 그 구조 속에서 구체화된 개체와 다중 관계의 지식이 표상된다. 지식 그래프 구축에는 주로 두 가지 방법이 있다. 하나는 수작업으로 만든 주석의 도움으로 자원 기술 프레임워크Resource Description Framework에 존재하고 있는 의미 웹 데이터셋을 이용하는 것이고, 다른 하나는 딥러닝을 사용해 인터넷에서 나온 거대 글뭉치에서 지식을 자동 추출하는 방법이다.

지식 그래프는 잘 통합된 지식 표상 덕분에 복잡한 현실 세계의 구조화 정보를 효과적으로 제공한다. 따라서 인공지능의 다양한 애플리케이션, 특히 최근 자연어 처리와 웹 검색, 질의응답, 음성인식 등 정보 검색 분야에서 중요한 역할을 담당하고 있기 때문에 학계와 산업계로부터 많은 관심을 받는다.

5장에서는 지식 그래프의 기본 개념과 내용을 5.1절에서 소개하고, 5.2절에서 최근 지식 표상 학습의 진전을 소개한다. 5.3절에서 관계 추출을, 5.4절에서는 개체 연결을 소개한다. 마지막으로 5.5절에서 간략한 결론을 내린다.

5.1.1 기본 개념

지식 그래프는 개체(실제 세상에서 존재하는 구체적 대상 및 추상적 개념)와 개체 간의 관계로 구성된다. 따라서 모든 종류의 지식을 $(e_1, \text{relation}, e_2)$ 형식으로 정렬할 수 있으며, e_1은 헤드 개체이며 e_2는 꼬리 개체다. 예를 들어 '도널드 트럼프는 미국 대통령이다'라는 사실이 있다. 이 지식은 (Donald Trump, president_of, United States)로 표상된다. 현실에서 하나의 헤드 개체와 하나의 관계relation는 여러 개의 서로 다른 꼬리 개체를 가질 수 있음을 유의하

자. 가령 '카카는 레알 마드리드와 A.C. 밀란의 축구선수였다'라는 문장이 있다. 이 지식에서 다음과 같은 두 개의 관계를 얻을 수 있다. (Kaká, player_of_team, Real Madrid FC)와 (Kaká, player_of_team, A.C.Milan). 반대로 이 상황에서 꼬리 개체와 관계를 고정시킬 수도 있다. 헤드 개체와 꼬리 개체가 모두 다 복수인 경우 가능하다(예: the relation author_of_paper). 이러한 측면에서 지식 그래프는 지식을 표현할 수 있는 능력과 유연성이 뛰어난 것을 알 수 있다. 헤드 개체, 관계, 꼬리 개체로 구성된 트리플 관계 방법를 통해 개체가 노드로 간주되고 관계가 에지(연결선)로 간주되는 방향성이 표시된 그래프로 표상한다.

5.1.2 전형적인 지식 그래프

현재의 지식 그래프를 용량과 지식 영역 측면에서 두 가지 범주로 나눌 수 있다. 첫 번째 범주는 프리베이스Freebase와 같이 많은 양의 트리플(헤드, 관계, 꼬리)로 구성된 관계 정보가 포함돼 있다. 두 번째 범주는 상대적으로 작지만 특정 지식 영역에 초점을 맞추기 때문에 매우 정밀한 정보가 해당된다.

지식 그래프가 애플리케이션에 널리 사용돼 큰 영향을 미치고 있다. 다음 절에서는 잘 알려진 지식 그래프들을 소개한다.

5.1.2.1 프리베이스

프리베이스Freebase는 세계에서 가장 유명한 지식 그래프 가운데 하나로, 커뮤니티 회원을 중심으로 구성된 대규모 협업 데이터베이스다. 위키피디아, 패션모델 디렉터리, NNDB, 뮤직브레인즈 및 사용자가 제공한 개인 위키 자료를 비롯한 많은 소스에서 수집된 구조화 데이터의 온라인 집합이다. 프리베이스는 상업적 혹은 비상업적 목적으로 오픈 API, RDF 엔드포인트 그리고 데이터셋을 사용자에게 공개했다.

프리베이스는 미국 소프트웨어 회사 메타웹Metaweb이 개발했으며 2007년 3월 이후 공개적으로 운영 중이다. 2010년 7월 메타웹은 구글에 인수돼, 프리베이스가 구글 지식 그래프를 부분적으로 지원하고 있다. 2014년 12월 프리베이스 팀은 자신들의 웹사이트가 2015년 6월까지 해당 API와 함께 종료될 것이라고 공식적으로 발표했다. 2016년 3월 24일까지 58,726,427개의 주제와 3,197,653,841개의 팩트 등을 보유했다.

예를 들어 그림 5.1은 프리베이스에 있는 전 미국 대통령 존 F. 케네디의 페이지를 보자. 생년월일, 성별, 직업 등의 정보가 이력서처럼 구조화된 형태로 나열돼 있다.

John F. Kennedy ▾

Q Discuss "John F. Kennedy"   ⊞ Show Empty Fields

◀ image 1 of 1 ▶

.≡ **Types:**   Film Actor (Film), Person (People), US Senator (Government), US President (Government), US Politician (Government), Deceased Person (People)

.≡ **Also known as:**   JFK, John F Kennedy, President John F. Kennedy

.≡ **Gender:**   Male

.≡ **Date of Birth:**   May 29, 1917

.≡ **Place of Birth:**   Brookline, Massachusetts

.≡ **Country Of Nationality:**   United States

.≡ **Profession:**   President of the United States

.≡ **Spouse(s):**   Jacqueline Kennedy Onassis - 1968 - 1975

.≡ **Children:**   John F. Kennedy, Jr.

.≡ **IMDB Entry:**   http://www.imdb.com...

.≡ **Presidency Number:**   35

.≡ **Vice President:**   Lyndon B. Johnson

.≡ **Party:**   Democratic Party

.≡ **Date of Death:**   Nov 22, 1963

.≡ **Place of Death:**   Dallas

.≡ **Cause Of Death:**   Assassination

Description

John Fitzgerald Kennedy (May 29, 1917 – November 22, 1963), also referred to as **John F. Kennedy**, **JFK**, **John Kennedy** or **Jack Kennedy**, was the 35th President of the United States. He served from 1961 until his assassination in 1963. Major events during his presidency include the Bay of Pigs Invasion, the Cuban Missile Crisis, the building of the Berlin Wall, the Space Race, the American Civil Rights Movement and early events of the Vietnam War.

그림 5.1 존 F. 케네디의 프리베이스 페이지

5.1.2.2 디비피디아

디비피디아^{DBpedia}는 위키피디아에서 구조화된 정보를 추출하고 웹에서 이 정보를 사용할 수 있도록 만든 커뮤니티가 주도한 노력의 결실이다. 디비피디아에서 사용자가 위키피디아에 상세한 쿼리를 요청하고 위키피디아 리소스로 웹상의 다른 데이터셋을 연결할 수 있어서 위키피디아에서 엄청난 양의 정보를 새롭고 흥미로운 방식으로 쉽게 사용할 수 있다. 이 프로젝트는 2007년 베를린자유대학교^{University of Berlin}와 라이프치히^{Leipzig} 사람들이 오픈 링크 소프트웨어^{OpenLink Software}와 협력해 공개적으로 사용할 수 있는 첫 번째 데이터셋을 배포했다. 전체 디비피디아 데이터셋은 1,480,000명, 735,000 개 장소, 123,000개의 음악 앨범, 87,000개의 영화, 19,000개의 비디오 게임, 241,000개의 조직, 251,000종 및 6,000개의 질병을 포함해 422만 개 데이터가 지속적으로 온톨로지에 분류되고 있다. 최대 125개의 언어로 된 개체 레이블과 초록도 있다. 디비피디아가 위키피디아의 infobox에 링크돼 있는 이유 때문에 정보가 변경될 때 동적 업데이트를할 수 있다.

5.1.2.3 위키데이터

위키데이터^{Wikidata}는 위키피디아 파운데이션에서 운영하고 공동으로 편집되는 지식 기반이다. 위키피디아와 같은 위키미디어^{Wikimedia} 프로젝트와 다양한 사람들이 사용할 수 있도록 공통 데이터 소스를 제공한다. 이 프로젝트는 알렌 인공지능 연구소, 고든 앤 베티무어 파운데이션, 구글로부터 총 130만 유로의 기부금을 받아 운영되고 있다. 세부 구조를 설명하자면 위키데이터는 항목 중심의 문서 지향 데이터베이스다. 각 항목은 주제를 나타내며 고유 번호로 식별된다. 진술문을 만들어 정보가 항목에 추가된다. 진술문은 key-value 쌍의 형태를 취하고, 각각의 진술문은 key인 속성과 속성에 연결된 value로 구성된다. 2017년 5월까지 지식 기반은 누구나 수정할 수 있는 25,887,362 개의 데이터 아이템을 포함한다.

그림 5.2는 위키데이터에 있는 존 F. 케네디의 페이지다. 각각의 관계는 누구나 추가 또는 편집할 수 있고 참조에 첨부된다.

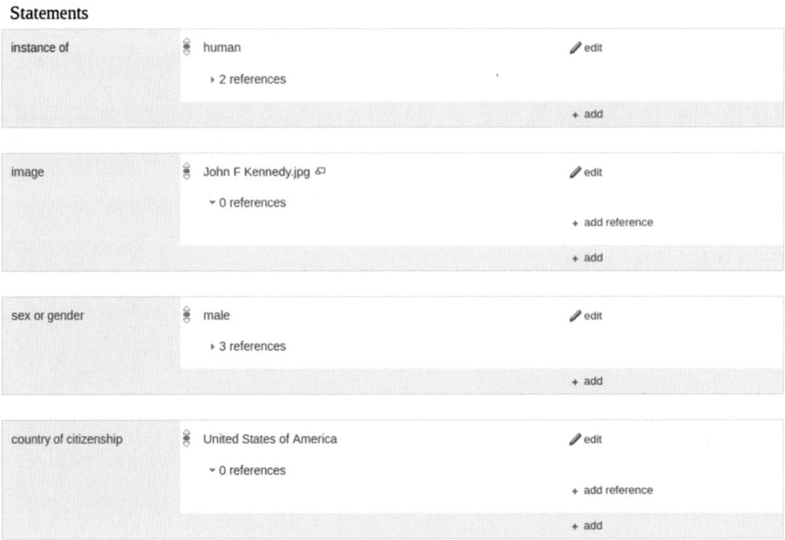

그림 5.2 존 F. 케네디의 위키피디아 페이지

5.1.2.4 야고

거대한 온톨로지를 상징하는 야고[YAGO]는 인포매트릭스 막스 플랭크 연구소 Max Planck Institute for Informatics와 텔레콤 파리기술대학교[Telecom Paris-Tech University]에서 개발한 거대한 지식베이스다. 내부 지식은 위키피디아, 워드넷 및 지오네임[GeoNames]에서 파생된다. 현재는 1천만 개 이상의 단체(개인, 단체, 도시 등)에 관한 지식이 있으며 1억 2천만 개 이상의 팩트를 포함한다. 야고의 주요 특징은 첫째, 정확성을 수동으로 평가해 95%의 정확성을 확인했으며 모든 관계에 신뢰도가 표시된다. 둘째, 워드넷의 깨끗한 분류와 위키피디아 카테고리 시스템의 풍부함을 결합해 35만 개 이상의 클래스에 개체를 할당한다. 셋째, 시간과 공간 모두에 고정된 온톨로지로, 많은 사실과 실체에 시간 차원과 공간적 차원을 부여한다.

5.1.2.5 하우넷

하우넷[HowNet](Dong and Dong, 2003)은 온라인 지식 기반으로 상호 개념 관계와 속성 관계를 중국어와 영어로 표시한다. 하우넷의 주요 철학은 객관적 세계의 이해와 해석이다. 하우넷은 모든 문제가 일정한 동작을 하고 주어진 시간과 공간에서 항상 변화한다고 말한다. 상황은 해당 속성의 변경 사항에 기록된 대로 한 상태에서 다른 상태로 진화한다. 인간을 예로 들면 출생, 노화, 질병 그리고 사망으로의 상태 변화를 의미한다. 가령 사람이 자라면서 속성 값인 나이가 더해지며 그동안 속성인 머리 색깔은 흰색으로 변한다(속성 값). 즉, 모든 개체는 일련의 속성을 가지며 개체 간의 유사점과 차이점은 각각의 속성에 따라 결정된다. '속성' 외에도 '부분'은 하우넷의 중요한 핵심 철학으로, 모든 물체는 무언가의 일부분이라는 사실을 주목한다. 예를 들어 문과 창문은 건물의 일부이며 건물은 공동체의 일부이다. 전체로 보면 271개의 정보구조 패턴, 58개의 의미 구조 패턴, 11,000단어 실례, 60,000개의 단어를 포함하고 있다(그림 5.3).

하우넷은 단어 의미의 최소 단위인 의미소^{sememe}에 중점을 두며, 개념 집합의 의미를 구성하기 위해 제한된 의미소 세트를 가진다. 하우넷은 각 단어에 정확한 의미을 주석으로 표시하고 각 의미에 대해 해당 부분의 중요성과 의미소가 나타내는 속성을 주석에 단다. 예를 들어 사과라는 단어는 실제로 두 가지 주요 의미가 있다. 하나는 과일이고 다른 하나는 컴퓨터 브랜드다. 첫 번째 의미에서 과일이라는 의미소를, 두 번째 의미에서 computer(컴퓨터), bring(가져오다), SpeBrand와 같은 의미소를 가진다.

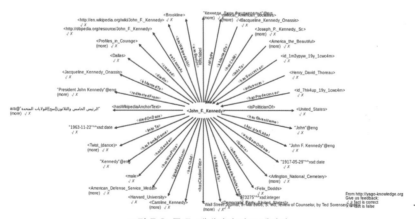

그림 5.3 존 F. 케네디의 야고 페이지

5.2 지식 표상 학습

지난 몇 년 동안 시간 소모적이면서 데이터 희박성$^{\text{data sparsity}}$ 이슈가 있는 전통적 형태의 표상(즉, 네트워크 표상)에 따라 지식 그래프에 정보를 저장하고 활용하도록 다양한 알고리즘이 설계됐다. 최근에는 딥러닝 하위 영역인 표상 학습이 자연어 처리와 인공언어 학습 등 여러 분야에서 많은 주목을 받고 있다. 표상 학습은 객체를 고밀도, 저차원 그리고 실수값 의미 공간에 임베딩한다. 지식 표상 학습은 표상 학습의 하위 영역이며 지식 그래프에 있는 개체와 그 관계 임베딩에 초점을 둔다.

최근 연구에 따르면 번역 기반 표상 학습 방법은 개체와 관계의 저차원 표상으로 지식 그래프에서 관계 사실을 인코딩하는 데 효율적이면서 효과적이고, 동시에 데이터 희소성 문제를 완화하고 지식 습득, 융합 그리고 추론에도 활용될 수 있다. TransE(Bordes et al., 2013)는 개체와 관계에 대한 저차원 벡터를 학습하는 매우 간단하면서 효과적인 번역 기반 지식 표상 학습 방법이다. TransE는 관계형 트리플 관계를 헤드 개체와 꼬리 개체의 사이의 변환으로 간주한다. 즉 트리플 (h, r, t)이 있을 때 $\mathbf{h} + \mathbf{r} \approx \mathbf{t}$로 간주한다. 또한 TransE는 지식 그래프 완성 태스크에서 놀라운 성능을 발휘한다.

큰 성공을 거두었지만 1 대 N, N 대 1 및 N 대 N 관계를 모델링할 때 문제는 여전히 존재한다. TransE에서 학습한 개체 임베딩은 이러한 복잡한 관계 때문에 차별성이 부족하다. 따라서 복잡한 관계를 다루는 방법은 지식 표상 학습의 핵심 과제다. 최근 이 도전에 초점을 둔 TransE의 확장 형태가 많이 개발됐다. TransH(Wang et al., 2014b)와 TransR(Lin et al., 2015b)은 서로 다른 관계에 관여할 때 다른 개체를 표상하기 위해 제안됐다. TransH은 초평면에 있는 변환 벡터로 관계를 모델링하고 개체 임베딩을 일반 벡터로 투영한다. TransR은 의미 공간에 개체를 나타내고 관계별 전이행렬을 사용해 서로 다른 관계에 참여할 때 다른 관계 공간에 투영한다. 투영행렬의 개체 정보를 고려한 TransD(Ji et al., 2015)와 희소행렬로 인한 관계 이질성과 불균형을 고려한 TranSparse(Ji et al., 2016)를 포함한 두 가지 확장을 제안한다. 또한 TransG(Xiao et al., 2015)와 KG2E(He et al., 2015)를 포함한 관계의 또 다른 특성에 주목하는 TransE는 개체와 관계를 모델링하기 위해 가우시안 임베딩을 채택하고, ManifoldE(Xiao et al., 2016)는 지식 표상 학습에서 매니폴드 기반 임베딩 원리를 사용한다.

TransE는 개체 간 직접 관계만을 고려한다는 문제가 있다. 이 문제를 해결하기 위해 Lin 외(2015a)는 합리적인 관계 경로를 선택해 TransE를 모델 관계형 경로로 확장하는 경로 기반 TransE를 제안하고 저차원 벡터로 표상한다. 이 연구와 거의 동시에 신경망을 사용해 지식 그래프의 관계 경로를 성공적으로 고려한 연구원들이 있다(Garcıa-Durán et al., 2015). 게다가 관계 경로 학습은 지식 그래프 기반 질의응답에 사용됐다(Gu et al., 2015).

앞서 설명한 대부분의 기존 지식 표상 학습 방법은 풍부한 다중 소스 정보에 관계없이 지식 그래프 구조 정보에만 초점을 두며 텍스트 정보, 유형 정보, 시각 정보 등을 제공한다. 이러한 교차 양식 정보는 관계 사실이 적은 개체를 위해 개체에 대한 보충 지식을 제공할 수 있으며 지식 표상을 학습할 때 중요하다. Wang 외(2014a) 및 Zhong 외(2015)는 개체 이름, 설명 및 위키피디아 앵커로 개체와 단어를 정렬해 통합 의미 공간으로 임베딩하기를 제안했다. Xie 외(2016b)는 CBOW$^{Continuous\ Bag\ Of\ Words}$와 CNN 인코더를 사용해 개체에 대한 기술^{description} 기반으로 개체 표상 학습을 제안한다. Krompaß 외(2015)는 동일한 유형에 속하는 개체를 구별하기 위해 각 관계에 대해 설정된 헤드와 꼬리 개체의 제약 사항으로써 유형 정보를 사용한다.

유형 정보를 단순히 제약으로 고려하는 대신, Xie 외(2016c)는 투영행렬 구성을 가이드함으로써 TransR을 강화하는 데 계층 구조를 사용한다. 시각 정보를 위해 Xie 외(2016a)는 해당 물체를 사용하는 개체 표상 학습으로 시각 정보를 고려한 이미지가 포함된 지식 표상 학습을 제안한다. 모든 종류의 멀티 소스 정보로 현실세계에서 사물을 배우는 것은 매우 자연스러운 일이다. 일반 텍스트, 계층 유형의 텍스트, 또는 이미지와 비디오와 같은 멀티 소스 정보는 복잡한 세계를 모델링하고 교차 방식 표상을 구성할 때 매우 중요한 가치가 된다. 다른 유형의 정보가 성능을 향상시킬 수 있도록 지식 표상 학습으로 인코딩할 수도 있다.

5.3 신경망 관계 추출

현존하는 지식 그래프를 풍부하게 하기 위해 연구자들은 관계 추출 작업과 알려지지 않은 관계형 사실을 자동으로 찾는 데 많은 투자를 했다. 관계 추출은 일반 텍스트에서 관계 데이터를 추출하는 것을 목표로 한다. 최근 몇 년 동안 딥러닝(Bengio, 2009) 기술이 발전함에 따라 신경망 관계 추출 태스크는 관계 추출을 모델링하기 위해 엔드 투 엔드 신경망을 채택해왔다. 신경 관계의 기본 틀을 추출하는 것은 입력 문장의 의미를 포착해 문장 벡터로 표상할 수 있는 문장 인코더와 문장 벡터에 따라 추출된 관계의 확률분포를 생성하는 관계 추출기를 필요로 한다. 최근 신경망 관계 추출 연구에 관한 심층적인 설명을 할 것이다.

신경망 관계 추출은 문장 수준의 신경망 관계 추출과 문서 수준의 신경망 관계 추출 두 가지 작업을 수행한다. 다음 절에서 이 두 가지 작업을 자세히 소개한다.

5.3.1 문장 수준 신경망 관계 추출

문장 수준의 신경망 관계 추출은 문장에 있는 개체 쌍 간의 의미 관계 예측을 목표로 한다. 공식화해서 말하면 m개의 단어 $x = (w_1, w_2, ..., w_m)$와 대응되는 개체 쌍 e_1 및 e_2를 입력값으로 하는 입력 문장 x가 있으면 문장 수준 신경망 관계 추출은 신경망을 통해 관계 $r(r \in R)$의 조건부 확률 $p(r|x, e_1, e_2)$을 얻게 되는 것이다. 다음과 같이 공식화한다.

$$p(r|x, e_1, e_2) = p(r|x, e_1, e_2, \theta) \qquad (5.1)$$

여기서 θ는 신경망의 파라미터이며 r은 관계집합 **R**에서 관계를 나타낸다.

문장 수준 신경망 관계 추출의 기본 형태는 세 가지 구성 요소로 이뤄져 있다. (a) 투입 단어 표상을 하는 투입 인코더 (b) 오리지널 문장을 표상하는 단일 벡터나 벡터 시퀀스를 계산하는 문장 인코더 (c) 모든 관계의 조건부 확률 분포를 계산하는 관계분류자relation classifier이다.

5.3.1.1 투입 인코더

우선 문장 수준의 신경망 관계 추출 시스템은 이산형 소스 문장(번역을 해야 할 원 문장)을 연속적 벡터 공간으로 투영하고 소스 문장의 입력 표상인 $\mathbf{w} = \{\mathbf{w}_1; \mathbf{w}_2; \cdots; \mathbf{w}_m\}$를 얻는다.

단어 임베딩word embedding은 단어 사이의 구문적 관계와 의미적 관계를 반영할 수 있는 단어들의 저차원 실수값 표상을 학습한다. 공식화해서 말하면 각 단어 w_i는 임베딩 행렬 $\mathbf{V} \in \mathbb{R}^{d^a \times |V|}$에서 상응하는 열 벡터로 인코딩되며, $\mathbf{V}$는 고정된 크기의 어휘를 말한다.

위치 임베딩position embedding은 문장에서 해당 두 개체와 관련한 단어 위치 정보를 구체화한다. 공식화해서 말하면 각각의 단어 w_i는 단어에서부터 두 표적 개체 각각의 상대적 거리에 대한 포지션 벡터로 인코딩된다. 'New York is a city of United States'라는 문장에서 단어 city에서부터 New York까지의 상대적 거리가 3이라면 United State까지의 거리는 −2이다.

형태소 태그 임베딩part-of-speech tag embedding은 문장 내 표적 단어의 어휘 정보를 표상한다. 단어 임베딩은 대규모의 일반 말뭉치에서 얻는다는 사실 때문에 단어 임베딩이 포함하고 있는 정보가 특정 문장에서 갖는 의미와 일치하지 않을 수 있어서 명사 또는 동사와 같은 각각의 단어를 언어적 정보와 정렬하는 것이 필요하다. 공식화해서 말하면 각 단어 w_i는 임베딩 행렬 $\mathbf{V} \in \mathbb{R}^{d^p \times |V^p|}$에 대응하는 열 벡터로 인코딩된다. 여기서 d^p는 임베딩 벡터의 차원이고, V^p는 고정된 크기의 형태소part of speech tag 어휘를 의미한다.

WordNet 상위어 임베딩 WordNet hypernym embedding은 관계 추출에 기여하기 위해 상위어 사전 지식을 활용하는 것을 목표로 한다. WordNet에서 각 단어의 상위 정보(예: noun.food, verb.motion 등)가 주어졌을 때 서로 다르지만 개념상 유사한 단어 간 링크를 만드는 것은 쉽다. 공식화해서 말하면, 각 단어 w_i는 임베딩 행렬 $\mathbf{V}^h \in \mathbb{R}^{d^h \times |V^h|}$에서 상응하는 열 벡터로 인코딩된다. 여기서 d^h는 임베딩 벡터의 차원이고 V^h는 고정된 크기의 상위어 어휘를 의미한다.

5.3.1.2 문장 인코더

다음으로 문장 인코더는 입력 표상을 단일벡터 또는 벡터 시퀀스 **x**에 인코더한다. 지금부터는 다양한 문장 인코더를 소개할 것이다.

컨볼루션 신경망CNN **인코더**(Zeng et al., 2014)는 컨볼루션 레이어로 국지적 피처를 추출하고 입력 문장을 위한 고정된 크기의 벡터를 얻도록 맥스 풀링 max polling 방식을 통해 모든 국지적 피처를 합치는 CNN을 사용해 입력 문장을 임베딩한다. 공식화해서 말하면 그림 5.4에 표시된 바와 같이 컨볼루션 연산은 벡터 시퀀스와 컨볼루션 행렬 **W** 간의 행렬 곱셈과 슬라이딩 윈도우 sliding window를 갖는 바이어스 벡터 **b**로 정의된다. 벡터 $\mathbf{q}^i$를 i번째 창에 있는 입력 표상 시퀀스 세트로 정의하자. 그러면 다음 공식을 갖게 된다.

$$[\mathbf{x}]_j = \max_i[f(\mathbf{W}\mathbf{q}_i + \mathbf{b})]_j \tag{5.2}$$

여기서 f는 시그모이드나 탄젠트 함수와 같은 비선형함수다.

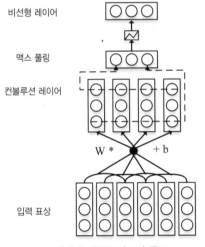

그림 5.4 CNN 인코더 구조

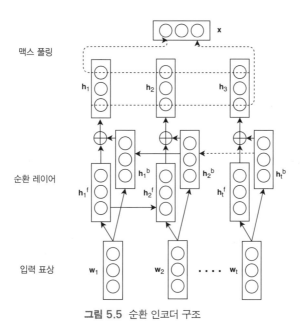

그림 5.5 순환 인코더 구조

두 개체 간의 구조 정보를 더욱 잘 포착하기 위해 전통적인traditional 맥스 풀링 대신 부분별piecewise 맥스 풀링(Zeng et al., 2015) 연산이 제안됐다. 부분별 맥스 풀링 연산은 두 개의 표적 개체로 나눠진 입력 문장의 세 개의 세그먼트에 최댓값을 준다.

순환 신경망RNN 인코더(Zhang and Wang, 2015)는 시간 피처를 학습할 수 있는 순환 신경망을 사용해 입력 문장을 임베딩할 것을 제안한다. 그림 5.5에 표시된 바와 같이 각각의 단어 표상 벡터는 단계적으로 순환 레이어recurrent layer에 투입된다. 각 단계 i에 대해 네트워크는 단어 표상 벡터 w_i 그리고 이전 단계 $i-1$ 출력값 $\mathbf{h}_{i-1}$을 다시 입력값으로 취하며 다음과 같이 나타낸다.

$$\mathbf{h}_i = f(\mathbf{w}_t, \mathbf{h}_{i-1}) \tag{5.3}$$

여기서 f는 LSTM 단위LSTM-RNNs(Hochreiter and Schmidhuber, 1997) 또는 GRU 단위GRU-RNNs(Cho et al., 2014)일 수 있는 RNN 셀 내부의 변환함수를 의미한다. 양방향 RNN 네트워크는 문장 안 의미를 예측할 때 미래 단어 정보를 최대한 활용하기 위해 사용된다.

RNN은 순방향과 역방향 네트워크에서 나온 정보를 국지적으로 피처 결합하고 전체 입력 문장의 표상을 구성하는 전역 피처를 추출하도록 맥스 풀링 연산한다. 맥스 풀링 레이어는 다음과 같이 공식화된다.

$$[\mathbf{x}]_j = \max_i [\mathbf{h}_i]_j \qquad (5.4)$$

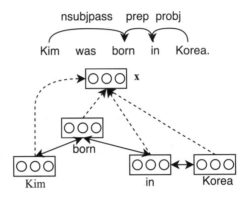

그림 5.6 의존트리 LSTM의 구조

맥스 풀링 외에도 단어 관심word attention은 모든 국지 피처 벡터를 묶는다. 각 단계에서 관심 가중치를 학습할 수 있도록 관심 메커니즘(Bahdanau et al., 2014)을 사용한다. $\mathbf{H} = [\mathbf{h}_1, \mathbf{h}_2, ..., \mathbf{h}_m]$은 순환 레이어에서 나온 출력값으로 행렬을 구성하고 전체 문장의 피처 벡터 $\mathbf{x}$는 각 단계 출력값 가중치가 적용된 합으로 만든다.

$$\alpha = \text{softmax}(\mathbf{s}^T \tanh(\mathbf{H})) \qquad (5.5)$$

$$\mathbf{x} = \mathbf{H}\alpha^T \qquad (5.6)$$

여기서 s는 학습 가능 질의 벡터이고 s^T는 질의 벡터 전이transposition이다.

게다가 Miwa와 Bansal(2016)은 양방향 순차 LSTM-RNN에 양방향 경로 기반 LSTM-RNN(즉, 상향식 및 하향식)을 쌓아서 단어 시퀀스와 의존성 트리 하부 구조 정보를 포착하는 모델을 제안했다. 그림 5.6에서 볼 수 있듯이 Xu 외(2015)의 실험 결과는 이러한 경로가 관계 분류에 효과적임을 보여주기 때문에 의존성 트리에 있는 대상 개체 간 최단 경로에 초점을 둔다.

재귀신경망Recursive NN 인코더는 문장에서 관계를 추출할 때 구문 정보가 중요하기 때문에 구문 분석 트리 구조 정보에서 피처 추출을 목표로 한다. 이러한 인코더는 구문 분석 트리 내부의 트리 구조를 각 단어 임베딩 벡터를 결합하는 재귀신경망의 방향뿐만 아니라 구성 전략으로 간주한다.

Socher 외(2012)는 각 구성 요소에 대한 행렬-벡터 표상을 할당함으로써 구문 분석 트리 구조 정보를 포착하는 재귀 행렬-벡터 모델MV-RNN을 제안했다. 벡터는 구성 요소 자체의 의미를 파악하고 행렬은 결합된 단어의 의미를 어떻게 수정하는지 보여준다. 두 개의 하위 구성 요소인 l, r과 그 상위 구성 요소인 p가 있다고 가정하면 구성은 다음과 같이 공식화된다.

$$\mathbf{p} = f_1(l, r) = g\left(\mathbf{W}_1 \begin{bmatrix} \mathbf{Ba} \\ \mathbf{Ab} \end{bmatrix}\right) \tag{5.7}$$

$$\mathbf{P} = f_2(l, r) = \mathbf{W}_2 \begin{bmatrix} \mathbf{A} \\ \mathbf{B} \end{bmatrix} \tag{5.8}$$

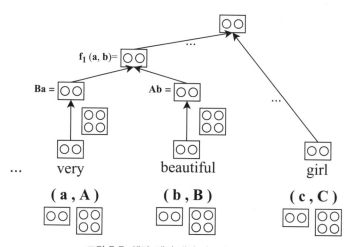

그림 5.7 행렬-벡터 재귀 인코더 구조

여기서 **a**, **b**, **p**는 각 성분의 임베딩 벡터, **A**, **B**, **P**는 행렬, $\mathbf{W}_1$은 변환된 단어를 다른 의미 공간으로 매핑하는 행렬 그리고 요소별 함수 g는 활성화함수이며, $\mathbf{W}_2$는 두 개의 행렬을 동일한 차원을 갖는 하나로 결합된 행렬 P로 매핑한다. 전체 프로세스는 그림 5.7에 나와 있다. 그리고 MV-RNN은 입력 문장을 표상하기 위해 두 대상 개체 사이의 구문 분석 트리 경로 최상위 노드를 선택한다.

사실 여기까지 RNN은 LSTM 또는 GRU 로 대체될 수 있다. Tai 외(2015)는 구성 요소와 의존성 구문 분석 트리 구조 정보를 포착하기 위해 Child-Sum Tree-LSTM과 N-ary Tree-LSTM 등 두 가지 유형의 트리 구조 LSTM을 제안한다. Child-Sum Tree-LSTM의 경우, 특정 트리에서 $C(t)$는 노드 t의 후손children 집합을 나타내며, 전이 방정식은 다음과 같이 정의된다.

$$\hat{\mathbf{h}}_t = \sum_{k \in C(t)} \mathbf{h}_k \tag{5.9}$$

$$\mathbf{i}_t = \sigma(\mathbf{W}^{(i)}\mathbf{w}_t + \mathbf{U}^i\hat{\mathbf{h}}_t + \mathbf{b}^{(i)}) \tag{5.10}$$

$$\mathbf{f}_{tk} = \sigma(\mathbf{W}^{(f)}\mathbf{w}_t + \mathbf{U}^f\mathbf{h}_k + \mathbf{b}^{(f)}) \ (k \in C(t)) \tag{5.11}$$

$$\mathbf{o}_t = \sigma(\mathbf{W}^{(o)}\mathbf{w}_t + \mathbf{U}^o\hat{\mathbf{h}}_t + \mathbf{b}^{(o)}) \tag{5.12}$$

$$\mathbf{u}_t = \tanh(\mathbf{W}^{(u)}\mathbf{w}_t + \mathbf{U}^u\hat{\mathbf{h}}_t + \mathbf{b}^{(u)}) \tag{5.13}$$

$$\mathbf{c}_t = \mathbf{i}_t \odot \mathbf{u}_t + \sum_{k \in C(t)} \mathbf{f}_{tk} \odot \mathbf{c}_{t-1} \tag{5.14}$$

$$\mathbf{h}_t = \mathbf{o}_t \odot \tanh(\mathbf{c}_t) \tag{5.15}$$

N개로 분기된 Tree-LSTM은 Child-Sum Tree-LSTM과 유사한 전이방정식을 가진다. 유일한 차이점은 N개가 분기된 Tree-LSTM은 트리 구조가 최대 N가지만을 갖도록 제한된다는 점이다.

5.3.1.3 관계 구분자

마지막으로 입력 문장의 표상 $\mathbf{x}$를 얻을 때 관계구분자는 소프트맥스 레이어로 조건부확률 $p(r|x, e_1, e_2)$을 계산한다.

$$p(r|x, e_1, e_2) = \text{softmax}(\mathbf{Mx} + \mathbf{b}) \tag{5.15}$$

여기서 $\mathbf{M}$은 관계 행렬을, $\mathbf{b}$는 편향 벡터를 나타낸다.

5.3.2 문서 수준 신경망 관계 추출

기존 신경망 모델은 새로운 관계형 사실 추출에 큰 성공을 거뒀지만 훈련 데이터의 부족으로 어려움을 겪고 있다. 이 문제를 해결하기 위해 연구자들은 지식 그래프와 일반 텍스트 정렬로 학습 데이터를 자동으로 생성할 수 있는 원거리 지도distant supervision를 제안한다. 원거리 지도의 핵심 내용은 두 개체가 포함된 모든 문장은 지식 그래프에서 관계를 표상할 수 있다는 점이다. 예를 들어 (New York, city of, United States)는 지식 그래프 관계형 사실이다. 원거리 지도는 두 개체를 포함하는 모든 문장에 대해 관계(city of)를 위한 유효한 예제로 간주한다. 관계가 두 개체 간에 유지되는지 결정하기 위해 단일 문장(문장 수준)이 아닌 여러 문장(문서 수준)의 정보를 활용한다.

따라서 문서 수준 신경망 관계 추출은 관련 문장들을 사용해 개체 쌍 간의 의미 관계 예측을 목표로 한다. n개의 문장 $S = (x_1, x_2, ..., x_n)$과 해당 개체 쌍 e_1 및 e_2로 구성된 입력 문장 집합 S가 주어지면 문서 수준 신경 관계 추출은 신경망을 통해 관계 $r(r \in R)$의 조건부 확률 $p(r|S, e_1, e_2)$을 얻으려고 한다. 이는 다음과 같이 공식화된다.

$$p(r|S, e_1, e_2) = p(r|S, e_1, e_2, \theta) \qquad (5.17)$$

문서 수준 신경망 관계 추출의 기본 형식에는 네 가지 구성 요소가 있다. (a) 문장 수준 신경 관계 추출과 유사한 입력 인코더 (b) 문장 수준 신경관계 추출과 유사한 문장 인코더 (c) 연관된 모든 문장을 나타내는 벡터를 계산하는 문서 인코더 (d) 입력값으로 문장 벡터 대신에 문서 벡터를 취하는 문장 수준 신경망 관계 추출과 유사한 관계분류자. 이번에는 문서 인코더를 자세히 소개한다.

5.3.2.1 문서 인코더

문서는 모든 문장 벡터를 단일 벡터 $\mathbf{S}$로 부호화한다. 이번에는 여러 문서 인코더를 소개한다.

랜덤 인코더 Random Encoder: 각 문장이 두 표적 개체 사이의 관계를 표상할 수 있으며 문서를 표상하기 위해 하나의 문장을 임의로 선택할 수 있다고 간단히 가정한다. 공식화하면 문서 표상은 다음과 같이 정의된다.

$$\mathbf{S} = \mathbf{x}_i \ (i = 1, 2, \ldots, n) \qquad (5.18)$$

여기서 $\mathbf{x}_i$는 x_i의 문장 표상을, i는 임의 색인이다.

최대 인코더 Max Encoder: 실제로 위에서 소개한 것처럼 두 표적 개체를 포함하는 모든 문장이 개체 간 관계를 표상할 수 있는 것은 아니다. "New York City is the premier gateway for legal immigration to the United States(뉴욕시는 미국에 합법적 이민을 하기 위한 최고의 출입구다)"라는 문장은 관계 city_of를 표상하지 않는다. 따라서 Zeng 외(2015) 연구에서 두 개의 표적 개체를 포함하는 적어도 하나의 문장이 관계를 표상할 수 있고, 그 관계가 문서를 표상할 수 있는 가장 높은 확률을 가진 문장을 선택할 수 있다고 가정한다. 공식화하면 문서 표상은 다음과 같이 정의된다.

$$\mathbf{S} = \mathbf{x}_i \ (i = \text{argmax}_i\, p(r|x_i, e_1, e_2)) \tag{5.19}$$

평균 인코더 Average Encoder: 랜덤 인코더와 최대 인코더는 하나의 문장만 사용해 문서를 표상하기 때문에 다른 문장의 풍부한 정보를 무시하게 된다. 모든 문장의 정보를 활용하도록 Lin 외(2016)는 문서 표상 $\mathbf{S}$는 모든 문장 표상 $\mathbf{x}_1$, $\mathbf{x}_2$, ..., $\mathbf{x}_n$에 의존한다고 본다. 각 문장 표상 x_i는 입력 문장 x_i에 두 개체의 관계 정보를 제공한다. 평균 인코더는 모든 문장이 문서 표상에 똑같이 기여한다고 가정한다. 문서의 임베딩 $\mathbf{S}$가 모든 문장 벡터의 평균임을 의미한다.

$$\mathbf{S} = \sum_i \frac{1}{n}\mathbf{x}_i \tag{5.20}$$

관심 인코더 Attentive Encoder: 원거리 지도 가정에 의해 초래된 잘못된 레이블링 문제 때문에 필연적으로 평균 인코더의 성능은 관련성이 없는 문장의 영향을 받는다. 이 문제를 해결하기 위해 Lin 외(2016)는 잡음이 많은 문장을 강조하지 않는 선택적 관심selective attention을 채택할 것을 제안한다. 공식화하면 문서 표상은 문장 벡터의 가중치가 적용된 합으로 정의한다.

$$\mathbf{S} = \sum_i \alpha_i \mathbf{x}_i \tag{5.21}$$

여기서 α_i는 다음과 같이 정의된다.

$$\alpha_i = \frac{\exp(\mathbf{x}_i \mathbf{A} \mathbf{r})}{\sum_j \exp(\mathbf{x}_j \mathbf{A} \mathbf{r})} \tag{5.22}$$

$\mathbf{A}$는 대각 행렬이고 $\mathbf{r}$은 관계 r의 표상 벡터다.

5.3.2.2 관계분류자

문장 분류 신경망 관계 추출과 유사하게 문서 표상 $\mathbf{S}$를 획득할 때, 관계 분류자는 softmax 레이어를 통해 조건부 확률 $p(r|S, e_1, e_2)$를 다음과 같이 계산한다.

$$p(r|S, e_1, e_2) = \text{softmax}(\mathbf{M}'\mathbf{S} + \mathbf{b}') \tag{5.23}$$

여기서 $\mathbf{M}'$는 관계행렬을 나타내고 $\mathbf{b}'$는 바이어스 벡터다.

5.4 텍스트와 지식 연결: 개체 연결

지식 그래프는 실제 세상의 개체, 그 속성 그리고 다른 개체와의 의미 관계 등 풍부한 지식을 포함한다. 텍스트 데이터와 지식 그래프 연결은 정보 추출, 텍스트 분류 그리고 질의응답과 같은 다양한 태스크를 용이하게 한다. 예를 들어 "스티브 잡스Jobs는 Apple Inc.의 CEO이다(Steve Jobs is CEO of Apple Inc)"를 안다면, "Jobs가 Apple을 떠난다"라는 문장을 이해하는 데 도움이 된다.

현재 텍스트 데이터와 지식 그래프를 연결하는 주요 연구 이슈는 개체 연결이다(Ji et al., 2010). 문서 d에 있는 개체 이름 호칭의 집합 $M = \{m_1, m_2, ..., m_k\}$와 개체들의 집합 $E = \{e_1, e_2, ..., e_n\}$을 포함하는 지식 그래프가 있다면 개체 연결 시스템은 이름 호칭을 지식 그래프에 있는 참조 개체에 매핑하는 $\delta:M \rightarrow E$ 함수다. 그림 5.8은 개체 연결 시스템은 세 개의 개체명 WWDC, Apple 및 Lion이 가리키는 개체가 Apple Worldwide Developers Conference, Apple Inc. 그리고 Mac OS X Lion임을 인식하는 예제다. 개체 연결 결과에 기반해 지식 그래프에 있는 세 개체는 예를 들어 "Lion is an operation system(라이온은 운영체제다)"라는 지식을 기반으로 해당 문서를 동물 범주로 나누기보다는 IT 범주로 분류하는 데 사용된다.

개체 연결의 주요 문제점은 개체명 모호성 문제와 개체명 변형 문제다. 개체명 모호성 문제는 이름이 다른 문맥에서 다른 개체를 가리킬 수 있다는 점과 관련이 있다. 예를 들어 애플Apple이라는 회사 이름은 위키피디아의 Apple, IT 회사인 Apple Inc. 그리고 Apple Bank와 같은 20개 이상의 업체들을 나타낸다. 개체명 변형 문제는 전체 이름, 별칭, 약어, 철자 오류와 같이 다른 형태로 언급될 수 있음을 의미한다. IBM이라는 회사는 IBM, International Business Machine 및 별칭 Big Blue와 같이 10개 이상의 이름들로 언급된다.

개체명 모호성 문제와 변형 문제를 해결하도록 개체 연결법이 제안됐다 (Milne and Witten, 2008; Kulkarni et al., 2009; Ratinov et al., 2011; Han and Sun 2011; Han et al., 2011; Han and Sun, 2012). 다음은 개체 연결을 위한 일반 프레임워크를 먼저 설명하고 개체 연결 성능을 향상시키는 데 어느 정도 딥러닝 기술을 사용할 수 있는지 소개한다.

5.4.1 개체 연결 프레임워크

문서 d와 지식 그래프가 주어지면 개체 연결 시스템은 다음과 같이 문서에 있는 개체명을 연결한다.

개체명 식별 Name Mention Identification: 문서에 있는 모든 개체명은 개체 연결을 위해 모두 식별된다. 예를 들어 개체 링크 시스템은 그림 5.8의 문서에서 세 가지 {WWDC, Apple, Lion} 개체를 식별한다. 현재 대부분의 개체 링크 시스템은 두 가지 기술을 사용하는데 하나는 문서에 있는 사람, 위치 그리고 조직의 이름을 인식할 수 있는 고전 개체명 인식NER, Named Entity Recognition 기술 (Nadeau and Sekine, 2007)이고, 개체명은 개체를 연결하는 이름으로 사용된다. 개체명 인식NER 기법의 가장 큰 단점은 제한된 유형의 개체만 식별할 수 있고 음악, 영화, 도서와 같이 일반적으로 많이 사용되는 고유의 개체는 무시된다는 점이다. 이름 검색을 위한 기술은 사전 기반 매칭이다. 사전 매칭은 지식 그래프(예: 위키피디아 Mihalcea 및 Csomai 2007의 텍스트에서 수집)와 같은 모든 항목의 개체명 사전을 먼저 구성해 문서에서 일치하는 모든 이름의 개체명 참조로 사용된다. 사전 기반 매칭의 주요 단점은 스탑워드^{stop word}다. 가령 is나 an과 같이 많은 노이즈 단어들이 위키피디아에서 개체명으로 사용된다는 사실이며, 많은 기술(Mihalcea and Csomai, 2007; Milne and Witten, 2008)이 잡음이 많은 이름을 필터링하고자 제안됐다.

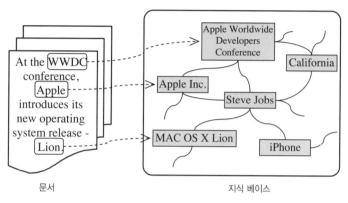

그림 5.8 개체 연결

후보 개체 선택: 개체 연결 시스템은 1단계에서 검색된 이름에 후보 개체를 선택한다. 예를 들어 다음과 같은 시스템 {Apple (fruit), Apple Inc., Apple Bank}에서 Apple이라는 이름의 가능 대상을 식별할 수 있다. 이름 변경 문제 때문에 대부분의 개체 링크 시스템은 후보 개체 선택의 참조 테이블을 사용한다. 특히 참조 테이블은 (이름, 개체) 쌍을 사용해 이름의 가능한 모든 참조 대상을 기록하며, 참조 테이블은 위키피디아 앵커 텍스트(Milne and Witten, 2008), 웹(Bollegala et al., 2008) 그리고 쿼리 로그(Silvestri et al., 2009)에서 수집된다.

국지적 호환성 계산: 문서 d에 있는 이름 언급 m과 후보 참조 개체 $E = \{e_1, e_2, ..., e_n\}$이 있는 경우 개체 링크 시스템에서 중요한 단계는 언급 m과 개체 e 사이의 국지적 호환성 $sim(m, e)$을 계산하는 것이다. 이름 언급 m이 개체 e와 얼마나 연결될 수 있을지 추정한다. 국지적 호환성 점수에 따라 이름 언급 m은 다음 방식으로 가장 높은 호환성 점수를 갖는 개체에 연결된다.

$$e^* = \text{argmax}_e \ \ \text{sim}(m, e) \tag{5.24}$$

가령 다음 문장에서 apple이라는 이름의 참조 대상을 결정하기 위해 개체 Apple(과일) 및 Apple Inc.과의 호환성을 계산하고 마지막으로 "tree", "rose family" 등과 같은 문맥에 기반해 Apple과 Apple(fruit)을 연결한다.

*The **apple** tree is a deciduous tree in the rose family.*

국지적 호환성 계산을 위해 많은 방법이 제안됐다(Milne and Witten, 2008; Mihalcea and Csomai, 2007; Han and Sun, 2011). 특정 개체(예: 해당 개체의 위키피디아 페이지)의 서술과 언급되는 맥락에서 구분 피처(예를 들어 중요한 단어, 자주 발생하는 공동 개체, 속성값)를 추출하고 공유되는 공통 피처로 호환성이 결정된다는 점이 핵심이다.

전역추론: 전역추론이 개체 연결 성능을 크게 향상시킬 수 있다는 사실이 오랫동안 입증돼왔다. 전역추론의 핵심 가정은 주제 일관성이다. 즉, 문서 내의 모든 개체는 문서의 주요 주제와 의미로 관련돼야 한다. 토픽의 일관성 가정이며 표적 개체는 국지적 문맥과 호환될 뿐만 아니라 동일한 문서에 있는 다른 대상 개체들과 일관성이 있어야 한다. 이 가정에 기반해서 참조 개체는 국지 문맥과 호환돼야 할 뿐만 아니라 같은 문서의 다른 참조 개체와 일관성이 있어야 한다. 예를 들어 그림 5.8에 Lion이 Mac OSX(Lion)라는 참조 개체를 아는 경우, Apple의 참조 개체를 Apple Inc.라고 쉽게 결정할 수 있다. 이러한 예들은 개체 연결이 독립적이라기보다는 동일한 문서의 주제를 공동으로 연결하는 방식을 취함으로써 향상될 수 있음을 보여준다.

공식화해서 말하면 문서 d에 있는 모든 언급 $M = \{m_1, m_2, ..., m_k\}$의 경우, 전역추론 알고리즘은 전역 일관성 스코어를 최대화할 최적의 참조 개체를 찾는 것을 목표로한다.

$$[e_1^*, \ldots, e_k^*] = \text{argmax} \left(\sum_i \text{sim}(m_i, e_i) + \text{Coherence}(e_1, e_2, \ldots, e_k) \right) \tag{5.25}$$

최근에는 그래프 기반 알고리즘(Han et al., 2011; Chen and Ji, 2011), 주제 모델 기반 방법(Ganea et al., 2016; Han and Sun, 2012), 최적화 알고리즘

(Ratinov et al., 2011; Kulkarni et al., 2009) 등 개체 링크를 위해 여러 전역추론 알고리즘이 제안됐다. 이 방법들은 문서 일관성을 어떻게 모델링하고 전역 최적 개체 링크 결정을 어떻게 추론하느냐의 차원에서 서로 다르다. Han 외 (2011)는 모든 지시 개체 사이의 의미 연관성 합으로 일관성을 모델링한다.

$$\text{Coherence}(e_1, e_2, \ldots, e_k) = \sum_{(i,j)} \text{SemanticRelatedness}(e_i, e_j) \quad (5.26)$$

전역 최적 결정은 그래프 랜덤 워크 알고리즘을 통해 할 수 있다. 대조적으로 Han과 Sun(2012)은 개체-주제 모델을 제안한다. 이 모델에서 일관성은 문서의 주요 주제에서 모든 대상 개체를 생성할 확률로 모델링되며 전역 최적 결정은 깁스 샘플링 알고리즘으로 얻는다.

5.4.2 개체 연결 딥러닝

이번 절에서는 개체 연결을 위한 딥러닝 기술 사용법을 소개한다. 앞에서 소개한 바와 같이 개체 링크의 주요 문제점 중 하나는 이름 모호성이다. 핵심 난제는 문맥 증거를 효과적으로 이용해 언급된 이름과 실체 간 호환성을 계산하는 것이다.

개체 연결 성능은 국지호환성 모델에 크게 의존한다. 기존 연구는 다양한 유형의 문맥 증거(예: 언급, 문맥 및 개체 설명)를 표상하기 위해 손으로 만든 기능과 경험적 유사성 측정을 사용해 국지호환성을 측정한다(Milne and Witten 2008; Mihalcea and Csomai 2007; Han and Sun 2011). 하지만 이러한 피처 엔지니어링 기반 접근법은 다음과 같은 단점을 갖고 있다.

- 피처 엔지니어링은 노동 집약적이며 차별 피처를 수동으로 설계하기가 어렵다. 그 예로 고양이와 개 사이의 의미상 유사성을 포착할 수 있는 기능을 설계하는 것은 쉽지 않다.
- 개체 연결에 대한 상황 증거는 일반적으로 이질적이며 다르게 세분화된다. 이질적인 증거의 모델링 개발은 수작업으로 만들어진 피처를 사용하기 때문에 간단하지 않다. 개체 이름, 개체 카테고리, 개체 설명, 개체 인기도, 개체 간 의미 관계, 언급, 언급 컨텍스트, 언급 문서

등 여러 종류의 상황별 증거가 개체 링크에 사용됐다. 모든 증거를 동일한 기능 공간으로 투영하거나 개체 링크 결정을 위한 통일된 틀로 요약하는 피처를 디자인하는 것은 어렵다.

- 마지막으로 전통 개체 연결 방법은 언급된 이름과 개체의 연결성을 종합적으로 정의하고 개체 연결 결정을 위해 모든 유용한 요소를 발견하고 찾아내는 데 한계가 있다.

피처 엔지니어링 방법의 결점을 해결하기 위해 최근 개체 연결(He et al., 2013; Sun et al., 2015; Francis-Landau et al., 2016; Tsai and Roth, 2016)을 위한 여러 딥러닝 기술이 개발됐다. 신경망을 통해 이질 증거를 표상하는 방법을 먼저 설명한 다음 여러 문맥 증거 간 의미 상호작용을 모델링하는 방법을 소개한다. 마지막으로 딥러닝 기술을 사용해 개체 링크를 위한 국지적 호환성 측정을 최적화하는 방법을 설명한다.

5.4.2.1 신경망을 통한 이질 증거 표상

신경망의 주요 이점 중 하나는 텍스트, 이미지, 비디오와 같은 다양한 유형의 입력물(Bengio, 2009)에서 자동으로 훌륭한 표상을 학습할 수 있다는 것이다. 개체 링크에서 신경망은 언급된 이름, 언급된 문맥 그리고 개체 설명과 같은 문맥 증거를 나타내는 데 많이 사용된다. 개체 연결에 적합한 모든 문맥 증거를 연속 벡터 공간에 인코딩함으로써 신경망은 수작업으로 설계되는 피처의 필요성이 없어졌다. 다음은 여러 유형의 문맥 증거를 표상하는 방법을 소개한다.

이름 언급 표상name mention representation: 언급 $m = [m_1, m_2, ...]$은 Apple Inc. 그리고 president Obama와 같이 1~3 단어로 구성된다. 이전 방법들은 주로 문서가 포함하고 있는 단어들의 임베딩 평균으로써 언급을 나타냈다.

$$\mathbf{v}_m = \text{average}(\mathbf{e}_{m_1}, \mathbf{e}_{m_2}, ...)$$ (5.27)

여기서 $\mathbf{e}_{m_i}$는 m_i라는 단어의 임베딩이며 CBOW 또는 Skip-Gram 모델로 학습한다(Mikolov et al., 2013).

임베딩 평균 표상 방법은 단어의 중요성과 위치를 고려하지 않는다는 문제가 있다. 이 문제를 해결하기 위한 방법으로 컨볼루션 신경망(Francis-Landau et al., 2016)으로 이름 언급을 표상할 수 있는 더 유연한 능력을 제공한다.

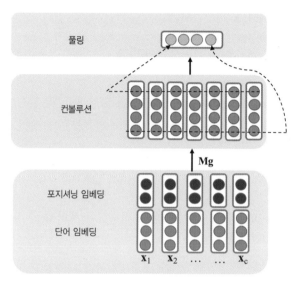

그림 5.9 컨볼루션 신경망을 통한 국지적 컨텍스트 표상

국지적 문맥 표상local context representation: 언급을 둘러싸고 있는 국지적 문맥은 개체 연결 결정에 중요한 정보를 제공한다. 예를 들어 "The apple tree is a deciduous tree in the rose family(사과 나무는 장미과의 낙엽수다)"에서 {tree, deciduous, rose family}라는 문맥 단어들은 이름 언급인 apple을 연결하는 데 중요한 정보를 제공한다. Sun 외(2015)는 CNN을 사용해 국지적 문맥을 표상할 것을 제안한다. CNN을 사용하면 문맥 표상은 단어 의미와 상대적 위치를 고려해 문맥에 포함된 단어로 구성된다.

그림 5.9는 CNN을 사용해 국지적 문맥을 나타내는 방법을 보여준다. 공식화하면 문맥 $c = [w_1, w_2, ..., w_{|c|}]$의 단어에 대해 각각의 단어 w를 $\mathbf{x} = [\mathbf{e}_w, \mathbf{e}_p]$로 표상하고 $\mathbf{e}_w$는 단어 w의 임베딩이고 $\mathbf{e}_p$는 단어 w의 위치 임베딩이며 d_w와 d_p는 단어 벡터와 위치 벡터의 차원이다. 단어 w_i의 위치는 국지적 문맥에서 언급까지의 거리다.

문맥 c를 표상하기 위해 단어의 모든 벡터를 다음과 같이 집합시킨다.

$$\mathbf{X} = [\mathbf{x}_1, \mathbf{x}_2, \ldots, \mathbf{x}_{|c|}] \tag{5.28}$$

컨볼루션 연산이 $\mathbf{X}$에 적용되면, 컨볼루션 레이어의 결괏값은 다음과 같다.

$$\mathbf{Z} = [\mathbf{M_g}\mathbf{X}_{[1,K+1]}, \mathbf{M_g}\mathbf{X}_{[2,K+2]}, \ldots, \mathbf{M_g}\mathbf{X}_{[|c|-K,|c|]}] \tag{5.29}$$

여기서 $\mathbf{M_g} \in \mathbb{R}^{n_1 \times n_2}$는 선형 전이행렬이며, K는 컨볼루션 레이어의 문맥 크기다.

국지적 문맥이 변수 길이의 특징을 가지며 피처 벡터 각 차원에서 가장 유용한 피처를 결정하기 위해 컨볼루션 레이어 결괏값으로 맥스 풀링 연산을 다음과 같이 수행한다.

$$m_i = \max \quad \mathbf{Z}(i,.) \quad 0 \leq i \leq |c| \tag{5.30}$$

마지막으로 언급 m의 국지적 문맥 c를 표상하도록 벡터 $\mathbf{m}_c = [m_1, m_2, \ldots]$를 사용한다.

문서 표상 Document Representation: 기존 연구(He et al., 2013; Francis-Landau et al., 2016; Sun et al., 2015)에서 기술된 것처럼 문서와 이름 언급의 국지 문맥은 개체 연결을 위한 다양한 세분화 정보를 제공한다. 예를 들어 문서는 대개 국지적 문맥보다 큰 주제 정보를 가진다. 이러한 관찰에 기반해 대부분의 개체 연결 시스템은 전체 문서와 국지적 문맥을 두 가지 다른 증거로 취급하고 개별적으로 표상 학습한다.

현재 개체 링크에서 문서 표상을 가능케 하는 두 가지 유형의 신경망이 이용되고 있다. 첫 번째는 컨볼루션 신경망(Francis-Landau et al., 2016; Sun et al., 2015)이다. 국지적 맥락 표상에서 소개한 것과 같다. 두 번째는 원시 문서 d에서 최대 정보를 유지할 수 있는 압축 문서 표상을 배우는 노이즈 제거 자동인코더DA, Denoising Autoencorder다(Vincent et al., 2008). 구체적으로 말하면 문서는 이항binary 백오브워즈bag-of-words 벡터 $\mathbf{x}_d$(He et al., 2013)로 표상되며, $\mathbf{x}$의 각 차원은 단어 w_i가 나타나는지 여부를 보여준다. 문서 표상 $\mathbf{x}$가 주어지면 노이즈 제거 자동인코더는 다음 프로세스를 통해 $\mathbf{x}$의 임의 오염 $\mathbf{x}'$의 경우에

x를 재구성할 수 있는 모델 학습을 찾는다. 해당 프로세스는 (1) 오리지널 **x**에 마스킹 노이즈(무작위로 마스크한 1 또는 0)를 적용해 x를 임의로 오염시킨다. (2) **x**를 인코딩 프로세스를 통한 압축 표상 $h(\mathbf{x})$로 인코딩한다. (3) 디코딩 프로세스 $g(h(\mathbf{x}))$를 통해 $h(\mathbf{x})$로부터 **x**를 재구성한다. 노이즈 제거 자동인코더의 학습 목표는 재구성 오류 $L(x, g(h(\mathbf{x})))$를 최소화하는 것이며 그림 5.10은 해당 인코더의 인코딩과 디코딩 프로세스를 보여준다.

자동인코더는 문서 표상에 몇 가지 이점이 있다(He et al., 2013). 첫째, 자동인코더는 문서의 압축된 표상을 학습해 유사한 단어들을 그룹화한다. 둘째, 원래 입력값을 무작위로 손상시키는 노이즈 제거 자동인코더는 일반 주제를 포착하고 is 또는 or와 같은 단어들처럼 의미 없는 단어를 무시한다. 셋째, 자동인코더는 이전에 학습된 $h(\mathbf{x})$의 위에 반복적으로 적층된다. 따라서 문서 표상의 다양한 수준이 학습된다.

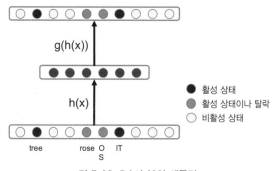

그림 5.10 DA와 복원 샘플링

개체 지식 표상 Entity Knowledge Represtation: 현재 대부분의 개체 링크 시스템은 표적 지식 기반으로 위키피디아(또는 Yago, DBPedia 등 위키피디아에서 파생된 지식 기반)를 사용한다. 위키피디아는 타이틀, 설명, 주요 특성을 포함하는 정보창, 의미 범주, 다른 개체와의 관계 등을 포함한다.

예를 들어 그림 5.11은 위키피디아에 포함된 Apple Inc.의 지식이다. 신경망을 사용해 개체 지식으로부터 증거를 표상하는 방법을 설명한다.

- **개체 제목 표상**Entity Title Representation: 이름 언급과 같이 개체 제목은 보통 한 개에서 세 개 단어로 구성된다. 따라서 개체 연결 시스템은 이름

표상에서와 같이 신경망을 사용해 개체 제목을 표상한다. 즉, 단어 임베딩의 평균 또는 CNN을 통해 이뤄진다.

- **개체 설명**Entity Description: 개체 링크 시스템은 개체 설명을 일반 문서로 모델링하고 문서 표상을 위한 표상 방식을 학습한다. CNN 또는 소음 제거 자동인코더로 실행된다.

딥러닝 기술은 단어 삽입과 잡음 제거 자동인코더에서부터 CNN에 이르기까지 문맥 증거를 보여주는 신경망 그룹을 제안한다. 이러한 신경망은 수작업으로 제작해야 하는 피처 없이도 문맥상 증거를 표상 학습할 수 있다.

최근 몇 년 동안 개체 연결을 위해 많은 유형의 증거가 사용됐다. 가령 특정 개체가 문서에 등장할 가능성을 알려주는 개체 인기도, 의미 연관성, 관계를 포착하는 의미 관계(예: CEO인 Steve Jobs, Apple Inc. 및 Employee인 Michael I. Jordan, UC Berkeley), 개체의 범주 일반화 정보(예: 사과 ISA fruit, Steve Job is a businessman, Michael Jeffery Jordan ISA NBA player) 등을 제공한다. 신경망을 사용한 이러한 문맥 증거의 표상은 여전히 간단하지 않다. 미래에 이러한 문맥상 증거를 효과적으로 나타내는 데 도움이 되는 또 다른 신경망 설계가 필요할 것이다.

5.4.2.2 문맥 증거 간 의미 상호작용 모델링

위와 같이 개체 연결과 관련된 다양한 유형의 상황 증거가 존재한다. 개체 링크 시스템은 정확한 개체 링크 결정을 내리기 위해 모든 유형의 상황 증거를 고려해야 한다. 게다가 최근 서로 다른 언어의 개체를 연결하는 작업에서 다른 언어가 갖는 문맥 증거를 비교하는 것이 필수다. 예를 들어 중국어 영어 개체 연결을 위해 개체 링크 시스템은 중국어 이름 언급인 "pingguo(Apple) fabu(released) xin(new) iPhone"와 위키피디아에 있는 "Apple Inc."의 영어 설명을 비교한다.

```
Title:
Apple Inc.
Description:
Apple is an American multinational technology company headquartered
in...
InfoBox:
{
    Type: Public
    Founders: [Steve Jobs,  Steve Wozniak, Ronald Wayne]
    ...
}
Categories:
1976 establishments, IT Companies
```

그림 5.11 위키피디아에 있는 Apple Inc. 정보

모든 문맥 증거를 고려하는 최근 연구에서 서로 다른 문맥 증거 간 의미 상호작용을 모델링하기 위해 신경망을 사용했다. 크게 두 가지 전략으로 다양한 문맥 증거 간 의미 상호작용을 모델링했다.

- 첫 번째는 서로 다른 유형의 문맥 증거를 신경망을 통해 동일하면서 연속 피처 공간에 매핑한 다음, 문맥 증거 간 의미 상호작용을 표상 유사성(주로 코사인 유사성)으로 포착

- 두 번째는 다른 문맥 증거의 정보를 요약할 수 있는 새로운 표상을 학습한 다음, 학습된 표상을 기반으로 한 개체의 연결 결정을 내리는 것

다음에는 두 전략이 개체 링크 시스템에서 어떻게 사용되는지 설명한다.

Francis-Landau 외(2016) 연구에서 해당 시스템이 이름 언급, 언급의 국지적 문맥, 소스 문서, 개체 타이틀 그리고 개체 설명을 동일한 연속형 피처 공간에 투영하는 CNN을 학습한다. 다른 증거 간 의미적 상호작용은 표상 사이의 유사성으로 모델링된다. CNN으로 학습한 연속 벡터 표상에 대해서 Francis-Landau 외(2016)는 다음과 같이 언급과 개체 사이의 의미적 상호작용을 포착한다.

$$\mathbf{f}(c, e) = [\cos(s_d, e_n), \cos(s_c, e_n), \cos(s_m, e_n), \cos(s_d, e_d), \cos(s_c, e_d), \cos(s_m, e_d)]$$
$$(5.31)$$

여기서 s_d, s_m 및 s_c는 각각 언급된 문서, 문맥 및 이름으로 구성된 학습 벡터이며 e_n 및 e_d는 개체 이름과 설명으로 구성된 학습된 벡터다. 마지막으로 국지 호환성을 예측하도록 의미적 유사성이 링크 횟수와 같은 신호들로 결합된다.

Sun 외(2015) 연구에서 시스템은 표상에 근거한 이름과 국지적 문맥에서 나온 증거들로 구성된 모든 언급의 새로운 표상을 학습한다. 특히 새로운 표상이 언급 벡터($\mathbf{v}_m$) 및 문맥 벡터($\mathbf{v}_c$)를 포함하도록 신경망 텐서 네트워크 neural tensor network를 사용한다.

$$\mathbf{v}_{mc} = [\mathbf{v}_m, \mathbf{v}_c]^T [M_i^{appr}]^{[1,L]} [\mathbf{v}_m, \mathbf{v}_c] \tag{5.32}$$

이러한 방식으로 여러 문맥 증거 간 의미적 상호작용을 새로운 피처 벡터 $\mathbf{v}_{mc}$로 요약시킨다. Sun 외(2015)는 개체 이름 표상과 개체 카테고리 표상으로 각 개체에 대한 표상을 학습시킨다. 마지막으로 언급과 개체 간 국지적 호환성은 새로운 표상 사이의 코사인 유사성으로 계산한다.

Tsai와 Roth(2016) 연구에서 시스템은 다른 언어 개체 연결을 위한 다국어 임베딩 방법을 제안한다. 다국어 개체 연결은 비영어 문서에 언급된 것을 영어 위키피디아에 있는 개체로 연결시키는 것을 목적으로 한다. Tsai와 Roth(2016)는 외국어와 영어로 된 단어와 개체 이름을 새로운 연속 벡터 공간으로 투영해, 개체 링크를 위해 외국어 언급과 영어 위키피디아 항목 간의 개체 유사성을 효과적으로 계산한다. 구체적으로 말하자면 a는 정렬된 제목 번호이고, k_1 및 k_2는 영어와 외국어의 임베딩 차원인 정렬된 영어 $\mathbf{A}_{en} \in \mathbb{R}^{a \times k_1}$와 외국어 타이틀 $\mathbf{A}_f \in \mathbb{R}^{a \times k_2}$의 임베딩의 경우 Tsai와 Roth(2016)는 정준상관분석을 다음 두 행렬에 적용시킨다.

$$[\mathbf{P}_{en}, \mathbf{P}_f] = \text{CCA}(\mathbf{A}_{en}, \mathbf{A}_f) \tag{5.33}$$

영어 임베딩과 외국어 임베딩이 다음과 같이 새로운 피처 공간으로 투영된다.

$$\mathbf{E}'_{en} = \mathbf{E}_{en} \mathbf{P}_{en} \tag{5.34}$$

$$\mathbf{E}'_f = \mathbf{E}_f \mathbf{P}_f \tag{5.35}$$

여기서 $\mathbf{E}_{en}$과 $\mathbf{E}_f$는 영어와 외국어로 된 모든 단어의 오리지널 임베딩이고 $\mathbf{E}'_{en}$과 $\mathbf{E}'_f$는 영어와 외국어로 된 모든 단어의 새로운 임베딩이다.

5.4.2.3 국지적 호환성 학습

문맥 증거 표상 학습과 의미 상호작용 모델링은 좋은 성능을 위해 많은 파라미터 집합에 의존한다. 딥러닝 기술은 역전파 알고리즘과 그래디언트 기반 최적화 알고리즘을 사용해 모든 파라미터를 효과적으로 최적화하는 엔드 투 엔드 프레임워크를 제공한다. 그림 5.12에서 국지적 호환성 학습을 위해 많이 사용되는 아키텍처를 보여준다. 언급 증거와 개체 증거가 문맥적 증거 표상 신경망을 사용해 연속 피처 공간으로 인코딩된 다음 언급과 개체 간의 호환성 신호가 신경망을 모델링하는 의미 상호작용을 통해 계산되며 마지막으로 모든 신호는 국지적 호환성 점수로 요약된다.

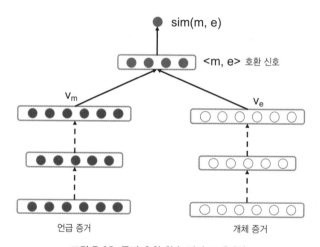

그림 5.12 국지 호환 학습 일반 프레임워크

국지적 호환성을 위해 신경망을 학습하려면 위키피디아 하이퍼링크와 같이 다른 자원에서 주석 (d, e, m)을 링크할 수 있는 개체를 수집해야 한다. 학습 목표는 순위 손실을 최소화하는 것이다.

$$L = \sum_{(m,e)} L(m, e) \tag{5.36}$$

여기서 $L(m, e) = \max\{0, 1 - sim(m, e) + sim(m, e)\}$는 각 학습 인스턴스 (m, e)의 부분별pairwise 순위 지정 기준이다. 최상위로 순위 개체 e'는 진정한 참조 개체 e가 아니라면 벌점을 받는 방식이다.

위의 학습 과정에서 딥러닝 기술을 사용해 언급 표상과 개체 표상을 미세하게 조정하고 다양한 호환성 신호에 가중치를 학습해 유사성 측정을 최적화한다. 이 방법은 경험적으로 설계된 유사성 측정보다 일반적으로 우수한 성능을 얻을 수 있음을 보여준다.

5.5 요약

지식 그래프는 자연어 이해와 일상적 추론을 위한 기본 지식 저장소이며, 개체, 속성, 개체 간의 의미 관계에 대한 풍부한 지식이 포함된다.

5장에서는 디비피디아, 프리베이스, 위키데이터, 야고 및 하우넷과 같은 몇 가지 주요 지식 그래프를 소개했다. 지식 그래프로 중요한 작업을 수행하고 얼마나 깊이 있는 학습을 적용할 수 있는지 설명했다. 첫 번째는 개체와 관계를 연속형 피처 공간으로 임베딩하는 데 사용할 수 있는 표상 학습이었다. 두 번째는 신경 관계 추출이었으며, 웹 페이지와 텍스트에서 지식을 추출해 지식 그래프를 구성하는 방법을 보여줬다. 세 번째는 개체 링크로 지식을 텍스트와 연결하는 데 사용할 수 있는 방법이다. 딥러닝으로 지식 그래프 표상을 위해 개체와 관계를 임베딩하고 지식 그래프 구성을 위한 관계 추출에서 관계의 예를 표상하며 개체 링크를 위한 이질적 증거를 표상한다. 질의응답, 텍스트 이해 및 상식적인 추론 등 여러 작업에서 지식 그래프를 이해하고, 표상하고, 구성하고, 활용하면 견고한 기반을 제공한다.

지식 표상 학습은 지식 그래프 구축에 도움되는 것 이외에도 지식 그래프 적용에 관한 흥미로운 접근 방식을 제공한다. 자연어 이해와 생성을 위한 딥러닝 지식 그래프를 어떻게 적용하고 자연어 처리를 위한 지식 수준이 높은 신경망 모델을 어떻게 개발할지 모색하는 일은 중요할 것이다.

참고문헌

Bahdanau, D., Cho, K., & Bengio, Y. (2014). Neural machine translation by jointly learning to align and translate. arXiv:1409.0473.

Bengio, Y. (2009). Learning deep architectures for AI. Foundations and trends®. *Machine Learning, 2*(1), 1 – 127.

Bollegala, D., Honma, T., Matsuo, Y., & Ishizuka, M. (2008). Mining for personal name aliases on the web. In *Proceedings of the 17th International Conference on World Wide Web* (pp. 1107 – 1108). New York: ACM.

Bordes, A., Usunier, N., Garcia-Duran, A., Weston, J., & Yakhnenko, O. (2013). Translating embeddings for modeling multi-relational data. In *Proceedings of NIPS* (pp. 2787 – 2795).

Chen, Z., & Ji, H. (2011). Collaborative ranking: A case study on entity linking. In *Proceedings of the Conference on Empirical Methods in Natural Language Processing* (pp. 771 – 781). Association for Computational Linguistics.

Cho, K., Van Merriënboer, B., Gulcehre, C., Bahdanau, D., Bougares, F., Schwenk, H., & Bengio, Y. (2014). Learning phrase representations using RNN encoder-decoder for statistical machine translation. arXiv:1406.1078.

Dong, Z. & Dong, Q. (2003). Hownet-a hybrid language and knowledge resource. In *2003 International Conference on Natural Language Processing and Knowledge Engineering, 2003. Proceedings* (pp. 820 – 824). IEEE.

Francis-Landau, M., Durrett, G., & Klein, D. (2016). Capturing semantic similarity for entity linking with convolutional neural networks. In *Proceedings of NAACL-HLT* (pp. 1256 – 1261).

Ganea, O.-E., Ganea, M., Lucchi, A., Eickhoff, C., & Hofmann, T. (2016). Probabilistic bag-of hyperlinks model for entity linking. In *Proceedings of the 25th International Conference on World Wide Web* (pp. 927 – 938). International World Wide Web Conferences Steering Committee.

Garcıa-Durán, A., Bordes, A., & Usunier, N. (2015). Composing relation-ships with translations. *Proceedings of EMNLP.*

Gu, K., Miller, J., & Liang, P. (2015). Traversing knowledge graphs in vector space. *Proceedings of EMNLP.*

Han, X., & Sun, L. (2011). A generative entity-mention model for linking entities with knowledge base. In *Proceedings of the 49th Annual Meeting of the Association for Computational Linguistics: Human Language Technologies* (Vol. 1, pp. 945 – 954). Association for Computational Linguistics.

Han, X., & Sun, L. (2012). An entity-topic model for entity linking. In *Proceedings of the 2012 Joint Conference on Empirical Methods in Natural Language Processing and Computational Natural Language Learning* (pp. 105 – 115). Association for Computational Linguistics.

Han, X., Sun, L., & Zhao, J. (2011). Collective entity linking in web text: A graph-based method. In *Proceedings of the 34th international ACM SIGIR conference on Research and development in Information Retrieval* (pp. 765 – 774). New York: ACM.

He, S., Liu, K., Ji, G., & Zhao, J. (2015). Learning to represent knowledge graphs with Gaussian embedding. In *Proceedings of the 24th ACM International on Conference on Information and Knowledge Management* (pp. 623 – 632). New York: ACM.

He, Z., Liu, S., Li, M., Zhou, M., Zhang, L., & Wang, H. (2013). Learning entity representation for entity disambiguation. ACL, 2, 30 – 34.

Hochreiter, S., & Schmidhuber, J. (1997). Long short-term memory. *Neural Computation, 9*(8), 1735 – 1780.

Ji, H., Grishman, R., Dang, H. T., Griffitt, K., & Ellis, J. (2010). Overview of the TAC 2010 knowledge base population track. In *Third Text Analysis Conference (TAC 2010)* (p. 3).

Ji, G., He, S., Xu, L., Liu, K., & Zhao, J. (2015). Knowledge graph embedding via dynamic mapping matrix. In *Proceedings of ACL* (pp. 687 – 696).

Ji, G., Liu, K., He, S., & Zhao, J. (2016). Knowledge graph completion with adaptive sparse transfer matrix.

Krompaß, D., Baier, S., & Tresp, V. (2015). Type-constrained representation learning in knowledge graphs. In *Proceedings of the 13th International Semantic Web Conference (ISWC)*.

Kulkarni, S., Singh, A., Ramakrishnan, G., & Chakrabarti, S. (2009). Collective annotation of Wikipedia entities in web text. In *Proceedings of the 15th ACMSIGKDD international conference on Knowledge discovery and data mining* (pp. 457 – 466). New York: ACM.

Lin, Y., Liu, Z., & Sun, M. (2015a). Modeling relation paths for representation learning of knowledge bases. *Proceedings of EMNLP*.

Lin, Y., Liu, Z., Sun, M., Liu, Y., & Zhu, X. (2015b). Learning entity and relation embeddings for knowledge graph completion. In *Proceedings of AAAI* (pp. 2181 – 2187).

Lin, Y., Shen, S., Liu, Z., Luan, H., & Sun, M. (2016). Neural relation extraction with selective attention over instances. *Proceedings of ACL, 1,* 2124 – 2133.

Mihalcea, R., & Csomai, A. (2007). Wikify!: linking documents to encyclopedic knowledge. In *Proceedings of the sixteenth ACM conference on Conference on information and knowledge management* (pp. 233 – 242). New York: ACM.

Mikolov, T., Chen, K., Corrado, G., & Dean, J. (2013). Efficient estimation of word representations in vector space. arXiv:1301.3781.

Milne, D., &Witten, I. H. (2008). Learning to link with Wikipedia. In *Proceedings of the 17th ACM Conference on Information and Knowledge Management* (pp. 509 – 518). New York: ACM.

Miwa, M., & Bansal, M. (2016). End-to-end relation extraction using LSTMs on sequences and tree structures. arXiv:1601.00770.

Nadeau, D., & Sekine, S. (2007). A survey of named entity recognition and classification. *Lingvisticae Investigationes, 30*(1), 3 – 26.

Ratinov, L., Roth, D., Downey, D., & Anderson, M. (2011). Local and global algorithms for disambiguation to Wikipedia. In *Proceedings of the 49th Annual Meeting of the Association for Computational Linguistics: Human Language Technologies* (Vol. 1, pp. 1375 – 1384). Association for Computational Linguistics.

Silvestri, F., et al. (2009). Mining query logs: Turning search usage data into knowledge. *Foundations and Trends in Information Retrieval, 4*(1 – 2), 1 – 174.

Socher, R., Huval, B., Manning, C. D., & Ng, A. Y. (2012). Semantic compositionality through recursive matrix-vector spaces. In *Proceedings of EMNLP* (pp. 1201 – 1211).

Sun, Y., Lin, L., Tang, D., Yang, N., Ji, Z., & Wang, X. (2015). Modeling mention, context and entity with neural networks for entity disambiguation. In *IJCAI* (pp. 1333 – 1339).

Tai, K. S., Socher, R., & Manning, C. D. (2015). Improved semantic representations from treestructured long short-term memory networks. In *Proceedings of ACL* (pp. 1556 – 1566).

Tsai, C.-T., & Roth, D. (2016). Cross-lingual wikification using multilingual embeddings. In *Proceedings of NAACL-HLT* (pp. 589 – 598).

Vincent, P., Larochelle, H., Bengio, Y., & Manzagol, P.-A. (2008). Extracting and composing robust features with denoising autoencoders.

In *Proceedings of the 25th International Conference on Machine Learning* (pp. 1096–1103). New York: ACM.

Wang, Z., Zhang, J., Feng, J., & Chen, Z. (2014a). Knowledge graph and text jointly embedding. In *Proceedings of EMNLP* (pp. 1591–1601).

Wang, Z., Zhang, J., Feng, J., & Chen, Z. (2014b). Knowledge graph embedding by translating on hyperplanes. In *Proceedings of AAAI* (pp. 1112–1119).

Xiao, H., Huang, M., & Zhu, X. (2016). From one point to a manifold: Orbit models for knowledge graph embedding. In *Proceedings of IJCAI* (pp. 1315–1321).

Xiao, H., Huang, M., Hao, Y., & Zhu, X. (2015). Transg: A generative mixture model for knowledge graph embedding. arXiv:1509.05488.

Xie, R., Liu, Z., & Sun, M. (2016c). Representation learning of knowledge graphs with hierarchical. In *Proceedings of IJCAI*.

Xie, R., Liu, Z., Chua, T.-s., Luan, H., & Sun, M. (2016a). Image-embodied knowledge representation learning. arXiv:1609.07028.

Xie, R., Liu, Z., Jia, J., Luan, H., & Sun, M. (2016b). Representation learning of knowledge graphs with entity descriptions. In *Proceedings of AAAI*.

Xu, K., Feng, Y., Huang, S., & Zhao, D. (2015). Semantic relation classification via convolutional neural networks with simple negative sampling. arXiv:1506.07650.

Zeng, D., Liu, K., Chen, Y., & Zhao, J. (2015). Distant supervision for relation extraction via piecewise convolutional neural networks. In *Proceedings of EMNLP*.

Zeng, D., Liu, K., Lai, S., Zhou, G., & Zhao, J. (2014). Relation classification via convolutional deep neural network. In *Proceedings of COLING* (pp. 2335–2344).

Zhang, D., & Wang, D. (2015). Relation classification via recurrent neural network. arXiv:1508.01006.

Zhong, H., Zhang, J., Wang, Z., Wan, H., & Chen, Z. (2015). Aligning knowledge and text embeddings by entity descriptions. In *Proceedings of EMNLP* (pp. 267–272).

6
기계번역에 사용되는 딥러닝

양 리우^{Yang Liu}, 지아준 장^{Jiajun Zhang}

소개

기계번역^{MT, Machine Translation}은 컴퓨터를 사용해 인간 언어를 자동으로 번역하는 자연어 태스크다. 최근 발전으로 딥러닝은 학계와 산업계의 새로운 패러다임이 됐다. 두 가지 범주의 딥러닝 기반 기계번역 방법을 소개한다. (1) 번역 모델, 순서 변경 모델 그리고 언어 모델과 같은 통계 기반 기계번역 기능 향상을 위한 구성 요소 수준의 딥러닝 활용 (2) 인코더-디코더 프레임워크로 소스 언어와 표적 언어를 직접 매핑하는 신경망 기반 엔드 투 엔드 기계번역 딥러닝이다. 딥러닝 기반 기계번역 문제점과 향후 방향을 논의하면서 마무리한다.

6.1 서론

컴퓨터를 사용해 자연어 자동 번역을 목표로 하는 기계번역은 자연어 처리에서 중요한 작업이다. 병렬 말뭉치가 활용 가능해지면서 1990년대 이후 기계번역 커뮤니티에서는 데이터 중심 기계번역이 압도적인 방법이 됐다. 문장 단위로 배치된 이중 언어 훈련 데이터로 하는 기계번역의 목표는 자동으로 데이터에서 번역 지식을 습득해서 소스 언어 문장을 번역하는 데 있다.

통계 기계번역SMT, Statistical Machine Translation은 번역 과정에 확률 모델 사용을 지원하는 대표적인 데이터 중심 방식이다. 초기 통계 기반 기계번역은 단어를 기본 단위로 하는 모델에 초점을 맞췄지만(Brown et al., 1993), 문구와 분석에 따라 정의된 피처를 사용하는 판별 모델(Och and Ney, 2002)은 2002년부터 보급되기 시작한다(Koehn et al., 2003; Chiang, 2007). 그러나 통계 기반 판별 기계번역 모델은 심각한 희박성 문제에 직면했다. 통계 기계번역은 이산 기호 표상을 사용해 거의 발생하지 않는 사건을 모형 파라미터에 포함시켜 불량 추정치를 학습할 위험이 있다. 또한 자연어의 다양성과 복잡성으로 모든 번역 규칙을 만드는 데 수동으로 피처를 설계하기가 어렵다.

최근 몇 년 동안 기계번역에서 딥러닝 애플리케이션의 놀라운 성공을 목격했다. 국제 기계번역 평가에서 통계 기계번역을 뛰어넘는 딥러닝 번역은 상업용 온라인 기계번역 서비스에 사실상의 새로운 패러다임이 됐다. 6장에서는 딥러닝 기반 기계번역 방법의 두 가지 범주를 소개한다. 첫째, 번역 모델, 재정렬 모델 그리고 언어 모델 등 통계 기계번역의 주요 구성 요소의 기능을 향상시킨 기계번역을 위한 구성 요소 중심의 딥러닝(Devlin et al., 2014)과 둘째, 인코더와 디코더 프레임워크에 기반한 소스 언어와 표적 언어를 직접적으로 매핑하는 데 신경망을 사용한 엔드 투 엔드 딥러닝(Sutskever et al., 2014; Bahdanau et al., 2015)이다.

우선 통계 기계번역에 관한 기본 개념을 6.2.1절에서 소개하고 문자열 매칭에 통계 기계번역이 갖는 기존 문제점을 논의할 것이다. 그런 다음 통계 기계번역에서 사용되는 애플리케이션을 검토한다(6.3.1-6.3.5절). 6.4절에서는 표준 인코더-디코더 프레임워크(6.4.1절), 관심 메커니즘(6.4.2절) 그리고 최근 발전 현황(6.4.3-6.4.6절)을 다룬다. 6.5절에서 요약하면서 마무리한다.

6.2 통계 기계번역과 그 과제

6.2.1 기본 내용

$\mathbf{x}$를 소스 문장, $\mathbf{y}$를 번역할 표적 언어 문장, θ를 파라미터의 집합, $P(\mathbf{y}|\mathbf{x}; \theta)$ 소스 문장이 $\mathbf{x}$인 경우 번역이 $\mathbf{y}$가 될 확률이라 하자. 기계번역의 목표는 가장 높은 확률 $\mathbf{y}$로 번역하는 것이다.

$$\hat{\mathbf{y}} = \underset{\mathbf{y}}{\mathrm{argmax}} \left\{ P(\mathbf{y}|\mathbf{x}; \theta) \right\} \tag{6.1}$$

Brown 외(1993)는 베이즈 정리를 사용해 등식 (6.1)의 결정 룰을 다음과 같이 정리한다.

$$\hat{\mathbf{y}} = \underset{\mathbf{y}}{\mathrm{argmax}} \left\{ \frac{P(\mathbf{y}; \theta_{lm}) P(\mathbf{x}|\mathbf{y}; \theta_{tm})}{P(\mathbf{x})} \right\} \tag{6.2}$$

$$= \underset{\mathbf{y}}{\mathrm{argmax}} \left\{ P(\mathbf{y}; \theta_{lm}) P(\mathbf{x}|\mathbf{y}; \theta_{tm}) \right\} \tag{6.3}$$

$P(\mathbf{x}|\mathbf{y}; \theta_{tm})$은 번역 모델이고, $P(\mathbf{y}; \theta_{lm})$은 언어 모델이다. θ_{tm} 및 θ_{lm}은 각각 번역 모델 및 언어 모델 파라미터다.

번역 모델 $P(\mathbf{x}|\mathbf{y}; \theta_{tm})$은 잠재적 구조를 통해 더 분해되는 생성 모델로 정의된다(Brown et al., 1993).

$$P(\mathbf{x}|\mathbf{y}; \theta_{tm}) = \sum_{\mathbf{z}} P(\mathbf{x}, \mathbf{z}|\mathbf{y}; \theta_{tm}) \tag{6.4}$$

여기서 $\mathbf{z}$는 소스 언어와 표적 언어의 단어 일치도를 나타내는 단어 정렬과 같은 잠재구조다.

그러나 잠재변수 생성 번역 모델의 주요 한계점은 하위 모델 간의 복잡한 의존성 때문에 확장하기 어렵다는 점이다. 결과적으로 Och와 Ney(2002)는 통계 기계번역에 로그선형 모델을 사용해 임의적인 지식 소스를 통합할 것을 주장한다.

$$P(\mathbf{y}|\mathbf{x}; \theta) = \frac{\sum_{\mathbf{z}} \exp(\theta \cdot \phi(\mathbf{x}, \mathbf{y}, \mathbf{z}))}{\sum_{\mathbf{y}'} \sum_{\mathbf{z}'} \exp(\theta \cdot \phi(\mathbf{x}', \mathbf{y}, \mathbf{z}'))} \tag{6.5}$$

여기서 $\phi(\mathbf{x}, \mathbf{y}, \mathbf{z})$는 변환 과정을 특징 짓는 피처 집합이고 θ는 피처 가중치들의 집합이다. 공식 6.4에 있는 잠재변수 생성 모델은 번역과 언어 모델을 모두 피처로 처리할 수 있기 때문에 로그선형 모델의 특별 케이스라는 점에 주목하자.

구phrase 기반 번역 모델(Koehn et al., 2003)은 단순함과 효과성으로 학계와 산업계 모두에서 가장 널리 사용된다. 구 기반 번역의 기본적인 아이디어는 단어 선택과 국지적 문맥을 고려한 순서 재정렬과 구문을 기억해 단어 삽입 및 생략, 짧은 숙어, 번역을 효율적으로 처리하는 데 목표를 둔다.

그림 6.1에서 볼 수 있듯이 구 기반 통계 기계번역 프로세스는 다음 3단계로 나눈다. 첫째, 소스 문장을 구로 세분화하고 둘째, 각 소스 구를 표적 구로 변환하며 셋째, 표적 언어 순서로 대상 구를 재배열하는 것이다. 표적 구의 결합은 표적 문장을 형성한다. 따라서 표적 기반 번역 모델은 구 세분화, 구 순서 변경, 구 번역 등 세 가지 하위 모델로 구성되는 경우가 많다. 하위 모델은 로그선형 모델 프레임워크에서 주요 피처로 사용된다.

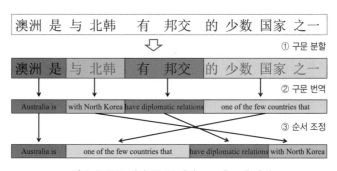

그림 6.1 구문 기반 SMT 번역 프로세스 세 단계

판별 구phrase 기반 번역 모델의 핵심 피처는 번역 규칙 테이블과 이중언어 구문 테이블이다. 그림 6.2는 구 기반의 통계 기계번역용 번역 규칙 추출 과정을 보여준다. 병렬 문장 쌍이 있으면 원문의 단어들과 표적 문장 사이의 관계를 찾기 위해 단어 배열word alignment이 수행된다. 단어 배열(Och and Ney, 2002)로 정의된 제약 조건을 만족하는 이중언어 구(즉, 번역 규칙)가 정렬된 문장 쌍에서 추출된다. 그리고 이중 언어 구의 확률과 어휘 가중치를 학습 데이터로부터 추정한다. 단어 배열 병렬 말뭉치로 구 순서 변경 모델을 학습

224

할 수 있다는 점을 알아두자.

잠재변수 로그선형 번역 모델에서 잠재구조 **z**는 파생문이라고 부르기도 하며, 번역이 이뤄지는 방식을 설명한다. 디코딩하는 동안 가장 높은 확률을 갖는 번역문을 찾아내는 데 필요한 모든 파생문을 고려해야 한다.

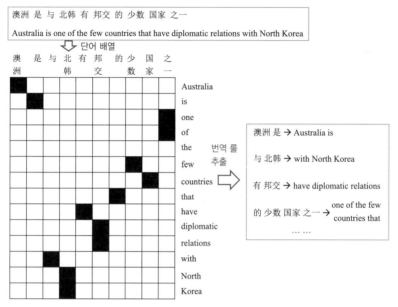

그림 6.2 구문 기반 SMT을 위한 번역룰 추출. 문장 연계 병렬 말뭉치의 경우 소스와 표적 문장 단어들 사이의 연결을 표시하는 단어 연계를 먼저 계산한다. 의미적으로 동등한 소스와 표적 단어 순서를 포착하는 이중언어 구문들은 단어와 연계되는 평행 말뭉치에서 추출한다.

$$\hat{\mathbf{y}} = \underset{\mathbf{y}}{\operatorname{argmax}} \left\{ \sum_{\mathbf{z}} \exp\left(\boldsymbol{\theta} \cdot \boldsymbol{\phi}(\mathbf{x}, \mathbf{y}, \mathbf{z})\right) \right\} \qquad (6.6)$$

안타깝게도 너무도 많은 잠재 파생문이 생성되기 때문에 합산하기가 어렵다. 결과적으로 표준 통계 기계번역 시스템은 가장 높은 확률을 갖는 파생문을 식 (6.6)을 통해 추정한다.

$$\hat{\mathbf{y}} \approx \underset{\mathbf{y}}{\operatorname{argmax}} \left\{ \underset{\mathbf{z}}{\max} \left\{ \boldsymbol{\theta} \cdot \boldsymbol{\phi}(\mathbf{x}, \mathbf{y}, \mathbf{z}) \right\} \right\} \qquad (6.7)$$

그리고 다항식을 통해 동적 프로그래밍 알고리즘이 효율적으로 번역문을 생성하도록 디자인된다.

6.2.2 통계 기계번역 과제

통계 기계번역 훈련 과정에서 단어 배열은 핵심이며 변환 규칙 품질과 재배열 모델에 직접적으로 영향을 미친다. 통계 기계번역 디코딩은 변환 규칙의 확률적 추정, 재배열 모델, 언어 모델이 로그선형 프레임워크에 결합돼 최종 변환 결과를 생성하는 세 가지 핵심 요소를 가진다.

단어 배열을 위해 통계 기계번역에서 널리 사용되는 솔루션은 비지도 생성 모델(Brown et al., 1993)이다. 생성 방법은 데이터 학습 효과를 극대화하도록 단어 기호 표상을 사용하고 단어의 동시 발생 가능성을 계산하며 단어 대 단어 매핑 확률을 학습한다. 번역 규칙의 확률적 추정은 단어 정렬 문장 쌍의 동시 발생 통곗값에 따른 최대우도추정을 적용해서 계산한다(Koehn et al., 2003). 구문 재배열 경우는 원 언어와 대상 언어가 정렬된 바이텍스트bitext 에서 추출되며, 재배열 모델은 이산형 단어를 피처로 사용하는 분류 문제로 연관된다(Galley and Manning, 2008). 언어 모델은 종종 n-gram 모델로 형성되고 $n-1$개의 이력 단어 조건에서 현재 단어의 확률은 단어 순서 상대적 빈도로 추정된다(Chen and Goodman, 1999).

위의 분석에 따르면 두 가지 중요한 문제가 통계 기계번역 개선을 방해한다. 첫 번째 문제는 데이터 희소성이다. 이산형 기호 표상을 사용하는 통계 기계번역은 잘 발생하지 않는 이벤트 때문에 잘못 만들어진 모델 파라미터 추정량을 학습하는 경향이 있다. 문맥 정보를 잡아낼 수 있는 복잡한 피처는 학습 데이터로 잘 관측되지 않기 때문에 사용하는 데 바람직하지 않다. 그 결과 기존 통계 기계번역은 단순 피처를 사용해야 한다. 예를 들어 최대 구문 길이는 대개 7로 설정되고 언어 모델은 4-gram만을 사용한다(Koehn et al., 2003).

두 번째 어려운 점은 피처 엔지니어링이다. 로그선형 모델은 다수 피처를 통합할 수 있지만(Chiang et al., 2009), 모든 번역을 포괄할 만큼 충분하게 표상할 수 있는 피처를 찾기가 여전히 어렵다. 통계 기계번역을 위한 피처 디자인의 표준 실무 처리는 피처 템플릿을 수작업으로 디자인하고, 국지적 어휘와 구문 정보를 잡아낸다. 그런 다음 템플릿을 훈련 데이터에 적용해 수백만 가지 피처를 생성한다. 피처 대부분은 매우 희박해 피처 가중치를 평가하는 것이 어렵다.

최근 몇 년 동안 통계 기계번역에 대한 위 두 가지 문제를 해결하기 위해 딥러닝 기법이 적용됐다. 딥러닝은 이산형 기호 표상을 사용하는 대신 분포 표상 방식을 도입해서 데이터 희박성 문제를 완화할 수 있을 뿐만 아니라 데이터로부터 표상을 학습해 피처 엔지니어링 문제를 피해 간다. 이제는 통계 기계번역의 주요 구성 요소를 개선하는 데 딥러닝이 사용되는 방법을 소개한다. 단어 배열(6.3.1절), 번역 규칙 확률 추정(6.3.2절), 문구 재배열 모델(6.3.3절), 언어 모델(6.3.4절), 모델 특징 조합(6.3.5절) 순으로 소개한다.

6.3 기계번역을 위한 구성 요소 수준 딥러닝

6.3.1 단어 배열을 위한 딥러닝

6.3.1.1 단어 배열

단어 배열은 병렬 문장에서 단어 사이 일치성을 확인하는 것을 목표로 한다 (Brown et al., 1993; Vogel et al., 1996). 소스 문장 $\mathbf{x} = x_1, ..., x_j, ..., x_J$와 대상 문장 번역 $\mathbf{y} = y_1, ..., y_i, ..., y_I$의 경우, $\mathbf{x}$와 $\mathbf{y}$ 간의 단어 정렬은 $\mathbf{z} = z_1, ..., z_j, ...,$ z_J로 정의되고, 여기서 $z_j \in [0, I]$이고 $z_j = i$는 x_j와 y_i가 연결됐음을 의미한다. 그림 6.2는 정렬된 행렬을 보여준다.

통계 기계번역에서 단어 배열은 생성번역 모델 [Eq. (6.4) 참조]에서 잠재 변수로 흔히 사용된다. 결과적으로 단어 정렬 모델 $P(\mathbf{x}, \mathbf{z}|\mathbf{y}; \theta)$ 형태로 나타날 수 있다. HMM 모델(Vogel et al., 1996)은 가장 널리 사용되는 배열 모델 중 하나이며 다음과 같이 정의된다.

$$P(\mathbf{x}, \mathbf{z}|\mathbf{y}; \theta) = \prod_{j=1}^{J} p(z_j|z_{j-1}, I) \times p(x_j|y_{z_j}) \qquad (6.8)$$

여기서 배열 확률 $p(z_j|z_{j-1}, I)$과 번역 확률 $p(x_j|y_{z_j})$은 모델 파라미터다.

$\{\mathbf{x}^{(s)}, \mathbf{y}^{(s)}\}_{s=1}^{S}$을 문장 쌍의 집합이라 하자. 표준 훈련 목표는 학습 데이터의

로그우도^{log-likelihood}를 최대화하는 것이다.

$$\hat{\boldsymbol{\theta}} = \underset{\boldsymbol{\theta}}{\operatorname{argmax}} \left\{ \sum_{s=1}^{S} \log P(\mathbf{x}^{(s)}|\mathbf{y}^{(s)}; \boldsymbol{\theta}) \right\} \tag{6.9}$$

학습된 모델 파라미터 $\hat{\boldsymbol{\theta}}$ 조건에서 문장 한 쌍인 $\mathbf{x}$와 $\mathbf{y}$ 최상의 배열은 다음과 같이 얻는다.

$$\hat{\mathbf{z}} = \underset{\mathbf{z}}{\operatorname{argmax}} \left\{ P(\mathbf{x}, \mathbf{z}|\mathbf{y}; \hat{\boldsymbol{\theta}}) \right\} \tag{6.10}$$

6.3.1.2 단어 배열을 위한 순방향 신경망

단순하면서 추적할 수 있지만 이산 기호 표상을 사용하는 고전 배열 모델은 주요 한계점을 드러낸다. 데이터 희박성 때문에 더 많은 상황 정보를 캡처하지 못한다. 예를 들어 배열 확률 $p(z_j|z_{j-1}, I)$과 번역 확률 $p(x_j|y_{z_j})$은 배열 규칙성을 잘 포착하는 x와 y 주변 문맥을 포함하지 못한다.

이 문제를 해결하기 위해 Yang 외(2013)는 단어 배열을 위한 문맥 의존 심층 신경망을 제안한다. 기본 개념은 연속 표상을 활용해 더 많은 문맥 정보를 캡처하도록 배열 모델을 활성화하는 것이며, 순방향 신경망을 사용해 수행한다.

소스 문장 $\mathbf{x} = x_1, \dots, x_j, \dots, x_J$의 경우 j번째 소스 단어 x_j의 벡터 표상을 나타내기 위해 x_j라고 칭한다. 비슷하게 y_i는 벡터 i번째 대상 단어 y_i라고 칭한다. Yang 외(2013)는 더 많은 문맥 정보를 포함하기 위해 $p(x_j|y_i)$ 대신 $p(x_j|y_i, C(\mathbf{x}, j, w), C(\mathbf{y}, i, w))$를 사용할 것을 제안한다. 여기서 w는 윈도우 크기이고 소스 문맥과 대상 문맥은 다음과 같이 정의된다.

$$C(\mathbf{x}, j, w) = x_{j-w}, \dots, x_{j-1}, x_{j+1}, \dots, x_{j+w} \tag{6.11}$$

$$C(\mathbf{y}, i, w) = y_{i-w}, \dots, y_{i-1}, y_{i+1}, \dots, y_{i+w} \tag{6.12}$$

따라서 순방향 신경망은 원문과 번역 대상 하위 문자열을 입력값으로 하는 단어 임베딩 집합을 취한다.

$$\mathbf{h}^{(0)} = [x_{j-w}; \dots; x_{j+w}; y_{i-w}; \dots; y_{i+w}] \tag{6.13}$$

첫 번째 히든 레이어는 다음과 같이 계산된다.

$$\mathbf{h}^{(1)} = f(\mathbf{W}^{(1)}\mathbf{h}^{(0)} + \mathbf{b}^{(1)}) \tag{6.14}$$

여기서 $f(\cdot)$는 비선형 활성화함수이고,[1] $\mathbf{W}^{(1)}$은 첫 번째 레이어에 있는 가중치 행렬이며, $\mathbf{b}^{(1)}$은 첫 번째 층에 있는 바이어스 항이다.

일반적으로 l번째 히든 레이어는 다음과 같이 재귀적으로 계산한다.

$$\mathbf{h}^{(l)} = f(\mathbf{W}^{(l)}\mathbf{h}^{(l-1)} + \mathbf{b}^{(l)}) \tag{6.15}$$

Yang 외(2013)는 최종 레이어를 활성화함수가 없는 선형변환으로 정의한다.

$$t_{lex}(x_j, y_i, C(\mathbf{x}, j, w), C(\mathbf{y}, i, w), \boldsymbol{\theta}) = \mathbf{W}^{(L)}\mathbf{h}^{(L-1)} + \mathbf{b}^{(L)} \tag{6.16}$$

$t_{lex}(x_j, y_i, C(\mathbf{x}, j, w), C(\mathbf{y}, i, w), \boldsymbol{\theta}) \in \mathbb{R}$은 x_j가 y_i의 번역 확률을 나타내는 실수값 점수임을 주목하자.

따라서 문맥 의존 번역 확률은 점수를 공식을 통해 얻을 수 있다.

$$p(x_j | y_i, C(\mathbf{x}, j, w), C(\mathbf{y}, i, w) = \frac{\exp\left(t_{lex}(x_j, y_i, C(\mathbf{x}, j, w), C(\mathbf{y}, i, w), \boldsymbol{\theta})\right)}{\sum_{x \in V_x} \exp\left(t_{lex}(x, y_i, C(\mathbf{x}, j, w), C(\mathbf{y}, i, w), \boldsymbol{\theta})\right)} \tag{6.17}$$

여기서 V_x는 소스 언어 어휘다.

실제로 변역 확률을 구하는 데 모든 소스 단어를 열거하는 것은 계산적으로 부담을 가중시키기 때문에, Yang 외(2013)는 번역 점수 $t_{lex}(x_j, y_i, C(\mathbf{x}, j, w), C(\mathbf{y}, i, w), \boldsymbol{\theta})$를 사용한다. 그림 6.3a는 번역 점수 계산을 위한 네트워크 구조를 보여준다.

배열 확률 $p(z_j | z_{j-1}, I)$을 구하기 위해 Yang 외(2013)는 정규화되지 않은 배열점수 $t_{aign}(z_j | z_{j-1}, \mathbf{x}, \mathbf{y})$를 채택하고 다음과 같이 계산을 단순화한다.

$$t_{align}(z_j | z_{j-1}, \mathbf{x}, \mathbf{y}) = t_{align}(z_j - z_{j-1}) \tag{6.18}$$

여기에서 $t_{align}(z_j - z_{j-1})$은 17개의 파라미터로 모델화되며 각 파라미터는 특정 배열 거리 $d = z_j - z_{j-1}(d = -7$에서 $d = 7$까지 및 $d \leq -8, d \geq 8)$와 연관된다.

---

1 Yang 외(2013) 연구에서 $f(\cdot) = htanh(\cdot)$를 채택한다.

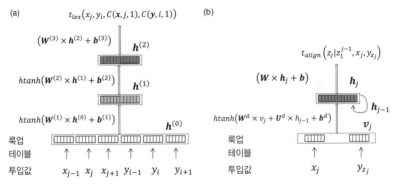

그림 6.3 딥러닝 기반 단어 배열 모델. (a) 어휘 번역 점수 예측을 위한 순방향 신경망 (b) 왜곡 스코어 계산을 위한 순환 신경망

6.3.1.3 단어 배열을 위한 순환 신경망

순방향 신경망은 배열 점수 $t_{align}(z_j|z_{j-1}, \mathbf{x}, \mathbf{y})$를 계산할 때 직전 배열 z_{j-1}만을 고려하고 z_{j-1} 그 이전의 이력 정보를 무시한다. 최상의 단어 배열을 찾기 위해 생성 모델(식 6.8 참조)을 적용하는 대신 Tamura 외(2014)는 순환 신경망RNN을 사용해 $\mathbf{z} = z_1^J$의 배열 점수를 직접 계산했다.

$$s_{RNN}(z_1^J|\mathbf{x}, \mathbf{y}) = \prod_{j=1}^{J} t_{align}(z_j|z_1^{j-1}, x_j, y_{z_j}) \tag{6.19}$$

순환 신경망은 이력 배열 z_1^{j-1}을 조건으로 해서 z_j의 배열 스코어를 예측한다. 그림 6.3b는 $z_j(t_{align}(z_j|z_1^{j-1}, x_j, y_{zj}))$의 점수를 계산하기 위한 순환 신경망 구조를 보여준다.

소스 단어 x_j와 표적 단어 y_{z_j}가 벡터 표상으로 투영 및 결합돼 입력값 $\mathbf{v}_j$를 만든다. 이전 단계의 RNN 히든 상태 $\mathbf{h}_{j-1}$는 또 다른 입력값이 돼, 새로운 히든 상태 $\mathbf{h}_j$는 다음과 같이 계산된다.

$$h_j = f(\mathbf{W}^d\mathbf{v}_j + \mathbf{U}^d\mathbf{h}_{j-1} + \mathbf{b}^d) \tag{6.20}$$

여기서 $f(\cdot) = htanh(\cdot)$, $\mathbf{W}^d$와 $\mathbf{U}^d$는 가중치 행렬, $\mathbf{b}^d$는 바이어스 항이다. 다른 시점에 동일한 가중치 행렬이 사용되는 클래식 RNN과는 대조적으로 $\mathbf{W}^d$, $\mathbf{U}^d$, $\mathbf{b}^d$는 배열 거리인 $d = z_j - z_{j-1}$에 따라 동적으로 결정된다. Yang 외(2013)를 따라 Tamura 외(2014)도 배열 거리 d에 17개의 값을 선택해

$\mathbf{W}^d(\mathbf{W}^{\leq-8}, \mathbf{W}^{-7}, ..., \mathbf{W}^7, \mathbf{W}^{\geq8})$에 대해 17개의 다른 행렬이 생겼다. $\mathbf{U}^d$와 $\mathbf{b}^d$는 유사하다.

그런 다음 현재 RNN 히든 상태의 선형변환으로 배열 점수 z_j를 계산한다.

$$t_{align}(z_j|z_1^{j-1}, x_j, y_{z_j}) = \mathbf{W}h_j + \mathbf{b} \tag{6.21}$$

광범위한 실험으로 Tamura 외(2014)는 순환 신경망이 단어 배열 품질 면에서 순방향 신경망을 능가하는 것을 보고하고 순환 신경망은 모든 이력 정보를 기억해 장기 의존성을 포착할 수 있다고 제시한다.

6.3.2 번역 규칙 확률 추정 딥러닝

단어로 배열된 학습 문장 쌍이 있는 경우, 단어 배열을 만족시키는 모든 번역 규칙을 추출할 수 있다. 구문 기반 통계 기계번역에서 하나의 원본 구문에서 많은 수의 구문 변환 규칙을 추출할 수 있다. 디코딩하는 동안 가장 적절한 번역 규칙을 선택하는 것은 중요한 문제이다. 전통적으로 번역 규칙 선택은 대개 2 언어 훈련 데이터의 동시발생 빈도를 사용해 계산된 규칙의 확률에 따라 결정된다(Koehn et al., 2003). 예를 들어 구문 변환 규칙 x_j^{j+k}와 y_i^{i+l}의 조건부확률 $p(y_i^{i+l}|x_j^{j+k})$는 최대우도추정으로 계산한다.

$$p(y_i^{i+l}|x_j^{j+k}) = \frac{count(x_j^{j+k}, y_i^{i+l})}{count(x_j^{j+k})} \tag{6.22}$$

최대우도추정 방법은 데이터 희소성 문제에 맞닥뜨릴 수 있고, 추정된 확률은 빈도가 낮은 번역 규칙 때문에 틀릴 수도 있다. 최대우도추정 방법은 구문 규칙의 심층적 의미를 포착할 수 없으며 구문 범위를 넘는 큰 문맥을 탐색할 수 없다. 최근에는 딥러닝 방식이 분포된 의미 표상과 더 많은 문맥 정보를 이용해 양질의 번역 규칙을 잘 추정한다고 알려졌다.

구문 변환 규칙 $\langle x_j^{j+k}, y_i^{i+l} \rangle$의 경우 Gao 외(2014)는 저차원 벡터 공간으로 번역 점수 스코어 $p(x_j^{j+k}|y_i^{i+l})$를 계산하려고 시도했다. 해당 방법의 주요 아이디어는 그림 6.4에서 나타난다. $p(y_i^{i+l}|x_j^{j+k})$

두 개의 히든 레이어가 있는 순방향신경망이 문자열(구문)을 추상적 벡터 표상으로 매핑하기 위해 사용된다. 소스 문구 x_j^{j+k}를 예로 들어보자. 백오브워즈bag-of-words 원 핫 표상 $\mathbf{h}_x^{(0)}$로 시작해 두 개의 히든 레이어가 뒤를 따른다.

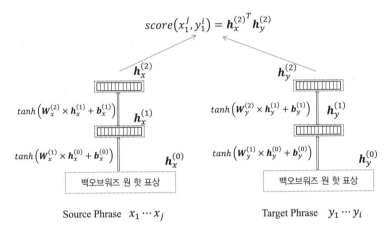

$$score(x_1^j, y_1^i) = \mathbf{h}_x^{(2)^T} \mathbf{h}_y^{(2)}$$

Source Phrase $x_1 \cdots x_j$ Target Phrase $y_1 \cdots y_i$

그림 6.4 구문 번역 룰을 위한 백오브워즈(bag-of-words) 분산 구문 표상을 보여주며, 목표는 평가 지표(BLEU)에 민감한 구 임베딩을 학습하는 것이다. 소스와 표적 구문 간 내적 유사성은 통계 기계번역(SMT) 스코어로 활용된다.

$$\mathbf{h}_x^{(1)} = f(\mathbf{W}_x^{(1)}\mathbf{h}_x^{(0)} + \mathbf{b}_x^{(1)}) \qquad (6.23)$$

$$\mathbf{h}_x^{(2)} = f(\mathbf{W}_x^{(2)}\mathbf{h}_x^{(1)} + \mathbf{b}_x^{(2)}) \qquad (6.24)$$

여기서 활성화함수는 $f(\cdot) = \tanh(\cdot)$이며, 표적 구 y_i^{i+l}에 대한 $\mathbf{h}_y^{(2)}$는 동일한 방식으로 학습된다. 그런 다음 원본 구와 표적 구 사이의 내적dot product은 번역 스코어 $score(x_j^{j+k}, y_i^{i+l}) = \mathbf{h}_x^{(2)^T}\mathbf{h}_y^{(2)}$로 사용된다. 단어 임베딩과 가중치 행렬 등의 네트워크 파라미터는 검증 데이터에서 더욱 나은 번역의 질(예: BLEU)을 유도할 수 있는 구문 쌍 점수를 최대화하기 위해 그에 맞게 최적화된다.

구 분산 표상은 데이터 희박성 문제를 어느 정도 경감시키며 학습된 구 제시는 평가 지표에 매우 민감하게 반응한다. 그러나 백오브워즈bag-of-words 모델링 때문에 구 분산 표상 방법은 구 의미를 결정하는 데 매우 중요한 구의 단어 순서 정보를 잡아낼 수 없다는 점을 알아둬야 한다. 예를 들어 고양이가 물고기를 먹는 것과 물고기가 고양이를 먹는 것은 동일한 백오브워즈이지만 완전히 다른 의미다.

따라서 Zhang 외(2014a, b)는 구에서 단어 정보를 제안하고 두 언어로 제한되는 재귀 자동인코더[BRAE]를 사용해 구 의미를 포착한다. 소스 구와 올바르게 번역된 구는 동일한 의미와 동일한 의미 벡터 표상을 공유해야 한다는 기본 전제가 있다. 이 방법의 프레임 작업은 그림 6.5에 나와 있다. 규칙 $(x_1^3,$ $y_1^4)$에 대한 소스 구와 표적 구의 초기 임베딩 $(\mathbf{x}_1^3, \mathbf{y}_1^4)$을 학습하도록 두 개의 재귀 자동인코더를 사용한다. 재귀 자동인코더는 이진트리 각각 노드에 동일한 자동인코더를 적용한다. 자동인코더는 2개의 벡터 표상(예를 들어 $\mathbf{x}_1$ 및 $\mathbf{x}_2$) 을 입력값으로 취해 다음과 같이 구 표상($\mathbf{x}_1^2$)을 생성한다.

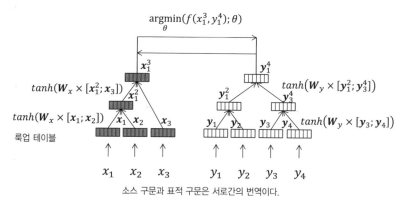

그림 6.5 단어 순서를 고려한 재귀 자동인코더를 사용한 이중언어로 제한된 구 임베딩. 목표는 구 의미 표상을 학습하는 것이다.

$$\mathbf{x}_1^2 = f(\mathbf{W}_x[\mathbf{x}_1; \mathbf{x}_2] + \mathbf{b}_x) \qquad (6.25)$$

$\mathbf{x}_1^2$로부터 자동인코더는 입력값을 재구성한다.

$$[\mathbf{x'}_1, \mathbf{x'}_2] = f(\mathbf{W'}_x\mathbf{x}_1^2 + \mathbf{b'}_x) \qquad (6.26)$$

다음과 같이 네트워크 파라미터는 재구성 에러를 최소화하는 방식으로 최적화된다.

$$E_{rec}[\mathbf{x}_1, \mathbf{x}_2] = \frac{1}{2} \|[\mathbf{x}_1, \mathbf{x}_2] - [\mathbf{x'}_1, \mathbf{x'}_2]\|^2 \qquad (6.27)$$

재귀 자동인코더에서 네트워크 파라미터는 각 노드에서 재구성 오차의 합을 최소화하도록 학습된다. 재구성 오차뿐만 아니라 구의 의미를 파악하기 위해 번역 등가물과의 의미 거리를 최소화하고 동시에 비등가물과의 의미 거리를 최대화하도록 디자인한다. 네트워크 파라미터와 단어 임베딩이 최적화된 후, 이 방법으로 모든 소스 구와 타깃 구의 의미벡터 표상을 학습할 수 있다. 의미벡터 공간(예를 들어 코사인 유사성)에 있는 두 구 사이의 유사성은 대응되는 구 번역 규칙의 번역 신뢰translation confidence로 사용되며, 의미 유사성을 이용하면 번역 규칙 선택이 훨씬 정확해진다. Su 외(2015)와 Zhang 외(2017a)는 두 언어로 제한되는 재귀 자동인코더BRAE 모델을 개선하고 번역 품질을 향상킨다고 제안한다.

위의 두 가지 방법은 구 기반 번역 규칙 자체에 중점을 두고 있으며 많은 맥락을 고려하지 않는다. Devlin 외(2014)는 번역 확률을 예측하기 위해 소스 맥락과 표적 맥락 모두 모델링하는 것을 목표로 하는 공동신경망 모델을 제안한다. 아이디어는 매우 간단하다. 타깃 단어 y를 예측하도록 변환 법칙에 따라 해당되는 소스 단어-주변 단어(중앙 소스 단어 x_j)를 추적한다.[2] 그러면 x_j가 중심이 되는 윈도우에 들어가는 소스 문맥 $x_{j-w} \cdots x_j \cdots x_{j+w}$(예를 들어 $w = 5$)을 얻게 된다. 소스 문맥과 표적 이력 번역 $y_{i-3} \, y_{i-2} \, y_{i-1}$의 벡터 표상은 그림 6.6에서와 같이 순방향 신경망의 입력값으로 합쳐진다. 두 개의 히든 레이어 이후에 나타나는 softmax 함수는 단어 y_i 확률을 제시한다. 더 많은 문맥 정보가 포착되기 때문에 예측된 번역 확률은 훨씬 더 신뢰할 수 있다.

그러나 소스 맥락은 고정된 크기의 윈도우에 따라 달라지며 전체 정보를 캡처할 수 없다. 이 문제를 해결하기 위해 Zhang 외(2015) 그리고 Meng 외(2015)는 소스 문장에 대한 의미 표상을 학습하고, 공동 네트워크 모델을 보강하기 위해 추가 입력값으로 문장 임베딩 사용을 시도했다. 이러한 방법은 표적 단어 번역이 문장 수준의 지식을 필요로 할 때 더욱 효과적이다.

---

2 예를 들어 구의 규칙 〈you bangjiao, have diplomatic relations〉가 소스 문장 "aozhou shi yu beihan you bangjiao de shaoshu guojia zhiyi"와 매칭된다면, 표적 단어 relation을 예측하는 데 Bangjiao는 중앙 소스 단어가 된다.

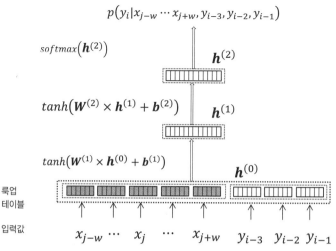

$$p(y_i | x_{j-w} \cdots x_{j+w}, y_{i-3}, y_{i-2}, y_{i-1})$$

$softmax(\boldsymbol{h}^{(2)})$ $\boldsymbol{h}^{(2)}$

$tanh(\boldsymbol{W}^{(2)} \times \boldsymbol{h}^{(1)} + \boldsymbol{b}^{(2)})$ $\boldsymbol{h}^{(1)}$

$tanh(\boldsymbol{W}^{(1)} \times \boldsymbol{h}^{(0)} + \boldsymbol{b}^{(1)})$ $\boldsymbol{h}^{(0)}$

룩업
테이블

입력값

$x_{j-w} \quad \cdots \quad x_j \quad \cdots \quad x_{j+w} \quad y_{i-3} \quad y_{i-2} \quad y_{i-1}$

그림 6.6 순방향 신경망으로 표적 번역 단어 예측을 위한 연결 학습. 입력값으로 중심 단어 주변의 소스 문맥과 표적 이력이 포함된다. 결괏값은 다음 표적 단어의 예측 조건 확률이다.

6.3.3 구 재배열을 위한 딥러닝

소스 언어 문장 $\mathbf{x} = x_1^J$의 경우 구 번역 규칙은 문장에 맞추고 전체 단어 순서 x_1^J을 구 순서로 세분화해서 이전 절에서 설명한 신경망 규칙 선택 모델을 사용해 소스 구를 표적 구에 매핑한다. 다음 작업에서는 올바른 형식의 번역을 하도록 표적 구를 재배열해야 한다. 구 재배열 작업은 두 개 인접한 표적 구를 이진 분류 형태로 변형하는데, 두 구를 순서대로 유지하거나 서로 바꾼다. 두 개의 주변 표적 구인 x^0 = yu beihan과 x^1 = you bangjiao와 상응하는 번역 후보인 y^0 = with North Korea와 y^1 = have the diplomatic relations 에 대해 순서 재배열 모델은 4개 구의 이산형 단어만을 피처로 사용해 최대 엔트로피 모델을 채택해 재배열 확률을 예측한다(Xiong et al., 2006).

$$p(o | x^0, x^1, y^0, y^1) = \frac{\sum_i \{\lambda_i f_i(x^0, x^1, y^0, y^1, o)\}}{\sum_o' \sum_i \{\lambda_i f_i(x^0, x^1, y^0, y^1, o')\}} \tag{6.28}$$

여기서 $f_i(x^0, x^1, y^0, y^1, o)$와 λ_i는 각각 이산형 단어 피처와 해당 피처 가중치를 의미한다. o는 $o = mono$ 또는 $o = swap$ 등 순서 재배열 유형을 나타낸다. 피처로써 이산형 기호을 사용하는 재배열 모델은 데이터 희소성이라는 심각한 이슈에 직면한다. 또한 전체 구문 정보를 활용할 수 없어서 비슷한 재배열 패턴을 포착하지 못한다.

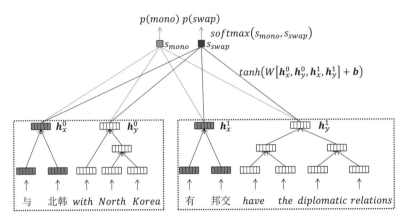

그림 6.7 두 개의 구 번역 규칙에서 나온 4개의 구를 재귀 자동인코더를 이용해 분산 표상으로 매핑한 신경망 구 재배열 모델(neural phrase reordering)을 보여주며, 순방향 네트워크는 재순서의 확률을 예측하기 위해 채택됐다.

실수벡터 공간에서 구 피처 표상을 학습하면 데이터 희소성 문제를 완화하고 순서 재배열을 위한 전체 구 정보를 충분히 활용할 수 있다. Li 외(2013, 2014)는 그림 6.7에서 보여주듯이 신경망 구 재배열 모델을 제안한다. 신경망 구 재배열 모델은 재귀 자동인코더를 적용해 $\mathbf{x}_0$, $\mathbf{y}_0$, $\mathbf{x}_1$, $\mathbf{y}_1$의 4가지 구의 분산 표상을 학습한다. 그런 다음 순방향 신경망을 사용해 네 개의 벡터를 두 가지 요소인 s_{mono} 및 s_{swap}으로 구성된 점수 벡터로 변환한다.

$$[s_{mono}, s_{swap}] = \tanh(\mathbf{W}[\mathbf{x}_0, \mathbf{y}_0, \mathbf{x}_1, \mathbf{y}_1] + \mathbf{b}) \tag{6.29}$$

마지막으로 softmax 함수는 두 개의 점수 s_{mono}와 s_{swap}을 확률 $p(mono)$와 $p(swap)$으로 표준화시킨다. 신경망 재배열 모델의 네트워크 파라미터와 단어 임베딩은 다음과 같은 준지도 목표함수를 최소화하는 방향으로 최적화된다.

$$Err = \alpha E_{rec}(x^0, x^1, y^0, y^1) + (1 - \alpha) E_{reorder}((x^0, y^0), (x^1, y^1)) \tag{6.30}$$

여기서 $E_{rec}(x^0, x^1, y^0, y^1)$는 4개 구에 대한 재귀 자동인코더의 재배열 오류합이며, $E_{reorder}((x^0, y^0), (x^1, y^1))$는 크로스 엔트로피 에러 함수로 계산되는 구 재배열 손실이다. α는 두 종류 오차의 균형을 맞추는 데 사용된다. 이번 준지도semi-supervised 재귀 자동인코더는 유사한 재배열 패턴을 공유하는 구를 자동으로 그룹화시켜 번역 품질을 향상시킨다.

6.3.4 언어 모델링을 위한 딥러닝

구 재배열 동안 두 개의 인접 부분 번역(표적 구)들은 더 큰 부분 번역으로 이어진다. 언어 모델은 (부분) 번역 가설이 다른 가설보다 더 영향력이 큰지 여부를 측정한다. 전통적인 통계 기계번역은 가장 많이 사용되는 빈도 기반 n-gram 언어 모델을 채택하며, 다음과 같이 조건부 확률을 계산한다.

$$p(y_i|y_{i-n+1}^{i-1}) = \frac{y_{i-n+1}^i}{y_{i-n+1}^{i-1}} \tag{6.31}$$

규칙 확률 추정 및 재배열 모델과 유사하게, 문자열 매칭 기반 n-gram 언어 모델은 심각한 데이터 희소성 문제에 직면하고 동시에 의미적으로 유사하나 표면적으로 다른 문맥을 충분히 활용할 수 없다. 이 문제를 완화하기 위해 딥러닝 기반 언어 모델은 연속 벡터 공간에 이력 맥락을 조건부로 해서 단어 확률을 추정한다.

Bengio 외(2003)는 그림 6.8a와 같은 순방향 신경망을 설계해 연속 벡터 공간에서 n-gram 모델을 학습했다. Vaswani 외(2013)는 신경망 n-gram 모델을 통계 기계번역에 통합했다. 통계 기계번역 디코딩(구 기반 통계 기계번역에서 구 재배열) 각 단계의 현재 단어 y_i 이전의 이력 맥락(예: 4개의 단어 y_{i-4}, y_{i-3}, y_{i-2}, y_{i-1})을 찾는 것은 쉽다. 따라서 신경망 n-gram 모델은 통계 기계번역 디코딩 단계에 통합된다. 그림 6.8a에서 보여주듯이 고정된 크기의 이력 단어는 실수벡터에 매핑되고 이후에 두 히든 레이어로 공급된다. 마지막으로 softmax 레이어는 이력 문맥 $p(y_i|y_{i-4}^{i-1})$에 따라 현재 단어의 확률을 출력한다. 대규모 실험을 통해 신경망 n-gram 모델이 번역 품질을 크게 향상시킬 수 있음이 밝혀졌다.

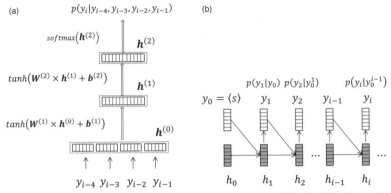

그림 6.8 2개의 유명한 신경망 언어 모델: (a) 고정된 크기의 문맥 범위를 활용하는 순방향 신경망 언어 모델 (b) 현재 단어 이전 이력 문맥을 활용하는 순환 신경망 언어 모델

n-gram 언어 모델에서 현재 단어의 생성은 이전 $n-1$ 단어에만 의존한다고 가정한다. 물론 현실은 그렇지 않다. 이 가정을 완화하기 위해 순환 신경망(LSTM 및 GRU 포함)은 현재 단어 예측을 위해 모든 이력 정보를 모델링하려고 시도한다. 그림 6.8b에 표시된 바와 같이, 문장의 시작 심볼 $y_0 = \langle s \rangle$ 와 초기 이력 문맥 $\mathbf{h}_0^3$ 은 RNN 유닛으로 입력된다. 다음 공식을 사용해 y_1 확률을 예측하는 데 사용되는 새로운 이력 문맥 $\mathbf{h}_1$ 을 얻는다.

$$\mathbf{h}_1 = RNN(\mathbf{h}_0, \mathbf{y}_0) \tag{6.32}$$

간단한 함수(예: $\tanh(\mathbf{W}_h\mathbf{h}_0 + \mathbf{W}_y\mathbf{y}_0 + \mathbf{b})$) 외에도 $RNN(\cdot)$은 LSTM과 GRU를 사용한다. $\mathbf{h}_1$ 및 y_1은 y_0에서 y_1까지를 기억하는 것으로 여겨지는 새로운 이력 $\mathbf{h}_2$를 얻기 위해 사용된다. $\mathbf{h}_2$는 $p(y_2|y_0^1)$을 예측하는 데 사용되고, 이러한 프로세스는 반복된다. y_i의 확률을 예측할 때 모든 이력 문맥 y_0^{i-1}을 사용한다. 통계 기계번역 디코딩을 하는 동안 모든 이력을 기록하는 것은 어렵지만 순환 신경망 언어 모델은 단어 예측을 위해 전체 이력을 필요로 해서, 최종 n개의 최고 번역 대상을 재채점하는 데 적용된다. Auli와 Gao(2014)는 순환 신경망 언어 모델을 통계 기계번역 디코딩 단계에 통합하도록 시도했으며, 단지 재채점을 하는 것과 비교해 어느 정도의 개선을 이뤘다.

---

3 h_0는 보통 0에 맞춘다.

6.3.5 피처 조합을 위한 딥러닝

두 개의 구문 번역 규칙[4]인 (x_1, y_1)과 (x_2, y_2)이 있고, 두 개의 인접한 소스 문장 x_i^k와 x_{k+1}^j이 정확히 일치한다고 가정하자. 두 변환 규칙은 더 긴 소스 구문 x_i^j의 번역 후보를 만들도록 구 재배열한다. 단조로운 구성 y^1y^2가 서로 자리가 바뀐 구성 y^2y^1보다 우수한지를 결정할 필요가 있다. 이전 절에서 소개한 내용을 기반으로 두 번역 후보는 규칙 확률 추정 모델, 구문 순서 변경 모델 그리고 언어 모델 등 세 가지 하위 모델을 통해 평가된다.[5] 번역 대상 후보인 $s_t(y^1y^2), s_r(y^1y^2), s_l(y^1y^2), s_t(y^2y^1), s_r(y^2y^1), s_l(y^2y^1)$는 각각 세 가지 모델의 점수를 부여받는다. 마지막으로 세 가지 모델 점수를 하나의 전체 점수로 매핑하는 피처 조합 메커니즘을 디자인해서 번역 후보를 비교한다.

지난 10년 동안 로그선형모델이 통계 기계번역 커뮤니티를 지배했다. 그림 6.9a와 같이 모든 하위 모델 점수를 선형 방식으로 결합한다. 로그선형모델은 하위 모델 피처가 선형으로 상호작용하기 때문에 통계 기계번역의 표상을 제한한다. 서로 다른 하위 모델 피처 간의 복잡한 상호작용을 포착하도록 Huang 외(2015)는 그림 6.9b와 같이 비선형 방식으로 피처 점수를 결합하는 신경망 모델을 제안한다.

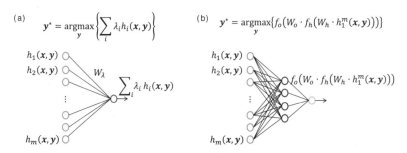

그림 6.9 모델 피처 조합을 위한 다른 프레임워크. (a) 선형 방법으로 모델 피처를 조합한 로그선형 모델 (b) 비선형 방법으로 모델 피처를 활용하는 비선형 신경 모델

로그선형모델과 비교되는 신경조합모델은 다음 방정식을 사용해 모든 하위 모델 점수를 하나의 전체 점수로 매핑한다.

---

4 예를 들어, 두 개의 구 번역 규칙은 (yu beihan, with North Korea)와 (you bangjiao, have the diplomatic relations)이다.

5 점수는 보통 로그확률이다.

$$s_{neural}(e) = f_o(\mathbf{W}_o \cdot f_h(\mathbf{W}_h \cdot h_1^m(\mathbf{x}, \mathbf{y}))) \tag{6.33}$$

단순화하기 위해 히든 레이어와 출력 레이어에 있는 바이어스 항을 생략한다. $h_1^m(\mathbf{x}, \mathbf{y})$는 번역 확률, 재정렬 모델 확률 그리고 언어 모델 확률과 같은 m개의 하위 모델 피처 점수다. $\mathbf{W}_h$ 및 $\mathbf{W}_o$는 히든 레이어와 출력 레이어의 가중치 행렬이다. $f_h(\cdot)$와 $f_o(\cdot)$는 히든 레이어와 출력 레이어 활성화함수다. $f_h(\cdot) = sigmoid(\cdot)$로, $f_o(\cdot)$를 선형함수로 설정하는 것이 가장 좋다.

신경조합 모델의 파라미터 최적화는 로그선형 모델파라미터 최적화보다 훨씬 어렵다. 로그선형 모델에서 하위 모델 가중치는 모든 번역 후보의 모델 점수를 열거하고 검색 공간을 만들어내기 위해 선형함수 간 상호작용을 이용함으로써 가장 적합한 가중치를 찾는 MERT^{Minimum Error Rate Training} 방법 (Och, 2003)으로 효율적 조정이 가능하다. 그러나 신경조합 모델로 채택된 비선형함수의 상호작용을 얻는 것은 현실적으로 어렵다. 이 문제를 해결하기 위해 Huang 외(2015)는 순위에 기반한 학습 기준을 사용했으며, 목적함수는 다음과 같이 설계된다.

$$\text{argmin}_\theta \frac{1}{N} \sum_{x \in D} \sum_{(y_1, y_2) \in T(x)} \delta(x, y_1, y_2; \theta) + \lambda \cdot \|\theta\|_1 \tag{6.34}$$

$$\delta(x, y_1, y_2; \theta) = max\{s_{neural}(x, y_2; \theta) - s_{neural}(x, y_1; \theta) + 1, 0\} \tag{6.35}$$

위의 방정식에서 D는 문장 배열 학습 데이터다. (y_1, y_2)는 학습 알고리즘의 핵심이며, 문장 수준 BLEU+1 평가에 따라 y_1이 y_2보다 더 나은 번역이라는 학습 가설 쌍을 나타낸다. 이 모델은 네트워크 파라미터를 최적화해 더 나은 번역이 높은 네트워크 점수를 얻도록 한다. $T(x)$는 각 학습 문장 x에 설정된 가설 쌍이며, N은 학습 데이터 D에 있는 가설 쌍의 총 개수다.

학습 문장 x에서 가설 쌍 (y_1, y_2)를 어떻게 효율적으로 샘플링할지는 여전히 알려져 있지 않다. 이론적으로 y_1은 올바른 번역(또는 참조 번역)이며 y_2는 다른 번역 후보다. 그러나 빔 크기 제한, 재배열 거리 제약 그리고 알려지지 않은 단어 등 많은 이유 때문에 대부분의 경우 통계 기계번역 검색 공간에 정확한 번역이 존재하지 않는다. 따라서 Huang 외(2015)는 다음 세 가지 방법을 이용해 n개의 최고 번역 리스트인 T_{nbest}에 있는 (y_1, y_2) 샘플링을 시도했다. 첫 번째는 Best(최고) 대 Rest(나머지)라는 방법으로 y_1은 T_{nbest}에서 가장 좋은 후보로 선택되고 y_2는 나머지 중에 하나이다. 두 번째 Best(최고) 대 Worst(최악)라는 방법으로 y_1과 y_2 각각 T_{nbest}에서 가장 좋은 후보와 가장 나쁜 후보로 선택된다. 세 번째 Pairwise 방식은 T_{nbest}로부터 두 가설을 샘플링하는데, y_1은 더 나은 후보로, y_2는 더 나쁜 후보로 설정된다.

중국어에서 영어로 하는 번역의 광범위한 실험을 통해 번역의 질적 측면에서 로그비선형 모델보다 신경망 비선형 모델 피처 조합이 월등히 뛰어남을 보여준다.

6.4 기계번역을 위한 엔드 투 엔드 딥러닝

6.4.1 인코더-디코더 프레임워크

통계 기계번역을 위한 구성 요소 수준의 딥러닝 연구가 2013년부터 2015년까지 매우 활성화됐다. 로그선형 모델은 딥러닝 번역 피처를 통합을 촉진한다. 다양한 종류의 신경망 구조가 서로 다른 하위 모듈을 개선하도록 설계됐으며, 통계 기계번역 성능이 전반적으로 크게 향상돼서, 가령 Devlin 외(2014)가 제안한 합동 신경망 모델은 아랍어에서 영어로의 번역이 6 BLEU 포인트 이상 얻는 등 크게 개선됐다. 그러나 딥러닝이 핵심 구성 요소를 향상시키는 데 사용되고 있어도, 통계 기계번역은 여전히 데이터의 비선형성을 처리할 수 없는 선형 모델을 계속 사용한다. 새롭게 도입된 신경망 피처가 요구하는 전역 의존성으로 통계 기계번역을 위한 효율적이면서 동적인 프로그래밍 학습과 디코딩 알고리즘을 설계하는 것이 불가능하게 됐다. 따라서 딥러닝 기계번역을 향상시킬 수 있는 새로운 길을 찾아야 한다.

엔드 투 엔드 신경망 기계번역[NMT](Sutskever et al., 2014; Bahdanau et al., 2015)은 신경망을 사용해 자연어를 직접 매핑하는 것을 목표로 한다. 기존 통계 기계번역과의 주요 차이점은 신경망 기계번역이 수작업으로 번역 규제를 파악하는 피처를 디자인할 필요 없이 데이터로부터 표상을 학습할 수 있다는 점이다(Brown et al., 1993; Och and Ney, 2002; Koehn et al., 2003; Chiang, 2007).

소스 문장 $\mathbf{x} = x_1, ..., x_i, ..., x_I$와 표적 문장 $\mathbf{y} = y_1, ..., y_j, ..., y_J$가 주어진 상태에서 표준 신경망 기계번역은 문맥에 따라 변하는 단어 수준 번역 확률 곱으로 문장 수준 번역 확률을 구한다.

$$P(\mathbf{y}|\mathbf{x}; \boldsymbol{\theta}) = \prod_{j=1}^{J} P(y_j|\mathbf{x}, \mathbf{y}_{<j}; \boldsymbol{\theta}) \qquad (6.36)$$

여기서 $\mathbf{y}_{<j} = y_1, ..., y_{j-1}$는 부분 번역이다.

단어 수준 번역 확률은 다음과 같이 정의한다.

$$P(y_j|\mathbf{x}, \mathbf{y}_{<j}; \boldsymbol{\theta}) = \frac{\exp\left(g(\mathbf{x}, y_j, \mathbf{y}_{<j}, \boldsymbol{\theta})\right)}{\sum_y \exp\left(g(\mathbf{x}, y, \mathbf{y}_{<j}, \boldsymbol{\theta})\right)} \qquad (6.37)$$

여기서 $g(\mathbf{x}, y_j, \mathbf{y}_{<j}, \boldsymbol{\theta})$는 j번째 표적 단어 y_j가 소스 문맥 $\mathbf{x}$와 표적 문맥 $\mathbf{y}$를 얼마나 잘 반영하는지 보여주는 실수값 점수다.

어려운 점은 긴 문장의 경우 소스 및 표적 문맥이 매우 드물다는 점이다. 이 문제를 해결하기 위해, Sutskever 외(2014)는 소스 문맥 $\mathbf{x}$를 벡터 표상으로 인코딩하기 위해 인코더encoder라고 부르는 순환 신경망 사용을 제안한다.

그림 6.10은 인코더의 기본 개념을 보여준다. 두 단어로 구성된 원문 $\mathbf{x} = x_1, x_2$가 주어지면, 문장 끝 토큰 $\langle \text{EOS} \rangle$가 추가돼 번역 길이를 제어한다. 소스 단어 벡터 표상을 얻은 후 순환 신경망은 히든 상태 생성을 위해 실행된다.

$$\mathbf{h}_i = f(x_i, \mathbf{h}_{i-1}, \boldsymbol{\theta}) \qquad (6.38)$$

여기서 $\mathbf{h}$는 i번째 히든 상태이며, $f(\cdot)$는 비선형 활성함수, $\mathbf{x}$는 i번째 소스 워드의 벡터 표상이다.

비선형 활성화함수 $f(\cdot)$와 관련해서 LSTM(Hochreiter and Schmidhuber, 1997)과 게이트 순환 유닛GRUs(Cho et al., 2014)은 그래디언트가 소실되거나 폭발적으로 늘어나는 문제를 해결하기 위해 널리 사용된다. 장거리 의존성을 처리할 수 있는 LSTM과 GRU 기능은 전체 단어 순서 변경을 예측할 때 기존 통계 기계번역에 비해 신경망 기계번역의 중요한 장점이다.

소스 문장 끝에 추가된 기호 "EOS"가 있기 때문에, 소스 문장 길이는 $I + 1$이고, 마지막 히든 상태 $\mathbf{h}_{I+1}$는 전체 소스 문장 $\mathbf{x}$를 인코딩한다.

표적 문장과 관련해서 Sutskever 외(2014)는 단어 단위로 번역하는 디코더라고 부르는 RNN을 사용한다. 그림 6.10에 표시된 바와 같이 표적 문맥 $\mathbf{y}_{<j}$를 나타내는 표적 측 히든 상태는 다음과 같이 계산된다.

$$s_j = \begin{cases} \mathbf{h}_{I+1} & \text{if } j = 1 \\ f(\mathbf{y}_{j-1}, \mathbf{s}_{j-1}, \boldsymbol{\theta}) & \text{otherwise} \end{cases} \tag{6.39}$$

소스 문장 표상 $\mathbf{h}_{I+1}$은 첫 번째 표적 측 히든 상태 $\mathbf{s}_1$을 초기화하는 데만 사용된다는 점에 유의해야 한다. 표적 히든 상태 $\mathbf{s}_j$를 이용하면 점수함수 $g(\mathbf{x}, y_j, \mathbf{y}_{<j}, \boldsymbol{\theta})$는 다른 신경망에 의해 계산된 $g(y_j, \mathbf{s}_j, \boldsymbol{\theta})$로 단순화된다. 자세한 내용은 Sutskever 외(2014)를 참조하자.

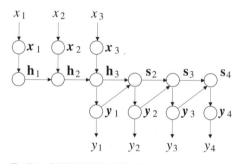

그림 6.10 엔드 투 엔드 신경기계번역을 위한 인코더-디코더 프레임워크. 소스 문장 $\mathbf{x} = x_1, x_2$인 경우, 표적 단어를 생성하는 동안 언제 종료해야 할지 예측하기 위해 문장 끝 토큰(i.e., x_3)이 붙는다. 소스 단어를 벡터에 매핑한 후에 순환 신경망(i.e., 인코더)은 소스 쪽 히든 상태 $\mathbf{h}_1$, $\mathbf{h}_2$, $\mathbf{h}_3$를 계산한다. 또 다른 순환 신경망(i.e., 디코더)은 단어 단위로 표적 문장을 생산한다. 마지막 소스 히든 상태 $\mathbf{h}_3$는 첫 번째 표적 히든 상태 $\mathbf{s}_1$을 시작하는 데 사용되며, 첫 번째 표적 단어 y_1과 벡터 표상 $\mathbf{y}_1$이 결정된다. 첫 번째 표적 히든 상태 $\mathbf{s}_1$과 단어 벡터 $\mathbf{y}_1$은 두 번째 히든 상태 $\mathbf{s}_2$를 생성하는 데 사용된다. 문장 끝 토큰 y_4이 생성될 때까지 이 과정은 반복된다.

일련의 병렬 문장 $\{\mathbf{x}^{(s)}, \mathbf{y}^{(s)}\}_s^S = 1$이 주어지면 학습 목표는 학습 데이터의 로그우도를 최대화하는 것이다.

$$\hat{\boldsymbol{\theta}} = \underset{\boldsymbol{\theta}}{\operatorname{argmax}} \left\{ L(\boldsymbol{\theta}) \right\} \tag{6.40}$$

여기서 로그우도는 다음과 같이 정의된다.

$$L(\boldsymbol{\theta}) = \sum_{s=1}^{S} \log P(\mathbf{y}^{(s)}|\mathbf{x}^{(s)}; \boldsymbol{\theta}) \qquad (6.41)$$

표준 미니배치standard mini-batch 확률 그래디언트 하강 알고리즘을 사용해 모델 파라미터를 최적화한다. 학습된 모델 파라미터 $\hat{\boldsymbol{\theta}}$가 주어진 상태에서 보이지 않는 소스 문장 $\mathbf{x}$를 번역하는 데 사용되는 결정 규칙은 다음과 같다.

$$\hat{\mathbf{y}} = \underset{\mathbf{y}}{\operatorname{argmax}} \left\{ P(\mathbf{y}|\mathbf{x}; \hat{\boldsymbol{\theta}}) \right\} \qquad (6.42)$$

6.4.2 기계번역에 사용되는 신경망 관심

인코더-디코더 기본 프레임워크(Sutskever et al., 2014)에서 인코더는 첫 번째 표적 측 히든 상태를 초기화하는 데 사용되는 문장 길이와 관계없이 고정된 길이의 벡터로 전체 소스 문장을 표상시켜야 한다. Bahdanau 외(2015)는 이 방식 때문에 신경망이 장거리 의존성 처리에 어려움이 있음을 시사한다. 실험 결과에 따르면 원래 인코더-디코더 프레임워크의 번역 품질은 문장 길이 증가에 따라 크게 감소한다(Bahdanau et al., 2015).

해결책으로 Bahdanau 외(2015)는 표적 단어를 생성하기 위해 소스 문맥을 동적으로 선택하는 관심attention 메커니즘을 소개한다. 그림 6.11에서 볼 수 있듯이 관심 기반 인코더는 양방향 RNN을 활용해 전체 문맥을 파악한다.

$$\overrightarrow{\mathbf{h}}_i = f(\boldsymbol{x}_i, \overrightarrow{\mathbf{h}}_{i-1}, \boldsymbol{\theta}) \qquad (6.43)$$

$$\overleftarrow{\mathbf{h}}_i = f(\boldsymbol{x}_i, \overleftarrow{\mathbf{h}}_{i+1}, \boldsymbol{\theta}) \qquad (6.44)$$

여기서 $\overrightarrow{\mathbf{h}}_i$는 왼쪽에 있는 문맥을 포착하는 i번째 소스 단어 x_i의 순방향 히든 상태를 나타내고, $\overleftarrow{\mathbf{h}}_i$는 오른쪽에 있는 문맥을 포착하는 x_i의 역방향 히든 상태를 나타낸다. 따라서 순방향과 역방향의 히든 상태인 $\mathbf{h}_i = [\overrightarrow{\mathbf{h}}_i, \overleftarrow{\mathbf{h}}_i]$의 결합으로 문장 수준의 문맥을 포착할 수 있다.

관심의 기본 개념은 표적 단어 생성과 관련된 소스 문맥을 찾는 것이며, 관심 가중치를 계산해 수행한다.

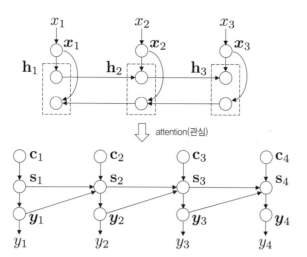

그림 6.11 관심 기반 신경기계번역. 인코더-디코더 프레임워크와는 달리 이번 새로운 인코더는 각 소스 단어를 문맥에 의존한 표상이 가능하도록 순방향 역방향 히든 상태를 계산하는 데 쌍방향 RNN을 활용한다. 그러고 나서 관심 메커니즘은 표적 히든 상태 s_j 생성을 포함하는 각 표적 단어와 관련된 다이내믹 소스 문맥 $c_j(j = 1, ..., 4)$을 계산하는 데 사용된다.

$$\alpha_{j,i} = \frac{\exp\left(a(\mathbf{s}_{j-1}, \mathbf{h}_i, \boldsymbol{\theta})\right)}{\sum_{i'=1}^{I+1} \exp\left(a(\mathbf{s}_{j-1}, \mathbf{h}_{i'}, \boldsymbol{\theta})\right)} \tag{6.45}$$

배열함수 $a(\mathbf{s}_{j-1}, \mathbf{h}_i, \boldsymbol{\theta})$는 포지션 i 주변의 입력값과 출력값이 얼마나 연관되는지 평가한다. 그런 다음 소스 문맥 벡터 $\mathbf{c}_j$는 소스 히든 상태 가중치 합으로 계산된다.

$$\mathbf{c}_j = \sum_{i=1}^{I+1} \alpha_{j,i}\mathbf{h}_i \tag{6.46}$$

결과적으로 표적 히든 상태는 다음과 같이 계산한다.

$$\mathbf{s}_j = f(\mathbf{y}_{j-1}, \mathbf{s}_{j-1}, \mathbf{c}_j, \boldsymbol{\theta}) \tag{6.47}$$

인코더 – 디코더 기본 프레임워크(Sutskever et al., 2014)와 관심 기반 신경망 기계번역(Bahdanau et al., 2015)의 주된 차이는 소스 문맥을 계산하는 방법이다. 인코더-디코더 기본 프레임워크는 마지막 히든 상태를 사용해 첫 번째 표적 히든 상태를 초기화한다. 소스 문맥이 표적 단어 생성을 제어하는 방법 특히 긴 문장이 끝나는 지점에 있는 단어를 제어하는 방법은 명확하지 않다. 대조적으로 관심 메커니즘은 표적 단어 위치에 관계없이 소스 단어가 관심 가중치에 따라 표적 단어 생성에 기여하도록 한다. 특히 긴 문장 번역 품질을 향상시키는 데 매우 효과적이다. 따라서 관심 기반 접근법은 신경망 번역에서 사실상의 실질적 방법이 됐다.

6.4.3 잘 쓰이지 않는 어휘의 기술적 문제점 다루기

엔드 투 엔드 신경망 기계번역(Sutskever et al., 2014; Bahdanau et al., 2015) 은 다양한 언어 쌍에 최첨단 번역 성능을 제공했지만, 신경망 기계번역이 직면한 주요 과제 중 하나는 표적 언어 어휘 효율성 문제를 어떻게 다루느냐는 것이다. 단어 수준 번역 확률이 모든 표적 단어의 표준화를 필요로 하기 때문에(식 (6.37) 참조), 학습 데이터 $\mathbf{x}^{(s)}$, $\mathbf{y}^{(s)}$의 로그우도는 다음과 같이 계산된다.

$$L(\boldsymbol{\theta}) = \sum_{s=1}^{S} \log P(\mathbf{y}^{(s)}|\mathbf{s}^{(s)};\boldsymbol{\theta}) \tag{6.48}$$

$$= \sum_{s=1}^{S} \sum_{j=1}^{J^{(s)}} \log P(y_j^{(s)}|\mathbf{x}^{(s)}, \mathbf{y}_{<j}^{(s)};\boldsymbol{\theta}) \tag{6.49}$$

$$= \sum_{s=1}^{S} \sum_{j=1}^{J^{(s)}} \left(g(\mathbf{x}^{(s)}, y_j^{(s)}, \mathbf{y}_{<j}^{(s)}, \boldsymbol{\theta}) - \log \sum_{y \in V_y} \exp\left(g(\mathbf{x}^{(s)}, y, \mathbf{y}_{<j}^{(s)}, \boldsymbol{\theta})\right)\right) \tag{6.50}$$

여기서 $J^{(s)}$는 s번째 표적 문장의 길이를 나타내고 V_y는 표적 어휘를 나타낸다. 신경망 기계번역 모델을 훈련시키기 위해 로그우도의 그래디언트를 계산한다.

$$\nabla L(\boldsymbol{\theta}) = \sum_{s=1}^{S} \sum_{j=1}^{J^{(s)}} \left(\nabla g(\mathbf{x}^{(s)}, y_j^{(s)}, \mathbf{y}_{<j}^{(s)}, \boldsymbol{\theta}) - \right. $$
$$\left. \sum_{y \in V_y} P(y|\mathbf{x}^{(s)}, \mathbf{y}_{<j}^{(s)};\boldsymbol{\theta}) \nabla g(\mathbf{x}^{(s)}, y, \mathbf{y}_{<j}^{(s)}, \boldsymbol{\theta})\right) \tag{6.51}$$

그래디언트를 계산하는 것은 V_y의 모든 표적 단어 열거를 포함하므로 신경망 기계번역 모델 학습이 지나치게 느려진다. 또한 디코딩 중에 포지션 j에 있는 표적 단어 예측을 위해 모든 표적 단어를 열거해야 한다.

$$\hat{y}_j = \underset{y \in V_y}{\operatorname{argmax}} \left\{ P(y|\mathbf{x}, \mathbf{y}_{<j}; \boldsymbol{\theta}) \right\} \tag{6.52}$$

따라서 Sutskever 외(2014) 및 Bahdanau 외(2015)는 전체 어휘 중에 하나의 집합을 사용하는데, GPU 메모리 제한 때문에 빈번하게 사용되는 표적 단어 30,000개에서 80,000개 정도로 제한된다. 이로 인해 어휘 모음 밖OOV, Out-Of-Vocabulary에 있거나 어휘 집합에서 벗어나는 희귀 단어가 포함된 소스 문장의 번역 품질이 크게 저하될 수 있다. 따라서 신경망 기계번역의 효율성을 높이도록 이 경우에 해당하는 어휘 발생 문제를 해결하는 것이 중요하다.

해결책으로 Luong 외(2015)는 소스 문장과 표적 문장의 어휘밖 단어 간 일치 여부를 확인하고 후처리 단계에서 어휘밖 단어 OOV를 번역할 것을 제안한다. 표 6.1에 예가 나와 있다. 소스 문장 "meiguodaibiaotuan baokuo laizi shidanfu de zhuanjia"이 주어지면 "daibiaotuan"과 "shidanfu" 두 단어를 어휘밖 OOV로 식별한다. 따라서 두 단어는 "OOV"(표의 두 번째 행) 표시로 대체된다. OOV 단어가 있는 원문은 OOV 단어가 있는 표적 문장으로 번역된다. 즉, "the us OOV$_1$ consists of experts from OOV$_3$"로 전환되고, 여기서 아래첨자는 소스쪽 OOV의 상대적 포지션을 나타낸다. 이번 예에서 세 번째 표적 단어 "OOV$_1$"은 두 번째 소스 단어 "OOV"(즉, 3 − 1 = 2)에 대응되고 여덟 번째 표적 단어 "OOV$_3$"은 다섯 번째 소스 단어 "OOV"(즉, 8 − 3 = 5)에 대응된다. 마지막으로, "OOV$_1$"은 "daibiaotuan"의 번역인 "위임 delegation"으로 대체된다. 이 작업은 두개국어 사전과 같은 외부 번역 지식 소스를 이용해 수행됐다.

대안으로 샘플링을 활용해서 잘 쓰이지 않는 큰 단어 문제를 해결한다 (Jean et al., 2015). 그래디언트를 계산하는 데 발생하는 주요 과제는 에너지 함수(공식 6.51의 두 번째 항)의 예상되는 기울기를 어떻게 효율적으로 계산할 것인가이기 때문에, Jean 외(2015)는 적은 수의 샘플을 갖는 샘플링으로 기댓값을 근사하는 방법을 제안했다. 미리 정의된 제안 분포 $Q(y)$와 그 분포에서 나온 V' 샘플들을 사용해 근사값을 다음과 같이 계산한다.

표 6.1 신경기계번역으로 어휘밖 단어(out-of-vocabulary 또는 OOV) 처리하기. 어휘밖 단어로 인식된 빈도가 낮은 소스 단어들(여기서는 "daibiaotuan"과 "shidanfu"가 해당된다)은 이중어 사전과 같이 외부 지식 소스를 이용해 후처리 단계에서 번역된다. 표적 어휘밖 단어의 아래첨자는 소스와 표적 어휘밖 단어들의 대응을 나타낸다.

어휘밖 단어 표시가 없는 소스 문장	meiguo *daibiaotuan* baokuo laizi shidanfu de *zhuanjia*
어휘밖 단어 표시가 있는 소스 문장	meiguo OOV baokuo laizi OOV de zhuanjia
어휘밖 단어 표시가 있는 표적문장	the us OOV_1 consists of experts from OOV_3
어휘밖 단어 표시가 없는 표적 문장	the us *delegation* consists of experts from *stanford*

$$\sum_{y \in V_y} P(y|\mathbf{x}^{(s)}, \mathbf{y}_{<j}^{(s)}; \boldsymbol{\theta}) \nabla g(\mathbf{x}^{(s)}, y, \mathbf{y}_{<j}^{(s)}, \boldsymbol{\theta})$$

$$\approx \sum_{y \in V'} \frac{\exp\left(g(\mathbf{x}^{(s)}, y, \mathbf{y}_{<j}^{(s)}, \boldsymbol{\theta}) - \log Q(y)\right)}{\sum_{y' \in V'} \exp\left(g(\mathbf{x}^{(s)}, y', \mathbf{y}_{<j}^{(s)}, \boldsymbol{\theta}) - \log Q(y')\right)} \nabla g(\mathbf{x}^{(s)}, y, \mathbf{y}_{<j}^{(s)}, \boldsymbol{\theta})$$

$$(6.53)$$

결과적으로 학습 중에 표준화 상수를 계산하는 것은 표적 어휘의 하위 집합 합산이 필요하며, 이는 각 파라미터 업데이트로 인한 계산 복잡성을 크게 줄인다.

또 다른 중요한 방법은 문자 수준(Chung et al., 2016; Luong and Manning, 2016; Costa-jussà and Fonollosa, 2016)과 하위 단어 수준(Sennrich et al., 2016b)에서 신경망 기계번역을 모델링하는 것이다. 여기서 생각해볼 수 있는 것은 문자 또는 하위 단어를 번역의 기본 단위로 사용하면 단어에 비해 문자와 하위 단어가 훨씬 적기 때문에 어휘 크기가 크게 줄어든다는 사실이다.

6.4.4 평가 지표를 최적화하는 엔드 투 엔드 학습

신경망 번역의 학습 목표는 학습 데이터의 로그우도를 최대로 만들어 모델 파라미터를 찾는 최대우도추정MLE, Maximum Likelihood Estimation을 하는 것이다 (6.40 및 6.41 참조). Ranzato 외(2016)는 최대우도추정의 두 가지 단점을 밝힌다. 첫째, 학습 모델은 학습 과정에서 이상적인 표준 데이터에만 노출된다. 즉, 학습 과정에서 단어를 생성할 때 모든 문맥 단어는 완성도가 높은 표적 문장에서 추출된 것이다. 두 번째로 최대우도추정은 단어 수준에서 정의된 손실함수만을 사용하는 반면, BLEU(Papineni et al., 2002)와 TER(Snover et al., 2006) 같은 기계번역 평가 지표는 말뭉치 수준이나 문장 수준을 사용한다. 학습과 평가 간의 불일치는 신경망 기계번역의 질을 저하한다.

이 문제를 해결하기 위해 Shen 외(2016)는 최소위험학습(OT, 2003; Smith and Eisner, 2006; He and Deng, 2012)을 신경망 기계번역에 도입한다. 기본 개념은 모델의 예측 번역과 실제 번역 사이의 차이를 측정하기 위해 손실함수로써 평가 메트릭을 사용하고 학습 데이터의 예상 손실(즉, 리스크)을 최소화하는 모델 파라미터를 찾는 것이다. 공식적으로 새로운 학습 목표는 다음과 같이 공식화된다.

$$\hat{\boldsymbol{\theta}} = \underset{\boldsymbol{\theta}}{\operatorname{argmin}} \left\{ R(\boldsymbol{\theta}) \right\} \tag{6.54}$$

학습 데이터의 위험은 다음과 같이 정의된다.

$$R(\boldsymbol{\theta}) = \sum_{s=1}^{S} \sum_{\mathbf{y} \in \mathcal{Y}(\mathbf{x}^{(s)})} P(\mathbf{y}|\mathbf{x}^{(s)}; \boldsymbol{\theta}) \Delta(\mathbf{y}, \mathbf{y}^{(s)}) \tag{6.55}$$

$$= \sum_{s=1}^{S} \mathbb{E}_{\mathbf{y}|\mathbf{x}^{(s)}; \boldsymbol{\theta}} \left[\Delta(\mathbf{y}, \mathbf{y}^{(s)}) \right] \tag{6.56}$$

여기서 $\mathcal{Y}(\mathbf{x}^{(s)})$는 $\mathbf{x}^{(s)}$의 모든 가능한 번역 집합이며, $\mathbf{y}$는 모델 예측이고, $\mathbf{y}^{(s)}$는 실제 번역이며, $\Delta(\mathbf{y}, \mathbf{y}^{(s)})$는 BLEU와 같은 문장 수준 평가 메트릭을 사용해 계산된 손실함수다.

Shen 외(2016)는 최소위험학습MRT이 최대우도추정MLE보다 다음과 같은 점에서 장점이 있다고 주장한다. 첫째, 최소위험학습은 평가 지표의 모델 파라미터를 직접 최적화할 수 있다. 학습과 평가 간 불일치를 최소화해 번역 품질을 효과적으로 향상시킬 수 있는 것으로 입증됐다(Och, 2003). 둘째, 최소위험학습은 구분해낼 수 없는 문장 수준의 손실함수를 수용한다. 셋째, 최소위험학습은 모델 아키텍처가 투명하며 신경망과 인공지능 작업에 적용될 수 있다. 그러나 최소위험학습의 주요 과제는 모든 가능한 표적 문장을 열거해야 한다는 점이다.

$$\nabla R(\boldsymbol{\theta}) = \sum_{s=1}^{S} \sum_{\mathbf{y} \in \mathcal{Y}(\mathbf{x}^{(s)})} \nabla P(\mathbf{y}|\mathbf{x}^{(s)}; \boldsymbol{\theta}) \Delta(\mathbf{y}, \mathbf{y}^{(s)}) \qquad (6.57)$$

이 문제를 완화하기 위해 Shen 외(2016)는 사후분포 $P(\mathbf{y}|\mathbf{x}^{(s)}; \boldsymbol{\theta})$를 근사화하도록 전체 검색 공간의 부분집합만을 사용할 것을 제안한다.

$$Q(\mathbf{y}|\mathbf{x}^{(s)}; \boldsymbol{\theta}, \beta) = \frac{P(\mathbf{y}|\mathbf{x}^{(s)}; \boldsymbol{\theta})^{\beta}}{\sum_{\mathbf{y}' \in \mathcal{S}(\mathbf{x}^{(s)})} P(\mathbf{y}'|\mathbf{x}^{(s)}; \boldsymbol{\theta})^{\beta}} \qquad (6.58)$$

$\mathcal{S}(\mathbf{x}^{(s)}) \subset \mathcal{Y}(\mathbf{x}^{(s)})$는 샘플링으로 구축되는 전체 검색공간의 부분집합이며, β는 분포의 예리함을 제어하기 위한 하이퍼파라미터다. 그런 다음 새로운 학습 목표는 다음과 같이 정의된다.

$$\tilde{R}(\boldsymbol{\theta}) = \sum_{s=1}^{S} \sum_{\mathbf{y} \in \mathcal{S}(\mathbf{x}^{(s)})} Q(\mathbf{y}|\mathbf{x}^{(s)}; \boldsymbol{\theta}, \beta) \Delta(\mathbf{y}, \mathbf{y}^{(s)}) \qquad (6.59)$$

Ranzato 외(2016)는 최소위험훈련과 매우 유사한 접근법을 제안한다. 강화학습 프레임워크(Sutton and Barto, 1988)에서 발생하는 시퀀스 생성 모델이다. 생성 모델은 각각의 시간 단계에서 시퀀스 다음 단어를 예측하는 작업을 수행하는 에이전트다. 에이전트는 시퀀스가 끝나면 보상을 받는다. Wiseman과 Rush(2016)는 국지적 훈련과 관련 편향성을 피하기 위해 빔 서치 학습을 도입해 학습 손실과 테스트-시간 사용을 통합한다.

요약하면 평가 지표 지향 학습 기준은 학습과 평가 간의 불일치를 최소화할 수 있기 때문에, 현실적 신경망 기계번역 시스템에서 매우 효과적임이 증명됐다(Wu et al, 2016).

6.4.5 사전 지식 투입하기

신경망 기계번역에서 중요한 주제는 사전 지식을 신경망에 통합하는 방법이다. 데이터 중심 접근 방식으로서 신경망 기계번역은 병렬 말뭉치에서 번역 지식을 습득한다. 표현의 차이로 인해 사전 지식을 신경망에 통합하는 것은 어렵다. 신경망은 번역 과정과 관련된 언어 구조를 나타내기 위해 연속실수 벡터를 사용한다. 이러한 벡터 표상은 묵시적으로 변환 규칙성을 포착할 수 있는 것으로 입증됐지만(Sutskever et al., 2014) 언어 관점에서 신경망 각각의 히든 상태를 해석하기는 어렵다. 반면 기계번역에 사전 지식은 번역 규칙을 명시적으로 인코딩하는 사전dictionaries과 규칙(Nirenburg, 1989)과 같은 이산형 기호로 표상된다. 이산 형태로 표상된 사전 지식을 신경망에 연속형 표상으로 변환하는 것은 어렵다.

따라서 많은 연구자들이 지식을 신경망 기계번역에 통합하기 위해 노력해왔다. 다음과 같이 기존에 갖고 있던 지식 자원이 신경망 기계번역을 개선하고자 사용하고 있다.

1. 이중 언어 사전: 번역상 동등한 소스 단어와 표적 단어의 집합(Arthur et al., 2016)

2. 구문 테이블: 번역상 동등한 소스 구과 표적 구 쌍의 집합(Tang et al., 2016)

3. 범위 제한: 각 소스 구는 정확히 하나의 표적 구로 번역(Tu et al., 2016; Mi et al., 2016)

4. 일치성 제한: 소스-표적 그리고 표적-소스 번역 모델이 일치되는 관심 가중치의 신뢰성(Cheng et al., 2016a; Cohn et al., 2016)

5. 구조적 편향: 소스 언어와 표적 언어 사이의 구조 차이를 포착하는 단어 포지션 편향, 마르코프 상태 그리고 언어 비옥성(Cohn et al., 2016)

6. 언어 구문: 신경망 기계번역 학습 과정을 이끄는 구문트리의 활용(Eriguchi et al., 2016; Li et al., 2017; Wu et al., 2017; Chen et al., 2017a)

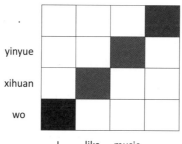

그림 6.12 신경망 기계번역의 단어 포지션 편향. 번역에서 대응되는 단어들은 소스와 표적 문장에서 유사한 상대적 포지션을 갖는 경향이 있다. 이전 지식은 관심 신경망 머신러닝 모델의 학습을 지도하는 데 사용한다.

$$a(\mathbf{h}_i, \mathbf{s}_{j-1}, \boldsymbol{\theta}) = \mathbf{v}^\top f\big(\mathbf{W}_1 \mathbf{h}_i + \mathbf{W}_2 \mathbf{s}_{j-1} + \mathbf{W}_3 \underbrace{\psi(j, i, I)}_{\text{포지션 편향}}\big) \qquad (6.60)$$

여기서 $\mathbf{v}$, $\mathbf{W}_1$, $\mathbf{W}_2$, $\mathbf{W}_3$은 모델 파라미터다. 포지션 편향 항은 소스 문장과 표적 문장에 있는 포지션과 소스 길이로 구성된 함수로 정의된다.

$$\psi(j, i, I) = \Big[\log(1+j), \log(1+i), \log(1+I)\Big]^\top \qquad (6.61)$$

표적 길이 J는 디코딩 중에 알 수 없기 때문에 제외한다. 신경망에 사전 지식을 주입하도록 모델 아키텍처를 수정하는 것이 신경망 기계번역을 향상시키는 데 효과가 있지만, 신경망은 히든 상태 간 강력한 독립성을 가정하기 때문에 중복되는 사전 지식 소스를 결합하는 것은 여전히 어렵다. 결국 신경망 모델을 확장하려면 정보 자원 간의 상호의존성을 명시적으로 모델링해야 한다.

이 문제는 신경망 기계번역 모델을 변경하지 않고도 학습 대상(Cheng et al., 2016a; Cohn et al., 2016)에 가산항additive terms을 추가함으로써 부분적으로 완화된다. 예를 들어 Cheng 외(2016a)는 소스 투 표적source-to-target 그리고 표적 투 소스target-to-source 번역 모델이 관심 가중치 행렬에 맞출수 있도록 새로운 학습 대상을 도입한다.

$$J(\overrightarrow{\boldsymbol{\theta}}, \overleftarrow{\boldsymbol{\theta}}) = \sum_{s=1}^{S} \log P(\mathbf{y}^{(s)}|\mathbf{x}^{(s)}; \overrightarrow{\boldsymbol{\theta}}) + \sum_{s=1}^{S} \log P(\mathbf{x}^{(s)}|\mathbf{y}^{(s)}; \overleftarrow{\boldsymbol{\theta}}) -$$
$$\lambda \sum_{s=1}^{S} \underbrace{\Delta\Big(\mathbf{x}^{(s)}, \mathbf{y}^{(s)}, \overrightarrow{\alpha}^{(s)}(\overrightarrow{\boldsymbol{\theta}}), \overleftarrow{\alpha}^{(s)}(\overleftarrow{\boldsymbol{\theta}})\Big)}_{\text{행렬 일치도}}, \qquad (6.62)$$

여기서 $\overrightarrow{\boldsymbol{\theta}}$는 소스 투 표적 번역 모델 파라미터 집합이고, $\overleftarrow{\boldsymbol{\theta}}$는 표적 투 소스 번역 모델의 파라미터 집합, $\overrightarrow{\alpha}^{(s)}(\overrightarrow{\boldsymbol{\theta}})$는 s번째 문장 쌍의 소스 투 표적 관심 가중치 행렬, $\overleftarrow{\alpha}^{(s)}(\overleftarrow{\boldsymbol{\theta}})$는 s번째 문장 쌍의 표적 투 소스 관심 가중치 행렬 그리고 $\Delta(\cdot)$는 두 개의 관심 가중치 행렬 사이의 불일치를 나타낸다.

그러나 학습 대상에 추가된 용어는 각 용어의 가중치를 수동으로 조정하기 어렵기 때문에 약간의 한계점이 있다.

최근에 Zhang 외(2017b)는 사후 조절posterior regulation(Ganchev et al., 2010)

에 기초한 지식 소스 통합을 위한 일반 프레임워크를 제안했다. 핵심 아이디어는 사전 지식 소스를 두 분포 간 KL 차이를 최소화해 번역 모델 학습 과정을 인도하는 확률분포에 임베딩하는 것이다.

$$J(\boldsymbol{\theta}, \boldsymbol{\gamma}) = \lambda_1 \sum_{s=1}^{S} \log P(\mathbf{y}^{(s)}|\mathbf{x}^{(s)}; \boldsymbol{\theta}) - \lambda_2 \sum_{s=1}^{S} \text{KL}\Big(Q(\mathbf{y}|\mathbf{x}^{(s)}; \boldsymbol{\gamma})|P(\mathbf{y}^{(s)}|\mathbf{x}^{(s)}; \boldsymbol{\theta})\Big) \quad (6.63)$$

사전 지식 소스는 로그선형 모델에 인코딩된다.

$$Q(\mathbf{y}|\mathbf{x}^{(s)}; \boldsymbol{\gamma}) = \frac{\exp\left(\boldsymbol{\gamma} \cdot \boldsymbol{\phi}(\mathbf{x}^{(s)}, \mathbf{y})\right)}{\sum_{\mathbf{y}'} \exp\left(\boldsymbol{\gamma} \cdot \boldsymbol{\phi}(\mathbf{x}^{(s)}, \mathbf{y}')\right)} \quad (6.64)$$

사전 지식 소스는 이산형태의 피처 $\boldsymbol{\phi}(\cdot)$로 표상된다는 점을 주목하자.

6.4.6 자원이 부족한 언어 번역

병렬 텍스트 집합인 병렬 말뭉치는 신경망 기계번역 모델을 학습시킬 때 지식 습득의 주요 원천으로서의 역할을 한다. 병렬 말뭉치의 양과 질, 적용 범위가 신경망 기계번역의 번역 품질에 직접적 영향을 미치는 것은 이미 잘 알려져 있다.

신경망 기계번역은 자원이 풍부한 언어 쌍에서 뛰어난 성능을 제공했지만 대규모, 고품질, 넓은 적용 범위를 갖는 병렬 코드를 사용할 수 없는 경우 특히 자원이 부족한 언어로 번역할 때 중요한 과제로 남는다. 대부분의 언어 쌍에서는 병렬 언어가 존재하지 않는다. 자원이 풍부한 소수의 언어인 경우에도 주요 소스가 정부 문서 또는 뉴스 기사로 제한돼 있기 때문에 사용 가능한 병렬 말뭉치는 일반적으로 불균형하다. 큰 파라미터 공간으로 인해 신경망 모델은 언어적으로 빈도가 낮은 이벤트인 경우 열악한 학습을 한다. Zoph 외(2016)는 신경망 기계번역이 저자원 언어에서 통계 기반 번역보다 훨씬 나쁜 번역 품질을 얻음을 보여준다.

이 문제를 해결하기 위해서 풍부한 단일 언어 데이터를 이용하는 것이 직접적인 해결책이다. Gulcehre 외(2015)는 언어 모델을 신경망 기계번역에 통합하도록 얕은 융합과 깊은 융합이라고 하는 두 가지 방법을 제안한다. 기본 개념은 대규모 단일 언어 데이터로 훈련된 언어 모델을 사용해 각 단계에서 신경망 번역 모델이 제안하는 후보 단어를 스코어링하거나 언어 모델의 히든 상태와 디코더를 연결하는 것이다. 비록 이 방법이 많은 부분을 개선시켰지만, 문제점이라고 한다면 네트워크 아키텍처가 언어 모델에 통합되기 위해 수정을 거쳐야 한다는 점이다.

대안적으로 Sennrich 외(2016a)는 네트워크 아키텍처에서 쉽게 쓸 수 있는 단일 언어 말뭉치를 활용하는 데 두 가지 접근법을 제안한다. 첫 번째 접근법은 단일 언어 문장을 더미 입력값과 짝을 이루도록 한다. 그런 다음 인코더와 관심 모델 파라미터들을 의사 병렬 문장 쌍에 대한 학습 과정 중 고정시킨다. 두 번째 접근법은 병렬 말뭉치로 신경망 번역 모델을 훈련시킨 다음 학습된 모델을 사용해 단일 언어 말뭉치를 번역한다. 단일 언어 말뭉치와 해당 번역은 추가로 의사 병렬 말뭉치를 만든다. Zhang과 Zong(2016)은 소스 측 단일 언어 데이터를 활용하기 위한 비슷한 방법들을 조사했다.

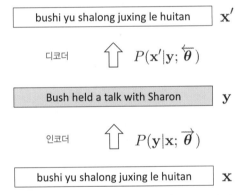

그림 6.13 신경망 번역을 위해 단일어 말뭉치를 활용하는 자동인코더. 주어진 소스 문장을 소스 투 표적 신경망 머신러닝 모델이 잠재 표적 문장으로 변환하고 다시 표적 투 소스 모델은 투입된 소스 문장을 복구시킨다.

Cheng 외(2016b)는 신경망 기계번역용 단일 언어 데이터를 사용하는 준지도학습법을 소개한다. 그림 6.13에서 볼 수 있듯이, 단일 언어 말뭉치에서 소스 문장이 주어지면, Cheng 외(2016b)는 잠재 표적 문장을 통해 입력된 소스 문장을 복구하는 자동인코더를 만들기 위해 소스 투 표적 및 표적 투 소스 번역 모델을 사용한다. 재구성 확률은 다음과 같이 구할 수 있다.

$$P(\mathbf{x}'|\mathbf{x}; \overrightarrow{\theta}, \overleftarrow{\theta}) = \sum_{\mathbf{y}} P(\mathbf{y}|\mathbf{x}; \overrightarrow{\theta}) P(\mathbf{x}'|\mathbf{y}; \overleftarrow{\theta}) \tag{6.65}$$

따라서 병렬 및 단일 언어 말뭉치 모두 준지도학습에 사용된다. $\{\langle \mathbf{x}^{(s)}, \mathbf{y}^{(s)} \rangle\}_{s=1}^{S}$ 를 병렬 말뭉치, $\{\mathbf{x}^{(m)}\}_{m=1}^{M}$ 를 소스 언어의 단일어 말뭉치 그리고 $\{\mathbf{y}^{(n)}\}_{n=1}^{N}$ 를 표적어 단일 말뭉치라고 하자. 새로운 학습 목표는 다음과 같이 구한다.

$$J(\overrightarrow{\theta}, \overleftarrow{\theta}) = \underbrace{\sum_{s=1}^{S} \log P(\mathbf{y}^{(s)}|\mathbf{x}^{(s)}; \overrightarrow{\theta})}_{\text{소스 투 표적 확률}} + \underbrace{\sum_{s=1}^{S} \log P(\mathbf{x}^{(s)}|\mathbf{y}^{(s)}; \overleftarrow{\theta})}_{\text{표적 투 소스 확률}} +$$
$$\underbrace{\sum_{m=1}^{M} \log P(\mathbf{x}'|\mathbf{x}^{(m)}; \overrightarrow{\theta}, \overleftarrow{\theta})}_{\text{소스 자동인코더}} + \underbrace{\sum_{n=1}^{N} \log P(\mathbf{y}'|\mathbf{y}^{(n)}; \overrightarrow{\theta}, \overleftarrow{\theta})}_{\text{표적 자동인코더}} \tag{6.66}$$

다른 흥미로운 방향은 신경망 기계번역에 다국어 데이터를 활용하는 것이다(Firat et al., 2016; Johnson et al., 2016). Firat 외(2016)는 자원 없는 번역을 달성하기 위해 공유 관심shared attention을 갖는 다방법 다언어 모델을 제시한다. 자원이 전혀 없는 언어의 쌍을 구성하기 위해 의사 이중언어 문장을 사용해 관심 부분을 미세 조정한다. Johnson 외(2016)는 다중언어 시나리오에서 범용 신경망 기계번역 모델을 개발했다. 연구진은 단일 모델을 학습하기 위해 다중어 병렬 말뭉치를 사용했고, 해당 모델은 병렬 말뭉치 없이도 언어 쌍을 번역할 수 있다.

인공 언어인 피벗 언어를 사용해 소스 언어와 표적 언어를 연결하는 방법은 신경망 기계번역에서 연구됐다(Nakayama and Nishida, 2016; Cheng et al., 2017). 기본 개념은 소스 투 피벗 및 피벗 투 표적 병렬 말뭉치를 사용해 소스 투 피벗 그리고 피벗 투 표적 번역 모델을 학습하는 것이다. 디코딩하는 동안 소스 투 피벗 모델을 사용해 피벗 문장으로 변환한 다음 피벗 투 표적 모델을 사용해 표적 문장으로 변환한다. Nakayama와 Nishida(2016)는 이미지를 피벗으로 사용하고 공통 의미 표상을 공유하기 위해 다중양식 인코더를 학습해서 제로 자원 기계번역을 실현한다. Cheng 외(2017)는 소스 투 표적 번역 품질을 향상시키도록 소스 투 피벗 및 피벗 투 표적 번역 품질을 동시에 향상시키는 피벗 기반 신경망 기계번역을 제안한다. 피벗 기반 접근이 간접 모델링으로 인한 오류 전달 문제에 직면함에 따라 교사 학생teacher-student 프레임워크(Chen et al., 2017b)와 최대기대우도 추정(Zheng et al., 2017)과 같은 모델링 접근법이 최근에 제안됐다.

6.4.7 신경망 기계번역에서의 네트워크 구조

LSMT 및 GRU와 같은 순환 모델은 신경망 기계번역에서 인코더와 디코더 네트워크 구조 설계를 지배한다. 최근에는 컨볼루션 네트워크(Gehring et al., 2017)와 셀프어텐션self-attention 네트워크(Vaswani et al., 2017)가 깊숙히 연구되고 있어 상당한 개선이 이뤄지고 있다.

Gehring 외(2017)는 병렬 계산은 전체 이력에서 히든 상태를 유지해야 하기 때문에 순환망을 사용하는 시퀀스 모델링에서 비효율적이라고 주장한다. 대조적으로 컨볼루션 네트워크는 고정 길이 컨텍스트 표상을 학습하고 모든 이력 정보 계산에 의존하지 않는다. 따라서 시퀀스 각 요소는 학습 중에 인코딩과 디코딩을 병렬로 계산한다. 또한 장거리 의존성 관계를 포착하기 위해 컨볼루션 레이어를 깊이 쌓는다. 그림 6.14a는 컨볼루션 시퀀스와 시퀀스 모델의 번역 과정을 보여준다. 컨볼루션의 커널 크기는 $k = 3$으로 설정된다. 인코더의 경우 각 입력 위치의 히든 상태를 생성하기 위해 여러 개의 컨볼루션 및 비선형성 레이어(그림 6.14a에서는 하나만 표시됨)를 사용한다. 디코더가 4번째 표적 언어(y_4)를 생성하려고 시도할 때, 다수의 컨볼루션 비선형 레이어들은 이전 k개 단어를 가진 히든 표상을 만드는 데 사용된다. 그런 다음 y_4를 예측하는 표준 관심이 적용된다.

순환망 모델은 첫 번째 단어와 n번째 단어 사이의 의존성을 모델링하기 위해 $O(n)$ 연산을 해야 하고, 컨볼루션 모델은 $O(log_k(n))$ 적층 컨볼루션 연산을 해야 한다. 순환과 컨볼루션을 사용하지 않는 Vaswani 외(2017)는 그림 6.14b와 같이 셀프어텐션 메커니즘으로 단어 쌍 사이의 관계를 직접 모델링할 것을 제안한다. 인코더 내 각 입력값 위치(예를 들어 두 번째 단어)의 히든 상태를 학습하기 위해, 셀프어텐션 모델 및 순방향 신경망은 두 번째 단어와 다른 단어 간의 관련성을 계산해 히든 상태를 얻는다.

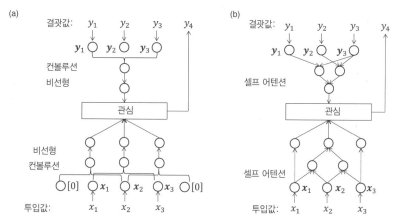

그림 6.14 신경망 기계번역을 위한 컨볼루션 모델(a)과 셀프어텐션 모델(b)

두 번째 위치에 대한 추상 표상을 얻고자 다중 셀프어텐션과 순방향 레이어를 쌓는다. y_4를 디코딩하도록, 현재의 표적 위치와 이전의 표적 위치 사이의 의존성을 포착하는 또 다른 셀프 어텐션 모델을 적용한다. 그런 다음 소스와 표적 사이의 관계를 모델링하고, 다음 표적을 예측하기 위해 기존 관심 메커니즘을 사용한다. 고도의 병렬화가 가능한 네트워크 구조와 두 위치 간의 직접 연결로 번역 모델은 학습 프로세스와 번역 성능을 크게 향상시킨다. 그러나 병렬 처리는 표적 측에서 사용될 수 없으므로 보이지 않는 문장을 번역할 때 디코딩은 효율적이지 않다. 현재 신경망 번역에 가장 적합한 네트워크 구조에 대한 합의가 이루어지지 않았다. 네트워크 구조 설계는 앞으로도 뜨거운 연구 주제가 될 것이다.

6.4.8 통계 기계번역과 신경망 기계번역의 조합

신경망 기계번역은 번역 품질 (특히 번역 유연성) 면에서 통계 기계번역보다 우수하지만, 때때로 번역 적합성에 대한 신뢰감이 낮고 특히 입력값에 희귀한 단어가 있을 때 소스 문장과 다른 의미를 갖는 번역을 생성한다. 이에 반해 통계 기계번역은 적절하지만 유연하지 않은 번역을 생산할 수 있다. 따라서 신경망 기계번역과 통계 기계번역의 장점을 결합하는 것이 더 나은 방향이다.

최근 2년 동안 두 방법의 장점을 모두 취하는 큰 노력을 목격했다(He et al., 2016; Niehues et al., 2016; Wang et al., 2017; Zhou et al., 2017). He 외(2016) 및 Wang 외(2017)는 통계 기계번역 특징과 권장 사항을 고려해 신경망 기계번역 시스템을 향상시키려고 한다. 예를 들어 Wang 외(2017)는 신경망 기계번역의 부분 번역을 접두어prefix로 이용해 추천 어휘 V_{smt}를 생성하는 데 통계 기계번역을 활용한다. 그리고 다음 공식을 사용해 표적 단어를 예측한다.

$$P(y_t | \mathbf{y}_{<t}, \mathbf{x}) = (1 - \alpha_t) P_{nmt}(y_t | \mathbf{y}_{<t}, \mathbf{x}) + \alpha_t P_{smt}(y_t | \mathbf{y}_{<t}, \mathbf{x}) \qquad (6.67)$$

여기서 $P_{smt}(y_t | \mathbf{y}_{<t}, \mathbf{x}) = 0, y_t \notin V_{smt}$가 성립된다.

Niehues 외(2016)는 입력값을 표적 언어 문장으로 사전 번역할 때 통계 기계번역 시스템을 채택했다. 그런 다음 신경망 기계번역 시스템은 입력값으로 사전 번역 또는 사전 번역과 소스 문장의 조합을 취한다.

Zhou 외(2017)는 이런 종류의 방법들은 단 하나의 통계 기계번역 시스템만을 사용할 수 있다고 주장한다. 연구진들은 다중 통계 기계번역 및 신경망 기계번역 시스템의 장점을 취할 수 있는 신경망 시스템 조합 방법을 제안한다. 그림 6.15에서 볼 수 있듯이, 통계 그리고 신경망 기계번역 시스템의 출력값은 신경망 시스템 조합 프레임워크의 입력값으로 사용된다. 계층 관심 메커니즘은 다음 시스템을 예측할 때 시스템의 어느 부분에 더 관심을 기울여야 하는지 결정하도록 설계된다. 효율적인 조합을 통해 번역 품질을 향상시킨다. 그러나 n개의 최고 번역 목록은 해당 프레임워크에서 사용할 수 없으며 시스템 조합의 방향으로 더 탐구해야 할 여지가 많다고 보고 있다.

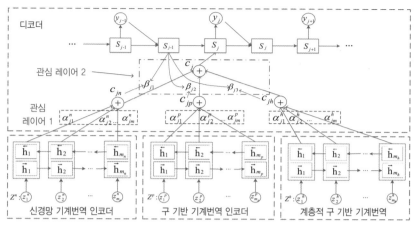

그림 6.15 좀 더 나은 번역을 위해 계층 관심 모델을 이용해 통계 기계번역(SMT)과 신경망기계번역(NMT) 시스템을 통합한 기계번역용 신경 시스템 조합 프레임워크

6.5 요약

6장에서는 기계번역을 향상시키는 데 어떻게 딥러닝이 사용되는지 소개했다. 기존의 통계 기계번역은 데이터 희소성과 피처 엔지니어링 문제에 직면하기 때문에 규칙 변환 확률(Gao et al., 2014), 재배열 모델(Li et al., 2013) 등 선형 번역 모델의 핵심 구성 요소를 개선할 수 있도록 딥러닝을 사용하는 데 초기 연구들은 중점을 뒀으며, 대표적인 예로 언어 모델(Vaswani et al., 2013)이 있다. 2014년 이래 신경망을 사용해 자연어 간 직접 매핑을 목표로 하는 엔드 투 엔드 신경망 기계번역(Sutskever et al., 2014; Bahdanau et al., 2015)이 기계번역 커뮤니티에서 인기를 얻고 있다. 지난 2년 동안 신경망 기계번역은 놀라운 발전을 이뤘고 통계 기계번역을 대체해 상용 번역 시스템의 새로운 사실상 기술로 빠르게 발전했다.

딥러닝이 기계번역에 혁명을 일으켰음이 입증됐지만 현재의 신경망 기계번역 방법에는 여전히 많은 한계점이 있다. 첫째, 신경망의 내부 작용을 해석하고 언어학적으로 접근된 신경번역 모델을 설계하는 것은 어렵다. 네트워크에서 두 임의 뉴런 간의 연결을 정량화하기 위해 계층별 관련성 전파 활용에 대한 최근 연구(Ding et al., 2017)가 있지만, 해석 가능한 언어 구조로 신경망 히든 상태를 개발하는 것은 여전히 어렵다. 결과적으로 기호 표상을 사용하는 사전 지식을 연속적인 표상을 사용하는 신경망에 투입하는 것도 어려운 작업이다.

또 다른 어려운 점은 데이터 희소성이다. 신경망 기계번역은 데이터를 필요로 하는 접근 방식이지만 세계에서 대부분의 언어 쌍에 사용할 수 있는 병렬 데이터가 제한적이거나 때로는 전혀 없다. 제한적 레이블이 존재하는 데이터와 풍부한 레이블이 없는 데이터를 좀 더 잘 활용하는 방법은 앞으로도 계속 뜨거운 주제가 될 것이다. Johnson 외(2016)가 제안한 보편적 신경망 기계번역 모델은 데이터 부족 문제를 해결하는 흥미로운 방향이다. 그들의 실험 결과가 다방향에서 일방향(예: 여러 소스 언어와 단일 표적 언어)으로의 유망한 결과를 보여줬지만 일방향에서 다방향 그리고 다방향에서 다방향에 대한 일관되고 중요한 개선이 없다. 언어적 관점으로 보면 신경망 기계번역에서 모든 자연어에 대한 공통 지식을 표상하고 활용하는 방법은 여전히 명확하지 않다.

마지막으로 대부분의 기존 신경망 기계번역 시스템은 여전히 텍스트 데이터를 처리하는 것에 제한된다. 다행히 연속적인 표상을 사용하면 텍스트, 음성 그리고 시각 정보를 결합해 멀티 양식 신경망 기계번역 모델을 개발할 수 있다. 이와 관련해 Duong 외(2016)는 원문 없는 음성 번역 시스템을 개발할 것을 제안한다. 신경망 기계번역 모델이 소스 언어 음성의 연속적 표상을 입력값으로 사용할 수 있게 될 때 가능하다. 그러나 번역 품질 측면에서 상당한 개선이 됐다는 보고는 없다. Calixto 외(2017)는 신경망 기계번역을 향상시키기 위해 텍스트와 이미지를 통합한 몇 배로 세심한 디코더를 소개한다. 그러나 해당 시스템의 학습 데이터에는 30K 이미지와 각 이미지에 대한 다섯 가지 설명만 포함된다. 따라서 대규모 다중양식 병렬 말뭉치를 만들고 새로운 다중양식 신경번역 모델을 설계하는 것도 흥미로운 미래의 연구 방향이다.

참고문헌

Arthur, P., Neubug, G., & Nakamura, S. (2016). Incorporating discrete translation lexicons into neural machine translation. *In Proceedings of EMNLP*. arXiv:1606.02006v2.

Auli, M., &Gao, J. (2014). Decoder integration and expected bleu training for recurrent neural network language models. In *Proceedings of ACL* (pp. 136 – 142).

Bahdanau, D., Cho, K., & Bengio, Y. (2015). Neural machine translation by jointly learning to align and translate. In *Proceedings of ICLR*.

Bengio, Y., Ducharme, R., Vincent, P., & Jauvin, C. (2003). A neural probabilistic language model. *Journal of Machine Learning Research, 3*, 1137 – 1155.

Brown, P. F., Della Pietra, S. A., Della Pietra, V. J., & Mercer, R. L. (1993). The mathematics of statistical machine translation: Parameter estimation. *Computational Linguistics*.

Calixto, I., Liu, Q., & Campbell, N. (2017). Doubly-attentive decoder for multi-modal neural machine translation. In *Proceedings of ACL*.

Chen, H., Huang, S., Chiang, D., & Chen, J. (2017a). Improved neural machine translation with a syntax-aware encoder and decoder. In *Proceedings of ACL 2017*.

Chen, S., & Goodman, J. (1999). An empirical study of smoothing techniques for language modeling. *Computer Speech and Language*.

Chen, Y., Liu, Y., Cheng, Y., & Li, V. O. (2017b). A teacher-student framework for zero-resource neural machine translation. In *Proceedings of the 55th Annual Meeting of the Association for Computational Linguistics* (Vol. 1: Long Papers, pp. 1925 – 1935). Vancouver, Canada: Association for Computational Linguistics.

Cheng, Y., Shen, S., He, Z., He, W., Wu, H., Sun, M., & Liu, Y. (2016a). Agreement-based learning of parallel lexicons and phrases from non-parallel corpora. In *Proceedings of IJCAI*.

Cheng, Y., Xu, W., He, Z., He, W., Wu, H., Sun, M., & Liu, Y. (2016b). Semi-supervised learning for neural machine translation. In *Proceedings of the 54th Annual Meeting of the Association for Computational Linguistics* (Vol. 1: Long Papers, pp. 1965 – 1974). Berlin, Germany: Association for Computational Linguistics.

Cheng, Y., Yang, Q., Liu, Y., Sun, M., & Xu, W. (2017). Joint training for pivot-based neural machine translation. In *Proceedings of IJCAI*.

Chiang, D. (2007). Hierarchical phrase-based translation. *Computational Linguistics*.

Chiang, D., Knight, K., & Wang, W. (2009). 11,001 new features for statistical machine translation. In *Proceedings of NAACL*.

Cho, K., van Merrienboer, B., Gulcehre, C., Bahdanau, D., Bougares, F., Schwenk, H., & Bengio, Y. (2014). Learning phrase representations using RNN encoder-decoder for statistical machine translation. In *Proceedings of EMNLP*.

Chung, J., Cho, K., & Bengio, Y. (2016). A character-level decoder without explicit segmentation for neural machine translation. In *Proceedings of the 54th Annual Meeting of the Association for Computational Linguistics* (Vol. 1: Long Papers, pp. 1693–1703). Berlin, Germany: Association for Computational Linguistics.

Cohn, T., Hoang, C. D. V., Vymolova, E., Yao, K., Dyer, C., & Haffari, G. (2016). Incorporating structural alignment biases into an attentional neural translation model. In *Proceedings of NAACL*.

Costa-jussà, M. R., & Fonollosa, J. A. R. (2016). Character-based neural machine translation. In *Proceedings of the 54th Annual Meeting of the Association for Computational Linguistics* (Vol. 2: Short Papers, pp. 357–361). Berlin, Germany: Association for Computational Linguistics.

Devlin, J., Zbib, R., Huang, Z., Lamar, T., Schwartz, R. M., & Makhoul, J. (2014). Fast and robust neural network joint models for statistical machine translation. In *Proceedings of ACL* (pp. 1370–1380).

Ding, Y., Liu, Y., Luan, H., & Sun, M. (2017). Visualizing and understanding neural machine translation. In *Proceedings of ACL*.

Duong, L., Anastasopoulos, A., Chiang, D., Bird, S., & Cohn, T. (2016). An attentional model for speech translation without transcription. In *Proceedings of NAACL*.

Eriguchi, A., Hashimoto, K., & Tsuruoka, Y. (2016). Tree-to-sequence attentional neural machine translation. In *Proceedings of the 54th Annual Meeting of the Association for Computational Linguistics* (Vol. 1: Long Papers, pp. 823–833). Berlin, Germany: Association for Computational Linguistics.

Firat, O., Cho, K., & Bengio, Y. (2016). Multi-way, multilingual neural machine translation with a shared attention mechanism. In *HLT-NAACL*.

Galley, M., & Manning, C. (2008). A simple and effective hierarchical phrase reordering model. In *Proceedings of EMNLP*.

Ganchev, K., Graça, J., Gillenwater, J., & Taskar, B. (2010). Posterior regularization for structured latent variable models. *Journal of Machine Learning Research*.

Gao, J., He, X., Yih, W.-t., & Deng, L. (2014). Learning continuous phrase representations for translation modeling. In *Proceedings of ACL* (pp. 699–709).

Gehring, J., Auli, M., Grangier, D., Yarats, D., & Dauphin, Y. N. (2017). Convolutional sequence to sequence learning. In *Proceedings of ICML 2017*.

Gulcehre, C., Firat, O., Xu, K., Cho, K., Barrault, L., Lin, H. C. et al. (2015). On using monolingual corpora in neural machine translation. *Computer Science*.

He, W., He, Z., Wu, H., & Wang, H. (2016). Improved neural machine translation with SMT features. In *Proceedings of AAAI 2016* (pp. 151–157).

He, X., & Deng, L. (2012). Maximum expected bleu training of phrase and lexicon translation models. In *Proceedings of ACL*.

Hochreiter, S., & Schmidhuber, J. (1997). Long short-term memory. *Neural Computation*.

Huang, S., Chen, H., Dai, X., & Chen, J. (2015). Non-linear learning for statistical machine translation. In *Proceedings of ACL*.

Jean, S., Cho, K., Memisevic, R., & Bengio, Y. (2015). On using very large target vocabulary for neural machine translation. In *ACL*.

Johnson, M., Schuster, M., Le, Q. V., Krikun, M., Wu, Y., Chen, Z. et al. (2016). Google's multilingual neural machine translation system: Enabling zero-shot translation. *CoRR*, abs/1611.04558.

Koehn, P., Och, F. J., & Marcu, D. (2003). Statistical phrase-based translation. In *Proceedings of NAACL*.

Li, J., Xiong, D., Tu, Z., Zhu, M., Zhang, M., & Zhou, G. (2017). Modeling source syntax for neural machine translation. In *Proceedings of ACL 2017*.

Li, P., Liu, Y., & Sun, M. (2013). Recursive autoencoders for ITG-based translation. In *Proceedings of EMNLP*.

Li, P., Liu, Y., Sun, M., Izuha, T., & Zhang, D. (2014). A neural reordering model for phrase-based translation. In *Proceedings of COLING* (pp. 1897–1907).

Luong, M.-T., & Manning, C. D. (2016). Achieving open vocabulary neural machine translation with hybrid word-character models. In *Proceedings of ACL*.

Luong, T., Sutskever, I., Le, Q. V., Vinyals, O., & Zaremba, W. (2015).

Addressing the rare word problem in neural machine translation. In *ACL*.

Meng, F., Lu, Z., Wang, M., Li, H., Jiang, W., & Liu, Q. (2015). Encoding source language with convolutional neural network for machine translation. In *Proceedings of ACL*.

Mi, H., Sankaran, B., Wang, Z., & Ittycheriah, A. (2016). Coverage embedding models for neural machine translation. In *Proceedings of EMNLP*.

Nakayama, H., & Nishida, N. (2016). Zero-resource machine translation by multimodal encoder-decoder network with multimedia pivot. Machine Translation 2017. *CoRR*, abs/1611.04503.

Niehues, J., Cho, E., Ha, T.-L., &Waibel, A. (2016). Pre-translation for neural machine translation. In *Proceedings of COLING 2016*.

Nirenburg, S. (1989). Knowledge-based machine translation. *Machine Translation*.

Och, F. J. (2003). Minimum error rate training in statistical machine translation. In *Proceedings of the 41st Annual Meeting on Association for Computational Linguistics* (Vol. 1, pp. 160 – 167).

Och, F. J., & Ney, H. (2002). Discriminative training and maximum entropy models for statistical machine translation. In *Proceedings of ACL*.

Papineni, K., Roukos, S., Ward, T., & Zhu, W.-J. (2002). BLEU: A method for automatic evaluation of machine translation. In *ACL*.

Ranzato, M., Chopra, S., Auli, M., & Zaremba, W. (2016). Sequence level training with recurrent neural networks. In *CoRR*.

Sennrich, R., Haddow, B., & Birch, A. (2016a). Improving neural machine translation models with monolingual data. In *Proceedings of the 54th Annual Meeting of the Association for Computational Linguistics* (Vol. 1: Long Papers, pp. 86 – 96). Berlin, Germany: Association for Computational Linguistics.

Sennrich, R., Haddow, B., & Birch, A. (2016b). Neural machine translation of rare words with subword units. In *Proceedings of the 54th Annual Meeting of the Association for Computational Linguistics* (Vol. 1: Long Papers, pp. 1715 – 1725). Berlin, Germany: Association for Computational Linguistics.

Shen, S., Cheng, Y., He, Z., He, W., Wu, H., Sun, M., & Liu, Y. (2016). Minimum risk training for neural machine translation. In *Proceedings of ACL*.

Smith, D. A., & Eisner, J. (2006). Minimum risk annealing for training log-linear models. In *Proceedings of ACL*.

Snover, M., Dorr, B., Schwartz, R., Micciulla, L., & Makhoul, J. (2006). A study of translation edit rate with targeted human annotation. In *Proceedings of AMTA*.

Su, J., Xiong, D., Zhang, B., Liu, Y., Yao, J., & Zhang, M. (2015). Bilingual correspondence recursive autoencoder for statistical machine translation. In *Proceedings of EMNLP* (pp. 1248–1258).

Sutskever, I., Vinyals, O., & Le, Q. V. (2014). Sequence to sequence learning with neural networks. In *Proceedings of NIPS*.

Sutton, R. S., & Barto, A. G. (1988). *Reinforcement Learning: An Introduction*. Cambridge, MA: MIT Press.

Tamura, A., Watanabe, T., & Sumita, E. (2014). Recurrent neural networks forword alignment model. In *Proceedings of ACL*.

Tang, Y., Meng, F., Lu, Z., Li, H., & Yu, P. L. H. (2016). Neural machine translation with external phrase memory. arXiv:1606.01792v1.

Tu, Z., Lu, Z., Liu, Y., Liu, X., & Li, H. (2016). Modeling coverage for neural machine translation. In *Proceedings of ACL*.

Vaswani, A., Shazeer, N., Parmar, N., Uszkoreit, J., Jones, L., Gomez, A. N. et al. (2017). Attention is all you need. arXiv preprint arXiv:1706.03762.

Vaswani, A., Zhao, Y., Fossum, V., & Chiang, D. (2013). Decoding with large-scale neural language models improves translation. In *Proceedings of EMNLP* (pp. 1387–1392).

Vogel, S., Ney, H., & Tillmann, C. (1996). HMM-based word alignment in statistical translation. In *Proceedings of COLING*.

Wang, X., Lu, Z., Tu, Z., Li, H., Xiong, D., & Zhang, M. (2017). Neural machine translation advised by statistical machine translation. In *Proceedings of AAAI 2017* (pp. 3330–3336).

Wiseman, S., & Rush, A. M. (2016). Sequence-to-sequence learning as beam-search optimization. In *Proceedings of the 2016 Conference on Empirical Methods in Natural Language Processing* (pp. 1296–1306). Austin, TX: Association for Computational Linguistics.

Wu, S., Zhang, D., Yang, N., Li, M., & Zhou, M. (2017). Sequence-to-dependency neural machine translation. In *Proceedings of ACL 2017* (Vol.e 1, pp. 698–707).

Wu, Y., Schuster, M., Chen, Z., Le, Q. V., Norouzi, M., Macherey, W. et al. (2016). Google's neural machine translation system: Bridging the gap between human and machine translation. arXiv:1609.08144v2.

Xiong, D., Liu, Q., & Lin, S. (2006). Maximum entropy-based phrase reordering model for statistical machine translation. In *Proceedings of ACL-COLING* (pp. 505 – 512).

Yang, N., Liu, S., Li, M., Zhou, M., & Yu, N. (2013). Word alignment modeling with context dependent deep neural network. In *Proceedings of ACL*.

Zhang, B., Xiong, D., & Su, J. (2017a). BattRAE: Bidimensional attention-based recursive autoencoders for learning bilingual phrase embeddings. In *Proceedings of AAAI*.

Zhang, J., Liu, S., Li, M., Zhou, M., & Zong, C. (2014a). Bilingually-constrained phrase embeddings for machine translation. In *Proceedings of ACL* (pp. 111 – 121).

Zhang, J., Liu, S., Li, M., Zhou, M., & Zong, C. (2014b). Mind the gap: Machine translation by minimizing the semantic gap in embedding space. In *AAAI* (pp. 1657 – 1664).

Zhang, J., Liu, Y., Luan, H., Xu, J., & Sun, M. (2017b). Prior knowledge integration for neural machine translation using posterior regularization. In *Proceedings of the 55th Annual Meeting of the Association for Computational Linguistics* (Vol. 1: Long Papers, pp. 1514 – 1523). Vancouver, Canada: Association for Computational Linguistics.

Zhang, J., Zhang, D., & Hao, J. (2015). Local translation prediction with global sentence representation. In *Proceedings of IJCAI*.

Zhang, J., & Zong, C. (2016). Exploiting source-side monolingual data in neural machine translation. In *Proceedings of EMNLP 2016* (pp. 1535 – 1545).

Zheng, H., Cheng, Y., & Liu, Y. (2017). Maximum expected likelihood estimation for zero-resource neural machine translation. In *Proceedings of IJCAI*.

Zhou, L., Hu, W., Zhang, J., & Zong, C. (2017). Neural system combination for machine translation. In *Proceedings of ACL 2017*.

Zoph, B., Yuret, D., May, J., & Knight, K. (2016). Transfer learning for low-resource neural machine translation. In *EMNLP*.

7
질의응답에 사용되는 딥러닝

캉 리우^{Kang Liu}, 옌송 펑^{Yansong Feng}

소개

질의응답^{QA}은 자연어 처리에서 어려운 과제다. 최근에 의미 및 구문 분석, 기계번역, 관계 추출 등을 포함한 많은 자연어 처리 작업에서 딥러닝 성공으로 질의응답 작업에 점점 더 많은 노력을 기울여왔다. 7장에서는 일반적이면서 인기 있는 두 가지 질의응답 작업과 관련된 딥러닝 방법의 최근 발전에 관해 간략히 소개한다. 두 가지 작업은 (1) 심층 신경망을 사용해 질문의 의미를 이해하고 질문을 구조화된 쿼리로 바꾸거나 지식베이스에 있는 후보 답변과 비교해 분포 형태 의미 표상으로 직접 변환하는 지식 기반 질의응답용 딥러닝과 (2) 질문, 답변 그리고 구절 사이의 깊은 의미 매칭을 계산하고자 신경망에 기초해 엔드 투 엔드 패러다임을 구성하는 기계 이해에 사용되는 딥러닝이다.

7.1 서론

웹 검색은 단순한 문서 검색에서부터 자연어 질의응답에 이르기까지 큰 변화 시점에 있다(Etzioni, 2011). 사용자의 자연어 질문 의미를 정확하게 파악하고 웹의 다양한 정보에서 유용한 사실을 추출해 적절하게 대답을 선택해야 한다. 품사 태그 붙이기, 구문 분석 및 기계번역 등 다른 자연어 처리 작업과 마찬가지로 대부분의 전통적 질의응답 방법은 기호 표상을 기반으로 했다. 이런 패러다임에서 단어, 구, 절, 문장, 문서 등 질문과 답변의 모든 요소는 자연어 처리 기본 모듈로 처리되고 백오브워즈, 구문 분석 트리, 논리 형식과 같이 구조화되거나 구조화되지 않은 형식으로 변환된다. 그런 다음 문서 또는 웹 페이지에서 질문과 후보 답변 간 의미 유사성과 관련성을 계산하고 가장 높은 점수의 후보를 최종 답변으로 선택한다. 안타깝게도 이러한 패러다임의 주요 약점은 소위 "의미 차이"인데 비슷한 의미 범위 안에 있는 텍스트라도 다른 기호 표상을 가질 수 있다는 점이다.

신경망에서 텍스트는 분산 벡터로 표상된다. 텍스트 간 정확한 일치를 분산 벡터 간 연산으로 대체할 수 있다. 이런 식으로 전통적 접근법의 의미 차이 문제는 어느 정도 완화된다.

7장에서는 딥러닝 기반 질의응답에 대한 연구 노력을 간략하게 소개한다. 질의응답은 여러 줄기로 나뉘며 대표적으로 검색 기반 질의응답[IRQA], 커뮤니티 질의응답[cQA], 지식 기반 질의응답[KBQA] 그리고 기계 이해[MC, machine comprehension] 등이다. 주로 지식 기반 질의응답과 기계 이해에 중점을 두는데, 이 두 가지 작업은 질문에서부터 문서에 이르는 텍스트의 의미 분석과 이해를 필요로 하기 때문이다. 7장 나머지 부분에서는 지식 기반 질의응답의 최근 발전에 대해 두 가지 관점에서 논의하고 기계 이해를 대상으로 하는 딥러닝 연구를 자세히 검토한다.

7.2 지식 기반 질의에 사용되는 딥러닝

지식 기반 질의응답의 성능을 향상시키기 위해 새로운 신경망 모델로 확장하려는 시도가 많았다. CNN, RNN(LSTM 및 BLSTM), 관심 메커니즘, 메모리 네트워크와 같은 다양한 신경망 구성 요소, 아키텍처 그리고 그 변형 모델이 연구됐다. 이러한 노력은 정보 추출 스타일과 의미 분석 스타일 두 가지로 분류된다. 전자는 다양한 관계 추출 기술을 사용해 지식 기반으로부터 후보 답변 세트를 모은 후, 응축된 피처 공간에서 질의와 비교한다. 반면 의미 분석 스타일은 형식 표상과 기호 표상 그리고 구조 쿼리를 새로운 구성 요소와 네트워크 구조의 도움을 받아 문장에서 분리해낸다(그림 7.1).

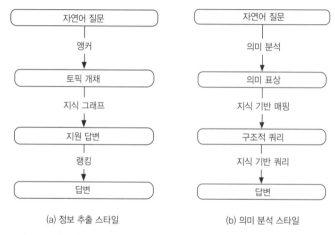

(a) 정보 추출 스타일   (b) 의미 분석 스타일

그림 7.1 정보 추출 기반 KBQA 프레임워크(a)와 의미 분석 프레임워크(b)

또 다른 관점으로 지식 기반 질의응답을 활용하기 위해 딥러닝을 적용하는 최근의 연구들은 크게 두 가지로 분류할 수 있다. 첫 번째는 새로운 신경망 모델을 사용해 전통적 지식 기반 질의응답 프레임워크 안에 있는 구성 요소를 향상시키거나 두 번째는 통합된 신경망 아키텍처에서 해당 작업을 형식화하는 것이다. 전자는 주로 기존 신경망 모델을 활용해 모델을 개선하는 데 중점을 뒀다. 후자는 자연어 질의와 후보 답변을 동일한 저차원 의미 공간에 투영할 수 있는 새로운 딥러닝 프레임워크를 사용하는 것에 중점을 둔다. 결과적으로 지식 기반 질의응답 작업은 정보 추출 스타일에서 질의와 후

보 답변 임베딩 사이 유사도 계산 문제로 전환된다.

다음 절에서는 정보 추출 스타일과 의미 분석 스타일 분야의 최근 딥러닝 지식 기반 질의응답에 관한 연구를 검토한다. 둘 사이에는 엄격한 차이가 없으며 두 패러다임으로부터 받은 발전이 일어나고 있다. 7장에서는 다양한 구성 요소와 특정 처리 방법의 장점들을 살펴본다.

7.2.1 정보 추출 스타일

딥러닝 방법을 사용하는 연구 주류는 지식 기반에서 나온 자연어 질의와 후보 답변을 동일하고 압축된 의미 공간에 내재시키는 개선된 방법을 찾고 있다. 이러한 작업은 대개 통일된 신경망 아키텍처 안에 있는 수집-임베딩-비교 파이프라인 솔루션을 따른다.

7.2.1.1 단순벡터 표상

정보 추출 스타일 접근법의 개척 연구는 Bordes 외(2014a, b)에 의해 진행됐다. 범주, 개체 언급 그리고 관계 패턴을 지식 기반에 있는 유형, 개체 그리고 술어에 개별적으로 매핑하는 대신 Bordes 외(2014b)는 구조화된 지식 기반에서 단어, 개체, 관계 그리고 기타 의미 항목에 대한 벡터 표상을 학습하고 지식 기반 하위그래프로 자연어 질의를 매핑하는 통합 임베딩 프레임 워크를 설계한다(그림 7.2).

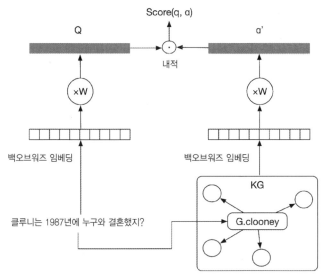

그림 7.2 Bordes 외(2014a)의 간단한 벡터 표상

자연어 질의와 후보 하위그래프가 저차원 임베딩으로 표상될 때, 질문과 하위그래프 사이의 유사성을 쉽게 계산할 수 있다. 이 모델에는 주석이 달린 질의-응답 쌍이 학습 데이터로 필요하지만 간단한 패턴 및 멀티태스크 패러다임을 통해 더 많은 학습 예제를 자동으로 수집하도록 설계됐다. 다른 자원과 다른 표현을 만들어보는 등의 관련 작업을 동시에 최적화함으로써 해당 모델은 더 높은 유사성을 가진 유사한 발언을 확보해 인간 연구자의 노력이 요구되는 정도를 완화시켜준다.

이 프레임워크는 사람이 만든 피처, 추가 구문 분석 그리고 전통적인 추출 모델이 하는 실증 규칙에 의존하지 않고 간단하고 명료한 파이프라인 구조(예: 데이터 확보-임베딩-비교)를 따르고 벤치마크 데이터셋을 사용했을 때 경쟁력 있는 성과를 달성한다.

그러나 구현을 쉽게 하기 위해 자연어 질의는 백오브워즈bag-of-words로 표상되고, 질의 안에 있는 구문 구조를 무시하는 응축 과정을 거친다. 비슷한 접근법이 후보 답변에도 적용되는데, 부분 그래프는 개체와 그 관계를 멀티핫 표상multi-hot representation으로 나타낸다. 이러한 단순화는 모델이 자연어 발화 또는 지식 기반 자체에 있는 실마리를 제공하는 여러 자원을 활용하지 못하게 한다.

더욱이 신경망 모델의 현재 방법은 백오브워즈bag-of-word 또는 백 오브 개체 관계bag of entities relations 표상을 넘어서는 의미 구성과 여러 한계점(예: 톰의 아버지의 어머니의 아들과 톰의 어머니의 아버지의 아들)을 제대로 처리할 수 없다. 이 문제점은 질의에 대한 심층 구문 분석과 지식 기반용 빈도 구조 마이닝으로 어느 정도 처리할 수 있다.

7.2.1.2 CNN으로 피처 임베딩하기

백bag 안의 모든 것을 다루는 것(Bordes et al., 2014a)과는 다른 Yih 외(2014)의 연구는 CNN을 활용해 단일 관계 질의에 집중할 것을 제안한다. CNN 기반 의미 모델CNNSM, CNN-based Semantic Model을 사용해 두 개의 다른 매핑 모델을 구성한다. 한 매핑 모델은 질의상에 있는 개체를 식별하는 모델이고 다른 하나는 관계를 지식 기반으로 매핑하는 모델이다. 질문에는 하나의 개체와 하나의 관계만 있는 것으로 가정하는데 실제로 다양한 지식 기반 질의응답 벤치마크 데이터 중 많은 부분이 여기에 해당된다. 그리고 그런 질문들에 대해 구조화된 쿼리는 상대적으로 간단한데, 단 하나의 〈주제, 술어, 객체〉 트리플을 포함하는 형식이라서, 하나의 트리플은 여러 개체와 관계 사이에서 내재된 질의 구조를 복구하는 구조 예측 프로세스를 필요로 하지 않는다.

핵심 아이디어는 Bordes 외(2014a)와 유사하게 자연어로 표현된 관계 패턴과 구조화 지식 기반으로 표현된 관계/술어가 CNN을 통해 동일한 저차원 의미 공간으로 투영된다는 것이다. 마찬가지로 지식 기반에 있는 개체의 형태는 질의에 있는 개체 언급과 동일하게 취급되며 CNN으로 포착된다. 따라서 CNNSM은 자연어 질의와 지식 기반에 있는 후보 트리플 간의 유사성을 제공하고 최종 응답으로 최고점을 받은 트리플을 선택한다.

이 방법은 단순한 백오브워즈 형식보다 우수한 컨볼루션 신경망 모델로부터 도움을 받고, 어휘밖OOV 이슈를 다루기 위해 입력값으로 사용되는 철자letter 트라이그램 벡터와 어느 정도 잘 작동한다. 그러나 이 방식은 지식 기반 질의응답 작업인 개체 연결 및 관계 확인 작업에서 중요한 문제를 발생시킨다. 두 문제 모두 자체적으로 어려우며 모델을 학습하기 위해 충분한 훈련 데이터 즉, 언급과 개체 쌍 그리고 자연어 패턴과 지식 기반 관계 쌍을 보여주는 데이터가 필요하다. 특히 대규모 지식 기반(예: 프리베이스Freebase)에 많은 양의 개체와 관계가 있어 여러 개체와 그들의 관계가 있는 질문을 처리하는 것이 더욱 어려워졌다.

반면 Dong 외(2015)는 CNN을 사용해 질의와 후보 응답 사이에 다양한 종류의 피처를 인코딩할 것을 제안한다. 질문에 대한 여러 측면을 포착하고 응답 경로, 응답 문맥 그리고 응답 유형을 통해 질의-응답 쌍 점수를 매기는 다중 칼럼 컨볼루션 신경망MCCNN 모델을 제안한다.

단순 벡터 표상(Bordes et al., 2014a)과 비교해 MCCNN은 CNN을 사용해 질의에 있는 토픽 개체와 지식 기반 후보 답변 사이의 경로 및 기대 응답 유형을 명시적으로 포착할 수 있는 다양한 피처를 추출한다. 경로 및 기대 응답 유형은 후보 답변을 평가하는 데 있어 중요한 것으로 밝혀졌다. 이 프레임워크는 필수 칼럼을 네트워크에 추가해 더 많은 종류의 피처를 쉽게 확장할 수 있다.

개체 연결은 여전히 피처 기반 모델에서는 해결되지 않고 있는 문제다. 응답 경로 인코딩을 통해 MCCNN이 경로를 따라서 얕은 추론을 어느 정도 수행할 수 있도록 한다. 그러나 데이터 검색-임베딩-비교라는 전형적인 프레임워크 특성 때문에 MCCNN은 가령 가장 높은 산 또는 그의 첫 번째 아들과 같은 후보 답변 간 비교하는 데 더 나은 해결책을 여전히 찾지 못하고 있다.

7.2.1.3 피처를 관심에 임베딩하기

Hao 외(2017)는 양방향 RNN 모델을 사용해 의미를 포착한다. 다양한 응답 요소의 포커스가 어디에 있느냐에 따라 질의는 다르게 표상돼야 한다는 점을 연구진들은 주목한다(응답 요소는 응답 개체, 응답 유형, 응답 문맥 등이다). "프랑스 대통령은 누구입니까?"라는 질의에 후보 응답 중 하나는 "Francois Hollande(프랑소아 홀랜드)"가 될 수 있다. 응답의 개체인 프랑소아 홀랜드를 처리할 때, 질의에서 "대통령"과 "프랑스"에 중점을 두게 되고, 질의 표상은 해당 두 단어로 편향되도록 한다. 응답 유형으로 /business/board_member에 해당하면 "누구(who)"가 가장 중요한 단어가 된다. 일부 질의는 어떤 응답 요소보다 응답 유형을 중요시한다. 어떤 질의에서는 응답 관계가 고려해야 할 가장 중요한 정보일 수 있어서, 서로 다른 질의와 응답에 따라 동적이며 유연해야 한다. 분명히 질의의 표상과 상응하는 응답의 요소 간 상호 영향을 보여주는 관심 메커니즘이 필요하다.

응답 경로, 문맥, 유형을 포함하는 여러 응답 요소를 다룰 때 다른 파라미터를 갖는 3개의 CNN을 이용해 질의를 표상하는 대신(Dong et al., 2015), Hao 외(2017)는 지식 기반 질의응답을 수행하기 위해 교차 관심 기반 신경망cross-attention-based neural network을 제안했다.

질의와 응답 요소 사이에 상호 관심mutual attention을 나타내는 교차 관심 모델은 두 부분, 즉 응답에서 질의로 연결되는 관심 부분과 질의에서 응답으로 이어지는 관심 부분을 포함한다. 전자는 유연하고 적절한 질의 표상을 학습하는 데 도움이 되고 후자는 질의-응답 가중치를 조정하는 데 도움이 된다. 마지막으로 질의와 각기 다른 후보 응답의 유사성 점수가 계산되고, 각 후보의 최종 점수는 해당 질의-응답 가중치에 따라 모든 유사도 점수와 결합된다. 이후 가장 높은 점수를 받은 후보가 최종 응답이다.

7.2.1.4 메모리로 질의응답하기

메모리 네트워크는 특정 작업 동안 읽고 수정될 수 있는 메모리 메커니즘 중심으로 설계된 새로운 학습 프레임워크다(Weston et al., 2015b). 정보 추출 스타일의 수집-비교 루틴을 따르는 메모리 네트워크 패러다임에서 지식 기반 질의응답 태스크를 연구하려는 여러 시도가 있었다.

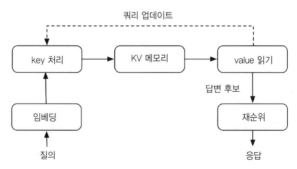

그림 7.3 Miller 외(2016)의 key-value 메모리 네트워크

첫 번째 시도(Bordes et al., 2015)는 간단한 질의에 초점을 두며, 하나의 〈주어, 관계, 목적어〉 트리플로 대답한다. 입력 구성 요소에서 구조화된 지식 기반은 bag of symbols 형태로 읽혀 메모리에 저장되고 질의는 bag-of-ngram으로 처리된다. 출력 구성 요소는 bag of ngrams 질의와 메모리 입력값을 비교해 트리플을 찾으며, 후보 트리플은 입력 질의로 평가된다. 응답 구성 요소는 최고 득점 트리플의 목적어를 답변으로 제공한다. 이 결과는 지식 기반 질의응답 작업에서 메모리 네트워크의 간단한 애플리케이션으로 간주되지만, 실제로는 여러 자원(그림 7.3)에서 나온 대규모 지식 기반 엔트리를 관리하는 데 메모리 네트워크의 잠재성을 보여준다.

Miller 외(2016)는 메모리에 있는 여러 형태의 키^{key}-값^{value} 지식을 연구함으로써 아이디어를 확장시킨다. 이렇게 개선된 모델은 최종 응답용 질의를 역동적으로 업데이트하기 위해 메모리에서 처리와 읽기를 반복하면서 증거와 문맥을 수집한다. 키-값 디자인 장점은 지식 기반 트리플(주어와 관계를 보여주는 키^{key}와 목적어를 보여주는 값^{value})부터 문서(문장 또는 단어를 나타내는 키 또는 값)까지 상이한 자원으로 복잡한 질의에 답을 하도록 메모리 메커니즘을 더욱 유연하게 해서 다양한 지식을 저장할 수 있다는 점이다.

7.2.2 의미 분석 스타일

검색-임베딩-비교 프레임워크는 개체와 관계가 지식 기반 하위그래프에 있는 간단한 질의에서 질의응답 유사성을 포착하는 데 다양한 신경망 구성 요소로부터 도움을 받는다. 그러나 질의를 이해할 때 의미 구성을 포착하는 정보 추출 방식에 대한 명시적 메커니즘이 없어서 의미 체계의 복잡한 구조를 풀어내는 데 능숙하지 못하다. 대조적으로 지식 기반 질의응답의 또 다른 연구 분야인 의미 분석 스타일 모델$^{semantic parsing styled model}$은 질의 의미를 표상하고 복잡한 쿼리를 표면적으로 포착할 수 있게 하는 지식 기반 구조화 쿼리를 만들기 위해 지식 기반으로 구체화한다.

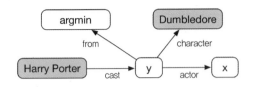

그림 7.4 Yih 외(2015)의 단계별 쿼리 그래프 생성 모델

따라서 모델의 핵심 구성 요소는 자연어로 된 질의에서 논리적 형태나 구조화된 쿼리 표상 등 의미 표상을 찾아내고 지식 기반 구성 요소를 가진 표상과 쿼리를 지식 기반에 매핑해 지식 기반에서 응답을 찾는 작업이다. 해당 프레임워크의 특정 요소를 개선하는 데 주로 딥러닝 방법으로 설계된다.

7.2.1.2절에서 논의한 CNNSM 모델은(Yih et al., 2014)은 의미 분석 스타일 방식으로 간주되는데, 하나의 〈주어subject, 술어predicate, 목적어object〉 트리플만으로 질의를 생성하며 CNN은 개체 링크와 관계 일치 작업을 수행한다. 그러나 다수의 제약은 물론 여러 개체와 관계를 포함하는 약간 복잡한 질의에서도 적합하지 않다. 이유는 신경망 요소는 개체든지 관계든지 지식 기반 요소로 매핑하는 것을 담당할 뿐, 여러 개체 또는 관계 사이의 내재 구조를 확인하는 메커니즘이 없다는 점이다. 사실 이러한 구조는 PCCG, PCFG, 의존성 구조 그리고 여타 형태 및 의미 분석 패러다임을 통해 전통적 의미 분석 모델에서 집중적으로 연구돼왔다(Cai and Yates, 2013; Kwiatkowski et al., 2013; Berant and Liang, 2014; Reddy et al., 2014; Kun et al., 2014).

7.2.2.1 STAGG: 검색과 가지치기가 동시에 처리되는 의미 분석

관계 질문 외에도 Yih 외(2015)는 문맥 속 개체grounded entity, 존재변수, 람다변수 그리고 제약/함수 등 네 가지 노드를 포함하는 질의의 의미를 표상하기 위해 질의그래프query graph 사용을 제안한다. 여기서 람다변수는 문맥 속에 포함되지 않는 개체이며 최종 답변이 될 수 있는 변수다. 존재변수는 중간노드(예: Tom's father's mother의 father) 또는 추상노드(예: 프리베이스에 있는 복합값 유형CVT, Compound Value-Typed의 노드[1])를 가리킨다. 제약조건과 함수는 arg min

---

1 복합값 유형의 노드는 실제 존재하는 개체가 아니지만, 종종 복수의 필드를 갖는 데이터 투입을 표상할 수 있는 이벤트 가령 결혼 또는 대선 등의 이벤트를 가리킨다.

과 같은 수치 속성에 따라 개체를 필터링하도록 한다. 질의그래프에서 노드는 에지를 통해 연결되는데, 지식 기반 술어로 매핑될 두 노드 간 관계를 의미한다(그림 7.4).

해당 작업은 자연어 질의를 질의그래프로 변환시킨다. Yih 외(2015)는 지식 기반을 활용해 검색 공간을 점차적으로 줄이고 질의를 구조화하는 단계적 질의그래프 생성 모델인 STAGG^{Staged Query Graph Generation Model}를 제안한다.

단계별 쿼리 그래프 생성 모델 즉, STAGG의 주요 구성 요소는 토픽 개체 연결, 핵심 추론 체인 식별, 최종적으로 세약 조건과 함수의 강화이며 기본적으로 하나씩 검색 하는 구문 분석과 랭킹 처리 작업이다. 핵심 추론 체인은 토픽 개체와 람다변수 간의 관계를 파악해 질의의 기본 뼈대를 제공한다. Yih 외(2015)는 심층 컨볼루션 신경망 모델을 사용해 질의와 술어(중간에 CVT 노드를 갖는 최대 2개까지)를 의미적으로 매칭시킨다.

벤치마크 데이터에서의 성공에도, 여전히 STAGG 설계에서 여러 교훈을 배울 수 있다.

- **토픽 개체**: 토픽을 주도하는 개체를 찾고 지식 기반에 연결하는 것이 첫 번째 단계이자 매우 중요하다. STAGG는 후속 단계와 전반적인 성능에 중요한 역할을 하는 짧은 글에 있는 개체 연결을 위한 통계 모델인 S-MART(Yang and Chang, 2015)를 사용한다. 토픽 개체 연결을 위해 프리베이스^{Freebase} API로 변경할 때 STAGG에서 평균적으로 전체 F1 점수 절댓값이 4.1% 떨어진다.

- **핵심 추론 연결 고리 식별**: CNNSM과 유사한 CNN으로 포착된 지식 기반 그래프의 토픽 개체에서 시작해 람다변수에 이르는 방법을 식별하는 관계 추출 단계다(Yih et al., 2014). 모든 후보 관계가 표상되는 거대한 공간을 감안할 때 STAGG는 토픽 개체와 관련된 것만 고려해 질의가 어떻게 토픽 개체 주변의 지식 관계 순서와 의미적으로 매칭되는지 포착한다. 따라서 핵심 추론 연결 고리를 식별하는 과정은 대형 멀티클래스 분류 스타일을 피함과 동시에 매칭과 랭킹을 처리하는 단계다.

- **제약 강화 및 집계**Aggregations: STAGG는 질의의 여러 개체와 시간 표현을 핵심 추론 연결 고리에서 제약 노드로 간주하고 질의들을 추가로 필터링하는 데 특정 함수를 사용한다. 가령 첫 번째first 또는 가장 작은smallest을 최솟값arg min으로 변환하는 방식이다. 지식 기반 질의응답 시스템이 일련의 규칙을 통해 표상의 일부로써 집계함수를 도입한 것은 향후 가치가 매우 높다.

- **최상급 표현 이해:** Berant와 Liang(2014) 그리고 Zhang 외(2015)의 연구에서 논의된 바와 같이, 최상급 표현은 질의에서 흔하게 나타난다. 대부분의 지식 기반 질의응답은 최솟값arg min 함수 또는 최댓값arg max 함수(Berant and Liang 2014; Yih et al., 2015)로 간단히 선택해서 최상급 표현을 분석하기 위한 템플릿과 규칙을 채택한다. 그러나 구조화된 비교문 구성으로 최상급 표현을 분석하게 되면 지식 기반 질의응답 시스템이 최상급 표현뿐만 아니라 서수 제약이 있는 최상급 발언을 처리하는 데에도 유용하다. Zhang 외(2015)는 최상급 발언과 비교문에 있는 비교 차원 역할을 하는 관계 간의 핵심 연결을 학습하기 위해 신경망 모델을 설계했다. 예를 들어 '가장 긴 강(the longest river)'이라는 구문에서 ⟨river.length, *descending*, **1**⟩라는 하나의 튜플로 전환하면, 모든 강들은 술어 river.length에 따라 비교되고 내림차순으로 정렬돼 최상위로 랭크된 강이 표적된다.

7.2.2.2 관계 식별 개선

의미 분석 스타일 연구에서 논의된 것처럼(Kwiatkowski et al., 2013; Berant et al., 2013; Berant and Liang, 2014), 질의로부터 지식 기반 관계와 술어를 식별하는 것이 성공 열쇠이며, 전통적 피처 모델은 문장과 지식 기반과의 관계와 자연어로 된 발언과의 불일치를 포착하기가 어렵다. 어휘 특징과 통사 특징을 찾아내기 위해 CNN 또는 RNN 모델을 사용해 관계 추출에 딥러닝을 적용하려는 시도가 많았다(Zeng et al., 2014; Liu et al., 2015; Xu et al., 2015).

지식 기반 질의응답의 관계 추출 요소는 수천 개의 후보가 있을 수도 있는 짧은 문맥에서 지식 기반 관계를 처리하도록 설계된다. 한 가지 가능한 해법은 CNN(Yih et al., 2014, 2015)을 통해 자연어 발언과 지식 관계 사이의 의미 일치를 작업하고 수백 가지 관계에 대해 직접적인 분류를 피하는 것이다(그림 7.5).

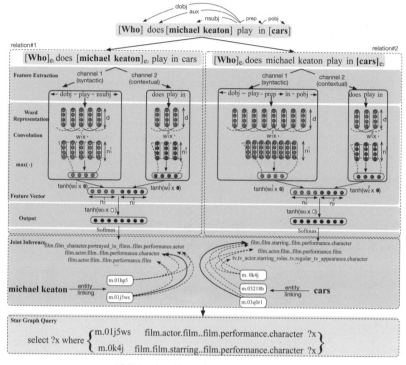

그림 7.5 Xu 외(2016)의 다채널 CNN 모델

Xu 외(2016)는 다중채널 컨볼루션 신경망MCCNNs 모델을 사용해 어휘 관점과 구성syntactic 관점에서 컴팩트하고 강력한 관계 표상 학습을 제안한다. 이 방식은 여러 이유로 공개 도메인 지식 기반 질의응답 시나리오에 적합하다. 수천 개의 관계가 발생하는 기존 피처 모델은 필연적으로 데이터 희소성 문제와 보이지 않는 단어를 처리할 수 있는 일반화 능력이 떨어진다는 지적이 있다.

7.2.2.3 신경망 기호 기계

신경망의 장점과 기호 추론을 결합해 질의응답을 향상시키려는 의미 분석 스타일의 흥미로운 작업이다. Liang 외(2017)는 실행 가능한 코드에 자연어 표상 매핑을 담당하는 신경망 요소와 함께 검색 공간을 한정하거나 응답을 찾기 위해 코드를 실행하는 데 필요한 기호 요소를 갖춘 신경망 기호 기계 Neural Symbolic Machines를 소개한다.

구체적으로는 프로그래머라고 하는 신경망 구성 요소는 프로그램 시퀀스를 생성할 때 중간 결과를 처리하기 위해 키 변수key-variable 메모리를 유지하는 시퀀스-투-시퀀스 모델이다. 그러나 신경망 구성 요소와 기호 해석기의 혼합 설계는 전체 프레임워크를 학습시키는 것을 어렵게 한다. 이 문제는 강화학습으로 해결한다.

7.2.3 정보 추출 스타일 대 의미 분석 스타일

앞에서 한 논의를 감안할 때 정보 추출 스타일과 의미 분석 스타일을 명확하게 구별할 필요가 없음을 쉽게 알 수 있다. 두 가지 흐름은 각각의 장점이 있다. 정보 추출 스타일은 새로운 신경망 모델과 아키텍처의 장점을 취해 응축 공간에서 질의와 후보 답변을 잘 표상할 수 있고, 모델 구조에 다양한 피처 표상을 통합하는 것이 쉽다. 한편 딥러닝 모델은 의미 분석 모델에 더욱 정확한 관계와 제약 식별, 매핑을 제공하고, 좀 더 정확하면서 복잡한 의미 표상과 그 파생어를 지원한다.

사실 이전의 많은 연구들은 두 가지 방법 측면에서 고려될 수 있다. 특히 간단한 질의를 목표로 하거나 두 스타일로부터 이익을 얻은 연구들이 그렇다. 예를 들어 STAGG는 전통적 의미 분석 스타일에 따라 구조화된 질의를 처리하지만, 단계별 순위와 정리는 검색 공간을 정리해 좀 더 나은 쿼리 작성과 전반적인 성능을 이끌어낸다. 메모리 네트워크 모델이나 신경 기호 프레임워크 등 정보 추출 스타일과 의미 분석 스타일의 장점을 지닌 몇 가지 새로운 패러다임은 복잡한 질문에 적용할 수 있을 만큼 유연하다.

7.2.4 데이터 종류

지식 기반 질의 응답 시스템을 평가하는 데 사용할 수 있는 여러 데이터가 있다.

- **WebQuestions:** Berant 외(2013)에 따르면 널리 사용되는 WebQuestions 데이터는 구글 서제스트Google Suggest 서비스를 통해 크롤링된 5,810개의 질의-응답 쌍을 갖고 있고 아마존 미케니컬 터크Amazon Mechanical Turk를 통해 얻은 프리베이스 답변들로 주석 처리돼 있다. 비교를 위한 평가 스크립트뿐만 아니라 학습/테스트 데이터로 나눠져 공개돼 있다. Yih 외(2016)는 의미 분석 태그인 WebQuestionsSP에 WebQuestions 데이터셋을 추가한다. WebQuestionsSP는 원래 응답에도 프리베이스 개체 식별자가 있는 SPARQL 쿼리를 사용해 응답 가능 질의에 주석이 추가된 총 4,737개의 질의가 있다.

- **Free917:** Cai와 Yates(2013)에 의해 구성된 917개의 질의를 포함하고 각 질의는 개체와의 관계가 프리베이스에서 나온 논리 형식으로 주석 처리된다. Kun 외(2014)는 각각의 질의에 주석을 달지 않는 논리 구문 분석을 사용해 개체 구문, 관계구, 범주 및 변수 그리고 그 사이의 종속 구조를 명시적으로 표시한다.

- **SimpleQuestions:** Bordes 외(2015)에 의해 작성됐으며 108,442개의 질의를 포함한다. 각 질의는 프리베이스의 〈subject, relation, object〉 트리플을 수동으로 주석한다. SimpleQuestions의 질의는 상대적으로 간단하며 지식 기반에서 한 번만 트리플을 검색하고 질의에 답하는데, 가령 자메이카 사람들은 어떤 언어를 사용하는가라는 질의는 지식 기반 질의인 (jamaica, language_spoken, ?)과 짝을 맺는다.

- **위키무비WikiMovies:** 영화 도메인에 약 100,000개의 질의가 있는 위키무비는 Miller 외(2016)가 제공한다. 영화의 위키피디아 문서 등을 포함하는 위키피디아 페이지, 인간이 정리한 구조화된 지시 기반(Open Movie Database4 및 Movie-Lens5으로부터 작성됨) 그리고 OpenIE를 통해 자동으로 얻은 지식 기반 트리플로 답한다. 각 질의는 위키백과 문서와 정리된 지식 기반을 통해 답한다.

- **QALD**: QALD 챌린지에서 사용된 질의응답은 2011년 이후 링크된 데이터로 이뤄진 질의응답에 대한 공개 평가다. QALD 평가 주제는 사용자 자연어 질의를 디비피디아와 같은 대규모 지식 기반을 바탕으로 실행될 수 있는 SPARQL 쿼리와 같은 표준 실행 가능한 쿼리로 적합하게 표상하는 것이다.

여러 언어(예: 영어, 프랑스어, 독일어)로 된 자연어 기반 질의와 디비피디아 응답 그리고 디비피디아에서 처리 가능한 SPARQL 질의를 포함하는 다중언어 질의응답 등 수백 개 질의-응답 쌍이 있는 고전 지식 기반 질의응답 태스크가 있었다. 다른 관련 태스크는 하이브리드 질의응답이며, 각 자연어로 된 질의는 디비피디아 초록(예: 표 7.1)과 같은 구조화된 지식 기반인 디비피디아와 자유 텍스트로 응답된다.

표 7.1 현재 유명한 KBQA 데이터에서 나온 예제 질문

WebQuestions	유럽 어느 나라가 가장 넓은가? 샤킬 오닐이 뛰었던 가장 첫 팀은? 포크너가 그의 일생 대부분을 보낸 국가의 가장 큰 도시는?
Free917	2011년 아카데미 최고 감독상에 누가 노미네이트됐나? 얼마나 많은 나라가 유로화를 쓰는가? 1992년 애틀랜타 허리케인 시즌에 가장 강력했던 폭풍은?
SimpleQuestions	앤디 리핀코트(Andy Lippincott)를 어떤 미국 만화가가 만들었는가? Fires Creek은 어떤 숲에 있는가? 애들의 귓병이 낫는 데 좋은 약은 무엇인가?
WikiMovies	해리슨 포드가 나온 영화는? 영화 〈블레이드 러너〉를 몇 단어로 요약해줄 수 있겠니? 반이상주의로 묘사될 수 있는 영화는 무엇인가?
QALD	엘리자베스 2세가 통치한 나라는? 세인트루시아에서 최고의 리조트는? 스위스에서 사용되는 통화는?

7.2.5 도전 과제

지식 기반 질의응답 시스템 개발과 함께 딥러닝 모델을 채택할 때 우려되거나 논의되는 몇 가지 주요 이슈가 있다.

7.2.5.1 구성 문제

전통적인 의미 분석 지식 기반 질의응답 작업은 조합 분류 문법combinatory categorical grammar(Steedman, 2000)과 확률적 조합 분류 문법에 의존해서 질의(Cai and Yates, 2013; Kwiatkowski et al., 2013)로부터 의미 표상을 이끌어낸다. 구문 구조를 정보 추출 스타일과 같은 구문 구조 고려 없이 통일된 모델에서 명시적으로 포착하기는 어렵다. 따라서 많은 기존 연구들이 수작업으로 정의된 규칙이나 템플릿을 사용해 구성 문제compositionality를 처리한다(Yih et al., 2015). 그러나 신경 기호 프레임워크는 얕은 상징 추론 능력을 갖는 신경망 모델을 보강하는 새로운 방향을 제시한다(Liang et al., 2017).

7.2.5.2 자연어와 지식 기반의 갭

후보 답변을 검색하거나 자연어 발언을 지식 기반 항목과 일치시키려고 할 때 개체 연결과 관계 추출이 주요 과제임을 논의했다. 이유는 자연어와 지식 기반 사이의 불일치 때문이다. 언어 측면에서 제한되거나 누락된 문맥, 하위 어휘 합성 그리고 지식 기반 설계 결함까지 포함된다. 관계 매칭과 추출을 개선하기 위해 다양한 신경망 모델이 제안됐지만, 지식 기반 질의응답 시스템에서 기본 단계인 개체 연결 작업에는 많은 관심을 기울이지 못했다.

7.2.5.3 학습 데이터

여러 머신러닝 기반 방법, 특히 전통적 방법보다 많은 학습 데이터가 필요하다고 가정되는 신경망 모델에서 학습 데이터는 오랜 문제였다. 질의응답에서 논리 형태, 구조화된 질의 그리고 개체와 관계에 대한 정교한 주석은 말할 것도 없고 질의-응답 쌍을 수집하는 것도 매우 비싸다. 해결 방법으로 준peudo 라벨 수집을 위해 간접 지도학습으로 질의-응답 쌍을 사용하거나(Yih et al 2015; Xu et al., 2016) 잡음이 많은 라벨이나 템플릿으로 학습 데이터를 자동 수집하는 방식(Miller et al., 2016; Bordes et al., 2014a)이 될 수 있다.

지식 기반 질의응답은 어휘 분석, 구문 분석, 정보 추출, 개체 연결, 추론 등과 같이 많은 자연어 처리 기술 및 정보 검색 기술을 요구하는 까다로운 작업이다. 최근 딥러닝 진보는 초기 단계에서 인식되는 지식 기반 질의응답을 향상시키는 데 유용한 도구와 새로운 프레임워크를 제공해준다. 신경망 모델링과 질의응답의 심층 융합은 해당 분야에 더 많은 기회를 가져다줄 것으로 예상된다.

7.3 기계 이해에 사용되는 딥러닝

7.3.1 태스크 설명

기계 이해는 자연어 처리와 인공지능 커뮤니티에서 지난 몇 년 동안 큰 인기를 얻고 있는 애플리케이션이다. 기계 이해는 기계가 텍스트를 읽고 그 의미를 이해하는 능력을 테스트한다. 전통 질의응답 설정을 따르지만 다음과 같은 차이점이 있다.

- 전통 질의응답에서 주어진 질의에 대한 답변은 웹 검색 결과와 질문 응답 플랫폼(커뮤니티 QA라고도 함) 등 다양한 자원에서 나온다. 그러나 기계 이해에서 문맥 지식은 주어진 단일 문서로 제한된다.
- 검색 기반 질의응답[IRQA] 그리고 지식 기반 질의응답[KBQA]과 같은 전통 질의응답과 비교할 때, 기계 이해는 직접 대답할 수 없고 주어진 문서의 여러 개체나 이벤트에 따라 추론할 필요 있는 질문에 집중한다. 그 이유로 기계 이해는 더 높은 추론 능력이 요구된다.
- 전통 질의응답과 비교해 기계 이해의 응답 유형은 단어 하나에서부터 여러 문장까지 다양하다. 또한 객관식[multiple-choice] 질문(답변 후보는 이전에 제공됨)과 빈칸 메우기[cloze] 스타일 질문(후보 답변이 제공되지 않고 답변은 시스템에서 생성돼야 함)과 같이 기계 이해의 질의 형식도 다양하다.

7.3.1.1 데이터셋

- MCTest: 기계 이해는 자연어 처리 커뮤니티에서 시작했다. 2013년 마이크로소프트 연구원은 컴퓨터 이해 능력 평가를 위해 MCTest(Richardson et al., 2013) 데이터를 고안했다. MCTest의 각 문서(스토리)에는 네 가

지 관련 질문이 있다. 각 질문에 4개의 후보 답변이 제공되고 시스템은 올바른 답을 선택해야 한다. MCTest의 예는 그림 7.6과 같다.

MCTest의 스토리는 허구이며 몇 가지 질문이 여러 문장을 통해서 답할 수 있는 표준 독해 데이터다. 데이터를 만든 저자는 데이터를 각각 160개와 500개의 스토리가 있는 MC160과 MC500 두 개의 하위 세트로 나눈다. 그러나 데이터셋의 크기가 너무 작아 때로는 테스트 데이터로만 사용된다. 최근 연구자들은 외부 언어 도구를 사용해 피처를 추출한 다음 이를 기반으로 추론한다. MCTest에서 파생된 여러 기계 이해 데이터셋이 출시됐다.

앨리사는 긴 여행 이후 해변에 도착했다. 그녀는 샬롯 출신이며 애틀랜타에서 여정을 시작했다. 현재는 친구들을 만나기 위해 마이애미에 있다.
...
그녀는 친구들과 저녁을 먹기 위해 레스토랑에 갔다. 그곳은 메기 요리를 전문으로 하는 곳이다. 앨리사는 그 요리를 좋아한다. 엘른은 샐러드를 주문했다. 크리스틴은 수프를 시켰다. 레이첼은 스테이크를 주문했다.

1: 앨리사는 왜 마이애미로 갔는가?
A) 수영하러
B) 여행하러
C) 친구 만나러
D) 계획하러

2: 앨리사는 레스토랑에서 무엇을 먹었는가?
A) 스테이크
B) 수프
C) 샐러드
D) 메기

그림 7.6 MCTest의 스토리와 질문의 예

- **bAbi:** bAbi(Weston et al., 2015a)는 연구자의 설명에 따라 인공지능으로 완성된 기계 이해 데이터셋이다. bAbi는 20개의 하위 작업을 포함하며, 각 하위 작업에는 서로 다른 응답 스킬을 요구한다. 일부 하위 작업 예제가 그림 7.7에 있다.

이번 데이터셋이 여러 카테고리로 나눠져 있기 때문에, 하위 작업에 대한 성능은 질문 유형에 따른 모델의 장단점을 노출시킨다. 전체 데이터셋은 인간이 디자인한 여러 가지 규칙에 따라 자동 합성되고 생성된다. 규칙은 무제한이지만 실제로 생성 규칙은 100단어 이하를 기준으로 한다. 결과적으로 데이터셋의 일부 질문 또는 문서가 복제된다. 또한 bAbi는 규칙에 의해 자동 합성되므로, 사용된 알고리즘이나 시스템은 사용된 생성 규칙을 근사한다.

존은 놀이터에 있다.
밥은 오피스에 있다.
존은 어디에 있나? 놀이터
단 하나의 팩트

존은 놀이터에 있다.
대니얼은 우유를 집었다.
존은 교실에 있니? 아니요
대니얼은 우유를 갖고 있니? 예
Yes or No 질문

존은 놀이터에 있다.
밥은 사무실에 있다.
존은 축구공을 집어 들었다.
밥은 부엌으로 갔다.
축구공은 어디에 있나? 놀이터
밥은 부엌에 가기 전에 어디에 있었나? 사무실
두 개의 팩트

사무실은 침실 북쪽에 있다.
침실은 화장실 북쪽에 있다.
침실 북쪽에는 무엇이 있나? 사무실
침실은 무엇의 북쪽에 있나? 화장실
주어 대 목적어

그림 7.7 bAbi 질의 예

- **SQuAD:** SQuAD(Rajpurkar et al., 2016)는 최근에 나온 인간이 만든 대형 기계 이해 데이터인 Stanford 질의응답 데이터셋을 말한다. 100,000개에 이르는 문서-질의 쌍을 담고 있다. 문서는 위키피디아 페이지에서 나왔으며, 크라우드 소싱 주석 작성자는 문서를 토대로 몇 가지 질문과 문서에서 해당 답변을 레이블링 해달라는 요청을 받는다. SQuAD에서 후보 대답은 제공되지 않는다. 시스템은 문서에서 답변의 시작과 끝 위치를 예측해 답변을 생성한다. 그림 7.8에 질문의 예가 나와 있다.

기상학에서 강수(precipitation)는 대기 중의 수증기가 응집된 결과물이며 중력의 영향을 받아 떨어진다고 한다. 대표적인 형태는 이슬비, 비, 진눈깨비, 눈, 싸락눈 그리고 우박 등이다. 강수는 구름 속에 있는 여러 물방울이나 얼음 결정체의 충돌로 작은 물방울 연합체가 형성된다. 이렇게 몇몇 지역에 집중으로 내리는 비를 소나기라고 부른다.

얼음 강수를 만드는 작은 물방울들은 어디에서 얼음 결정체와 충돌하는가?

그림 7.8 SQuAD 질의의 예

내용:
(@entity4) if you feel a ripple in the force today , it may be the news that the official @entity6 is getting its first gay character . according to the sci-fi website @entity9 , the upcoming novel " @entity11 " will feature a capable but flawed @entity13 official named @entity14 who " also happens to be a lesbian . " comics and books approved by @entity6 franchise owner @entity22 -- according to @entity24 , editor of " @entity6 " books at @entity28 imprint @entity26 .

질문:
characters in " @placeholder " movies have gradually become more diverse
답변:
@entity6

그림 7.9 CNN 질의의 예

최근 NewsQA와 Marco 등 SQuAD와 유사한 규모와 형태를 갖는 기계 이해 데이터셋이 공개됐다.

- **빈칸 메우기 스타일의 기계 이해 데이터셋:** 앞서 언급한 질의응답 형태 말고도, 빈칸 메우기 스타일의 질의(Taylor, 1953) 또한 기본 형태 중 하나다. 이번 스타일은 독해의 대부분 특성을 공유하지만 답변은 문서에 있는 한 단어다. 최근 CNN/Daily Mail(Hermann et al., 2015)과 CBT(Hill et al., 2015) 등 이러한 유형을 위해 많은 데이터셋이 제안됐다. 연구자들은 CNN/Daily Mail 두 개의 뉴스 말뭉치에서 빈칸 메우기 스타일의 질의를 생성하는 반자동 방법을 제안했다. 각 뉴스 기사에 제목 또는 요약이 첨부된다. 연구자는 기사 타이틀에서 특정 명사 한 개를 제거하고 시스템은 주어진 문서로 제거된 빈자리를 채워야 한다. 텍스트 이해를 넘어서는 언어 모델링이나 실제 지식 영향을 피하도록 연구진은 문서와 질의에 있는 모든 개체를 익명으로 처리했다. CBT에서 각 문서는 20번 연속된 문장으로 구성되고, 21번째 문장 한 단어를 삭제한다. 언어 모델링 기반 방법의 사용을 피하기 위해 응답은 고유 명사로 제한된다. CNN/Daily Mail의 예가 그림 7.9에 나와 있다.

스킬	설명 및 예제
나열	트래킹, 리트레이닝, 주체 및 상태의 나열
수학 연산	수학 연산 및 기하학 이해
동일 지시어 이해	동일 지시어 포착 및 이해
논리 추론	귀납, 연역, 조건 진술, 수량자
유추	비유 및 은유
장소 및 시간 관계	사건의 장소 및 시간 관계
인과관계	인과로 설명되는 사건의 관계
상식 추론	분류 지식, 질적 지식, 액션 및 사건 변화
도식 및 수사구 관계	문장 내 구의 조합 및 종속
특수 문장 구조	구두 형식, 구성, 문장 내 구두점

그림 7.10 기계 이해 스킬

7.3.1.2 기계 이해를 위한 지식 요구

기계 이해는 자연어에 대한 깊은 이해가 필요한 포괄적 추론 작업이다. 심리학에서 이해는 문장이나 문서 주변 지식을 단어들로 자극하는 단어 간 상호작용에서 비롯된다. 이해는 음운론, 문법, 의미론, 활용론 네 가지 언어스킬에 따라 달라지는 창의적이며 다각적인 과정이다. 기계 이해 문제에 대해 자세히 이해하려면 여러 구문 간의 관계를 이해할 수 있어야 한다. 예를 들어 사건 간 시간 관계를 이해하는 스킬은 접속사(when, as, since, ...), 시간 표시 (아침, 저녁, ...), 시제(went, is going, will go, ...) 등을 요구한다. 나아가 추론 기술이 필요하고, 질문에 답하기 위해 수학적 연산이 필요하다. '탐은 연필 4자루가 있는데, 2자루를 그의 짝에게 줬어. 그럼 탐은 몇 개의 연필을 갖고 있나?'와 같은 산술 연산 능력도 요구된다. 이러한 유형의 질의응답에 필요한 시스템은 수학 공식 '4 − 2 = 2'를 추론한다. Sugawara 외(2017)는 그림 7.10에 열거된 기계 이해를 위한 10가지 스킬을 제안했다.

기계 이해는 어휘, 구문, 고차원 담화, 의역과 같은 여러 언어 패턴을 다루는 작업을 포함한다. 이러한 방법을 모델링하기 위해 방법론 관점에 따라 현재 방법을 크게 두 가지로 나눈다. 피처 엔지니어링 방법과 딥러닝 방법으로 하나씩 소개한다.

7.3.2 기계 이해에서 피처 엔지니어링 방법

기존의 피처 엔지니어링 방법은 주어진 질문과 문서 그리고 구절 사이 의미 유사성을 계산하는 작업으로 텍스트 이해를 모델링한다. 품사 태그 피처, 의존성 분석 피처, 참조 등 얕은 언어 기능을 통해 문장과 문서 의미를 모델링한다. 서로 다른 피처를 기반으로 어휘 수준 의미 체계, 담화 수준 의미 체계 등과 같은 다양한 유형의 의미 체계를 포착한다.

7.3.2.1 어휘 매칭

어휘 매칭은 기계 이해를 간단하고도 효과적으로 처리한다. 해당 방법은 대개 슬라이딩 윈도우 알고리즘을 채택해 질의 텍스트와 짝을 이루는 답변에 대한 백오브워즈$^{bag\ of\ words}$ 벡터를 만들어 응답 후보의 순위를 정한다. 각 후보는 스토리 텍스트와 겹쳐진 정도에 따라 채점돼 가장 높은 점수를 가진 후보가 선택된다. 이 알고리즘은 전체 스토리 위에 슬라이딩 윈도우를 통과시키는데, 윈도우의 크기는 질의-응답 쌍에 들어가는 단어 수와 동일하다. 스토리 텍스트 윈도우와 질의-응답 쌍 사이의 가장 높은 중첩 점수는 응답 점수로 간주한다. 알고리즘 세부 사항은 알고리즘 2에 설명돼 있다.

알고리즘 2 슬라이딩 윈도우

요구 조건: 구절 p, 구절 단어 집합 PW, 구절에서 i번째 단어 P_i, 질의 단어 집합 Q, 가설화된 답변의 단어 집합 $A_{1..4}$ 그리고 불용어 집합 U.

정의: $C(W) = \sum_i \mathbb{I}(P_i = w)$

정의: $IC(W) = log(1 + \frac{1}{c(w)})$

1: **for** i = 1 to 4 **do**

2:     $S = A_i \cup Q$

3:     $sw_i = \max_{j=1..|s|} \sum_{w=1..|S|} \begin{cases} IC(P_{j+w}) & if\ P_{j+w} \in S \\ 0 & otherwise \end{cases}$

4: **end for Return:** sw1···4

그러나 위의 알고리즘에서 사용된 텍스트 윈도우는 고정이다. Smith 외 (2015)는 여러 번 윈도우를 통과시키고 얻은 점수를 합해 각 응답에 점수를 매겼다. 구체적으로 창 크기 2에서 시작해 30개의 토큰으로 늘린다. 이후 점

수를 스토리 전반에 걸친 질의-응답 쌍 일치 횟수와 합친다. 이 방법을 사용하면 스토리에 있는 원거리 관계를 포착할 수 있다. MCTest에서 원래 슬라이딩 윈도우와 강화된 슬라이딩 윈도우 어휘 매칭법을 비교한 결과는 표 7.2에 있다.

표 7.2 MCtest상의 어휘 매칭법의 성능

	슬라이딩 윈도우(%)	강화된 슬라이딩 윈도우(%)
MC160	69.43	72.65
MC500	63.01	63.57

7.3.2.2 대화 관계

나아가 질문에 대답하기 위한 필수 관련 정보는 여러 문장에 걸쳐 분산되는 경우가 많다. 문장 간의 의미 관계를 이해하는 것이 적절한 응답을 찾는 데 중요하다. 그림 7.11의 예를 보자. '샐리가 신발을 신는 이유'에 답하기 위해, '그녀는 신발을 신다'와 '그녀는 산책하기 위해 외출했다'가 인과관계로 연결됨을 추론할 수 있다.

몇몇 선행 연구는 질의응답(Jansen et al., 2014)과 같은 애플리케이션에서 대화 관계의 가치를 보여준다. Narasimhan과 Barzilay(2015)는 대화 관계를 기계 이해 시스템에 통합한 세 가지 모델을 제안했다. 문서에 있는 문장을 z, 질의를 q, 응답을 a로 표시한다.

모델 1:

$$P(a, z|q_j) = P(z|q_j)P(a|z, q_j) \tag{7.1}$$

식 (7.1)은 두 분포의 곱으로 결합확률분포를 정한다. 첫 번째 분포는 특정 질의에 있는 문단의 문장 조건부 분포다. 질의에 답하기 위해 필요한 문장을 식별하는 데 도움이 된다. 두 번째 분포는 주어진 질문 q와 문장 z로 응답을 선택하는 조건부 확률을 모델링한다. ϕ는 피처 벡터를, θ는 가중치를 나타내는 $P(z|q) \propto \exp^{\theta_1 \phi_1(q, z)}$와 $P(z|a, q) \propto \exp^{\theta_2 \phi_2(q, a, z)}$인 요소 확률에 지수족 exponential family을 사용한다. 문서의 모든 문장 z_n을 합쳐서 특정 답변 a_j의 확률을 구한다.

샐리는 외출하는 것을 좋아했다. 그녀는 신발을 신었다. 그녀는 산책을 하러 나갔다… 고양이 미시는 샐리를 향해 울었다. 샐리는 고양이 미시에게 손을 저었다… 샐리는 그녀의 이름을 듣는다. "샐리, 샐리, 이제 들어와." 샐리의 엄마가 부른다. 샐리는 엄마에게로 달려갔다. 샐리는 나가는 것을 좋아했다.

샐리는 왜 신발을 신었나?

a) 고양이 미시에게 손을 흔들기 위해
b) 그녀의 이름을 듣기 위해
c) 외출하고 싶었기 때문에
d) 집으로 돌아오기 위해

그림 7.11 복수의 문장 추론을 요구하는 질의 예제

$$P(a_j|q_j) = \sum_n P(a_j, z_n|q_j) \tag{7.2}$$

이 방식으로 우도목적함수는 다음과 같이 계산된다.

$$L_1(\theta) = log \sum_j \sum_n P(a_j, z_n|q_j) \tag{7.3}$$

모델 2: 위 모델은 하나의 지원 문장(즉, z)만 고려한다. 질의에 대해 하나 이상의 관련 문장을 사용하는 다중 문장 케이스로 확장할 수 있다. 이 시나리오에서 결합 모델은 다음과 같이 정의된다.

$$P(a, z_1, z_2|q) = P(z_1, |q)P(z_2|z_1, q)P(a|z_1, z_2, q) \tag{7.4}$$

질문 q가 주어졌을 때 확률 $P(z_1, |q)$로 q와 관련된 첫 번째 지원 문장 z_1을 예측하고, q와 z_1을 토대로 두 번째 지원 문장 z_2를 추론한다. 마지막으로 응답 a를 예측한다.

모델 3: 이번 모델은 질의 간 대화 내용 관계를 직접적으로 지정하려고 시도하고 관계를 이용해 문서에 있는 다른 문장을 추론한다. 모델 3은 관계를 표상하기 위해 잠재변수 $r \in \mathcal{R}$을 추가한다. 질의 형태와 관계 유형을 연결하는 피처를 투입한다. 문장 간 어휘 유사성과 구문 유사성을 계산하는데 관계 유형을 사용한다. 관계 집합 $\mathcal{R}$은 다음과 같은 관계로 구성된다. (1) 인과 관계: 사건의 원인 또는 사실 이유 (2) 시간 관계: 사건의 시간 순서 (3) 설명: 주로 How 유형의 문제 (4) 기타: 위의 세 가지 관계 외의 관계(비관계 포함)를 다룬다.

이제 Eq. 7.4에서 나온 결합확률을 관계 유형 r을 추가해서 수정한다.

$$P(a, r, z_1, z_2|q) = P(z_1|q)P(r|q)P(z_2|z_1, r, q)P(a|z_1, z_2, r, q) \quad (7.5)$$

추가 구성 요소 $P(r|q)$는 질의에 따라 변하는 관계 유형 r의 조건부 확률이다. 따라서 이 모델은 가령 why 질의가 왜 인과관계에 해당하는지 학습한다.

세 가지 모델 결과는 표 7.3에 있다.

표 7.3 세 모델의 MCtest로 보여주는 정확도. Single은 답변하는 데 단 하나의 문장만이 필요한 질의를 말하고 multi는 답하는 데 다수의 문장을 요구하는 질의를 의미한다.

	MC160			MC500		
	Single(%)	Multi(%)	All(%)	Single(%)	Multi(%)	All(%)
Model 1	78.45	60.57	68.47	70.58	57.77	63.58
Model 2	74.68	60.07	66.52	66.17	59.9	62.75
Model 3	72.79	60.07	65.69	68.38	59.9	63.75

7.3.2.3 응답이 수반된 구조

자연어 처리 일부 연구는 두 개의 텍스트 사이에 존재하는 잠재구조를 밝히는 데 초점을 둔다. 텍스트 간 수반되는 구조를 인식할 때, 텍스트 간 잠재 정렬을 통해 전제에서 가설을 유추한다. 기계 이해에서 수반 구조 정보를 사용한다. 그림 7.6 에 두 번째 질문 'What did Alyssa eat at the restaurant?(엘리사는 식당에서 무엇을 먹었나?)'에 답하는 데 구문 규칙을 사용해 질문과 후보 응답을 문장으로 변환한다. 예를 들어 후보 응답 중 하나는 메기catfish이며, 진술문 '앨리사는 식당에서 메기를 먹는다(Alyssa eat catfish at the restaurant)'를 작성하기 위해 진술문과 질의를 통합한다. 진술문을 가설로, 문서를 전제로 보고 수반 확률을 추론한다. 해당 구조는 그림 7.12에 나와 있다.

여기서 고려되는 응답이 수반되는 구조는 텍스트에 있는 여러 문장을 가설에 정렬시킬 수 있다. 정렬을 위해 고려된 텍스트 문장은 텍스트에서 인접해 발생하는 문장에만 제한되지 않는다. 불연속 정렬을 허용하기 위해 Sachan 외(2015)는 문서의 구조를 사용한다. 특히 연구자들은 문장을 가로질러서 발생하는 사건이나 실체의 관계를 포착하는 수사 구조 이론을 이용한다. 응답 수반 구조가 잠재해 있는 잠재 구조 SVM[LSSVM]을 사용해 최대 마진 방식을 학습시켰다. MC500의 응답 모델 실험 결과는 표 7.4에 나와 있다.

7.3.2.4 피처 엔지니어링 방법의 과제

피처 엔지니어링은 기계 이해 문제를 다루는 효율적이고 명확한 방법이며, 주어진 언어와 문서 간 의미 관계를 모델링하기 위해 여러 언어 피처를 사용하고 추론한다. 이 과정은 명확하고 따라 하기 쉽다. 그러나 언어 특징은 때때로 경험적이거나 전체적 경험에 의해 추출되며, 언어 피처는 훨씬 깊은 의미 정보를 다루지 못할 수도 있다. 게다가 품사 태깅, 구문 분석 등 독립형 언어 도구에 크게 의존하고 있어서 시스템에 노이즈가 발생할 수 있다. 따라서 피처 엔지니어링은 보통 MCTest와 같은 기계 이해 데이터에 중점을 둔다. 또한 SQuAD 및 bAbi 등 일부 대규모 기계 이해 데이터셋의 경우 기존 피처 엔지니어링으로는 텍스트의 효과적인 피처를 디자인하고 추출해내기가 어렵다. 최근에는 컴퓨터 학습과 음성인식에 대한 딥러닝이 이뤄지면서 더 많은 연구자들이 기계 이해를 위해 딥러닝 기반 기술에 집중하기 시작했다.

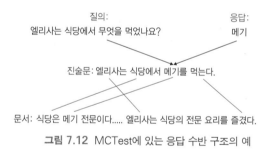

그림 7.12 MCTest에 있는 응답 수반 구조의 예

표 7.4 MC500의 응답 수반 모델 정확도

	단수	복수	모두
정확도(%)	67.65	67.99	67.83

7.3.3 기계 이해를 위한 딥러닝

기계 이해를 위해 널리 알려진 몇 가지 딥러닝 방법을 소개한다. 문서 d와 질문 q 조건에서 대답 a를 선택할 확률을 다음과 같이 모델링한다.

$$P(a|d, q) \propto \exp(W(a)g(d, q)) \tag{7.6}$$

여기에서 $W(a)$는 응답자 a와 $g(d, q)$의 임베딩을 의미한다. 중요한 부분은 RNN, LSTM 그리고 메모리 네트워크(Weston et al., 2015b)와 같은 몇 가지 심층 신경망을 적용할 수 있는 $g(d, q)$의 함수를 계산하는 것이다.

7.3.3.1 LSTM 인코더

LSTM은 시퀀스 데이터를 벡터로 모델링하는 데 효과가 있는 것으로 입증됐다. 따라서 함수 $g(d, q)$를 모델링하기 위해 Hermann 외(2015)는 한 번에 한 단어씩으로 문서를 LSTM 인코더에 공급한다. 다음으로 질의 q는 구분자delimiter 이후 인코더에 투입된다. 이 방법으로 문서 d와 질의 q쌍은 그림 7.13에서 보여주듯이 긴 단일 시퀀스가 된다. 세부 사항은 생략한다. Hermann 외(2015)를 참조하자.

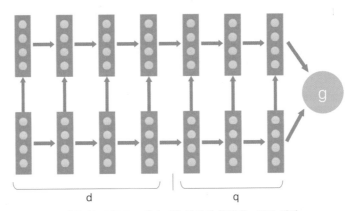

그림 7.13 MTTest에서 나온 답변이 수반되는 구조 예제

7.3.3.2 양방향 관심 인코더

단방향 LSTM은 장거리 의존성을 전파하기가 어렵다. 결과적으로 정보는 한 구성 요소에서 다른 구성 요소로의 전송에서 변질될 수 있어서 문서 의미를

정확하게 인코딩할 수 없다. 따라서 점점 더 많은 연구자들이 순차 데이터를 인코딩하기 위해 양방향 LSTM 모델을 채택하고 있다. 문서 d에 있는 모든 문장이나 문맥이 주어진 질문 q와 관련돼 있는 것은 아니다.

예를 들어 d를 "마이클 조던은 야구에서 경력을 쌓기 위해 1993-94 NBA 시즌이 시작되기 전 시카고 불스에서 갑자기 은퇴했다"라고 하자. q는 "마이클 조던은 언제 NBA에서 은퇴했는가?"인 경우, d에서 초점이 되는 문맥은 "1993-94 NBA 시작 전"이 된다. q가 "마이클 조던이 NBA에서 은퇴한 후에 어떤 스포츠에 참가합니까?"라고 하면, d가 집중하는 문맥은 "야구에서 커리어를 쌓기 위해"가 돼야 한다. 즉, 한 질문을 다룰 때 d에 있는 각기 다른 부분에 서로 다른 수준의 관심을 기울여야 한다. 그러므로 신경망에 관심 메커니즘을 도입하는 것은 자연스럽다. Chen 외(2016)는 CNN/Daily Mail 데이터셋에서 유망한 성능을 얻은 관심 메커니즘(BiDEA)을 포함한 양방향 인코딩 모델을 제안했다.

이 모델 구조는 매우 직관적이다. 답변을 예측하는 절차는 세 단계로 이뤄진다.

1. **인코딩**: 모든 단어가 d차원 벡터에 매핑된 후에 구절 $p(d)$와 질의 q는 $p_1, p_2, ..., p_m$ 및 $q_1, q_2, ..., q_l$로 표상된다. 따라서 p의 문맥 정보는 다음과 같이 계산된다.

$$\overrightarrow{h_i} = LSTM(\overrightarrow{h_{i-1}, p_i}), i = 1, ..., m$$
$$\overleftarrow{h_i} = LSTM(\overleftarrow{h_{i+1}, p_i}), i = m, ..., 1$$
$$\widetilde{p_i} = concat(\overrightarrow{h_i}, \overleftarrow{h_i})$$

해당 질의는 동일한 방식으로 다른 LSTM 레이어로 q(단일 벡터)로 임베딩된다.

2. **관심**attention: $\widetilde{p_i}$에서 모든 텍스트 정보는 다음과 같은 방법으로 출력 벡터 o에 결합된다.

$$\alpha_i = softmax_i q^\top W_s \widetilde{p_i}$$
$$o = \sum_i \alpha_i \widetilde{p_i}$$

표 7.5 CNN/Daily mail에 대한 BiDEA와 여타 모델의 결과

	CNN		Daily mail	
	Val	Test	Val	Test
Attentive reader(Hermann et al., 2015)	61.6	63.0	70.5	69.0
MemNN(Sukhbaatar et al., 2015)	63.4	6.8	–	–
AS reader(Hermann et al., 2015)	68.6	69.5	75.0	73.9
Stanford AR(Chen et al., 2016)	68.6	69.5	75.0	73.9
DER network(Kobayashi et al., 2016)	71.3	72.9	–	–
Iterative attention(Sordoni et al., 2016)	72.6	73.3	–	–
EpiReader(Trischler et al., 2016)	73.4	74.0	–	–
GAReader(Dhingra et al., 2016)	73.0	73.8	76.7	75.7
AoA reader(Cui et al., 2017)	73.1	74.4	–	–
ReasoNet(Shen et al., 2017)	72.9	74.7	77.6	76.6
BiDAF(Seo et al., 2016)	76.3	76.9	80.3	79.6
BiDEA(Chen et al., 2016)	72.4	72.4	76.9	75.8

위의 방정식에서, $W_s \in \mathbb{R}^{h \times h}$는 구절 p_i에 있는 질의 q와 단어 사이의 유사성을 측정하는 데 사용된다.

3. **예측:** 예측된 답 a는 다음과 같이 계산된다.

$$a = \mathrm{argmax}_{a \in p \cap E} W_a^\top o$$

여기서 E는 임베딩 행렬이고 W_a는 출력 o와 후보 단어 a 사이의 측정 행렬이다.

앞에서 언급한 모델 계산은 매우 간단하지만 CNN/Daily Mail 등에서 꽤 유망한 성능을 얻는다(실험 결과는 표 7.5에 나와 있다). Chen 연구 팀의 분석(2016)에 따르면 제안된 모델의 효과는 (i) CNN/Daily Mail에서 하는 추론 수준과 (ii) 모든 종류의 모델이 CNN/Daily Mail의 성능 상한에 도달했으며 해당 말뭉치는 정보 검색 시스템으로도 잘 처리될 수 있다.

여러 다른 정밀 수준에서 문맥을 표상하고 조기 요약 없이 커리-인식 문맥 표상을 달성하기 위해 문맥을 표상하고 조기에 요약하지 않고 질의-인식 문맥 표상을 달성하도록, Seo 외(2016)는 다단계 계층 프로세스를 채택하고 기계 이해 작업용 양방향 관심 흐름 네트워크^{BiDAF, Bidirectional Attention Flow}

^{Networks}를 제안한다.

그림 7.14에서 보듯이 제안 모델은 다음 6개 계층으로 구성된다.

1. **문자 임베딩 레이어**^{Character Embedding Layer}: 단어 문자를 연속 벡터로 매핑할 수 있는 문자 수준 CNN

2. **단어 임베딩 레이어**: 미리 훈련된 단어 임베딩 행렬

3. **구문 임베딩 레이어**: 단어의 문맥적 정보를 잡을 수 있는 양방향 LSTM 레이어

4. **관심 진행 레이어**: 유사 행렬 S는 두 방향, 즉 Context-to-Query와 Query-to-Context로부터 문맥과 쿼리 간 단어 사이 유사성을 측정

5. **모델링 레이어**: 모든 단어 문맥 정보를 포함하는 두 계층 양방향 LSTM

6. **출력 레이어**: 시작 인덱스와 끝 인덱스를 포착하는 로지스틱회귀 모델

표 7.6에서 보여주듯이 SQuAD 실험 결과는 계층 수준에 있는 증거들의 시작과 끝을 찾아내는 양방향 관심 흐름 네트워크^{BiDAF}의 능력에 의해 성능이 개선됐음을 보여준다.

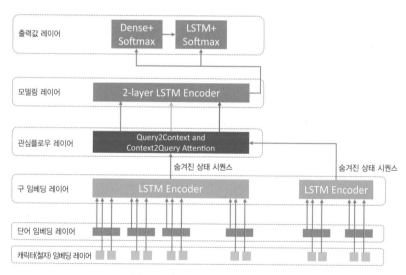

그림 7.14 쌍방향 관심 플로우 모델 도표

표 7.6 SQuAD 테스트에 대한 BiDAF 및 여타 모델의 결과

	단일 모델		앙상블	
	EM	F1	EM	F1
로지스틱회귀 기준(Rajpurkar et al., 2016)	40.4	51.0	–	–
동적 집합 단위(chunk) 리더기(Yu et al., 2016)	62.5	71.0	–	–
정밀 게이팅(Yang et al., 2016)	62.5	73.3	–	–
매칭 LSTM(Wang and Jiang, 2016)	64.7	73.7	67.9	77.0
다관점 매칭(Wang et al., 2016)	65.5	75.1	68.2	77.2
동적 동시 관심 네트워크(Xiong et al., 2016)	66.2	75.9	71.6	80.4
R-Net(Wang et al., 2017)	68.4	77.5	72.1	79.7
BiDAF(Seo et al., 2016)	68.0	77.3	73.3	81.1

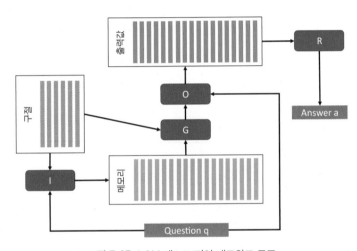

그림 7.15 bAbi 태스크 기억 네트워크 도표

7.3.3.3 메모리 네트워크

메모리 네트워크^{MemNN, Memory Network}(Weston et al., 2015b)는 순차 신경망에서 정보 쇠퇴 문제를 해결하고자 제안됐다. 추론 요소를 장기 메모리 요소(실제 로는 행렬 또는 텐서)와 결합해 추론한다. 일반적으로 네 가지 주요 구성 요소 가 포함된다.

- I(입력값 피처 맵)는 입력값 벡터를 내부 피처 표상으로 변환한다.
- G(일반화)는 새로운 입력값에 따라 기존 메모리를 업데이트한다.

- O(출력값 피처 맵)는 입력값과 현재 메모리 상태를 기반으로 새로운 출력값을 계산한다.
- R(응답)은 출력값을 원하는 응답 형식으로 변환된다.

MemNN의 다이어그램은 그림 7.15와 같다. 중요한 MemNN 형식은 End2End 메모리 네트워크이며 MemN2N으로 축약한다. MemN2N의 장점은 엔드 투 엔드 방식으로 학습한다는 점이다. 학습 지도 정보가 덜 필요하고 현실에서 좀 더 쉽게 적용할 수 있다. 다음 방정식은 I, G, O, R에 대한 계산이다.

- I $p_i = \text{Softmax}(u^T m_i)$,
  여기서 $m_i = Ax_i$(x_i는 입력 문장의 임베딩 벡터)이고 $u = Bq$(q는 입력 쿼리)
- G MemN2Ns에서 메모리가 업데이트되지 않은 상태
- O $o = \sum_i p_i c_i$이며 여기서, $c_i = Cx_i$이다.
- R $\hat{a} = Softmax(W(o+u))$

또한 다음과 같은 방법으로 MemN2N에 레이어를 쉽게 삽입할 수 있다.

- $(k + 1)$번째 레이어의 u는 $u^{k+1} = u^k + o^k$로 계산된다.
- 각 레이어에는 고유한 A^k와 C^k를 가진다.
- 예측은 $\hat{a} = Softmax(Wu^{k+1})$로 계산한다.

MemN2N은 원래 bAbi의 20개 작업에 적용된다. 표 7.7에서 볼 수 있듯이 최상의 MemN2N 성능은 지도학습 모델에 가깝고, 포지션 인코딩 표상이 백오브워즈bag-of-words 표상보다 성능이 좋고, 학습 선형 시작LS, Linear Start이 국지적 최솟값을 피하는 데 도움이 되며 통합 학습은 모든 태스크에 도움이 되는 것으로 보인다.

MemNN 또는 MemN2N을 넘어서서, G에서 계산은 일종의 관심 메커니즘이라는 점에 주목해볼 만하다. 메모리 네트워크는 자연어 처리 다양한 심층 모델에서 메모리 메커니즘 개발에 중요한 영향을 미치는 특정 행렬의 외부 지식을 유지하는 첫 번째 모델이다.

7.4 요약

7장에서는 질의응답, 특히 지식 기반과 기계 이해에 사용되는 질의응답용 딥러닝 방법을 소개했다. 딥러닝 장점은 문서, 질의 그리고 잠재적 응답을 포함한 모든 텍스트 범위를 벡터로 변환할 수 있다는 점이다. 결과적으로 모든 텍스트는 통합된 의미 공간에서 처리된다. 따라서 기호 표상에 기반한 전통 질의응답 접근법에서 발생하는 의미 차이 문제는 어느 정도 완화된다. 나아가 새로운 패러다임은 질의응답 시스템이 엔드 투 엔드 방식으로 구성될 수 있도록 한다. 결과적으로 기존의 복잡한 파이프라인을 기반으로 하는 질의응답 프로세스보다 간단하고 쉬워서 쉬운 방법으로 대체될 수 있으며 성능은 개선될 것이다.

그럼에도 딥러닝 질의응답 모델에는 많은 어려움이 있다. 예를 들어 RNN과 CNN 같은 기존 신경망은 질의가 갖는 의미를 여전히 정확하게 포착할 수 없다. 문서의 경우 주제와 논리 구조를 신경망으로 쉽게 모델링할 수 없다. 또한 지식 기반에 아이템을 임베딩할 수 있는 효과적인 방법이 아직 없다. 질의응답의 추론 프로세스를 벡터 간 단순 수치 연산으로 모델링하기는 어렵다. 이러한 문제는 질의응답의 핵심 과제이며 앞으로 더 많은 관심을 기울여야 한다.

표 7.7 1K 트레이닝 예제를 사용한 모델을 위한 20QA 태스크 시험 오류율(%)(10k 트레이닝 예제에 대한 평균 테스트 오류는 하단부에 제시됨)

태스크	기준점							MemN2N				
	Strongly supervised MemNN	LSTM	MemNN WSH	BoW	PE	PE LS	PE LS RN	1 hop PE LS joint	2 hop PE LS joint	3 hop PE LS joint	PE LS RN joint	PE LS LW joint
1 supporting fact	0.0	50.0	0.1	0.6	0.1	0.2	0.0	0.8	0.0	0.1	0.0	0.1
2 supporting facts	0.0	80.0	42.8	17.6	21.6	12.8	8.3	62.0	15.6	14.0	11.4	18.8
3 supporting facts	0.0	80.0	76.4	71.0	64.2	58.8	40.3	76.9	31.6	33.1	21.9	31.7
2 argument relations	0.0	39.0	40.3	32.0	3.8	11.6	2.8	22.8	2.2	5.7	13.4	17.5
3 argument relations	2.0	30.0	16.3	18.3	14.1	15.7	13.1	11.0	13.4	14.8	14.4	12.9
Yes/no questions	0.0	52.0	51.0	8.7	7.9	8.7	7.6	7.2	2.3	3.3	2.8	2.0
Counting	15.0	51.0	36.1	23.5	21.6	20.3	17.3	15.9	25.3	17.9	18.3	10.1
Lists/sets	9.0	55.0	37.8	11.4	12.6	12.7	10.0	13.2	11.7	10.1	9.3	6.1
Simple negation	0.0	36.0	35.9	21.1	23.3	17.0	13.2	5.1	2.0	3.1	1.9	1.5
Indefinite knowledge	2.0	56.0	68.7	22.9	17.4	18.6	15.1	10.6	5.0	6.6	6.5	2.6
Basic coreference	0.0	38.0	30.0	4.1	4.3	0.0	0.9	8.4	1.2	0.9	0.3	3.3
Conjunction	0.0	26.0	10.1	0.3	0.3	0.1	0.2	0.4	0.0	0.3	0.1	0.0
Compound coreference	0.0	6.0	19.7	10.5	9.9	0.3	0.4	6.3	0.2	1.4	0.2	0.5
Time reasoning	1.0	73.0	18.3	1.3	1.8	2.0	1.7	36.9	8.1	8.2	6.9	2.0
Basic deduction	0.0	79.0	64.8	24.3	0.0	0.0	0.0	46.4	0.5	0.0	0.0	1.8

태스크	기준점							MemN2N				
	Strongly supervised MemNN	LSTM	MemNN WSH	BoW	PE	PE LS	PE LS RN	1 hop PE LS joint	2 hop PE LS joint	3 hop PE LS joint	PE LS RN joint	PE LS LW joint
Basic induction	0.0	77.0	50.5	52.0	52.1	1.6	1.3	47.4	51.3	3.5	2.7	51.0
Positional reasoning	35.0	49.0	50.9	45.4	50.1	49.0	51.0	44.4	41.2	44.5	40.4	42.6
Size reasoning	5.0	48.0	51.3	48.1	13.6	10.1	11.1	9.6	10.3	9.2	9.4	9.2
Path finding	64.0	92.0	100.0	89.7	87.4	85.6	82.8	90.7	89.9	90.2	88.0	90.6
Agent's motivation	0.0	9.0	3.6	0.1	0.0	0.0	0.0	0.0	0.1	0.0	0.0	0.2
Mean error (%)	6.7	51.3	40.2	25.1	20.3	16.3	13.9	25.8	15.6	13.3	12.4	15.2
Filed tasks (err.>5%)	4	20	18	15	13	12	11	17	11	11	11	10
On 10k training data												
Mean error (%)	3.2	36.4	39.2	15.4	9.4	7.2	6.6	24.5	10.9	7.9	7.5	11.0
Filed tasks (err.>5%)	2	16	17	9	6	4	4	16	7	6	6	6

참고문헌

Berant, J., Chou, A., Frostig, R., & Liang, P. (2013). Semantic parsing on freebase from question answer pairs. In *EMNLP*.

Berant, J., & Liang, P. (2014). Semantic parsing via paraphrasing. In *ACL*.

Bordes, A., Chopra, S., & Weston, J. (2014a). Question answering with subgraph embeddings. In *EMNLP*.

Bordes, A., Usunier, N., Chopra, S., & Weston, J. (2015). Large-scale simple question answering with memory networks. In *arXiv*.

Bordes, A., Weston, J., & Usunier, N. (2014b). Open question answering with weakly supervised embedding models. In *ECML*.

Cai, Q., & Yates, A. (2013). Large-scale semantic parsing via schema-matching and lexicon extension. In *ACL*.

Chen, D., Bolton, J., & Manning, C. D. (2016). A thorough examination of the CNN/Daily Mail reading comprehension task. In *Association for Computational Linguistics (ACL)*.

Cui, Y., Chen, Z., Wei, S., Wang, S., Liu, T., & Hu, G. (2017). Attention-over-attention neural networks for reading comprehension. In *ACL*.

Dhingra, B., Liu, H., Yang, Z., Cohen, W. W., & Salakhutdinov, R. (2016). Gated-attention readers for text comprehension. arXiv preprint arXiv:1606.01549.

Dong, L., Wei, F., Zhou, M., & Xu, K. (2015). Question answering over freebase with multi-column convolutional neural networks. In *ACL-IJCNLP*.

Etzioni, O. (2011). Search needs a shake-up. *Nature, 476*(7358), 25 – 26.

Hao, Y., Zhang, Y., Liu, K., He, S., Liu, Z., Wu, H., & Zhao, J. (2017). An end-to-end model for question answering over knowledge base with cross-attention combining global knowledge. In *Association for Computational Linguistics (ACL)*.

Hermann, K. M., Kocisky, T., Grefenstette, E., Espeholt, L., Kay, W., Suleyman, M., & Blunsom, P. (2015). Teaching machines to read and comprehend. In *Advances in Neural Information Processing Systems* (pp. 1693 – 1701).

Hill, F., Bordes, A., Chopra, S., & Weston, J. (2015). The goldilocks principle: Reading children's books with explicit memory representations. arXiv preprint arXiv:1511.02301.

Jansen, P., Surdeanu, M., & Clark, P. (2014). Discourse complements lexical semantics for nonfactoid answer reranking. In *Proceedings of the 52nd Annual Meeting of the Association for Computational Linguistics*

(Vol. 1: Long Papers, pp. 977–986). Association for Computational Linguistics.

Kobayashi, S., Tian, R., Okazaki, N., & Inui, K. (2016). Dynamic entity representation with maxpooling improves machine reading. In *Proceedings of the 2016 Conference of the NAACL*.

Kun, X., Sheng, Z., Yansong, F., & Dongyan, Z. (2014). Answering natural language questions via phrasal semantic parsing. In *Proceedings of the 2014 Conference on Natural Language Processing and Chinese Computing (NLPCC)*.

Kwiatkowski, T., Choi, E., Artzi, Y., & Zettlemoyer, L. S. (2013). Scaling semantic parsers with on-the-fly ontology matching. In *EMNLP*.

Liang, C., Berant, J., Le, Q., Forbus, K. D., & Lao, N. (2017). Neural Symbolic Machines: Learning Semantic Parsers on Freebase with Weak Supervision. In *Proceedings of the Association for Computational Linguistics (ACL 2017)*. Canada: Association for Computational Linguistics.

Liu, Y., Wei, F., Li, S., Ji, H., Zhou, M., & Wang, H. (2015). A dependency-based neural network for relation classification. In *ACL*.

Miller, A., Fisch, A., Dodge, J., Karimi, A.-H., Bordes, A., & Weston, J. (2016). Key-value memory networks for directly reading documents. In *Proceedings of the 2016 Conference on Empirical Methods in Natural Language Processing* (pp. 1400–1409). Austin, TX: Association for Computational Linguistics.

Narasimhan, K., & Barzilay, R. (2015). Machine comprehension with discourse relations. In *Proceedings of the 53rd Annual Meeting of the Association for Computational Linguistics and the 7th International Joint Conference on Natural Language Processing* (Vol. 1: Long Papers, pp. 1253–1262). Association for Computational Linguistics.

Rajpurkar, P., Zhang, J., Lopyrev, K., & Liang, P. (2016). Squad: 100,000+ questions for machine comprehension of text. *CoRR*, abs/1606.05250.

Reddy, S., Lapata, M., & Steedman, M. (2014). Large-scale semantic parsing without question answer pairs. *Transactions of the Association of Computational Linguistics* (pp. 377–392).

Richardson, M., Burges, J. C., & Renshaw, E. (2013). Mctest: A challenge dataset for the open-domain machine comprehension of text. In *Proceedings of the 2013 Conference on Empirical Methods in Natural Language Processing* (pp. 193–203). Association for Computational Linguistics.

Sachan, M., Dubey, K., Xing, E., & Richardson, M. (2015). Learning answer-entailing structures for machine comprehension. In *Proceedings of the 53rd Annual Meeting of the Association for Computational Linguistics and the 7th International Joint Conference on Natural Language Processing* (Vol. 1: Long Papers, pp. 239–249). Association for Computational Linguistics.

Seo, M. J., Kembhavi, A., Farhadi, A., & Hajishirzi, H. (2016). Bidirectional attention flow for machine comprehension. *CoRR*, abs/1611.01603.

Shen, Y., Huang, P.-S., Gao, J., & Chen, W. (2017). Reasonet: Learning to stop reading in machine comprehension. In *Proceedings of the 23rd ACM SIGKDD International Conference on Knowledge Discovery and Data Mining*, KDD '17 (pp. 1047–1055). New York, USA: ACM.

Smith, E., Greco, N., Bosnjak, M., & Vlachos, A. (2015). A strong lexical matching method for the machine comprehension test. In *Proceedings of the 2015 Conference on Empirical Methods in Natural Language Processing* (pp. 1693–1698). Association for Computational Linguistics.

Sordoni, A., Bachman, P., Trischler, A., & Bengio, Y. (2016). Iterative alternating neural attention for machine reading. arXiv preprint arXiv:1606.02245.

Steedman, M. (2000). *The Syntactic Process*. Cambridge, MA: The MIT Press.

Sugawara, S., Yokono, H., & Aizawa, A. (2017). Prerequisite skills for reading comprehension: Multi-perspective analysis of mctest datasets and systems.

Sukhbaatar, S., Weston, J., Fergus, R., et al. (2015). End-to-end memory networks. In *Advances in Neural Information Processing Systems* (pp. 2440–2448).

Taylor, W. L. (1953). cloze procedure: a new tool for measuring readability. *Journalism Bulletin*, *30*(4), 415–433.

Trischler, A., Ye, Z., Yuan, X., & Suleman, K. (2016). Natural language comprehension with the epireader. arXiv preprint arXiv:1606.02270.

Wang, S., & Jiang, J. (2016). Machine comprehension using match-lstm and answer pointer. *CoRR*, abs/1608.07905.

Wang, W., Yang, N., Wei, F., Chang, B., & Zhou, M. (2017). Gated self-matching networks for reading comprehension and question answering. In *Proceedings of the 55th Annual Meeting of the Association for Computational Linguistics* (Vol. 1: Long Papers, pp. 189–198). Association for Computational Linguistics.

Wang, Z., Mi, H., Hamza, W., & Florian, R. (2016). Multi-perspective context matching for machine comprehension. *CoRR*, abs/1612.04211.

Weston, J., Bordes, A., Chopra, S., Rush, A. M., van Merriënboer, B., Joulin, A., & Mikolov, T. (2015a). Towards ai-complete question answering: A set of prerequisite toy tasks. arXiv preprint arXiv:1502.05698.

Weston, J., Chopra, S., & Bordes, A. (2015b). Memory networks. In *ICLR*.

Xiong, C., Zhong, V., & Socher, R. (2016). Dynamic coattention networks for question answering. *CoRR*, abs/1611.01604.

Xu, K., Feng, Y., Huang, S., & Zhao, D. (2015). Semantic relation classification via convolutional neural networks with simple negative sampling. In *EMNLP*.

Xu, K., Reddy, S., Feng, Y., Huang, S., & Zhao, D. (2016). Question Answering on Freebase via Relation Extraction and Textual Evidence. In *Proceedings of the Association for Computational Linguistics (ACL 2016)*. Berlin, Germany: Association for Computational Linguistics.

Yang, Y., & Chang, M.-W. (2015). S-mart: Novel tree-based structured learning algorithms applied to tweet entity linking. In *Proceedings of the 53rd Annual Meeting of the Association for Computational Linguistics and the 7th International Joint Conference on Natural Language Processing* (Vol. 1: Long Papers, pp. 504–513). Beijing, China: Association for Computational Linguistics.

Yang, Z., Dhingra, B., Yuan, Y., Hu, J., Cohen, W. W., & Salakhutdinov, R. (2016). Words or characters? Fine-grained gating for reading comprehension. *CoRR*, abs/1611.01724.

Yih, W.-t., Chang, M.-W., He, X., & Gao, J. (2015). Semantic parsing via staged query graph generation: Question answering with knowledge base. In *ACL-IJCNLP*.

Yih, W.-t., He, X., & Meek, C. (2014). Semantic parsing for single-relation question answering. In *Proceedings of the 52nd Annual Meeting of the Association for Computational Linguistics* (Vol. 2: Short Papers, pp. 643–648). Baltimore, MD: Association for Computational Linguistics.

Yih, W.-t., Richardson, M., Meek, C., Chang, M.-W., & Suh, J. (2016). The value of semantic parse labeling for knowledge base question answering. In *Proceedings of the 54th Annual Meeting of the Association for Computational Linguistics* (Vol. 2: Short Papers, pp. 201–206). Berlin, Germany: Association for Computational Linguistics.

Yu, Y., Zhang, W., Hasan, K. S., Yu, M., Xiang, B., & Zhou, B. (2016). End-to-end reading comprehension with dynamic answer chunk ranking.

CoRR, abs/1610.09996.

Zeng, D., Liu, K., Lai, S., Zhou, G., & Zhao, J. (2014). Relation classification via convolutional deep neural network. In *Proceedings of COLING 2014, the 25th International Conference on Computational Linguistics: Technical Papers* (pp. 2335–2344). Dublin, Ireland: Dublin City University and Association for Computational Linguistics.

Zhang, S., Feng, Y., Huang, S., Xu, K., Han, Z., & Zhao, D. (2015). Semantic interpretation of superlative expressions via structured knowledge bases. In *Proceedings of the 53rd Annual Meeting of the Association for Computational Linguistics and the 7th International Joint Conference on Natural Language Processing* (Vol. 2: Short Papers, pp. 225–230). Beijing, China: Association for Computational Linguistics.

8
딥러닝으로 하는 감성 분석

두위 탕Duyu Tang, 메이션 장Meishan Zhang

소개

오피니언 마이닝Opinion Mining이라고 알려진 감성 분석은 자연어 처리에서 빠르게 발전하고 있는 연구 분야이다. 소셜네트워크, 블로그, 제품 리뷰 등 사용자가 생성한 텍스트에서 감성을 확인하고, 추출하고, 조직하는 것을 목표로 한다. 과거 20년 동안 해당 분야의 많은 연구들은 여러 관점에서 감성 분석을 해결하기 위해 머신러닝 접근법을 발전시켜왔다. 머신러닝 성능은 데이터 표상 방법에 크게 의존하므로 도메인 전문 지식과 강력한 피처 추출기를 만드는 데 역점을 뒀다. 최근 딥러닝 방법은 피처 엔지니어링 없이 데이터에서 텍스트의 복잡한 의미 표상을 찾아내는 강력한 계산 모델을 제공한다. 이 방식은 감성 분류, 견해 추출, 정교한 감성 분석 등 많은 분석 작업에 사용되는 최첨단 기술을 향상시켰다. 8장에서는 다양한 수준에서 성공적으로 적용된 딥러닝 감성 분석 작업의 개요를 설명한다.

8.1 서론

감성 분석(혹은 오피니언 마이닝)은 사용자가 만든 텍스트에서 그들의 의견, 감성, 감정을 자동으로 분석하는 영역이다(Pang et al., 2008; Liu, 2012). 감성 분석은 자연어 연구에서 매우 활발한 분야이며(Manning et al., 1999; Jurafsky, 2000), 데이터 마이닝, 웹 마이닝 및 소셜미디어 분석에서 감성은 인간 액션의 주요 영향 요인이기 때문에 널리 연구되고 있다. 트위터, 페이스북, IMDB, 아마존, 옐프와 같은 리뷰 사이트 등 소셜미디어의 급속한 성장으로 감정 분석은 연구 및 산업 공동체 모두로부터 주목받고 있다(표 8.1).

표 8.1 감성 정의를 보여주는 예제

대상	감성	의견자	시간
iPhone	긍정	Alice	June 4, 2015
Touch screen	긍정	Alice	June 4, 2015
Price	부정	Alice	June 4, 2015

Liu(2012)의 정의에 따르면 정서(또는 의견)는 e, a, s, h, t 등 5개의 요소로 표상된다. e는 개체 이름, a는 개체의 한 측면, s는 개체의 한 측면에 대한 감성, h는 의견자, t는 의견이 의견자에 의해 표시되는 시간이다. 이 정의에서 감성 s는 긍정, 부정, 또는 중립적 감정이 될 수도 있고 또는 옐프나 아마존과 같은 리뷰 사이트에서 감성의 강도(예: 1~5개의 별)를 나타내는 숫자로 된 등급 점수가 될 수 있다. 개체는 제품, 서비스, 조직 또는 이벤트다(Hu and Liu, 2004; Deng and Wiebe, 2015).

감성이라는 정의를 설명하기 위해 한 예를 사용해보자. 앨리스라는 사용자가 "며칠 전에 아이폰을 샀었죠. 좋은 폰이죠. 터치 스크린이 정말로 좋죠. 하지만 가격은 꽤 높아요"라고 2015년 6월 4일 리뷰를 작성했다고 가정하자. 표 8.1에서 알 수 있듯이 해당 예에 3개의 감성 요소가 포함된다. "감성"의 정의에 따라 감성 분석은 문서에 있는 감성 5요소를 찾아내는 데 목표를 둔다. 감성 분석 작업은 감성 5요소에서 도출된다. 가령 문서 수준 및 문장 수준 감성 분류(Pang et al., 2002; Turney, 2002)는 다른 측면을 무시하면서 긍정, 부정, 중립과 같은 세 번째 요소인 "감성"에만 집중한다. 잘 정제된 의견 추출은 5가지 중 첫 번째 4가지 요소에 집중한다. 목표에 따라 달라지는 감성 분류는 두 번째와 세 번째 요소에 집중한다.

지난 20년 동안 머신러닝 방법이 대부분의 감성 분석 작업을 지배했다. 피처 표상은 머신러닝 성능에 큰 영향을 미쳤기 때문에(LeCun et al., 2015; Goodfellow et al., 2016), 특정 도메인 전문 기술과 엔지니어링으로 효과적인 피처 개발에 중점을 둬왔다. 그러나 데이터로부터 차별적이면서 설명을 위한 텍스트 표현을 자동으로 포착하는 표상 학습 알고리즘으로 피처 엔지니어링의 한계를 극복할 수 있었다. 딥러닝은 각 수준의 표상을 좀 더 높은 추상적인 수준의 표상으로 변환하는 비선형 신경망을 통해 다수준 표상을 학습한다. 학습된 표상은 자연스럽게 피처로 사용돼 포착 작업과 분류 작업에 적용된다. 8장에서는 감성 분석을 위한 성공적인 딥러닝 알고리즘을 소개한다. "딥러닝"은 신경망 접근법을 사용해 데이터로부터 연속적이면서 실제 값의 텍스트 표현/특징을 자동으로 학습하는 것을 의미한다.

8장은 다음과 같이 구성된다. 단어는 자연어의 기본 계산 단위이기 때문에 단어 임베딩이라고 부르는 연속형 단어 표상을 학습하는 방법을 먼저 설명한다. 이러한 단어 임베딩은 감성 분석 작업의 입력값으로 사용할 수 있다. 다음으로 의미 구성을 설명한다. 문장 수준 및 문서 수준의 감성 분류 작업(Socher et al., 2013)에서 긴 표현(예: 문장 또는 문서)의 표상을 계산하는 방법(Li et al., 2015; Kalchbrenner et al., 2014)과 세밀한 의견 추출을 위한 신경순차 모델 등이 소개된다. 마지막으로 해당 내용들을 결론 짓고 향후 방향을 제시한다.

8.2 감성 기반 단어 임베딩

단어 표상은 단어 의미를 정확히 나타내는 것을 목표로 한다. 예를 들어 "휴대폰"이라는 표상은 전자제품이고, 배터리와 화면을 포함하며, 다른 사람과 대화하는 데 사용된다는 사실을 포착할 수 있어야 한다. 간단한 방법은 한 단어를 원 핫 벡터로 인코딩하는 것이다. 벡터의 크기는 어휘 크기와 같으며 단 하나의 차원만 1이고 그 외 모든 차원은 0이다. 그러나 한 단어 표상은 어휘의 단어 색인만 인코딩돼 풍부한 어휘 관계 구조를 포착하지 못한다.

단어 사이의 유사점을 포착하는 일반 접근법은 단어 클러스터를 학습한다(Brownet al., 1992; Baker and McCallum, 1998). 각 단어는 하나의 클래스에 연관되고, 같은 클래스에 있는 단어들은 여러 면에서 유사하다. 이러한 아이디어는 작은 어휘 크기를 처리하는 원 핫 표상으로 이어진다. 많은 연구자들은 단어 집합의 소프트 파티션과 하드 파티션에 해당하는 클러스터링 결과에 기초한 이산변수로 유사성을 특정시키는 대신 단어 임베딩word embedding이라고 하는 각 단어에 연속적 실수 벡터를 학습시키는 것을 목표로 한다. 기존의 임베딩 학습 알고리즘은 분산 가설을 토대로 하는데(Harris, 1954), 비슷한 문맥에 있는 단어가 비슷한 의미를 지닌다는 가정이다. 이 목표를 위해 사용되는 행렬 요인 분석법은 단어 표상 모델링 역할을 한다. 예를 들어 잠재 의미 인덱싱(Deerwester et al., 1990)은 "용어term-문서document" 동시에 발생된 값의 행렬을 사용해 선형 임베딩을 학습한다. 여기서 각 행은 단어에 해당하고, 각 열은 말뭉치에 있는 개별 문서에 해당한다. 주변 단어로 문맥을 고려하는 HALHyperspace Analogue to Language 모델(Lund and Burgess, 1996)은 term-term 공통 발생 행렬을 사용하며, 행과 열 모두는 단어에 해당하고, 입력값들은 다른 단어의 문맥에서 특정 단어가 나타나는 횟수를 상징한다. Hellinger PCA 방식(Lebret et al., 2013)은 "term-term" 동시 발생 통계 단어 임베딩 학습을 위해 연구됐다. 표준 행렬 요인 분해는 작업별 정보를 통합하지 않기 때문에, 목표 달성에 충분히 유용할지 아직 명확하지 않다. 지도학습 의미 인덱싱(Bai et al., 2010)은 이 문제를 다루며 특정 작업(예: 정보 검색)에서 지도학습된 정보를 고려한다. 해당 방법은 입력값의 상대적 거리를 평가하는 마진 랭킹 손실margin ranking loss 정보로 클릭스루click-through 데이터로부터 임베딩 모델을 학습한다. DSSM(Huang et al., 2013; Shen et al., 2014) 또한 정보 검색에서 약한 지도학습 방식으로 작업에 맞춘 텍스트 임베딩 학습으로 간주된다.

신경망 접근법을 활용한 초기 연구들은 단어 연속 표상과 표상에 기반한 단어 시퀀스 확률함수를 동시에 학습하는 신경 확률 언어 모델을 도입한

312

Bengio 외(2003)에 의해 시작됐다. 특정 단어와 그 문맥 단어가 주어진 경우, 알고리즘은 공유된 룩업 테이블에 단어들을 연속형 벡터로 매핑한다. 워드 벡터는 출력층으로 softmax가 있는 순방향 신경망에 공급돼 다음에 올 단어의 조건부 확률을 예측한다. 신경망과 룩업 테이블의 파라미터는 역전파 방식으로 추정된다. Bengio 외(2003)의 연구를 기반으로 학습을 가속화하거나 의미 정보를 잘 포착하는 몇 가지 접근법이 제안됐다.

Bengio 외(2003)는 문맥 단어와 현재 단어 벡터를 연결한 신경 구조를 소개하고 관찰된 "포지티브 샘플"과 "네거티브 샘플"을 이용해 모델을 효과적으로 최적화하는 데 중요 샘플링을 사용한다. Morin과 Bengio(2005)는 계층적 이진트리를 사용해 조건부 확률을 분석하는 계층 softmax를 개발했다. Mnih와 Hinton(2007)은 로그선형 언어 모델을 소개했다. Collobert와 Weston(2008)은 윈도우 내 중간 단어를 무작위로 선택한 단어로 대체해서 계산하는 순위형 힌지hinge 손실함수를 토대로 단어 임베딩을 학습한다. Mikolov 외(2013a, b)는 연속 백오브워즈CBOW, continuous bag-of-words와 연속 스킵그램skip-gram을 소개하고 인기 있는 word2vec 툴킷을 출시했다. CBOW 모델은 문맥 단어 임베딩을 배경으로 현재 단어를 예측하고, 스킵그램 모델은 현재 단어 임베딩으로 주변 문맥 단어를 예측한다. Mnih와 Kavukcuoglu(2013)는 소음 대조 추정Noise Contrastive Estimation(Gutmann and Hyvärinen, 2012)으로 단어 임베딩 학습을 가속화한다. 또한 전역적 문서 정보(Huang et al., 2012), 단어 형태소(Qiu et al., 2014), 의존성 문맥(Levy and Goldberg, 2014), 단어와 단어의 공동 발생(Levy and Goldberg, 2014), 모호한 단어의 의미(Li and Jurafsky, 2015), WordNet에 있는 어휘의 의미 정보(Faruqui et al., 2014), 단어 간 계층 관계(Yogatama et al., 2015) 등을 포함하는 풍부한 정보 포착을 위해 개발된 많은 알고리즘이 있다.

앞에서 언급된 신경망 알고리즘은 단어 임베딩을 학습하는 데 문맥만을 사용한다. 결과적으로 비슷한 문맥을 가지지만 좋다와 나쁘다와 같은 반대의 감성 극성을 가진 단어들은 임베딩 공간에서 가까운 벡터로 매핑된다. 두 단어가 비슷한 사용법과 문법적 역할을 가지기 때문에 품사 태깅과 같은 몇몇 작업에는 의미가 있지만, 좋고 나쁨은 반대의 감성 극성을 가지기 때문에 감성 분석에서는 문제가 될 수 있다. 감성 분석 작업에 맞는 단어 임베딩을 학습하는 데 몇몇 연구는 이분법적 형태가 아닌 연속적 단어 형태로 텍스트의 감성을 인코드한다. Mass 외(2011)는 각 단어 임베딩에 기반한 단어 극성을 추론하는 확률적 토픽 모델을 소개한다. Labutov와 Lipson(2013)은 문장의 감성 분류를 정규화regularization 아이템으로 간주함으로써 로직스틱회귀를 띠고 있는 현재 단어 임베딩을 재임베딩한다. Tang 외(2014)는 C & W 모델을 확장해서 트윗tweet에서 나온 감성 단어 임베딩을 학습하는 세 가지 신경망을 개발했다. 연구자들(2014)은 학습 데이터로 긍정적이거나 부정적 감정을 포함하는 트윗을 사용한다. 긍정적이며 부정적인 이모티콘 표시들은 약한 감성으로 간주된다.

단어 임베딩 학습에 문장 감성을 투입하는 두 개의 감성에 특화된 접근법을 설명한다. Tang 외(2016c)의 모델은 Collbert와 Weston(2008)의 문맥기반 모델을, Tang 외(2016a)의 모델은 Mikolov 외(2013b)의 문맥 기반 모델을 확장한다. 우리는 이 모델 간 관계를 설명한다.

문맥 기반 모델(Collobert and Weston, 2008)의 아이디어는 인공소음 (w^n, h_i)보다 높은 점수를 실제 단어-문맥 짝 (w_i, h_i)에 할당하는 것이다. 해당 모델은 다음의 힌지 손실함수hinge loss function를 최소화하는 방식으로 학습하며, 여기서 T는 학습 말뭉치를 의미한다.

$$loss = \sum_{(w_i, h_i) \in T} max(0, 1 - f_\theta(w_i, h_i) + f_\theta(w^n, h_i)) \tag{8.1}$$

점수함수 $f_\theta(w, h)$는 순방향 신경망으로 구한다. 함수 입력값은 현재 단어 w_i와 문맥 단어 h_i의 결합이며, 출력값은 w와 h 간의 호환성을 상징하는 단 하나의 노드만을 갖는 선형 레이어다. 학습 동안 인공 소음 w^n은 어휘로부터 임의 선택된다.

Tang 외(2014)의 감성 접근법 아이디어는 단어 시퀀스 표준 감성 극성이 포지티브라면, 예측된 포지티브 점수는 네거티브 점수보다 높아야 한다. 같은 이유로 단어 시퀀스의 감성 극성이 네거티브라면, 예측된 포지티브 점수는 네거티브 점수보다 적어야 한다. 단어 시퀀스가 두 개의 점수 $[f_{pos}^{rank}, f_{neg}^{rank}]$를 받았다고 하면, 가령 [0.7, 0.1]이라는 값들은 포지티브 점수인 0.7이 네거티브 점수 0.1보다 크기 때문에 포지티브 케이스로 해석될 수 있다. 이러한 유추를 통해 [−0.2, 0.6]의 결과는 네거티브 극성을 의미한다. 신경망 랭킹 모델은 그림 8.1b에서 제시되며, Collobert와 Weston(2008) 연구와의 유사성을 보여준다. 랭킹 모델은 4개의 층($lookup \rightarrow linear \rightarrow hTanh \rightarrow linear$)을 구성하는 순방향 신경망이다. 랭킹 모델 출력 벡터를 f^{rank}라고 표시하고, 이항 포지티브와 네거티브 분류를 위해 $C = 2$로 설정한다. 모델 학습을 위한 마진 랭킹 손실함수는 다음과 같다.

$$loss = \sum_t^T max(0, 1 - \delta_s(t) f_0^{rank}(t) + \delta_s(t) f_1^{rank}(t)) \tag{8.2}$$

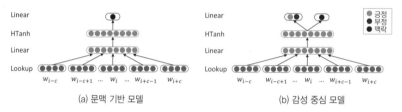

그림 8.1 감성 중심 워드 임베딩 학습을 위한 랭킹 기반 모델의 확장

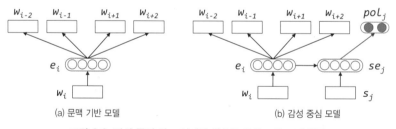

그림 8.2 감성 중심 워드 임베딩 학습을 위한 스킵그램 확장

여기서 T는 학습 말뭉치이며, f_0^{rank}는 예측 포지티브 점수, f_1^{rank}는 예측 네거티브 점수, $\delta_s(t)$는 문장의 감성 극성(포지티브 또는 네거티브)을 반영하는 표시함수다.

$$\delta_s(t) = \begin{cases} 1 & \text{if } f^g(t) = [1, 0] \\ -1 & \text{if } f^g(t) = [0, 1] \end{cases} \tag{8.3}$$

비슷한 아이디어를 갖는 스킵그램의 확장(Mikolov et al., 2013b)은 감성 단어 임베딩을 학습한다. 특정 단어 w_i을 스킵그램이 연속 표상 e_i으로 매핑하고, w_i의 문맥 단어, 즉 w_{i-2}, w_{i-1}, w_{i+1}, w_{i+2} 등을 예측하기 위해 e_i를 활용한다. 스킵그램의 목표는 평균 로그 확률을 최대화하는 것이다.

$$f_{SG} = \frac{1}{T} \sum_{i=1}^{T} \sum_{-c \leq j \leq c, j \neq 0} log\ p(w_{i+j}|e_i) \tag{8.4}$$

T는 말뭉치에 있는 각 구의 발생, c는 윈도우 크기, e_i는 현재 구 w_i의 임베딩, w_{i+j}는 w_i의 문맥 단어이며, $p(w_{i+j}|e_i)$는 계층 softmax로 계산된다. 기본 softmax 단위는 $softmax_i = \exp(z_i)/\sum_k exp(z_k)$로 계산된다.

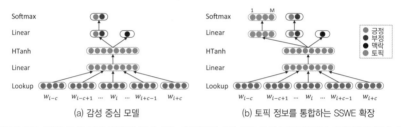

그림 8.3 감성 중심 단어 임베딩 학습 또는 SSWE(a)와 텍스트의 토픽 정보를 포함시키기(b) 위한 여러 방법

감성 중심 모델은 그림 8.2b에 있다. 투입 요소 $\langle w_i, s_i, pol_j \rangle$ 트리플에서 w_i는 문장 s_i에 포함된 구이며, 해당 문장의 감성 극성은 pol_j이고, 학습 목적은 문맥 단어를 예측하기 위해 w_i의 임베딩을 활용할 뿐만 아니라 s_i의 표준 감성 극성인 pol_j를 감성 극성을 예측하기 위해 문장 표상 se_i를 사용하는 것이다. 문장 벡터는 문장에 포함된 단어 임베딩을 평균화해서 계산한다. 목표는 다음과 같이 가중평균 손실함수를 최대화하는 것이다.

$$f = \alpha \cdot \frac{1}{T} \sum_{i=1}^{T} \sum_{-c \leq j \leq c, j \neq 0} log\ p(w_{i+j}|e_i) + (1-\alpha) \cdot \frac{1}{S} \sum_{j=1}^{S} log\ p(pol_j|se_j)$$

$$\tag{8.5}$$

여기서 S는 말뭉치에 있는 각 문장의 발생이며, α 문맥에 가중치를 부여하고 감성부분의 합은 $\sum_k pol_{jk} = 1$이 된다.

텍스트 감성 정보에 대해 임베딩 학습 프로세스를 가이드하는 여러 방법이 있다. 예를 들어 Tang 외(2014)의 모델은 Collobert와 Weston(2008)의 랭킹 모델을 확장하고 감성 레이블을 예측하도록 텍스트에 숨겨진 벡터를 사용한다. Ren 외(2016b)는 감성 중심 단어 임베딩[SSWE]을 확장하고 투입물 n-gram에 기반한 텍스트의 토픽 분산을 예측한다. 두 가지 방법은 그림 8.3에서 나타난다.

8.3 문장 수준 감성 분석

문장 수준 감성 분석은 주어진 문장에 대한 감성 극성을 구분하는 데 초점을 둔다. 일반적으로 $w_1 w_2...w_n$ 단어에 대해 극성을 두 개(+/−) 또는 0을 포함한 3개의 카테고리로 나누며 +는 포지티브, −는 네거티브, 0은 중립을 의미한다. 대표적 문장 분류 작업이다.

신경망에서 문장 수준 감성 분석은 두 단계 프레임으로 모델링되는데, 하나는 정교한 신경 구조를 사용하는 문장 표상 모듈이며 다른 하나는 softmax로 해결되는 간단한 구분 모듈이다. 그림 8.4는 전체 프레임워크를 보여준다.

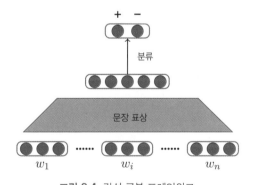

그림 8.4 감성 구분 프레임워크

기본적으로 문장 각 단어에 대한 임베딩으로 문장의 간단한 표상을 얻는 풀링 전략을 사용한다. 풀링 전략은 여러 다른 길이를 갖는 시퀀스 입력값에 있는 주요 피처들을 요약할 수 있다. 유명한 풀링함수를 정의하기 위해 공식

$\mathbf{h} = \sum_{i=1}^{n} a_i \mathbf{x}_i$을 사용한다. 예를 들어 폭넓게 사용되는 평균, 최대, 최소 풀링 연산은 다음과 같이 공식화된다.

$$a_i^{avg} = \frac{1}{n}, \quad a_{ij}^{min} = \begin{cases} 1, & \text{if } i = \text{argmin}_k \mathbf{x}_{kj} \\ 0, & \text{otherwise}, \end{cases} \quad a_{ij}^{max} = \begin{cases} 1, & \text{if } i = \text{argmax}_k \mathbf{x}_{kj} \\ 0, & \text{otherwise} \end{cases}$$
$$(8.6)$$

Tang 외(2014)는 그들이 제안한 감성이 인코더된 단어 임베딩을 테스트하기 위해 세 가지 풀링 방법을 활용했다. 문장 분류를 위한 문장 형태의 최근 진전은 이를 훨씬 넘어선다. 여러 정교한 신경망 구조가 제안됐으며, (1) 컨볼루션 신경망Convolutional NN, (2) 순환 신경망Recurrent NN, (3) 재귀신경망Recursive NN (4) 보조 자원으로 강화된 문장 표상 등 네 가지 카테고리별로 관련된 연구들을 요약한다.

8.3.1 컨볼루션 신경망

풀링신경망에서 단어 수준 피처만을 사용할 수 있다. 문장 내에서 단어 순서가 변할 때, 문장 표상의 결과는 변하지 않는다. 전통 통계 모델에서 n-gram 단어 피처는 해당 이슈를 제거하기 위해 사용되고 이를 통해 개선된 성능을 보여줬다. 신경망 모델의 경우 컨볼루션층은 비슷한 효과를 얻도록 활용된다.

컨볼루션층은 고정 크기의 로컬 필터를 가지고 시퀀스 투입값을 횡단하면서 비선형 변형을 수행한다. 로컬 필터 크기를 K로 가정하고 투입값 시퀀스 $\mathbf{x}_1 \mathbf{x}_2 \ldots \mathbf{x}_n$가 주어지면, 시퀀스 결괏값 $\mathbf{h}_1 \mathbf{h}_2 \ldots \mathbf{h}_{n-K+1}$을 얻는다.

$$\mathbf{h}_i = f\left(\sum_{k=1}^{K} W_k \mathbf{x}_{i+K-k}\right)$$

여기서 f는 tanh(·)와 sigmoid(·)와 같은 활성화함수다. $K = 3$이며 $\mathbf{x}_i$는 투입 단어 임베딩일 때, 결과 $\mathbf{h}_i$는 해당 단어의 외형을 합친 uigram, bigram, trigram 등의 혼합된 피처와 비슷한 $\mathbf{x}_i$, $\mathbf{x}_{i+1}$, $\mathbf{x}_{i+2}$의 비선형 조합이다.

문장 수준 감성 구분을 위해 폭넓게 연구된 컨볼루션 신경망CNN은 그림 8.5에서 보여주듯이 컨볼루션 층과 풀링 층을 통합하는 특정 네트워크다. 표준 CNN을 직접적으로 적용한 초기 시도는 Collobert 외(2011)의 연구로 시작됐다. 해당 연구는 투입 단어 임베딩 시퀀스에 컨볼루션 층을 사용하고 숨겨진 결과 벡터에 추가 맥스 풀링을 적용해 최종 문장 표상을 구한다.

Kalchbrenner 외(2014)는 두 가지 방식으로 좀 더 나은 문장 표상을 위해 기본 CNN 모델을 확장한다. 한 방법은 동적 k 맥스 풀링을 사용하는데, 간단한 맥스 풀링 각각의 차원에 대한 값을 보존하는 대신 풀링 기간 동안 발생하는 top-k값을 보존하는 방식이다. k값은 문장 길이에 따라서 다르게 정의된다. 다른 방식은 심층 신경망이 더욱 정교한 피처를 인코드한다는 생각에 동기부여돼 만든 다층 CNN 구조를 지닌 CNN의 레이어 수를 늘리는 것이다.

문장을 더욱 잘 표상하기 위해 여러 CNN 변형이 연구돼왔다. 가장 대표적인 표상 연구는 그림 8.7에서 보여주는 Lei 외(2015)가 제안한 비선형, 비연속 컨볼루션 방식이다. 이 방식은 단어들이 연속적이든지 관계없이 텐서 대수tensor algebra로 모든 n-word 조합을 추출하는 데 목표를 둔다. 이 과정은 첫 번째 한 단어, 그 다음으로 두 단어, 그 다음 세 단어 조합을 반복적으로 다룬다. 다음 공식을 통해 unigram, bigram, trigram 피처를 추출한다.

$$\mathbf{f}_i^1 = P\mathbf{x}_i$$
$$\mathbf{f}_i^2 = s_{i-1}^1 \odot Q\mathbf{x}_i \text{ where } \mathbf{s}_i^1 = \lambda \mathbf{s}_{i-1}^1 + \mathbf{f}_i^1$$
$$\mathbf{f}_i^3 = s_{i-1}^2 \odot R\mathbf{x}_i \text{ where } \mathbf{s}_i^2 = \lambda \mathbf{s}_{i-1}^2 + \mathbf{f}_i^2$$

여기서 P, Q와 R은 모델 파라미터이며 λ는 사용자가 직접 세팅하는 하이퍼파라미터, $\odot$는 요소 수준의 곱이다. 마지막으로 세 가지 피처를 구성해서 문장 표상을 만든다.

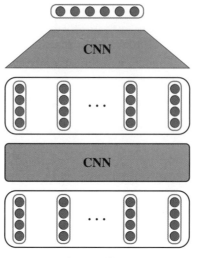

그림 8.6 다층 CNN

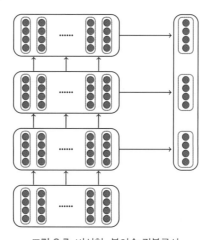

그림 8.7 비선형, 불연속 컨볼루션

　많은 연구들은 상이한 입력 단어 임베딩 개발에 초점을 맞춰왔다. 예를 들면 Kim(2014)은 단어 임베딩을 사용하는 세 가지 방법을 연구했다. 동적 미세 조정이 임베딩에 미치는 효과를 고려해서, 초기화 임베딩과 사전 훈련된 임베딩 두 가지 방법에 관한 것이었다. 마지막으로는 두 종류의 임베딩을 조합해서, 그림 8.8에서 보여주듯이 상이한 단어 임베딩에 근거해 다채널 CNN 방식을 제안했다. 해당 연구는 멀티채널 멀티레이어 CNN으로 여러 다른 단어 임베딩을 사용한 Yin과 Schutze(2015)에 의해 확장됐다. 그러나 더욱 간단한 방법이 Zhang 외(2016d)에 의해 제안됐고, 성능 또한 뛰어났다.

단어 임베딩의 또 다른 확장은 문자character 수준 피처로 단어 표상을 강화하는 것이다. 입력 문자 시퀀스에 기반한 단어 표상을 만드는 데 사용되는 신경망은 투입 단어 시퀀스로부터 만들어진 문장 표상 신경망과 매우 비슷하다. 따라서 단어 표상을 추출하기 위해 문자 임베딩 시퀀스에 표준 CNN 구조를 적용할 수 있게 됐다. Dos Santos와 Gatti(2014)는 그러한 확장의 효과에 대해 연구했다. 그림 8.9에서 보여주듯이 문자 수준의 단어 표상은 단어 임베딩과 합쳐져 문장 인코딩용 최종 단어 표상을 강화한다.

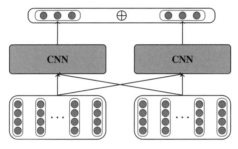

그림 8.8 멀티 채널 CNN

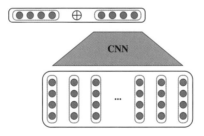

그림 8.9 문자 피처로 강화된 단어 표상

8.3.2 순환 신경망

CNN 구조는 주어진 단어 위치에 주변 로컬 구성 피처를 포착하도록 고정 크기의 단어 윈도우를 사용한다. 그러나 자연어 문장을 이해하는 데 특히 중요한 구문적이며 의미적 정보를 반영하는 장거리 의존성 특징은 무시된다. 이러한 의존성 특징들은 신경망 환경에서 RNN에 의해 처리되면서 훌륭한 성과를 이끌어냈다. 형식적으로 보면 표준 RNN은 $\mathbf{h}_i = f(W\mathbf{x}_i + U\mathbf{h}_i + \mathbf{b})$로 출력 잠재 벡터들을 차례로 계산한다. 여기서 $\mathbf{x}_i$는 투입 벡터를 의미한다. 현재 출력값 $\mathbf{h}_i$은 현재 투입값 $\mathbf{x}_i$에 의존할 뿐만 아니라 이전 잠재 출력값 $\mathbf{h}_{i+1}$에도 의존한다. 이러한 방식으로 현재 잠재 출력값은 한계 범위 없이 이전 투입 벡터 및 출력 벡터와 연결된다.

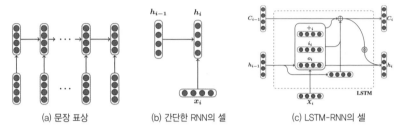

(a) 문장 표상　　　　(b) 간단한 RNN의 셀　　　　(c) LSTM-RNN의 셀

그림 8.10 RNN을 사용한 문장 표상

Wang 외(2015)는 트위터 감성 분석을 위해 장단기메모리^{LSTM} 신경망을 이용하는 첫 번째 연구를 제안했다. 그림 8.10은 LSTM-RNN의 내부 구조뿐만 아니라 RNN을 사용해 문장 표상 방법을 보여준다. 우선 연구자들은 $\mathbf{x}_1\mathbf{x}_2 \dots \mathbf{x}_n$ 등 투입 요소 임베딩 시퀀스에 표준 RNN을 적용하고, 한 문장의 최종 형태로써 마지막 잠재 출력값 $\mathbf{h}_n$을 집중적으로 연구했다. 입력 및 출력 벡터를 연결하는 데 세 개의 게이트와 메모리 셀을 사용함으로써 LSTM은 개선되는 데 비해 표준 RNN은 그래디언트의 폭발적 증가라는 문제점이 발생할 수 있기 때문에 연구진은 LSTM-RNN 구조를 사용하는 대안을 제시했다. 공식화시켜서 본다면 LSTM은 다음과 같이 계산된다.

$$\mathbf{i}_i = \sigma(W_1\mathbf{x}_i + U_1\mathbf{h}_{i-1} + \mathbf{b}_1)$$
$$\mathbf{f}_i = \sigma(W_2\mathbf{x}_i + U_2\mathbf{h}_{i-1} + \mathbf{b}_2)$$
$$\tilde{\mathbf{c}}_i = \tanh(W_3\mathbf{x}_i + U_3\mathbf{h}_{i-1} + \mathbf{b}_3)$$
$$\mathbf{c}_i = \mathbf{f}_i \odot \mathbf{c}_{i-1} + \mathbf{i}_i \odot \tilde{\mathbf{c}}_i$$
$$\mathbf{o}_i = \sigma(W_4\mathbf{x}_i + U_4\mathbf{h}_{i-1} + \mathbf{b}_4)$$
$$\mathbf{h}_i = \mathbf{o}_i \odot \tanh(\mathbf{c}_i)$$

여기서 $W, U, \mathbf{b}$는 모델의 파라미터이며 σ는 시그모이드 함수다.

Teng 외(2016)는 두 가지 측면에서 연구를 확장한다. 그림 8.11은 그들의 프레임워크다. 첫 번째는 오른쪽으로 향하는 단방향 LSTM을 연구하기보다는 쌍방향 LSTM을 활용했다. 쌍방향은 조금 더 종합적으로 문장을 표상할 수 있으며, 각 포인트의 잠재 출력값은 이전 그리고 미래 단어들과 연결된다. 두 번째 확장은 문장에 있는 모든 감성 단어들의 극성을 예측하고 감성 극성을 결정하는 요인을 개발하는 문장 수준 감성 분류를 모델링한 것이다. 두 번째 확장으로 전통 통계 모델에서 폭넓게 사용되는 감성 어휘를 효과적으로 합칠 수 있었다.

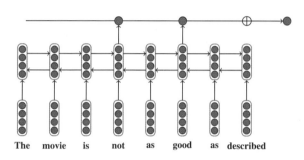

그림 8.11 Teng 외(2016) 연구의 프레임워크

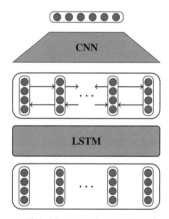

그림 8.12 RNN과 CNN의 조합

CNN과 RNN은 완전히 다른 방식으로 자연어 문장을 모델링한다. CNN은 국지적 윈도우 기반 구성을 잘 포착하는 데 비해 RNN은 내재적 장거리 의존성을 학습하는 데 효과가 있다. 자연스러운 생각은 신경구조를 활용해 두 가

지를 결합하는 것이다. Zhang 외(2016c)는 장거리 단어 의존성을 포착할 수 있는 CNN 네트워크 구조를 만들어 LSTM과 CNN을 결합하는 의존성에 민감한 CNN 모델을 제안한다. 구체적으로는 입력 단어 임베딩에 대해 왼쪽에서 오른쪽으로 이어지는 LSTM을 구성하고 CNN은 LSTM의 잠재 출력값을 기반으로 만든다. 따라서 최종 모델은 국지적 윈도우 기반 피처와 전역 의존성 민감도 피처를 동시에 활용한다. 그림 8.12는 그들의 통합 모델 프레임워크를 보여준다.

8.3.3 재귀신경망

재귀신경망recursive neural network은 구문 분석기로 생성된 트리 구조 투입값 모델링을 하기 위해 제안됐다. Socher 외(2012)는 두 잎leaf 노드로 이뤄진 부모 노드를 표상하는 재귀recursive 행렬 벡터 신경망을 제안한다. 이러한 방식으로 문장 표상은 아래서 위로 향하는 재귀 방식으로 이뤄진다. 입력 요소 트리를 전처리하고 두 갈래 트리로 변환하는데, 각 부모 노드는 두 개의 잎사귀 노드를 가진다. 행렬 벡터 운영자를 사용해 이항트리에 RNN을 적용한다. 공식화하면, 잠재 벡터 h와 행렬 A를 통해 각 노드를 표상한다. 그림 8.13에서 보여주듯이 두 개의 자식 노드인 $(\mathbf{h}_l, A_l)$와 $(\mathbf{h}_r, A_r)$의 형태에 따라 부모 노드 형태는 다음과 같이 계산된다. (1) $\mathbf{h}_p = f(A_r\mathbf{h}_l, A_l\mathbf{h}_l)$이고, (2) $A_p = g(A_l, A_r)$이며 여기서 $f(\cdot)$와 $g(\cdot)$는 모델 파라미터를 가진 변형 함수다.

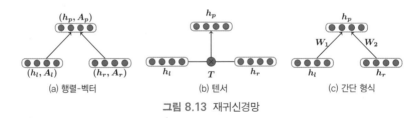

그림 8.13 재귀신경망

Socher 외(2013)는 그림 8.13에서 보여주듯 부모 노드 표상 계산을 위해 $\mathbf{h}_p = f(\mathbf{h}_l T\mathbf{h}_r)$를 사용함으로써 행렬 벡터 반복을 대체하는 낮은 랭크의 텐서 운영자low-rank tensor operations를 채택한다. 여기서 T는 텐서를 나타낸다. 행렬 벡터 계산보다 간단하고 모델 파라미터의 수가 적은 텐서 구성 때문에 더 좋은 성능을 달성한다. 연구자들은 구문트리의 비루트 노드를 기준으로 감성 극성을 정의해 구에서 문장으로 이동하는 감성 변화를 효과적으로 포착한다.

관련 연구가 세 가지 다른 방향으로 확장되고 있다. 첫째, 여러 연구들이 트리 구성을 위한 좀 더 강력한 구성^{composition} 운영자를 찾으려고 하고 있다. 가령 많은 연구들이 그림 8.13c에서 보여주는 것처럼 잎사귀 노드를 구성하기 위해 $\mathbf{h}_p = f(W_1\mathbf{h}_l, W_2\mathbf{h}_r)$를 사용한다. 이 방법은 간단하지만 그래디언트의 폭발적 증가와 감소 문제가 있어서 파라미터 학습이 매우 어렵다. LSTM-RNN 연구에 의해 촉발된 여러 연구들은 RNN을 위해 LSTM 채택을 제안한다. 대표적인 연구가 Tai 외(2015)와 Zhu 외(2015)이며 트리 구조에서 LSTM의 효과가 있음을 보여준다.

두 번째, 문장 표상 기반 RNN은 다채널 구성을 사용해 강화된다. Dong 외(2014b)는 그러한 강화 효과성을 연구한다. 연구진들은 C개의 유사한 구성 요소를 적용해서 관심 통합으로 부모 노드를 표상하는 데 사용되는 C개의 출력 잠재 벡터에 도달한다. 그림 8.14는 신경망 프레임워크를 보여준다. 연구진은 간단한 RNN 방법을 적용해 많은 벤치마크 데이터셋 기준으로 지속적이면서 더 나은 성능을 보여준다.

세 번째 방향은 멀티 레이어 CNN 연구들과 유사한 심층 신경망 구조를 사용해 RNN을 연구한다. 첫 번째 계층에서 입력 단어 임베딩에 RNN이 적용된다. 출력 잠재 벡터가 준비되면, 동일한 RNN이 다시 적용된다. 이 부분은 Irsoy와 Cardie(014a)에 의해 실증적으로 연구됐다. 그림 8.15는 3개층 RNN을 사용한 프레임워크다. 실험 결과는 단층 RNN보다 심층 RNN이 더욱 좋은 성능을 내는 것을 보여준다.

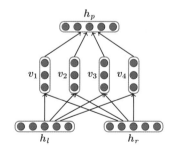

그림 8.14 다구성을 갖는 재귀신경망

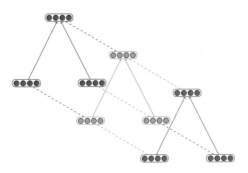

그림 8.15 다층 구조의 재귀신경망

위의 연구들은 좀처럼 만족되지 않는 이항구문트리에 대해 RNN을 구성한다. 따라서 전문적 지도 없이는 문제가 될 수 있는 원래의 구문 구조를 이항구조로 변환하기 위해 특정 전처리 과정이 요구된다. 최근 몇몇 연구들은 제한 없는 잎leaf 노드를 가진 트리 모델링을 제안했다. 예를 들어 Mou 외(2015)와 Ma 외(2015)는 입력값의 다양한 길이를 구성하기 위해 자녀 노드를 기반으로 하는 풀링 운영자를 제안한다. Teng과 Zhang(2016)은 왼쪽과 오른쪽에 있는 자녀를 고려한 풀링 과정을 수행한다. 그들은 쌍방향 LSTM-RNN과 유사한 위아래 반복 운영자를 고려하는 쌍방향 LSTM-RNN을 제안한다.

여러 연구들은 구문트리 구조 없이 RNN을 사용한 문장 표상을 고려하고 있음을 알아둘 필요가 있으며, 기본 문장 투입 요소를 기반으로 준트리 구조를 제안한다. 예를 들어 Zhao 외(2015)는 그림 8.16에서 보여주듯이 RNN을 적용하기 위해 모조pseudo-방향성 비순환 그래프를 만들었다. Chen 외(2015)는 자동으로 문장트리 구조를 만들기 위해 더욱 간단한 방법을 사용한다. 두 연구 모두 문장 수준 감성 분석에 뛰어난 성과를 선보였다.

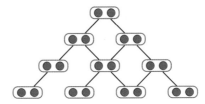

그림 8.16 Zhao 외(2015) 연구의 모조(pseudo)-방향성을 띠는 비주기 그래프

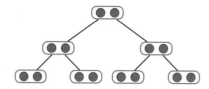

그림 8.17 Chen 외(2015) 연구의 모조 이항트리 구조

8.3.4 외부 자원 통합

위 각각의 그림은 단어가 포함된 투입 문장으로부터 나온 정보로 트리를 나누면서 문장 표상을 하는 다양한 신경 구조를 보여준다. 최근 주요 연구 중 하나의 흐름은 외부 자원을 통합해서 문장 표상을 강화하는 내용이다. 주요 자원은 세 가지 카테고리로 나뉘는데, 지도 모델로 파라미터를 학습하는 대규모 말뭉치, 수작업으로 작성된 주석 및 자동으로 추출된 감성 어휘 그리고 트위터 감성 구분처럼 특정 환경에서 사용되는 배경지식 등이다.

문장 표상 강화를 위해 대규모 말뭉치를 활용하는 것은 많은 연구에서 다뤄졌다. 이러한 연구들 중 Hill 외(2016)의 연구에서 제안된 시퀀스 자동인코더 모델이 대표적이다. 그림 8.18은 LSTM-RNN 인코더로 문장을 표상하고 순차적으로 오리지널 문장의 단어들을 생성해, 문장 표상에 대한 외부 정보로 활용되는 모델 파라미터를 지도학습 방식으로 학습되는 모델의 예를 보여준다. 특히 Gan 외(2016)는 LSTN-RNN에서 발생하는 낮은 효율성 문제를 해결하는 CNN 인코더를 제안한다.

외부 감성 어휘들은 통계 모델에서 주로 연구됐지만, 자동으로 형성되는 감성 어휘에 대한 많은 연구가 있음에도 신경망 세팅에서는 여전히 연구가 많지 않다. 여기에는 두 가지 예외가 있는데, Teng 외(2016)는 부정negation 단어와 감성 단어의 이전 감성 점수에 가중치가 적용된 합계로 문장 수준 감성 점수를 다루면서 LSTM-RNN 신경망에 문맥에 민감한 어휘 피처를 투입했다. 이보다 더 나아가 Qian 외(2017)는 감성, 부인negation, 강도intensity와 관련된 단어의 감성 이동 효과에 관해 조사해 문장-수준 감성 분석을 위한 언어적으로 규제된 LSTM 모델을 제안한다.

특정 환경에서 문장 수준 감성 분석을 위한 여러 정보를 살펴보는 몇몇 연구가 있다. 트위터 감성 분류에서 트위터 생성자의 과거 트위터, 트윗 글을 둘러싼 대화 트위터 그리고 토픽 관련 트위터 등을 포함하는 여러 문맥적 정보를 사용한다. 이러한 정보들은 트위터 감성을 결정하는 데 기본적으로 도움이 되는 배경 정보로 큰 역할을 한다. Ren 외(2016a)는 그림 8.19에서 보여주듯이 추가 문맥 부분으로 신경망 모델에서 관련 있는 정보를 활용한다. 투입 문장에 대해 연구자들은 관련 정보를 형상화하기 위해 CNN을 적용하고 문맥 부분에 대해서는 주요 문맥 단어에 간단한 풀링 신경망을 적용한다. 최근 Mishra 외(2017)는 게이즈[gaze] 피처를 모델링하기 위해 CNN 구조를 사용해 문장 수준 감성 분석을 강화하도록 게이즈[gaze] 데이터로부터 나온 인지 피처를 통합할 것을 제안한다.

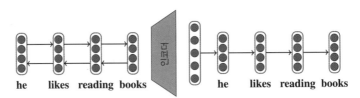

그림 8.18 LSTM-RNN 자동인코더

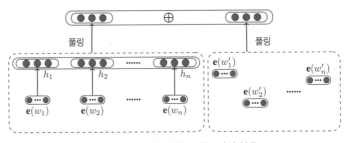

그림 8.19 문맥 피처로 하는 감성 분류

8.4 문서 수준 감성 분류

문서 수준 감성 분류는 문서의 감성 레이블 결정을 목표로 한다(Pang et al., 2002; Turney, 2002). 감성 레이블은 thumbs up(좋아요)과 thumbs down

(싫어요) 두 가지 카테고리(Pang et al., 2002)와 리뷰 사이트에 있는 1에서 5와 같은 복수 카테고리 등 두 가지가 존재한다.

연구 문헌에서는 감성 분류 접근법을 두 가지로 나눈다. 어휘 기반과 말뭉치 기반 접근법이다. 어휘 기반 접근법(Turney, 2002; Taboada et al., 2011)은 관련 감성 극성이 있는 감성 단어 사전을 사용하고, 각 문서의 극성을 계산하기 위해 부정[negation]과 강도[intensification]를 결합한다. 대표적 어휘 기반 접근법은 Turney(2002)가 제안했으며 3단계로 나뉜다. 구의 품사 태그가 사전에 정의된 패턴과 일치한다면, 우선 구가 추출된다. 각 추출된 구의 감성 극성은 두 단어 간 통계적 의존성 정도를 측정하는 PMI[Pat-pointwise Mutual Information]로 평가한다. Turney의 연구에서 PMI 점수는 검색엔진에 쿼리를 넣고 클릭[hit]된 개수를 집계해 계산한다. 마지막으로 감성 극성을 계산하기 위해 각 리뷰에 있는 모든 구의 극성을 평균한다. Ding 외(2008)는 "not", "never", "cannot"과 같은 부정 단어와 "but"과 같은 반대어를 적용해 어휘 기반 접근법의 성능을 강화한다. Taboada 외(2011)는 극성과 감성 강도 주석이 달려 있는 감성 어휘에 강도[intensification]와 부정어를 통합시킨다.

말뭉치 기반 접근법은 텍스트 분류 문제의 특별 케이스로 감성 구분을 다룬다(Pang et al., 2002). 주석 처리된 감성 극성을 이용해 문서에서 감성 구분자를 만든다. 감성 지도 분류는 수동으로 주석 처리되거나 트위터의 이모티콘이나 리뷰 평가와 같이 감성 신호를 수집한다. Pang 외(2002)는 텍스트 분류 문제의 특수 케이스로 리뷰 감성 구분을 다루는 초기 연구다. 연구진은 나이브 베이즈, 최대 엔트로피 그리고 여러 피처 집합을 가지는 서포트 벡터 머신[SVM]을 적용한다. 그들 실험에서 최고의 성능은 백오브워즈[bag-of-words] 피처가 있는 서포트 벡터 머신으로 나타났다. Pang 외의 연구에 이어 많은 연구들이 더 나은 분류 성능을 얻기 위해 효과적인 피처를 디자인하고 학습하는 데 초점을 맞춘다. 영화와 제품 리뷰에 대해서 Wang과 Manning(2012)은 나이브 베이즈와 나이브 베이즈 피처가 강화된 서포트 벡터 머신 간의 절충점에서 나온 NBSVM을 제시한다. Paltoglou와 Thelwall(2010)은 단어-역문서 빈도[tf-idf]와 BM25 변형과 같은 변형 가중치 함수들을 조사해 피처 가중치를 구한다. Nakagawa 외(2010)는 문서 피처를 계산하기 위해 의존성

트리, 극성 이동 규칙, 히든 변수를 갖는 조건부 임의필드를 활용한다.

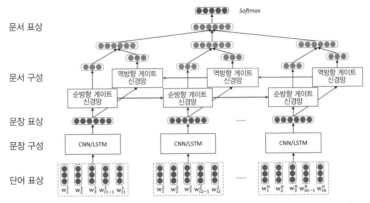

그림 8.20 문서 수준 감성 분류를 위한 신경망 아키텍처(Tang et al., 2015a)

신경망 접근법을 개발하는 주된 이유는 피처 엔지니어링이 노동 집약적이라는 점이다. 신경망 방식은 데이터에서 분류 요인을 포착할 수 있으면서 학습 알고리즘이 피처 엔지니어링에 의존하는 것을 줄인다. Bespalov 외(2011)는 단어를 벡터로 임베딩해서, 일시적 컨볼루션 네트워크로 구문의 벡터를 얻고, 문서 임베딩은 구문 벡터를 평균한다. Le와 Mikolov(2014)는 문장과 문서 임베딩을 학습하는 스킵그램과 CBOW 모델(Mikolov et al., 2013b)을 확장한다. 각 문서에 있는 단어를 예측하도록 학습된 조밀 벡터로 각 문서를 표상한다. 구체적으로 말하자면, PV-DM 모델은 중간 단어를 예측하기 위해 문맥 벡터를 가진 문서 벡터를 평균하고 결합해서 스킵그램 모델을 확장한다. Denil 외(2014), Tang 외(2015a), Bhatia 외(2015), Yang 외(2016) 그리고 Zhang 외(2016c)의 연구 모델도 똑같은 통찰을 준다. 단어에서 문장 임베딩을 모델링하고 문장 벡터를 사용해 문서 벡터를 작성한다. 특히 Denil 외(2014)는 문장 모델링 구성 요소와 문서 모델링 구성 요소와 동일한 CNN을 사용한다. Tang 외(2015a)는 CNN을 사용해 문장 벡터를 계산한 다음 양방향 게이트 반복 순환 네트워크[GRN]를 사용해 문서 임베딩을 계산한다. 모델은 그림 8.20에서 확인할 수 있다. Bhatia 외(2015)는 RST 구문 분석에서 얻은 구조를 기반으로 문서 벡터를 계산하고 Zhang 외(2016c)는 순환 신경망으로 문장 벡터를 계산한 다음 CNN을 사용해 문서 벡터를 계산한다. Yang

외(2016)는 두 개의 관심 레이어를 사용해 문장 벡터와 문서 벡터를 구한다. 문장에 있는 단어 가중치와 문서에 있는 문장 가중치를 계산하기 위해 연구진들은 두 가지 문맥 벡터를 사용을 통해 학습시킨다. Joulin 외(2016)는 단어 표상을 텍스트 표상으로 평균화하고 선형 분류자에 결과를 제공하는 간단하면서 효율적인 방법을 소개한다. Johnson과 Zhang(2014, 2015, 2016)은 입력값으로 one-hot word 벡터를 사용하고 여러 지역의 의미를 갖는 문서를 표상하는 컨볼루션 신경망을 개발했다. 이 연구들은 단어를 기본 계산 단위로 간주하고 단어 표상을 기반으로 하는 문서 벡터를 만든다. Zhang 외(2015b)와 Conneau 외(2016)는 문자를 기본 계산 단위로 사용하고 컨볼루션 아키텍처를 활용해 문서 벡터를 계산한다. 문자로 만드는 어휘는 단어로 만드는 표준 어휘보다 훨씬 작다. Zhang 외(2015b) 연구에서 알파벳은 영문 26자, 10개의 숫자, 33개의 다른 문자character 그리고 새로운 라인문자 등 70개 문자로 구성된다. Zhang 외 모델(2015b)은 6개 컨볼루션 레이어가 있고, Conneau 외(2016) 모델은 29개 레이어로 구성된다.

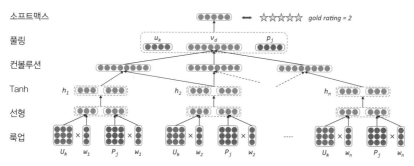

그림 8.21 문서 수준 감성 분류를 위한 사용자 및 제품 정보를 결합한 신경망 접근법(Tang et al., 2015)

문서 수준 감성 분류를 향상하기 위해 사용자의 개별 선호도 및 제품의 전반적 품질과 같은 부수적 정보를 밝히는 연구도 있다. 예를 들어 Tang 외(2015b)는 기존 CNN에 사용자-감성 일관성 및 사용자-텍스트 일관성을 투입한다. 사용자-텍스트 일관성에서 단어 의미를 수정하기 위해 각 사용자를 행렬로 표상한다. 사용자-감성 일관성에서 각 사용자는 벡터로 인코딩되며, 벡터는 문서 벡터와 직접 합쳐지고 감성 분류를 위한 피처의 일부로 간주된다. 해당 모델은 그림 8.21에 있다. Chen 외(2016)는 단어의 중요성을 고려한 관심 모델을 개발하고 확장했다.

8.5 정밀하게 정제된 감성 분석

딥러닝을 이용해 정밀하게 정제된 감성 분석의 최근 성과를 소개한다. 문장 및 문서 수준 정서 분류와는 달리, 정교한 정서 분석에는 많은 작업이 포함되며 대부분의 작업에는 자체 특성이 있다. 따라서 특별한 애플리케이션 설정을 신중하게 고려해 그에 맞게 모델링한다. 의견마이닝, 표적 감정 분석, 특정 면aspect 수준 정서 분석, 입장 감지 그리고 풍자 감지 등이 포함된다.

8.5.1 의견 마이닝

의견 마이닝은 사용자 생성 리뷰에서 구조화된 의견을 추출하는 것을 목표로 하는 자연어 처리 커뮤니티에서 주목받고 있는 토픽이다. 그림 8.22에 의견마이닝의 여러 예가 있다. 전형적으로 두 가지 작업이 해당되는데, 첫 번째는 의견자, 목표, 표현 등과 같은 의견 개체를 확인하고 두 번째는 개체 간의 관계를 만드는 것이다. 가령 IS-ABOUT 관계는 특정 의견 표현의 목표를 구체화하고 IS-FROM 관계는 의견 표현과 의견자를 연결한다.

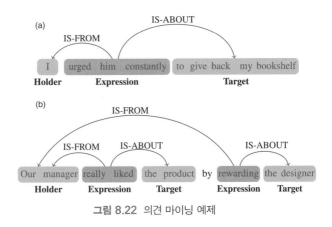

그림 8.22 의견 마이닝 예제

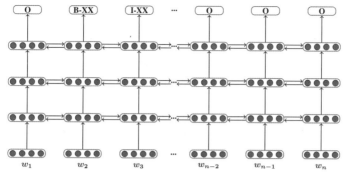

그림 8.23 의견 주체 포착을 위한 삼층구조 Bi-LSTM 모델

의견 마이닝은 구조 학습 문제다. 인간이 디자인한 이산형 피처가 있는 전통적 통계 모델을 이용해 광범위하게 연구된 분야다. 특히 감성 분석과 여러 자연어 처리 작업 분야 딥러닝 모델의 큰 성공에 힘입어, 신경망 기반 모델이 큰 주목을 받고 있다. 신경망을 활용한 대표 연구 몇 편을 소개한다.

신경망 모델의 초기 연구들은 의견 개체의 범위를 인식하는 시퀀스 레이블링 문제로 다루면서 의견 개체 포착을 집중으로 다뤘다. Irsoy와 Cardie(2014b)는 이를 위해 RNN 구조를 연구한다. 그들은 Elman 유형의 RNN을 적용해서 그림 8.23에서 보여주는 대로 양방향 RNN 효율성을 연구하고 효과를 관찰한다. 결과는 양방향 RNN이 더 좋은 성능을 내고 3층 양방향 RNN이 최고 성능을 발휘하는 것을 보여준다.

비슷한 연구로 Liu 외(2015)가 있다. 연구자들은 Elman 형태의 RNN, Jordan 형태의 RNN, LSTM 등의 RNN 변형을 포괄적으로 살핀다. 그들은 양방향성도 연구한다. 추가로 입력 단어 임베딩 3가지 종류를 비교한다. 신경망 모델과 이산 모델을 비교하고, 두 종류의 피처를 조합한다. 그들의 실험은 이산형 피처와 결합된 LSTM 신경망이 가장 좋은 성능을 발휘함을 보여준다.

위에서 소개한 두 연구는 의견 주체 간의 관계를 확인하는 작업은 포함하지 않는다. 최근에 Katiyar와 Cardie(2016)는 개체 인식과 의견 관계 분류 작업을 동시에 수행하도록 LSTM을 활용하는 첫 번째 신경망을 제안했다. 연구진은 멀티태스크 학습 패러다임으로 해당 두 작업을 처리하고, 다층 양방향 LSTM에 근거해 주체 범위와 모든 관계를 고려해 문장 수준 학습을 소개한다. 특히 연구자들은 특정 관계 왼쪽과 오른쪽 개체까지의 거리를 표시하기 위해 두 가지 시퀀스를 정의한다. 벤치마크 MPQA 데이터로 한 실험 결과는 신경망 모델이 최고 성능을 달성함을 보여준다.

8.5.2 표적 감성 분석

표적 감성 분석은 한 문장에서 특정 개체로 향하는 감성 극성에 대한 연구다. 그림 8.24에서 {+, −, 0은 각각 긍정, 부정, 중립 감성을 나타낸다.

표적 감성 분석의 첫 번째 신경망 모델은 Dong 외(2014a)에 의해 제안된다. 해당 모델은 Dong 외(2014b)의 이전 연구에서 채택됐으며, 이미 문장 수준 감성 분석에서 소개된 내용이다. 연구진들은 자식 노드에서 나온 멀티 구성 요소를 이용해 이항 형태의 의존트리 구조에서 재귀신경망을 구성시킨다. 그러나 이번 연구는 투입 표적에 따라 의존트리를 변형하고 표적 문장의 헤드 단어를 투입 문장의 기존 헤드 단어가 아닌 결과트리에 있는 뿌리로 만든다는 차원에서 다르다. 그림 8.25는 구성 방법과 단어 "phone"이 표적 단어인 의존트리 구조를 보여준다.

나는 [이 세척기]가 좋아+ ! 정말로 편하고 사용이 편해!

[학교 구내식당]의 음식은 별로야_ ! 4년 동안 구내식당에서 먹은 나 자신을 존경해!

[라라랜드] 최고야+ ! 미녀와 야수보다 훨씬 나아.

[야구]하는 것에 별로 흥미 없어_ 경기 관람 또한 하지 않아.

[라이언 고슬링]이 누군지 몰라 0. 그래서 이번 조사에 어떤 답변도 못하겠는 걸.

그림 8.24 감성 분석의 예제

위의 작업은 자동 구문 분석기로 생성되는 투입값 의존성 구문트리에 기반한다. 에러가 발생할 수 있기 때문에 오류 전파 문제를 겪는다. 이런 문제를 피하도록 최근 연구는 가공되지 않은 문장 투입값만 가지고 표적 감성 분석을 다룰 것을 제안한다. Vo와 Zhang(2015)은 작업을 위해 많은 신경망 피처를 추출하는 다양한 풀링 전략을 활용한다. 연구자들은 투입 문장을 주어진 표적에 기반해 세 부분으로 나누고 그림 8.26에서 보여주듯이 전체 문장

과 함께 세 부분에 서로 다른 풀링 함수를 적용한다. 결과적으로 신경망 피처들은 감성 극성 예측을 위해 합쳐진다.

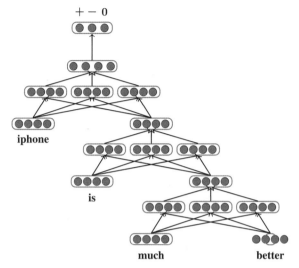

그림 8.25 Dong 외(2014a) 연구의 프레임워크

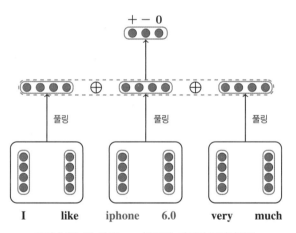

그림 8.26 Vo와 Zhang(2015) 연구의 프레임워크

최근 여러 연구들은 감성 분석 작업에 유망한 성능을 낼 수 있는 RNN의 효과성을 살펴봤다. Zhang 외(2016b)는 문장 단어 표상을 강화하기 위해 gated RNN을 사용할 것을 제안한다. 그림 8.27에서 보여주듯이 RNN을 사용해 결과 표상은 문맥에 따라 변하는 정보를 포착할 수 있다. 추가로 Tang

외(2016a)는 투입 시퀀스 단어를 인코딩하도록 기본 신경 레이어로 LSTM-RNN을 활용한다. 그림 8.28은 그들 연구의 프레임워크다. 두 연구 모두 목표 감성 분석에서 뛰어난 성능을 달성했다.

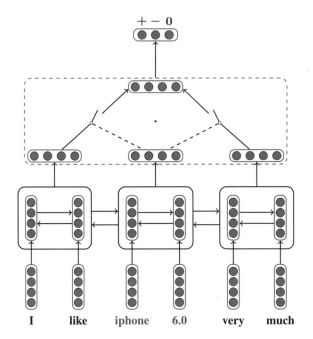

그림 8.27 Zhang 외(2016b) 연구의 프레임워크

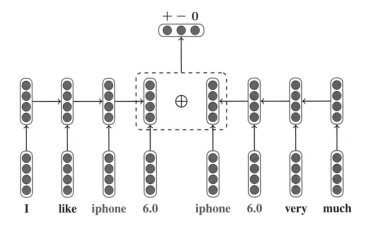

그림 8.28 Tang 외(2016b) 연구의 프레임워크

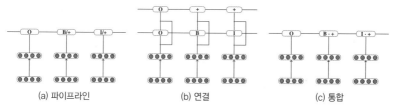

그림 8.29 개방형 도메인에 대한 감성 분석

(a) 파이프라인 (b) 연결 (c) 통합

RNN 사용뿐만 아니라 Zhang 외(2016b)는 그림 8.27에서 보여주듯이 표적 지도 양쪽에 위치하는 문맥 피처를 구성하는 게이트gated 신경망을 제시한다. 이 연구의 주요 동기는 문맥에서 자유로운 피처를 간단한 풀링으로 쉽게 다룰 수 없다는 점이었다. 효과가 있는 피처를 선택하기 위해 표적을 조심스럽게 고려해야 한다. Liu와 Zhang(2017)은 관심 전략을 적용해서 개폐 문이 달려 있는 게이트 메커니즘을 개선한다. 관심 메커니즘을 적용한 그들의 모델은 두 개의 벤치마크 데이터에서 가장 높은 성능을 보여준다.

이전 연구는 투입값 범위가 감성 극성을 추론하는 데 중요하다고 보여줬다. 잘 설정된 표적이 이미 주어졌다고 가정하지만 실제는 아니다. 예를 들어 표적의 감성 극성을 결정하려고 하면, 미리 표적을 인식해야 한다. Zhang 외 (2015a)는 신경망을 사용해 오픈 도메인을 대상으로 하는 감성 분석을 연구한다. 파이프라인, 연결 그리고 통합 프레임워크 세팅하에서 문제를 자세히 살핀다. 그림 8.29는 세 가지 프레임워크를 보여준다. 추가로 연구진은 단일 모델에서 신경망과 전통적 이산형 피처를 합치고, 세 가지 세팅에서 더 나은 성능을 지속적으로 달성할 수 있음을 확인했다.

8.5.3 특정 면 수준 감성 분석

특정 면aspect 수준 감성 분석은 특정 면에 대해서 문장으로부터 감성 극성을 분류하는 것을 목표로 한다. 특정 면은 표적의 특성 중 하나이며 해당 특성에 대해 사람들은 의견을 제시한다. 그림 8.30은 해당 작업의 여러 예를 보여준다. 일반적으로 호텔, 전자제품, 또는 영화 등 특정 제품에 대한 사용자들의 코멘트를 분석하는 데 목표를 둔다. 제품들은 여러 특성들을 가진다. 호텔의 여러 특성으로 환경, 가격, 서비스 등을 포함하고 사용자들은 특정 면에 대해 의견을 내는 리뷰를 남긴다. 표적 감성 분석과는 다른 특정 면은 한 제품에 대해 열거되며, 어떤 경우 한 리뷰에 특정 면이 정기적으로 나타나지 않을 수도 있다.

문장	측면	극성
The screen of the laptop is nice. I like it very much. (랩톱 스크린이 괜찮아. 난 좋은 걸.)	스크린	긍정
It is a choice as a whole, although the owner is not as friendly. (전체를 보고 선택했지만, 주인은 별로 친절하지 않아.)	서비스	부정
The phone is not bad, especially for its strong battery. (폰이 나쁘지는 않아. 특히 배터리가 괜찮아.)	배터리	긍정
I like the movie very much, in particular the story touches me greatly (나는 이 영화가 너무 좋아. 특히 스토리가 감동적이야.)	스크린 작가	긍정
I need to change my laptop now, since the key U does work. (랩톱을 교체해야 할 것 같아. 키보드에서 U가 작동되지 않거든.)	키보드	부정

그림 8.30 특정 면 수준 감성 분석

이러한 작업은 문장 분류 문제로 모델링돼 문장 수준 감성 분류와 동일한 방법을 활용해 카테고리를 구분한다. 일반적으로 전문가들이 사전에 정의한 N개 측면을 가진 제품이 있다고 가정하는 특정면 감성 분류는 각 특성이 긍정, 부정 그리고 중립 이 3가지 감성 극성을 가질 수 있기 때문에 3N 분류 문제가 된다. Lakkaraju 외(2014)는 문장 수준 감성 분류를 수행하는 Socher 외(2012) 연구와 비슷하게 재귀신경망 모델에 기반한 매트릭스-벡터 구성을 제안한다.

후속 연구에서 이 작업은 투입 문장에 특정 면이 주어졌다고 가정해서 간편화됐기 때문에, 앞에서 언급된 표적 감성 분석과 동등하다. Nguyen과 Shirai(2015)는 투입 구phrase 구조트리가 특정 면에 따라 의존성 구조로부터 변하는 특정면 수준 감성 분석에 구 기반 RNN 모델 적용을 제안한다. Tang 외(2016b)는 구문트리를 사용하지 않고 같은 세팅에서 심층 메모리 신경망을 적용한다. 연구진들의 모델은 최신 성능을 보여줌과 동시에 LSTM 구조를 활용하는 신경망과 비교해 스피드 측면에서 매우 효율적이다. 그림 8.31은 3층으로 된 심층 기억 신경망을 보여준다. 분류를 위한 최종 피처는 특정 면 지도aspect supervision 특징을 갖는 관심 메커니즘으로 추출된다.

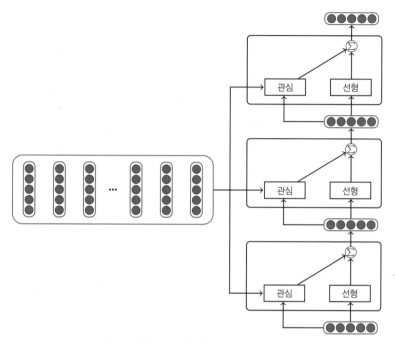

그림 8.31 Tang 외(2016b) 연구의 프레임워크

실제로 제품의 한 특정 면은 몇몇 다른 표현을 가질 수 있다. 노트북을 예로 들어보면, 스크린과 관련된 디스플레이, 해상도 그리고 외형 등으로 스크린 이라는 특정 면을 표현할 수 있다. 만약에 비슷한 특정 면들을 나타내는 구들을 하나의 특정 면으로 묶는다면, 특정 면 수준 감성 분석 결과는 다른 애플리 케이션에 더욱 유용하다. Xiong 외(2016) 연구는 특정 면을 그룹핑하는 신 경망 모델을 제안한다. 관심 구성 요소를 가지는 신경 피처를 추출하고 다층 순방향 신경망으로 특정 면을 나타내는 구들에 대해 표상 학습한다. 모델 파 라미터는 자동 학습 예제로 원격 지도로 학습된다. 그림 8.32는 연구진들의 프레임워크다. He 외(2017)는 관심 메커니즘으로 특정 면 단어들을 자동으로 학습할 수 있는 특정 면 추출 비지도 자동인코더 프레임워크를 활용한다.

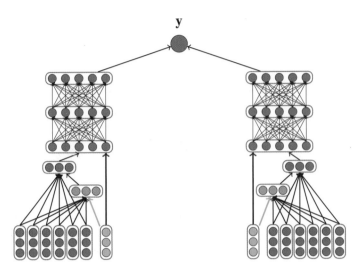

그림 8.32 Xiong 외(2016) 연구의 프레임워크

8.5.4 입장 포착

입장 포착stance detection은 특정 토픽에 대한 문장의 태도를 파악한다. 주제는 하나의 투입값으로 작업에 따라 달라지며, 다른 투입값은 분류돼야 하는 문장이다. 투입 문장들은 주어진 토픽과 외형적 관계를 갖지 않을 수 있어, 해당 작업은 표적/특정면 수준 감성 분석과는 다소 다르다. 따라서 입장 포착은 매우 어렵다. 그리 8.33은 해당 작업의 여러 예를 보여준다.

토픽: 기후변화는 큰 걱정거리이다	
Academy of Science는 기후변화 기술적 해결에 대해 벨리 브룩과 대담을 한다.	찬성
이건 파도가 해변가를 정상보다 1인치 정도 침범한 거야.	반대
난 이번 교황님이 좋아. 네가 어떤 종교를 믿든 상관 안 해. 이분 최고야.	관계없음
토픽: 여성 운동	
여성 정치인의 눈에는 여성이 부드럽고 감성적으로 보이기 때문이지.	찬성
남부 깃발이 여러분에게 상처를 줬다면, 충분해. 이 일을 정치적으로 옳게 만드는 것을 그만둬.	반대
사람들이 내가 정치하기에는 어리다고 하지. 진심으로 나는 내가 믿는 것을 하는 것뿐이야.	관계없음

그림 8.33 입장 포착 예제

초기 연구는 각 토픽의 분류자를 독립적으로 학습시킨다. 따라서 간단한 3방식 분류 문제로 다뤄진다. 예를 들어 Vijayaraghavan 외(2016)는 다층 CNN 모델을 활용해, 알려지지 않은 단어 문제를 해결하기 위해 입력값으로 단어 임베딩과 문자 임베딩을 통합한다. 입장 포착에 대한 SemEval 2016 작업 6에서 Zarrella와 Marsh(2016) 모델은 구문과 의미 피처를 학습하는 강력한 역량을 가진 LSTM-RNN 기반 신경망을 만들어 최고의 성능을 달성했다. 전이 학습에 영향을 받은 연구진들은 트위터에 있는 해시태그에서 얻은 사전 지식을 통해 모델 파라미터를 학습하는데, 그 이유는 SemEval의 입력 문장이 트위터에서 수집됐기 때문이다.

위의 작업은 다른 토픽의 입장 분류를 독립적으로 모델화하는데, 여기에는 두 가지 약점이 있다. 하나는 미래 토픽용 문장 태도를 구분하기 위해 각 토픽의 학습 예제에 주석을 다는 것이 실용적이지 않다는 점이다. 다른 하나는 여러 주제가 가까운 관계들을 갖는데, 가령 "Hillary Clinton"과 "Donald Trump"의 경우 분류자를 독립적으로 훈련시키면 이러한 관계 정보를 활용하지 못한다. Augenstein 외(2016)는 LSTM 신경망을 사용해 전체적인 투입 토픽과 관계없이 단일 모델을 훈련하는 첫 번째 모델을 제안한다. 연구자들은 문장에 대한 LSTM 투입값으로써 주제의 표상을 사용해 투입 문장과 토픽을 공통으로 모델링한다. 그림 8.34는 그 방법의 프레임워크다. 이 모델은 기존 연구들의 개별 구분자보다 더 좋은 성능을 선보인다.

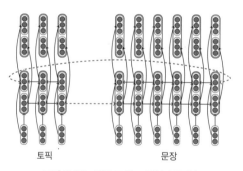

토픽   문장

그림 8.34 입장 포착 조건부 LSTM

8.5.5 풍자 감지

이번 절에서는 감성 분석과 상당한 관계가 있는 소위 비꼬거나 반어법적인 특별한 언어 현상을 논의한다. 이러한 풍자는 문장의 있는 그대로의 의미에 변화를 주고, 문장으로 표현되는 감성에 크게 영향을 미친다. 그림 8.35는 여러 가지 예를 보여준다.

때로는 바보들이 나의 하루를 밝게 해줘, 신기해!
난 어두울 때 기상하고 어두울 때 귀가하는 것을 좋아해.
네가 어디서 그 매너를 배웠는지 알겠다.
대마에 대한 한 가지 나쁜 점은 중독된다는 거지.
내 삶은 정말 흥미롭지. 지금까지 일어난 일도 못 믿겠어.
좋아. 드라이어가 나의 바지 두 벌을 망쳐버렸어.

그림 8.35 풍자의 예

풍자 감지는 문장 수준 감성 분석과 비슷한 이항 분류로 모델링한다. 두 작업의 가장 큰 차이는 목적에 있다. Ghosh와 Veale(2016)는 CNN, LSTM 그리고 심층 순방향 신경망 등 구체적 작업을 위해 다양한 신경망 모델을 연구한다. 연구진은 여러 신경망 모델을 제시하고 각각의 효과성을 실증적으로 조사한다. 실험 결과는 이러한 신경망들의 조합에서 최고의 성능을 얻게 됨을 보여준다. 최종 모델은 그림 8.36에서 보여주듯이 2층 CNN, 2층 LSTM 그리고 순방향층으로 구성된다.

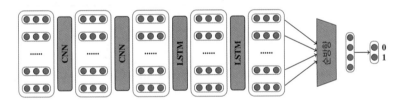

그림 8.36 Ghosh와 Veale(2016) 연구의 프레임워크

트위터와 같은 소셜미디어에서 풍자 포착을 할 때 저자 정보는 유용한 피처다. Zhang 외(2016a)는 트위터의 풍자 인식을 위해 문맥화된 신경 모델을 제안한다. 트위터 작성자를 표상하기 위해 트위터 작성자의 과거 포스트로부터 주요 단어들을 추출한다. 연구진들은 그림 8.37에서 보여주듯이 신경망 모델이 두 부분으로 구성됐음을 제안한다. 하나는 문장을 표상하기 위한 게이트gated RNN이며 다른 하나는 트위터 저자들을 표상하기 위한 간단한 풀링 신경망이다.

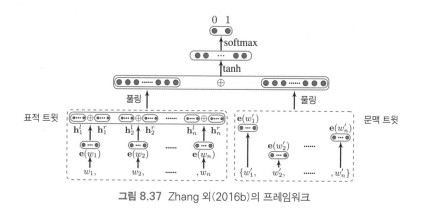

그림 8.37 Zhang 외(2016b)의 프레임워크

8.6 요약

8장에서 감성 분석에 대한 신경망 접근 방식의 최근 성공을 조명했다. 일단 감성 기반 단어 임베딩을 학습하기 위해 텍스트의 감성 정보를 통합하는 방법을 설명했다. 텍스트의 의미 구성 요소를 요구하는 문장과 문서의 감성 분류를 설명했다. 잘 정제된 작업을 다루기 위해 신경망 모델을 어떻게 개발하는지 제시했다.

딥러닝 방식이 최근에 감성 분석 작업에 의미 있는 성능을 달성했지만, 여전히 이 분야에는 개선할 수 있는 잠재적 방향이 있다. 첫 번째 방향은 설명 가능한 감성 분석이다. 현재 딥러닝 모델은 정확하지만 설명되지 않는다. 인지과학에서 나온 지식, 상식적인 지식, 또는 말뭉치에서 추출된 지식을 활용하는 것은 이 분야를 개선할 수 있는 잠재적인 방향이다. 두 번째 방향은 새로운 전문 영역에 대한 강력한 모델을 학습하는 것이다. 딥러닝 모델 성능은 학습 데이터의 양과 질에 달려 있다. 따라서 거의 주석 말뭉치 없이 특정 분야에 강력한 감성 분석자를 학습하는 것은 매우 어렵지만 실제 애플리케이션에서 매우 중요한다. 세 번째 방향은 감성을 이해하는 방법이다. 현재 연구의 대다수는 의견 표명, 대상 그리고 의견 지지자에 초점을 맞춘다. 최근에 의견 원인이나 입장 등과 같은 감정을 더욱 잘 이해하기 위해 새로운 특성들이 많이 제안됐다. 이 방향으로 밀고 나가는 것은 강력한 모델과 큰 말뭉치를 요구한다. 네 번째 방향은 잘 정제된 감성 분석이며, 이 부분에 대한 관심은 계속 늘어나고 있다. 이 분야를 개선하기 위해서는 더 많은 학습 말뭉치가 있어야 한다.

참고문헌

Augenstein, I., Rocktäschel, T., Vlachos, A., & Bontcheva, K. (2016). Stance detection with bidirectional conditional encoding. In *EMNLP2016* (pp. 876 – 885).

Bai, B., Weston, J., Grangier, D., Collobert, R., Sadamasa, K., Qi, Y., et al. (2010). Learning to rank with (a lot of) word features. *Information Retrieval, 13*(3), 291 – 314.

Baker, L. D. & McCallum, A. K. (1998). Distributional clustering of words for text classification. In *Proceedings of the 21st Annual International ACM SIGIR Conference on Research and Development in Information Retrieval* (pp. 96 – 103). ACM.

Bengio, Y., Ducharme, R., Vincent, P., & Jauvin, C. (2003). A neural probabilistic language model. *Journal of Machine Learning Research, 3*(Feb), 1137 – 1155.

Bespalov, D., Bai, B., Qi, Y., & Shokoufandeh, A. (2011). Sentiment classification based on supervised latent n-gram analysis. In *Proceedings of the 20th ACM International Conference on Information and Knowledge Management* (pp. 375 – 382). ACM.

Bhatia, P., Ji, Y., & Eisenstein, J. (2015). Better document-level sentiment analysis from rst discourse parsing. arXiv:1509.01599.

Brown, P. F., Desouza, P. V., Mercer, R. L., Pietra, V. J. D., & Lai, J. C. (1992). Class-based n-gram models of natural language. *Computational Linguistics, 18*(4), 467 – 479.

Chen, X., Qiu, X., Zhu, C., Wu, S., & Huang, X. (2015). Sentence modeling with gated recursive neural network. In *Proceedings of the 2015 Conference on Empirical Methods in Natural Language Processing* (pp. 793 – 798). Lisbon, Portugal: Association for Computational Linguistics.

Chen, H., Sun, M., Tu, C., Lin, Y., & Liu, Z. (2016). Neural sentiment classification with user and product attention. In *Proceedings of EMNLP*.

Collobert, R. & Weston, J. (2008). A unified architecture for natural language processing: Deep neural networks with multitask learning. In *Proceedings of the 25th International Conference on Machine Learning* (pp. 160 – 167). ACM.

Collobert, R., Weston, J., Bottou, L., Karlen, M., Kavukcuoglu, K., & Kuksa, P. (2011). Natural language processing (almost) from scratch. *Journal of Machine Learning Research, 12*(Aug), 2493 – 2537.

Conneau, A., Schwenk, H., Barrault, L., & Le Cun, Y. (2016). Very deep convolutional networks for natural language processing. arXiv: 1606.01781.

Deerwester, S., Dumais, S. T., Furnas, G.W., Landauer, T. K., & Harshman, R. (1990). Indexing by latent semantic analysis. *Journal of the American Society for Information Science, 41*(6), 391.

Deng, L. & Wiebe, J. (2015). MPQA 3.0: An entity/event-level sentiment corpus. In *HLT-NAACL* (pp. 1323 – 1328).

Denil, M., Demiraj, A., Kalchbrenner, N., Blunsom, P., & de Freitas, N. (2014). Modelling, visualizing and summarising documents with a single convolutional neural network. arXiv:1406.3830.

Ding, X., Liu, B., & Yu, P. S. (2008). A holistic lexicon-based approach to opinion mining. In *Proceedings of the 2008 International Conference on Web Search and Data Mining* (pp. 231 – 240). ACM.

Dong, L., Wei, F., Tan, C., Tang, D., Zhou, M., & Xu, K. (2014a). Adaptive recursive neural network for target-dependent twitter sentiment classification. In *ACL* (pp. 49 – 54).

Dong, L., Wei, F., Zhou, M., & Xu, K. (2014b). Adaptive multi-compositionality for recursive neural models with applications to sentiment analysis. In AAAI (pp. 1537 – 1543).

dos Santos, C. & Gatti, M. (2014). Deep convolutional neural networks for sentiment analysis of short texts. In *Proceedings of COLING 2014, The 25th International Conference on Computational Linguistics: Technical Papers* (pp. 69 – 78). Dublin, Ireland: Dublin City University and Association for Computational Linguistics.

Faruqui, M., Dodge, J., Jauhar, S. K., Dyer, C., Hovy, E., & Smith, N. A. (2014). Retrofitting word vectors to semantic lexicons. arXiv:1411.4166.

Gan, Z., Pu, Y., Henao, R., Li, C., He, X., & Carin, L. (2016). Unsupervised learning of sentence representations using convolutional neural networks. arXiv:1611.07897.

Ghosh, A., & Veale, D. T. (2016). Fracking sarcasm using neural network.

In *Proceedings of the 7th Workshop on Computational Approaches to Subjectivity, Sentiment and Social Media Analysis* (pp. 161 – 169).

Goodfellow, I., Bengio, Y., & Courville, A. (2016). *Deep learning*. Cambridge: MIT Press.

Gutmann, M. U., & Hyvärinen, A. (2012). Noise-contrastive estimation of unnormalized statistical models, with applications to natural image statistics. *Journal of Machine Learning Research, 13*(Feb), 307 – 361.

Harris, Z. S. (1954). *Distributional structure. Word, 10*(2 – 3), 146 – 162.

He, R., Lee, W. S., Ng, H. T., & Dahlmeier, D. (2017). An unsupervised neural attention model for aspect extraction. In *Proceedings of the 55th ACL* (pp. 388 – 397). Vancouver, Canada: Association for Computational Linguistics.

Hill, F., Cho, K., & Korhonen, A. (2016). Learning distributed representations of sentences from unlabelled data. In NAACL (pp. 1367 – 1377).

Hu, M. & Liu, B. (2004). Mining and summarizing customer reviews. In *Proceedings of the Tenth ACM SIGKDD International Conference on Knowledge Discovery and Data Mining* (pp. 168 – 177). ACM.

Huang, P.-S., He, X., Gao, J., Deng, L., Acero, A., & Heck, L. (2013). Learning deep structured semantic models for web search using clickthrough data. In *Proceedings of the 22nd ACM International Conference on Information and Knowledge Management* (pp. 2333 – 2338). ACM.

Huang, E. H., Socher, R., Manning, C. D., & Ng, A. Y. (2012). Improving word representations via global context and multiple word prototypes. In *Proceedings of the 50th Annual Meeting of the Association for Computational Linguistics: Long Papers-Volume 1* (pp. 873 – 882). Association for Computational Linguistics.

Irsoy, O. & Cardie, C. (2014a). Deep recursive neural networks for compositionality in language. In *Advances in neural information processing systems* (pp. 2096 – 2104).

Irsoy, O.&Cardie, C. (2014b). Opinion mining with deep recurrent neural networks. In *Proceedings of the 2014 EMNLP* (pp. 720 – 728).

Johnson, R. & Zhang, T. (2014). Effective use of word order for text categorization with convolutional neural networks. arXiv:1412.1058.

Johnson, R. & Zhang, T. (2015). Semi-supervised convolutional neural networks for text categorization via region embedding. In *Advances in neural information processing systems* (pp. 919 – 927).

Johnson, R. & Zhang, T. (2016). Supervised and semi-supervised text categorization using LSTM for region embeddings. arXiv:1602.02373.

Joulin, A., Grave, E., Bojanowski, P., & Mikolov, T. (2016). Bag of tricks for efficient text classification. arXiv:1607.01759.

Jurafsky, D. (2000). *Speech and language processing*. New Delhi: Pearson Education India.

Kalchbrenner, N., Grefenstette, E., & Blunsom, P. (2014). A convolutional neural network for modelling sentences. In *Proceedings of the 52nd Annual Meeting of the Association for Computational Linguistics (Volume 1: Long Papers)* (pp. 655–665), Baltimore, Maryland: Association for Computational Linguistics.

Katiyar, A. & Cardie, C. (2016). Investigating LSTMs for joint extraction of opinion entities and relations. In *Proceedings of the 54th ACL* (pp. 919–929).

Kim, Y. (2014). Convolutional neural networks for sentence classification. In *Proceedings of the 2014 Conference on Empirical Methods in Natural Language Processing (EMNLP)* (pp. 1746–1751). Doha, Qatar: Association for Computational Linguistics.

Labutov, I., & Lipson, H. (2013). Re-embedding words. In *ACL* (Vol. 2, pp. 489–493).

Lakkaraju, H., Socher, R., & Manning, C. (2014). Aspect specific sentiment analysis using hierarchical deep learning. In *NIPS Workshop on Deep Learning and Representation Learning*.

Le, Q. V. & Mikolov, T. (2014). Distributed representations of sentences and documents. In *ICML* (Vol. 14, pp. 1188–1196).

Lebret, R., Legrand, J., & Collobert, R. (2013). *Is deep learning really necessary for word embeddings?* Idiap: Technical Report.

LeCun, Y., Bengio, Y., & Hinton, G. (2015). Deep learning. *Nature, 521*(7553), 436–444.

Lei, T., Barzilay, R., & Jaakkola, T. (2015). Molding CNNs for text: Non-linear, non-consecutive convolutions. In *Proceedings of the 2015 Conference on Empirical Methods in Natural Language Processing* (pp. 1565–1575). Lisbon, Portugal: Association for Computational Linguistics.

Levy, O. & Goldberg, Y. (2014). Dependency-based word embeddings. In *ACL*, (Vol. 2, pp. 302–308). Citeseer.

Li, J. & Jurafsky, D. (2015). Do multi-sense embeddings improve natural language understanding? arXiv:1506.01070.

Li, J., Luong, M.-T., Jurafsky, D., & Hovy, E. (2015). When are tree structures necessary for deep learning of representations? arXiv:1503.00185.

Liu, J. & Zhang, Y. (2017). Attention modeling for targeted sentiment. In *Proceedings of EACL* (pp. 572 – 577).

Liu, P., Joty, S., & Meng, H. (2015). Fine-grained opinion mining with recurrent neural networks and word embeddings. In *Proceedings of the 2015 EMNLP* (pp. 1433 – 1443).

Liu, B. (2012). Sentiment analysis and opinion mining. *Synthesis Lectures on Human Language Technologies, 5*(1), 1 – 167.

Lund, K., & Burgess, C. (1996). Producing high-dimensional semantic spaces from lexical cooccurrence. *Behavior Research Methods, Instruments, and Computers, 28*(2), 203 – 208.

Ma, M., Huang, L., Zhou, B., & Xiang, B. (2015). Dependency-based convolutional neural networks for sentence embedding. In *Proceedings of the 53rd Annual Meeting of the Association for Computational Linguistics and the 7th International Joint Conference on Natural Language Processing (Volume 2: Short Papers)* (pp. 174 – 179), Beijing, China: Association for Computational Linguistics.

Maas, A. L., Daly, R. E., Pham, P. T., Huang, D., Ng, A. Y., & Potts, C. (2011). Learning word vectors for sentiment analysis. In *Proceedings of the 49th Annual Meeting of the Association for Computational Linguistics: Human Language Technologies-Volume 1* (pp. 142 – 150). Association for Computational Linguistics.

Manning, C. D., Schütze, H., et al. (1999). *Foundations of Statistical Natural Language Processing* (Vol. 999). Cambridge: MIT Press.

Mikolov, T., Chen, K., Corrado, G., & Dean, J. (2013a). Efficient estimation of word representations in vector space. arXiv:1301.3781.

Mikolov, T., Sutskever, I., Chen, K., Corrado, G. S., & Dean, J. (2013b). Distributed representations of words and phrases and their compositionality. In *Advances in Neural Information Processing Systems* (pp. 3111 – 3119).

Mishra, A., Dey, K., & Bhattacharyya, P. (2017). Learning cognitive features from gaze data for sentiment and sarcasm classification using convolutional neural network. In *Proceedings of the 55th ACL* (pp. 377 – 387). Vancouver, Canada: Association for Computational Linguistics.

Mnih, A. & Hinton, G. (2007). Three new graphical models for statistical language modelling. In *Proceedings of the 24th International Conference on Machine Learning* (pp. 641 – 648). ACM.

Mnih, A. & Kavukcuoglu, K. (2013). Learning word embeddings efficiently with noise-contrastive estimation. In *Advances in neural information processing systems* (pp. 2265 – 2273).

Morin, F.&Bengio, Y. (2005). Hierarchical probabilistic neural network language model. In *Aistats* (Vol. 5, pp. 246 – 252). Citeseer.

Mou, L., Peng, H., Li, G., Xu, Y., Zhang, L., & Jin, Z. (2015). Discriminative neural sentence modeling by tree-based convolution. In *Proceedings of the 2015 Conference on Empirical Methods in Natural Language Processing* (pp. 2315 – 2325). Lisbon, Portugal: Association for Computational Linguistics.

Nakagawa, T., Inui, K., & Kurohashi, S. (2010). Dependency tree-based sentiment classification using CRFs with hidden variables. In *Human Language Technologies: The 2010 Annual Conference of the North American Chapter of the Association for Computational Linguistics* (pp. 786 – 794). Association for Computational Linguistics.

Nguyen, T. H. & Shirai, K. (2015). PhraseRNN: Phrase recursive neural network for aspect-based sentiment analysis. In *EMNLP* (pp. 2509 – 2514).

Paltoglou, G. & Thelwall, M. (2010). A study of information retrieval weighting schemes for sentiment analysis. In *Proceedings of the 48th Annual Meeting of the Association for Computational Linguistics* (pp. 1386 – 1395). Association for Computational Linguistics.

Pang, B., & Lee, L. (2005). Seeing stars: Exploiting class relationships for sentiment categorization with respect to rating scales. In *Proceedings of the 43rd Annual Meeting on Association for Computational Linguistics* (pp. 115 – 124). Association for Computational Linguistics.

Pang, B., Lee, L., & Vaithyanathan, S. (2002). Thumbs up?: Sentiment classification using machine learning techniques. In *Proceedings of the ACL-02 Conference on Empirical Methods in Natural Language Processing-Volume 10* (pp. 79 – 86). Association for Computational Linguistics.

Pang, B., Lee, L., et al. (2008). Opinion mining and sentiment analysis. Foundations and trends®. *Information Retrieval, 2*(1 – 2), 1 – 135.

Qian, Q., Huang, M., Lei, J., & Zhu, X. (2017). Linguistically regularized LSTM for sentiment classification. In *Proceedings of the 55th ACL* (pp. 1679 – 1689). Vancouver, Canada: Association for Computational Linguistics.

Qiu, S., Cui, Q., Bian, J., Gao, B., & Liu, T.-Y. (2014). Co-learning of word representations and morpheme representations. In *COLING* (pp. 141 – 150).

Ren, Y., Zhang, Y., Zhang, M., & Ji, D. (2016a). Context-sensitive twitter sentiment classification using neural network. In *AAAI* (pp. 215 – 221).

Ren, Y., Zhang, Y., Zhang, M., & Ji, D. (2016b). Improving twitter sentiment classification using topic-enriched multi-prototype word embeddings. In *AAAI* (pp. 3038 – 3044).

Shen, Y., He, X., Gao, J., Deng, L., & Mesnil, G. (2014). Learning semantic representations using convolutional neural networks for web search. In *Proceedings of the 23rd International Conference on World Wide Web* (pp. 373 – 374). ACM.

Socher, R., Huval, B., Manning, C. D., & Ng, A. Y. (2012). Semantic compositionality through recursive matrix-vector spaces. In *Proceedings of the 2012 Joint Conference on Empirical Methods in Natural Language Processing and Computational Natural Language Learning* (pp. 1201 – 1211). Jeju Island, Korea: Association for Computational Linguistics.

Socher, R., Perelygin, A., Wu, J., Chuang, J., Manning, C. D., Ng, A., & Potts, C. (2013). Recursive deep models for semantic compositionality over a sentiment treebank. In *Proceedings of the 2013 Conference on Empirical Methods in Natural Language Processing* (pp. 1631 – 1642). Seattle, Washington, USA: Association for Computational Linguistics.

Taboada, M., Brooke, J., Tofiloski, M., Voll, K., & Stede, M. (2011). Lexicon-based methods for sentiment analysis. *Computational Linguistics, 37*(2), 267 – 307.

Tai, K. S., Socher, R., & Manning, C. D. (2015). Improved semantic representations from treestructured long short-term memory networks. In *Proceedings of the 53rd Annual Meeting of the Association for Computational Linguistics and the 7th International Joint Conference on Natural Language Processing (Volume 1: Long Papers)* (pp. 1556 – 1566). Beijing, China: Association for Computational Linguistics.

Tang, D., Qin, B., & Liu, T. (2015a). Document modeling with gated recurrent neural network for sentiment classification. In *EMNLP* (pp. 1422 – 1432).

Tang, D., Qin, B., & Liu, T. (2015b). Learning semantic representations of users and products for document level sentiment classification. In *ACL* (Vol. 1, pp. 1014 – 1023).

Tang, D., Qin, B., & Liu, T. (2016a). Aspect level sentiment classification with deep memory network. In *Proceedings of the 2016 EMNLP* (pp. 214 – 224).

Tang, D., Qin, B., Feng, X., & Liu, T. (2016b). Effective LSTMs for target-dependent sentiment classification. In *Proceedings of COLING, 2016* (pp. 3298 – 3307).

Tang, D., Wei, F., Yang, N., Zhou, M., Liu, T., & Qin, B. (2014). Learning sentiment-specific word embedding for twitter sentiment classification. In *Proceedings of the 52nd Annual Meeting of the Association for Computational Linguistics (Volume 1: Long Papers)* (pp. 1555 – 1565). Baltimore, Maryland: Association for Computational Linguistics.

Tang, D., Wei, F., Qin, B., Yang, N., Liu, T., & Zhou, M. (2016c). Sentiment embeddings with applications to sentiment analysis. *IEEE Transactions on Knowledge and Data Engineering, 28*(2), 496 – 509.

Teng, Z., & Zhang, Y. (2016). Bidirectional tree-structured lstm with head lexicalization. arXiv:1611.06788.

Teng, Z., Vo, D. T., & Zhang, Y. (2016). Context-sensitive lexicon features for neural sentiment analysis. In *Proceedings of the 2016 Conference on Empirical Methods in Natural Language Processing* (pp. 1629 – 1638). Austin, Texas: Association for Computational Linguistics.

Turney, P. D. (2002). Thumbs up or thumbs down?: Semantic orientation applied to unsupervised classification of reviews. In *Proceedings of the 40th Annual Meeting on Association for Computational Linguistics* (pp. 417 – 424). Association for Computational Linguistics.

Vijayaraghavan, P., Sysoev, I., Vosoughi, S., & Roy, D. (2016). Deepstance at semeval-2016 task 6: Detecting stance in tweets using character and word-level CNNs. In *SemEval-2016* (pp. 413 – 419).

Vo, D.-T. & Zhang, Y. (2015). Target-dependent twitter sentiment classification with rich automatic features. In *Proceedings of the IJCAI* (pp. 1347 – 1353).

Wang, S. & Manning, C. D. (2012). Baselines and bigrams: Simple, good sentiment and topic classification. In *Proceedings of the 50th Annual Meeting of the Association for Computational Linguistics: Short Papers-Volume 2* (pp. 90 – 94). Association for Computational Linguistics.

Wang, X., Liu, Y., Sun, C., Wang, B., & Wang, X. (2015). Predicting polarities of tweets by composing word embeddings with long short-term memory. In *Proceedings of the 53rd Annual Meeting of the Association for Computational Linguistics and the 7th International Joint Conference on Natural Language Processing (Volume 1: Long Papers)* (pp. 1343 – 1353), Beijing, China: Association for Computational Linguistics.

Xiong, S., Zhang, Y., Ji, D., & Lou, Y. (2016). Distance metric learning for aspect phrase grouping. In *Proceedings of COLING, 2016* (pp. 2492 – 2502).

Yang, Z., Yang, D., Dyer, C., He, X., Smola, A., &Hovy, E. (2016).

Hierarchical attention networks for document classification. In *Proceedings of NAACL-HLT* (pp. 1480 – 1489).

Yin, W. & Schütze, H. (2015). Multichannel variable-size convolution for sentence classification. In *Proceedings of the Nineteenth Conference on Computational Natural Language Learning* (pp. 204 – 214). Beijing, China: Association for Computational Linguistics.

Yogatama, D., Faruqui, M., Dyer, C., & Smith, N. A. (2015). Learning word representations with hierarchical sparse coding. In *ICML* (pp. 87 – 96).

Zarrella, G.& Marsh, A. (2016). Mitre at semeval-2016 task 6: Transfer learning for stance detection. In *SemEval-2016* (pp. 458 – 463).

Zhang, R., Lee, H., & Radev, D. R. (2016c). Dependency sensitive convolutional neural networks for modeling sentences and documents. In *Proceedings of the 2016 NAACL* (pp. 1512 – 1521). San Diego, California: Association for Computational Linguistics.

Zhang, Y., Roller, S., & Wallace, B. C. (2016d). MGNC-CNN: A simple approach to exploiting multiple word embeddings for sentence classification. In *Proceedings of the 2016 NAACL* (pp. 1522 – 1527). San Diego, California: Association for Computational Linguistics.

Zhang, M., Zhang, Y., & Fu, G. (2016a). Tweet sarcasm detection using deep neural network. In *Proceedings of COLING 2016, The 26th International Conference on Computational Linguistics: Technical Papers* (pp. 2449 – 2460). Osaka, Japan: The COLING 2016 Organizing Committee.

Zhang, M., Zhang, Y., & Vo, D.-T. (2015a). Neural networks for open domain targeted sentiment. In *Proceedings of the 2015 Conference on EMNLP*.

Zhang, M., Zhang, Y., & Vo, D.-T. (2016b). Gated neural networks for targeted sentiment analysis. In *AAAI* (pp. 3087 – 3093).

Zhang, X., Zhao, J., & LeCun, Y. (2015b). Character-level convolutional networks for text classification. In *Advances in neural information processing systems* (pp. 649 – 657).

Zhao, H., Lu, Z., & Poupart, P. (2015). Self-adaptive hierarchical sentence model. arXiv:1504.05070.

Zhu, X.-D., Sobhani, P., & Guo, H. (2015). Long short-term memory over recursive structures. In *ICML* (pp. 1604 – 1612).

9

소셜 컴퓨팅에서 사용되는 딥러닝

신 자오^{Xin Zhao}, 천리앙 리^{Chenliang Li}

소개

소셜 컴퓨팅의 목표는 특정 메커니즘과 기본 원칙을 사용해 개인, 집단, 공동체 그리고 조직의 행동을 설명하고 이해하는 학습 연산 시스템을 고안하는데 있다. 소셜미디어로부터 나오는 전례 없는 온라인 데이터는 이러한 목적에 맞는 유용한 자원이다. 그러나 전통적인 기술로 소셜미디어의 복잡하고독특한 특성을 다루는 데 어려움이 있다. 다행히 최근 딥러닝의 성공은 이문제를 해결할 수 있는 기회와 해결책을 제공한다. 9장에서는 사용자 생성콘텐츠, 소셜 연결 그리고 추천 등 세 가지 측면에서 소셜 컴퓨팅에 사용되는 딥러닝 발전을 소개하고, 소셜 컴퓨팅의 핵심 요소와 애플리케이션을 자세히 다루며, 주요 초점은 소셜 컴퓨팅을 대상으로 작업하는 딥러닝 기술 애플리케이션 방법을 논의하는 것이다.

9.1 소셜 컴퓨팅 소개

인간 행동의 핵심은 사회성이다. 사회성은 생활에서 다양한 종류의 인간 활동으로 반영된다. 사람들은 가족과 의사 소통하고, 소매점에서 제품을 구입하고, 영화를 시청한다. 이러한 사회 활동을 통해 사람은 주변 사람들의 영향을 크게 받는데(Homans, 1974), 사회적 행동은 현대 사회 발전과 기술 발전의 산물일 뿐만 아니라 중요한 인간사회의 레고 블록과도 같다. 석기시대로 거슬러 올라가면 사람들은 모여서 공동체로 간주될 수 있는 종족을 형성한다. 부족 내부와 외부에서 세상에 대한 경험을 공유하고 다른 사람들과 교류하며(Sahlins, 2017), 연속되는 세대를 통해 흘러가는 개인, 조직 그리고 사회에 관한 사회 규정 및 협약 등이 사람들의 행동을 인도한다.

최근 몇 년 동안 인터넷 기술의 급속한 성장으로 페이스북, 트위터와 같은 인기 있는 소셜네트워크뿐만 아니라 온라인 서비스와 관련된 수많은 온라인 소셜미디어 서비스가 번창해 왔다. 소셜 기능을 갖춘 일부 인터넷 기술로 구동된 것이다. 온라인 소셜미디어는 사람들이 살아가는 방식을 크게 변경하거나 영향을 미쳤다. 이제는 사용자의 사회적 행동을 모델링하고 온라인 사회 서비스를 개선하는 방법을 생각할 때다. 이는 소셜미디어 시대에 초점을 맞추는 주제이기도 하다. 소셜 컴퓨팅은 팀, 커뮤니티, 조직 그리고 시장과 같은 사회적 집단에 흩어져 있는 정보를 수집, 표상, 처리, 사용 및 보급하는 시스템으로 정의된다(Wang et al., 2007; Parameswaran and Whinston, 2007). 또한 정보는 "익명"은 아니며, 다른 사람들과 연결되고 또 연결되는 현상 때문에 매우 중요하다(Schuler, 1994). 즉, 소셜 컴퓨팅은 사회적 맥락에서 개인의 활동을 이해하는 기본 원리가 될 수 있다.

여러 온라인 소셜미디어 서비스의 출현으로 인류 역사에서 전례 없는 정보 폭발이 발생했다. 사용자는 정보 소비자일 뿐이었던 전통적인 웹사이트와 비교해 온라인 소셜미디어는 사용자가 다음과 같은 다양한 정보 온라인 사이트와의 상호작용을 통해 정보를 생산할 수 있게 됐다. 협력적 지식 구축으로 이룩한 위키피디아와 Open Directory Project[ODP], 공동의 작업으로 문서 태그를 작업하는 Delicious, BibSonomy 및 CiteULike, 웹 콘텐츠, 페이스북 그리고 트위터 평가를 위한 Digg, 정보 공유 및 친구들 간의 코멘팅을 위한 Weibo, 영화 평가를 위한 넷플릭스 및 IMDB, 동영상 공유를 위한 유튜브, 야후! 답변 그리고 지식 공유 등을 위한 Quora 등이 대표적이다.

온라인 소셜미디어의 주요 특징은 사용자가 다양한 연결 메커니즘을 통해 연결돼 있다는 점이다(Kaplan and Haenlein, 2010). 온라인 소셜네트워크의 정교한 디자인으로 사용자 간 여러 유형의 소셜 연결이 나타난다. 트위터를 예로 들어보자. 트위터에는 두 사용자 간에 세 가지 유형의 소셜 링크가 있는데, 첫째는 사용자가 친구 목록에 다른 사용자를 추가하는 것이며, 두 번째는 사용자가 다른 사용자로부터 나온 내용을 전달하는 리트윗, 세 번째는 자신의 트윗에 다른 사용자를 포함시키는 것이다. 풍부한 사용자 연결을 통해 온라인 소셜미디어 협력적이며 상호적인 환경을 크게 향상시킬 수 있다. 연결은 토픽의 의미와 관심사 등의 유사성을 어느 정도 높인다(Weng et al., 2010). 예를 들어 두 명의 사용자가 동일한 위키 백과를 편집한다면, 두 사용자 모두 공통된 주제에 관심이 있기 때문이다.

콘텐츠와 연결 외에도 다른 중요한 문제는 정보 자원에 대한 사용자의 복잡하고 다양한 정보 욕구를 충족시키는 방법이다. 추천 시스템의 규약에 따라(Adomavicius and Tuzhilin, 2005) 정보 자원을 소셜미디어에 있는 아이템이라 부르고, 대표적으로 트윗, 영화, 노래, 제품 등이 여기에 해당한다. 대부분의 소셜미디어 플랫폼은 사용자가 정보에 접근하는 것을 활성화시키도록 자체 추천 시스템을 제공한다. 추천 시나리오는 사용자와 항목 간의 사회적 상호작용 프로세스로 이해하면 된다. 사용자는 상호작용 프로세스 과정에서 항목의 명시적 피드백 또는 암시적 피드백을 제공한다. 이러한 피드백 정보는 사용자의 관심사와 아이템에 대한 욕구를 추정하는 중요한 증거로 사용된다.

폭발적인 콘텐츠, 풍부한 사회적 연결 그리고 복잡한 정보 요구를 감안할 때 소셜 컴퓨팅은 사용자 행동 및 그들의 관심과 밀접하게 연관된다. 소셜 컴퓨팅의 궁극적 목표는 컴퓨터 시스템을 개발해 지역사회 및 조직 행동을 설명하고 이해하기 위한 메커니즘과 기본 원칙(또는 지식/지능이라고 함)을 학습한다(Wang et al., 2007). 목표를 달성하기 위해 소셜 컴퓨팅 성공을 뒷받침하는 세 가지 기본 요소를 강조한다.

- **사용자 생성 텍스트 콘텐츠에 대한 심층적 이해:** 사람들은 온라인 소셜미디어에 참여해 실시간 게시물을 작성하거나 공유하고 제품 서비스 관련 의견을 평가하기 위해 견해를 남기며 웹 페이지에 태그를 지정한다. 소셜 컴퓨팅의 중요한 단계 중 하나는 사용자가 생성한 텍스트 콘텐츠에서 자동으로 의미 정보를 추출하고 이해하는 것이다. 또한 온라인 소셜미디어 서비스의 유연한 메커니즘을 고려할 때 소셜 텍스트는 다양한 형태와 새로운 기능으로 제공된다. 따라서 거대한 건초 더미에서 바늘을 효율적이고 정확하게 식별하는 데 도움이 되는 효율적 모델링을 개발하는 것이 바람직하다.

- **사회적 연결에 대한 효과적인 표상 학습:** 풍부한 사회적 연결은 대규모 사회적 맥락 속의 사용자 관계를 연구하고 분석할 수 있도록 도와준다. 온라인 소셜네트워크는 본질적으로 복잡하다. 네트워크와 링크 분석에 대한 핵심 기술은 효과적인 네트워크 표상 학습법을 개발하는 것이다. 네트워크 표상에 대한 해결책은 사용자 링크 여러 유형에 일반적이어야 하며 커뮤니티 포착, 영향력 극대화, 전문가 찾기 및 기타 작업과 같은 일련의 연산 작업을 지원해야 한다. 나아가 명시적이며 함축적 관계를 마이닝을 통해 다양한 관점에서 나온 지식을 결합하는 것은 중요하다.

- **정보 자원을 이용한 정확한 추천 시스템:** 추천 시스템은 온라인 소셜미디어에서 중요한 역할을 한다. 사용자에게 추천하거나 제안하는 것은 사용자의 웹사이트 참여도를 높일 수 있다. 관심 있는 아이템을 찾는 데 사용자의 노력을 줄이기도 한다. 소셜미디어는 좀 더 많은 소셜 컨텍스트 정보를 통합함으로써 기존의 추천 시스템에 새로운 도전장을 던진다. 사용자와 아이템 간의 상호작용은 더욱 복잡해졌으며 다양한 종류의 피드백 정보를 고려할 수 있다. 정확한 추천 시스템을 개발하려면 소셜미디어 플랫폼의 새로운 기능을 고려해야 한다.

자연어 처리, 정보 검색IR(Manning et al., 2008) 그리고 머신러닝(Alpaydin, 2014)의 전통 기술은 어느 정도 소셜 컴퓨팅에 활용될 수 있다. 그러나 이러한 기술들은 소셜미디어에서 제기된 문제를 해결하는 데 충분하지 않다. 첫째, 전통적인 데이터 표상은 보통 원 핫 인코딩의 희소성이 발생하는 표상(0의 값이 많은 행렬)을 기반한다. 원 핫 인코딩 형태는 근원 지식과 관계를 파악하는 것과 대규모 데이터를 처리하는 것이 어렵다. 더욱이 전통적인 데이터 표상은 소셜미디어 데이터의 깊은 의미를 포착하는 데 무력하다. 예를 들어 백오브 워즈bag-of-words 체계는 인간 언어나 활동에 자연히 존재하는 다차원과 동의어를 잘 포착하지 못한다. 둘째, 전통적 데이터 모델은 소셜미디어 데이터의 복합적 특성을 포착하지 못할 수 있다. 가령 행렬 인수분해는 비선형 데이터의 특징을 포착하지 못하는 선형 인수분해 모델이다. 비선형 모델은 데이터 모델링에서 더 많은 용량을 필요로 하지만 보통 얕은 학습 모델이거나 학습 자체가 어렵기 때문에 소셜미디어에서 복잡한 작업을 효과적으로 해결할 수 없다. 셋째, 온라인 소셜미디어는 소셜 컴퓨팅에 새로운 데이터 기능과 도전 과제를 제공하지만 기존 기술은 온라인 소셜미디어를 유연하게 확장시키지 못한다. 예를 들어 사용자가 생성한 콘텐츠는 사용자가 제시한 추세와 의견을 이해하는 데 유익한 자원이며, 다수의 소셜미디어 플랫폼은 트위터에서 리트윗과 같이(Kwak et al., 2010) 뉴스 확산 메커니즘을 추가해왔다. 기존 기술은 소셜미디어에서 이러한 새로운 피처에 적응하기 쉽지 않을 수 있다.

다행히도 최근 딥러닝의 부흥과 성공은 기존 기술이 직면한 어려움을 해결할 수 있는 새로운 기회와 해결책을 제공한다. 소셜 컴퓨팅에서 딥러닝 연구는 분산 표상을 사용해 더 나은 데이터 표상을 가능하게 하며 대규모의 분류되지 않은 데이터에서 학습한다(Mikolov et al., 2013). 딥러닝은 신경망에서 정보 처리와 커뮤니케이션 패턴 이해에 기반한 유연한 심층 비선형 구조를 사용해 강력한 데이터 모델을 구축한다. 딥러닝 알고리즘은 얕은 학습 알고리즘보다 더 많은 계층을 통해 입력값을 변환하고 신경망의 크기에 대해서는 오랫동안 논의돼 보편적 근사 정리(Hornik, 1991)로 증명된 상태다. 딥러닝의 또 다른 주요 특징은 여러 개의 개별 모델 구성 요소로부터 발생한 누적 불일치를 크게 줄이는 엔드 투 엔드 방식으로 설계돼 교육된다는 것이다. 강력한 데이터 모델링 기능 외에도 딥러닝은 매우 빠르게 성장하는 분야이자 새로운 아키텍처, 변형 그리고 알고리즘 등이 몇 주 간격으로 나오고 있으며, 새로운 데이터 유형이나 피처(예: 시퀀스 데이터 모델 및 트리 구조 데이터 모델) 등을 유연하게 모델링할 수 있도록 한다.

위의 논의를 토대로 9장에서는 딥러닝이 소셜 컴퓨팅의 주요 접근 방법으로 사용된다. 앞에서 소개됐듯이 사용자 생성 콘텐츠 분석, 소셜 연결, 추천 등 세 가지 측면에 초점을 맞춰 딥러닝을 통한 소셜 컴퓨팅 주요 진전 사항을 검토한다. 이 세 부분은 9.2절, 9.3절, 9.4절 각각에서 소개되며 9장의 결론은 9.5절에서 제시된다.

9.2 딥러닝으로 하는 사용자 생성 콘텐츠 모델링

소셜 컴퓨팅의 주요 리소스는 다양한 소셜미디어 서비스에 사용자가 남긴 콘텐츠다(Cortizo et al., 2012). 각 개인은 많은 제약 없이도 이야기, 사회적 이벤트 및 의견을 실시간으로 공유할 수 있기 때문에 소셜미디어 사용자는 사회 센서로 작동해 주변에서 발생하는 시의적절한 정보를 기록한다. 이러한 의미에서 사용자가 생성한 콘텐츠에는 시기적으로 적절하고 풍부한 정보가 포함돼 있다. 사용자 생성 콘텐츠UGC, User-Generated Content는 의견 추출, 전문가 찾기, 사용자 프로파일링, 사용자 의도 이해의 수단으로 널리 인식된다. 예를 들어 소셜 시큐리티 부서의 정부 공무원은 소문이 발발할 때마다 이를 알 수 있다. 앞에서 제시한 작업에서 반드시 나타나는 복잡한 과제는 소셜미디어 사용자가 생성한 정보에 의미적 표상을 유도해내는 것이다. 여러 종류의 사용자 생성 콘텐츠 중에서 텍스트는 지배적인 자원이다. 따라서 9장에서 사용자 생성 텍스트 콘텐츠를 모델링하는 방법에 관한 많은 논의가 준비돼 있다.

단어 의미의 효과적 학습은 현재 가능하며 실용적 측면이 크다. 신경망 기술의 발전으로 자연어 처리 작업의 개선에 기여했다. 신경망 언어 모델 (Mikolov et al., 2013)은 의미적이고 구문적 관계를 포함하는 각 단어에 대한 문맥 정보를 완전히 내포한다는 목표로 단어 임베딩(또는 밀도가 높은 단어 표상)을 학습한다. 나아가 단어, 문서, 사용자 그리고 많은 메타데이터 정보의 임베딩 표상을 학습하도록 태스크가 주도하는 신경망이 고안됐다. 이번 절에서는 기존 의미 표상 모델을 간략히 검토한 다음 CBOW 및 스킵그램 모델, 전통적 CNN 및 RNN 등 심층 신경망 모델을 소개한다. 마지막으로 텍스트 기반 신경망 기술의 세심한 메커니즘을 소개한다. 전체 절에서는 어떻게 딥러닝을 특정 사회적 작업에 적용시킬 것인가를 논의한다.

9.2.1 전통적 의미 표상

문서와 단어를 표상하기 위한 기존 방식은 원 핫 벡터 표상과 백오브워즈BOW, bag-of-words이다(Manning et al., 2008). 원 핫 벡터 표상에서 단어 w는 희소한 $|V|$차원의 벡터 $\mathbf{x}_w$로 표현되며, 여기서 $\mathbf{x}_w$에 있는 모든 요소는 0이고 단지 단어 w에 해당하는 요소만이 1이며 $|V|$는 어휘 V의 크기이다. 가령 어휘 $V = \{$"I", "$like$", "$apple$"$\}$은 세 단어를 포함한다고 가정하자. 알파벳 순서로 단어를 정렬함으로써 원 핫 벡터 표상인 $\mathbf{x}_{apple}$은 [1, 0, 0]으로 나타낸다. 다음과 같은 원 핫 방식으로 문서에 포함된 모든 단어 $\mathbf{x}_w$ 가중치 합으로써 한 문서는 표상된다.

$$\mathbf{x}_d = \sum_{w \in d} f(w, d)\mathbf{x}_w \tag{9.1}$$

여기서 $f(w, d)$는 문서 d의 맥락상 단어 w에 대한 가중함수다. 널리 사용되는 용어의 가중함수는 용어 빈도Term Frequency 및 역문서 빈도Inverse Document Frequency를 고려한 단어 빈도-역문서 빈도TF-IDF 체계를 말한다. 비록 이러한 백오브워즈 표상이 일반 문서 검색에 있어서 괜찮은 성능을 보여주지만, 사용자 생성 콘텐츠의 짧으면서 오류가 발생하기 쉬운 특성 때문에 많은 소셜 미디어 관련 자연어 처리 작업에서는 그 성능이 훨씬 떨어진다. 가령 "자동차car"와 "자동차automobile"라는 단어는 동일한 의미와 구문 피처를 공유하지만, 위에서 언급한 원 핫 희소one-hot sparse 표상을 사용하면 코사인 유사성 기반 측정 값이 0으로 계산된다. 한 쌍의 단어에 대한 구문 관계와 의미 관계를 잘 포착할 수 있는 조밀 벡터 표상을 도출하는 것이 바람직하다.

9.2.2 얕은 임베딩으로 의미 표상하기

분산 표상은 자연어 처리와 정보 검색 작업에 성공적으로 적용돼왔다. 단어 임베딩 학습에 사용되는 인기 있는 두 가지 모델은 연속형 백오브워즈^{CBOW,} Continuous Bag-of-Words와 연속형 스킵그램 모델이다(Mikolov et al., 2013). 단일 단어 대신 다양한 길이(예: 문장, 단락 및 문서) 텍스트의 표상을 학습하기 위해 Le와 동료들은 문장, 문단, 문서에 세밀한 표상을 도출하는 두 문단 벡터 모델을 제안한다(Le and Mikolov, 2014). 이 모델은 단 하나의 레이어만 포함하기 때문에 얕은 임베딩 접근 방식이라할 수 있다. 다른 길이의 텍스트와 메타데이터 정보를 동일한 크기의 히든 표상 공간에 투영하기 때문에 다양한 의미 기반 애플리케이션(예: 마이크로블로그 추천)에 여러 기술과 변형을 유연하게 적용할 수 있다. 다음은 몇 가지 얕은 임베딩 기술을 소개하고 텍스트 의미 말고 사회적 특징을 포착하기 위해 적용하는 방법을 논의한다.

연속형 백오브워즈^{CBOW}의 주요 아이디어는 주변 단어를 사용해 목표 단어를 예측하는 것이다. 주변 단어는 스킵그램과 같이 대칭이다. 즉 크기 m을 갖는 윈도우가 미리 정의되고 해당 작업은 단어 시퀀스($w_{c-m}, ..., w_{c-1}, w_{c+1}, ..., w_{c+m}$)로 목표어 w_c를 예측하는 것이며, w_i는 위치 c에 있는 단어를 의미한다. 입력층의 모든 단어는 원 핫 희소 벡터로 표상된다. 즉, 모든 단어는 $\mathbb{R}^{|V|*1}$ 벡터로 표상되며 여기서 $|V|$는 어휘 크기다. 그런 다음 입력 단어 행렬 $\mathbf{V} \in \mathbb{R}^{n \times |V|}$이 정의되고 가령 $\mathbf{V}$의 i번째 열은 단어 w_i에 대한 n차원의 임베딩 벡터로 정의된다. 입력층에서 단어 w_i의 숨겨진 임베딩 벡터 $\mathbf{v}_i$는 행렬 $\mathbf{V}$에 $\mathbf{x}_i$를 곱해서 구하며 즉, $\mathbf{v}_i = \mathbf{V}\mathbf{x}_i$이다. 단어 벡터 $\mathbf{x}_i$는 원 핫 벡터라는 점을 상기하고, 이 곱은 본질적으로 룩업 연산을 수행한다(즉, 출력값으로써 $\mathbf{V}$에 있는 해당 열을 탐색하고 선택하는 연산). 그런 다음 윈도우의 입력 단어 임베딩은 벡터 $\hat{\mathbf{v}}$를 형성하기 위해 평균화된다. 즉, $\hat{\mathbf{v}} = (\mathbf{v}_{c-m} + \mathbf{v}_{c-m+1} + ... + \mathbf{v}_{c+m})/2m$이다. 예측을 위해 다른 출력 단어 행렬 $\mathbf{U} \in \mathbb{R}^{|V| \times n}$은 $\mathbf{U}$의 j번째 행인 단어 w_j에 대한 n차원 임베딩 벡터로 정의된다. 우도점수$^{likelihood\ score}$ 벡터 $\mathbf{z}$는 $\mathbf{U}$에 $\hat{\mathbf{v}}$를 곱함으로써 $\mathbf{z} = \mathbf{U}\hat{\mathbf{v}}$로 계산한다. 그런 다음 softmax 함수는 $\mathbf{z}$를 입력값으로 사용해 출력값 $\hat{\mathbf{y}}$를 구한다. $\hat{\mathbf{y}}$는 확률 분포 벡터임을 알아두자.

스킵그램 모델의 주 개념은 CBOW 모델과는 반대다. 즉, 표적 단어를 이용해 주위 문맥 단어를 예측한다. 스킵그램과 CBOW 모델 사이에는 두 가지 차이점이 있다. 첫 번째는 CBOW 모델은 문맥 단어 대신 입력 레이어에 단 하나의 단어 벡터만 사용한다는 점이다. 두 번째는 출력 계층에서 $2 \cdot m$ 문맥 단어가 별도로 예측된다는 것이다. CBOW 모델을 사용하면 유사한 최적화 방식을 채택할 수 있다. 후속 연구로 Le 외는 서로 다른 길이의 텍스트 단위(예: 문장, 문단 및 문서)에 대한 분산 표상을 학습하기 위해 두 개의 문단 벡터PV 모델을 제안한다(Le and Mikolov, 2014). 기본 내용은 문단을 여분 단어로 사용하는 것이다. 문단과 관련된 임베딩 벡터는 문단 벡터로 간주한다. 문단 벡터PV, Paragraph Vector 프레임워크에 두 개의 별도 모델이 있는데, 하나는 PV-DMDistributed Memory Model of Paragraph Vector인 문단 벡터 분산 메모리 모델이고, 다른 하나는 PV-DBOWDistributed Bag-of-words version of Paragraph Vector인 문단 벡터 분산 백오브워즈 모델이다. PV-DM의 주요 아이디어는 CBOW 모델과 비슷하며 문단 (또는 문장, 문서) 단위에서 문단 벡터와 문맥 단어 벡터는 다음 단어(중심 단어는 아님)를 예측하기 위해 평균으로 처리되거나 결합된다. PV-DBOW 모델에서 문맥 단어는 입력 단계에서 무시되고 문단 벡터는 문단에서 무작위로 추출된 단어를 예측하는 데 단독으로 사용된다. 두 모델 모두 문단 벡터 표상을 학습할 수 있지만 해당 연구진이 지적한 것처럼 PV-DM은 PV-DBOW보다 지속적으로 우수한 결과를 낸다. 나아가 두 모델로부터 학습된 벡터를 연결함으로써, 문서 분류 작업에서 많은 개선이 관찰된다.

마이크로블로깅 서비스는 실시간 정보 공유 플랫폼으로 다양한 도메인에서 많은 사용자를 끌어모았다. 특히 많은 연구자들은 그들의 코멘트와 감성으로 마이크로블로깅 사이트의 학문적 진보를 이끌고 공유한다. 사용자들의 전문 지식과 연구 관심이 파악되면 관련 마이크로블로그를 사용자들에게 추천하는 것이 가능하다. 학술 마이크로블로그 추천 정확도는 연구원들이 관심 분야의 최근 진행 상황을 쉽게 추적할 수 있도록 도와준다. 맞춤형 학술 마이크로블로그 추천 방법을 고안하기 위해 Yu 외(2016)는 텍스트/단어 임베딩뿐만 아니라 사용자 임베딩을 학습하는 두 개의 사용자 벡터 모델을 제안한다. 사용자 벡터와 학술적 마이크로블로그 텍스트 벡터 간의 유사성을 계산해 추천을 수행하는 방식이다. 두 개의 사용자 벡터 모델은 PV-DM 모델을 기반으로 개발됐다. 사용자 벡터#1 모델(그림 9.1a 참조)에서 상위 아키텍처는 PV-DM과 동일하다. 그러나 사용자 벡터#1 모델에서 문단 벡터는 관련 사용자 임베딩 벡터의 평균을 사용해 추정한다. 여기에서 마이크로블로그 저자와 그 내용을 전달하는 사용자들은 관련 사용자로 간주된다.

사용자 벡터#1 모델에서 모든 사용자는 행렬 U의 칼럼으로 표상되는 벡터뿐만 아니라 마이크로블로그 텍스트 행렬 D와 단어 행렬 W에 매핑된다. 마이크로블로그 텍스트 d_i, w_i, w_2, ..., w_T가 주어진 상태에서, 우리의 목표는 w_{T+1}과 마이크로블로그 토큰 d_i를 예측하는 것이다. d_i와 관련된 모든 사용자를 u_{i1}, u_{i2}, ..., u_{jh}로 정의하고, 최대화시켜야 하는 목적함수는 다음과 같다.

$$J = \frac{1}{T} \sum_t [\log p(w_t|d_i, w_{t-k}, \ldots, w_{t+k}) + \log p(d_i|u_{i1}, \ldots, u_{ih})] \quad (9.2)$$

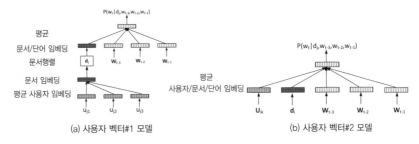

그림 9.1 사용자 임베딩용 네트워크 도표(Yu et al., 2016)

그림 9.1b는 사용자 벡터#2 모델에서 사용자 벡터, 텍스트/단어 벡터는 모두 같은 층에 있다. 이 벡터들은 다음 단어를 예측하기 위해 평균된다. 이번 프레임워크에서 사용자 임베딩은 다음과 같이 문서 맥락으로 학습된다.

$$J = \frac{1}{T} \left(\sum_t \log p(w_t|d_i, w_{t-k}, \ldots, w_{t+k}, u_{i1}, \ldots, u_{ih}) \right) \quad (9.3)$$

사용자 벡터#2 모델은 단어 임베딩으로부터 직접 사용자 임베딩을 학습하기 때문에 더 높은 성능을 달성한다.

9.2.3 심층 신경망으로 하는 의미 표상

9.2.3.1 RNN으로 하는 표상학습

많은 종류의 소셜 콘텐츠는 순차적 의미 구조로 나타난다. 예를 들어 소셜 코멘트는 성격상 사건의 연속 순서를 보여주는 순차적 단어들이다. 마찬가지로 사용자 간에 소셜미디어에서 이뤄진 대화는 순차적 문장들이다. 일차 순차구조를 활용하면 사회적 맥락을 더 잘 이해할 수 있다. 표준 RNN^{Recurrent Neural Network}은 현재 단계의 입력 벡터와 마지막 단계의 히든 상태 벡터에 대해 전환 함수를 반복적으로 적용해 임의의 순서를 가진 데이터를 처리한다. 전이함수 출력값은 현재 단계의 히든 상태 벡터가 되며, 주어진 단어 시퀀스 $d = \{w_1, w_2, ..., w_t\}$에서, 위치 t에 히든 상태 벡터 $\mathbf{h}_t$는 다음과 같이 RNN으로 계산된다.

$$\mathbf{h}_t = \sigma(\mathbf{W}\mathbf{q}_t + \mathbf{C}\mathbf{h}_{t-1}) \tag{9.4}$$

여기서 $\mathbf{q}_t$는 위치 t에서 단어 w_t의 임베딩이고, $\mathbf{W}$는 입력 임베딩에서 히든 상태로의 전이 행렬이며, $\mathbf{C}$는 상태에서 상태로 행하는 반복가중행렬, σ는 전이함수인 시그모이드함수, tanh 또는 ReLU함수로 실행된다. 히든 상태 벡터 $\mathbf{h}_t$는 시퀀스 $\{w_1, w_2, ..., w_t\}$에 숨겨진 의미 피처를 포착한다.

RNN(순환 신경망) 구조는 순차 입력값을 처리하지만 입력 길이가 클 때 완전히 축소될 때까지 그래디언트가 작아지고 심지어 사라지는 문제가 발생한다. 간단한 해결책은 값을 확대하는 것이다. 그러나 이 전략은 그래디언트 폭발 문제를 일으킬 수도 있다. 이 두 가지 문제는 RNN이 긴 시퀀스로 발생하는 장거리 의존성을 적절히 학습하지 못하도록 한다. 이 문제를 해결하기 위해 LSTM^{Long Short-Term Memory} 및 정보 흐름을 제어하는 게이팅 GRU^{Gated Recurrent Unit} 메커니즘이 사용된다. 최근에 RNN이 여러 분야에서 큰 성공을 거두고 있다. 언어 모델링, 이미지 캡션, 음성인식, 기계번역, 컴퓨터로 만든 음악, 클릭 예측 등과 같은 애플리케이션이 앞서 말한 구조를 이용한다. RNN과 그 변형 모델은 가변적 길이의 텍스트 단위를 모델링하는데 사용되기 때문에, 텍스트 단위에 대한 작업별 표상이 가능하도록 광범위하게 연구돼왔다. 이제 응답 모델링 작업을 다루는 두 개의 대표적 연구인 소문 탐지와 자동 대화를 소개할 것이다.

현대 정보화 시대에 소문은 공공의 공포와 사회 불안을 야기한다. 일례로 "소금은 방사선을 막는다"라는 소문이 바닷물의 유입을 초래했다. 초기 단계에서 소문의 포착은 수작업 검증을 통해 이뤄진다. 그러나 그 효과는 매우 제한적이며 사실을 파헤치는 데 오랜 지연이 발생한다. 머신러닝 방법을 사용하는 기존의 연구들은 수작업으로 제작된 피처에 의존해 많은 시간을 소모했다. 소문을 포착하기 위해 몇 가지 RNN 기반 모델이 제안됐다(Ma et al., 2016). m_i는 특정 트윗을, t_i는 해당 게시 시간을 의미하는 트윗 $\{(m_i, t_i)\}$와 어떤 사건이 있는 경우, 먼저 트윗의 수신 스트림을 연속형 가변길이 시계열로 변환하고, RNN 기반 모델을 사용해 소문을 분류한다. 이 과제를 해결하기 위해 Ma 외(2016) 연구진은 세 가지 모델을 제안했으며, 해당 아키텍처는 그림 9.2에 나와 있다.

- tan h-RNN: 시간 구간에서 어휘의 TF-IDF값이 입력값이 되는 기본 RNN 구조이며, 히든 단위는 다음과 같이 계산된다.

$$\mathbf{h}_t = \tan h(\mathbf{U}\mathbf{x}_t + \mathbf{W}\mathbf{h}_{t-1} + \mathbf{b}) \tag{9.5}$$

$$\mathbf{o}_t = \mathbf{V}\mathbf{h}_t + \mathbf{c} \tag{9.6}$$

그리고 *softmax* 연산자는 소문과 비소문을 분류하는 데 사용되며, 목표는 예측 확률분포와 진실 간의 오차제곱값을 최소화하는 것이다.

- 단일 레이어 LSTM/GRU: TF-IDF 가중치를 임베딩으로 변환하기 위한 레이어가 추가되고 기본 RNN 단위가 LSTM/GRU 단위로 대체돼 소문 감지에 중요한 장거리 의존성을 포착한다.
- 다층 GRU. 또 다른 GRU 레이어를 쌓아서 두 번째 GRU 기반 모델을 확장한다. 더 높은 레벨의 GRU 층은 더욱 추상적인 피처를 포착하는 것으로 기대된다.

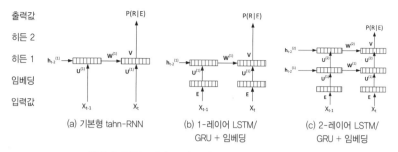

그림 9.2 RNN 기반 루머 포착 모델(Ma et al., 2016)

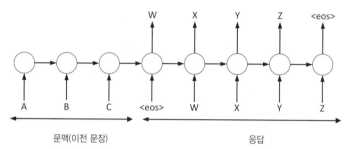

그림 9.3 대화 모델링을 위한 seq2seq 프레임워크 활용(Vinyals and Le, 2015)

해당 아키텍처는 그림 9.2에 나와 있다. 모든 모델은 역전파 방식을 사용해 손실에 대한 미분값을 계산하고 파라미터를 업데이트한다. 실험 결과에 따르면 기존의 뛰어난 방식에 비해 상당히 우수한 추가 성능이 RNN 기반 모델로 달성된다.

지능형 대화 시스템을 구축하는 것은 자연어 처리와 인공지능에서 중요한 작업이다. 기존 연구의 대부분은 작업 중심 대화 시스템 개발에 중점을 뒀다. 해당 작업이 일부 제한된 영역에서 뛰어난 성능을 달성했지만, 사람과의 범용 대화를 가능하게 하는 개방형 도메인 대화 시스템을 구축하는 것은 여전히 어려운 일이다. RNN 모델의 반복 처리 방식은 공개 도메인 대화의 큰 발전을 이끌었다. 가변 길이 텍스트를 모델링할 수 있기 때문이다. Vinyals와 Le는 LSTM 모델(Vinyals and Le, 2015)을 사용해 단어 시퀀스를 모델링하는 신경망 대화 모델을 제안한다.

그림 9.3에서 보여주듯이 시퀀스 투 시퀀스 모델은 일련의 토큰을 입력값으로 취해, 반복적으로 토큰을 생성함으로써 출력 시퀀스를 만든다. 학습 중

에 토큰 시퀀스 형태로 표준 응답이 모델로 전달되고 교차역률 손실함수 cross-entropy loss fuction를 통해 파라미터를 업데이트하는 데 역전파가 사용된다. 추론 과정 중에 토큰을 예측할 때 이전 예측값이 현재 출력값을 예측하는 입력값으로 전달된다. 제안된 모델은 이전 토큰이 아닌 이전 문장 조건에서 다음 문장을 예측하면서 약간의 수정을 거친다. 예를 들어 "ABC" 조건에서 "WXYZ"를 예측하기 위해 입력값 문장 벡터는 문장 끝 기호를 나타내는 "〈eos〉"를 처리한 후 히든 상태가 된다. 이 모델은 마지막 히든 상태 조건에서 다음 문장에 있는 토큰을 하나씩 예측한다. 이 신경망 아키텍처는 최첨단 성능을 유지하면서 피처 엔지니어링이나 특정 도메인 지식을 거의 필요로 하지 않는다.

9.2.3.2 CNN을 통한 표상학습

CNN은 컴퓨터 비전 외에 소셜 컴퓨팅에도 폭넓게 적용돼왔다. 예를 들어 해시태그 예측 작업을 처리하기 위해 #TagSpace 모델이 제안됐다(Weston et al., 2014). 단어, 텍스트 게시물 그리고 해시태그를 동일한 벡터 공간에 투영함으로써 #TagSpace 모델은 해시태그와 게시물 사이의 관련성 점수를 그들의 임베딩 간 내적^{inner product}을 통해 계산한다.

그림 9.4는 #TagSpace 모델의 프레임워크다. 컴퓨터 이미지 픽셀과 달리 대부분의 자연어 처리 입력값은 단어 또는 문장이다. 그래서 연구자들은 먼저 단어 룩업 테이블을 사용해 입력 문서의 각 단어를 d차원의 임베딩 벡터로 변환해 $l_d \times d$의 행렬을 얻는다. 여기서 l_d는 문서의 길이다. 해당 연산은 룩업 테이블 레이어라고 부르는 $N \times d$ 파라미터 행렬을 포함한다. 여기서 N은 어휘 크기다. 그다음, 컨볼루션 연산이 $l_d \times d$ 행렬에 적용되는데, 구체적으로 말하면 해당 연구자들은 크기 $K \times d$의 필터 행렬 H를 구성하고 원래의 입력값 행렬에 대한 각 필터 행렬을 포지션 1에서 l_d로 위치시킨다. 여기서 K는 슬라이딩 윈도우의 크기다. 문서상 두 경계에 놓여 있는 단어를 고려하기 위해 양쪽 끝에는 특수 벡터가 채워져서, 입력값 행렬의 경계 요소에 필터를 적용할 수 있다. $l_d \times H$ 행렬 각 원소에 대해 tanh 함수와 같은 비선형 활성화함수를 사용하고, $l_d \times H$ 행렬에 맥스 풀링 연산을 적용해 입력문서 피처를 포함하는 고정 크기(_{H차원}) 전역 벡터를 추출한다. CNN으로 얻은 d차원 전역

벡터는 문서 길이와 무관하다는 것을 알 수 있다. 마지막으로 tanh 비선형 활성화함수와 $H \times d$ 크기의 전체 연결된 선형 레이어가 사용된다. 결과적으로 단일 문서가 원본 임베딩 공간에 전체 내용을 표상하는 d차원 벡터로 변환된 것이다.

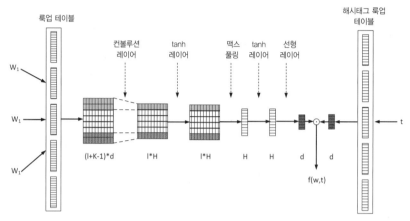

그림 9.4 태그스페이스 모델 구조(Weston et al., 2014)

유사한 방식으로 후보 해시태그에 룩업 테이블을 사용해 d차원 임베딩 벡터로 표상한다. 이 방법으로 텍스트 게시물과 해시태그가 동일한 임베딩 공간 각각 d차원 벡터로 표상된다. 내적inner product은 문서 w와 해시태그 t 사이의 의미 연관성을 계산하기 위해 사용된다.

$$f(w, t) = \mathbf{e}_{conv}(w)^{\top} \cdot \mathbf{e}_{lt}(t) \tag{9.7}$$

여기서 $\mathbf{e}_{conv}(w)$는 CNN으로 계산된 문서 임베딩이고, $\mathbf{e}_{lt}(t)$는 룩업 테이블을 사용한 후보 해시태그 임베딩이다. 점수 $f(w, t)$에 따라서 모든 후보 해시태그 순위를 매긴다. 점수가 클수록 해시태그와 게시물의 관련성이 높다. #TagSpace 모델을 학습하기 위해 쌍별 힌지손실pairwise hinge loss이 목적함수로 사용된다.

$$\mathcal{L} = \max\{0, m - f(w, t^{+}) + f(w, t^{-})\} \tag{9.8}$$

t^{+}는 학습 데이터에서 샘플링된 포지티브 태그이며, t^{-}는 네거티브 태그의 예이고, m은 사전 정의된 마진이다. 룩업 테이블 층은 결합을 촉진하도록 사전

에 학습된 임베딩으로 초기화된다.

9.2.4 관심 메커니즘으로 의미 표상 강화하기

이번 절에서는 소셜 텍스트를 모델링하기 위해 관심[attention] 메커니즘을 적용하는 방법을 설명한다. 관심 메커니즘은 컴퓨터 비전 분야(Mnih et al., 2014; Xu et al., 2015)에서 시작해 입력값과 현재까지 생성된 내용을 기반으로 모델이 중요한 정보를 선택할 수 있게 한다. 자연어 처리 필드에서 관심 메커니즘은 다음과 같은 방법으로 텍스트 모델링을 향상시키는 데 사용된다.

- 긴 입력 시퀀스(예: 문장 또는 문서)를 처리하고 출력값으로 가능한 많은 유용한 정보를 얻는다(Luong et al., 2015).
- 입력값과 출력값을 소프트 정렬 시킴으로써 기계번역과 문서 요약과 같은 작업에서 순서 변동 및 불일치 문제를 제거한다(Bahdanau et al., 2014).

스킵그램 및 CBOW와 같은 분산 표상 모델은 단어 의미 관계를 포착하는 데 효과적인 것으로 나타났다. 하지만 단어 순서를 고려하지 않아서 단어 사이의 구문 관계를 포착할 수 없다. 이 문제를 해결하기 위해 CBOW에 관심 메커니즘을 추가하는 간단한 확장이 제안된다(Ling et al., 2015). 단어 예측은 특정 단어들과 그들의 문맥 내 위치에 의존한다는 것이 이 모델의 기본적 아이디어다. 가령 "우리는 게임에서 승리했습니다! We won the game!"이라는 문장에서 "game"이라는 단어의 예측은 단어 "the"와의 구문 관계에 기초를 둔다. 그 이유는 the는 명사로 이어지며 단어 "won"으로부터 나오는 의미와 연관이 있기 때문이다. 단어 "We"는 단어 "게임"을 예측하는 데 거의 기여하지 않는다. 이 경우 고정 길이 문맥에서 다른 위치에 있는 단어들에 다른 가중치를 할당하는 작업이 예측에 필요하다.

이 모델에서 위치 i에 각 단어 $w \in V$는 관심점수 $a_i(w)$를 받는다.

$$a_i(w) = \frac{\exp(k_{w,i} + s_i)}{\sum_{j \in [-b,b] - \{0\}} \exp(k_{w,j} + s_j)} \tag{9.9}$$

여기서, $k_{w,i}$는 위치 i에서 단어 w의 중요도를 나타내고, s_i는 문맥 윈도우 내의 위치 i의 상쇄되는 부분이며, b는 윈도우 크기다. 관심 계산 후 문맥 벡터 $\mathbf{c}$는 다음과 같이 계산된다.

$$\mathbf{c} = \sum_{i \in [-b,b]-\{0\}} a_i(w_i)\mathbf{v_i} \qquad (9.10)$$

여기서 $\mathbf{v}_i$는 단어 i의 임베딩이다. 단순히 문맥에 단어 삽입 평균을 취하기보다 CBOW로 개별 단어 임베딩의 가중치 합을 식 (9.10)과 같이 취한다. 마지막으로 모델은 다음 확률을 최대화해서 목표 단어를 예측한다.

$$p(v_0|w_{[-b,b]-\{0\}}) = \frac{\exp(\mathbf{u}_0^T\mathbf{c})}{\sum_{w \in V} \exp(\mathbf{u}_w^T\mathbf{c})} \qquad (9.11)$$

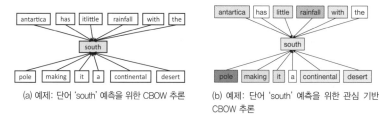

(a) 예제: 단어 'south' 예측을 위한 CBOW 추론   (b) 예제: 단어 'south' 예측을 위한 관심 기반 CBOW 추론

그림 9.5 관심 기반 CBOW와 일반 CBOW 모델 비교(Ling et al., 2015)

그림 9.5a와 b는 CBOW와 관심 기반 CBOW의 다른 예측 메커니즘을 보여준다. CBOW 모델에서 모든 문맥 단어는 기능 단어를 포함해 표적 단어 "south"를 예측하고 선택하는 데 기여한다. 반면 관심 기반 CBOW의 어두운 셀은 표적 단어 south를 예측하기 위해 더 높은 가중치(공식 9.9 참조)를 표시한다. 실험 결과(Ling et al., 2015)는 관심 CBOW로 학습된 단어 임베딩이 단어 사이의 더 나은 구문 관계를 보여주며, 관심 메커니즘은 여러 태스크에서 널리 사용되고 있다. 예를 들어 해시태그 추천을 하거나 고도의 추천 성능을 위해 관심 메커니즘을 채택하고 있다(Gong and Zhang, 2016; Zhang et al., 2017).

9.3 딥러닝을 사용한 소셜 커넥션 모델링

9.3.1 소셜미디어 소셜 커넥션

9.1에서 논의했듯이 온라인 소셜미디어 플랫폼의 주요 특징은 풍부한 사회적 연결을 제공한다는 점이다. 소셜네트워킹 사이트는 사용자 간의 상호작용과 링크를 향상시키기 위해 명시적이거나 암묵적 연결 메커니즘을 사용한다. 사용자 링크는 단방향 또는 양방향 중에 하나다. 예를 들어 트위터 사용자는 다른 사용자를 일방적으로 따라갈 수 있다. 페이스북에서 사용자 링크는 양방향으로 구성된다. 이러한 사용자 링크는 프렌드십과 관심의 유사성을 나타낸다(Weng et al., 2010). 일부 경우 링크는 신뢰 정보(예: EPinion2)와 명시적으로 관련된다. 명시적 링크 외에도 암묵적 링크는 소셜미디어에 널리 퍼져 있다. 예를 들어 사용자는 팔로잉하지 않고도 트윗을 다시 전달(리트윗 retweet)할 수 있다. 이러한 암묵적 연결은 유용한 의미 정보를 전달할 때 고려해야 할 중요한 내용이다(Welch et al., 2011; Zhao et al., 2013, 2015; Wang et al., 2014).

9.3.2 소셜 커넥션을 모델링하는 네트워크 학습법

이번 절에서는 일반적인 관점에서 사용자 연결을 모델링하는 방법을 논의한다. 최근 몇 년 동안 딥러닝의 부활과 함께 네트워크 표상 학습은 큰 화두가 됐으며(Perozzi et al., 2014; Tang et al., 2015), 다양한 차원을 저차원 공간으로 임베딩하도록 한다. 여기서 파생된 표상을 노드 임베딩이라고 부른다.

표 9.1 네트워크 임베딩 모델 구분

분류		모델
얕은 모델	'이웃	DeepWalk(Periozzi et al., 2014) NODE2VEC(Grover and Leskovec, 2016)
	인접	LINE(Tang et al., 2015) GRAREP(Cao et al., 2015)
	이종	HINE(Huang and Mamoulis, 2017) ESIM(Shang et al., 2016)

심층 모델	이웃	GRUWALK(Li et al., 2016)
	인접	SDNE(Wang et al., 2016a), GRAREP(Cao et al., 2015)
	이종	HNE(Chang et al., 2015)

$\mathcal{G} = (\mathcal{V}, \mathcal{E}, \mathbf{W})$를 일반 소셜네트워크 표상이라 하고, 여기서 $\mathcal{V}$는 꼭짓점 (정점) 집합, $\mathcal{E}$는 에지edge 집합, $\mathbf{W}$는 에지에 대한 가중치 행렬이다. 만약 꼭짓점 u에서 꼭짓점 v로 연결되는 에지가 있다면, $(u, v) \in \mathcal{E}$ 이렇게 표시된다. $w_{u,v}$는 u에서 v로 연결되는 에지의 가중치라고 하자. 단방향 또는 양방향, 가중 또는 비가중 네크워크를 이러한 정의들로 모델링할 수 있다. 네트워크 표상 학습은 각 정점 $v \in \mathcal{V}$에 대해 d차원의 잠재 표상화를 목표로 한다. 차원(즉, d)은 50에서 수백까지로 변한다. 표 9.1에서 (1) 얕은 임베딩 기반 방법 (2) 심층 신경망 기반 방법 두 가지 범주로 네트워크 표상을 소개한다. 첫 번째 범주는 얕은 신경구조를 이용해서 분산 표상을 유도하는 모델이며, 두 번째 범주는 네트워크 표상을 학습하는 데 표준 신경망 모델을 사용한다.

현재 연구(Perozzi et al., 2014)에서 이뤄진 학습 표상은 네트워크 재구성이나 노드 분류를 위해 주로 사용되지만, 이 방법은 특정 태스크를 해결하는 데 쉽게 확장된다(Chen and Sun, 2016). 이번에 집중할 분야는 네트워크 표상 학습이고, 텍스트 데이터와 같은 다른 유형의 정보는 이번에 고려하지 않는다(Yang et al., 2015). 특히 지식 그래프는 이종 네트워크heterogeneous network로 간주되며, 자연어 처리(Xie et al., 2016; Guo et al., 2016)의 많은 연구는 네트워크 표상 학습과 관련이 있다. 이번 절에서는 소셜네트워크 분석을 위한 기존 연구에만 초점을 맞출 것이다.

9.3.3 얕은 임베딩 모델

9.3.3.1 전통적 그래프 임베딩 모델

머신러닝과 패턴 인식 초기 문헌에서 중요한 공헌은 차원 감소와 데이터 표상에 있다. 이 방법은 이항 형태의 데이터-피처 행렬을 입력값으로 사용하고 데이터-피처 행렬의 각 행은 고차원 관측점에 해당한다. 초기 방법의 본질은 차원 감축을 통해 고차원 관측치를 저차원으로 변환하는 것이었다. 알려진 방법으로는 IsoMap(Balasubramanian and Schwartz, 2002), LLE(Roweis and Saul, 2000), Laplacian Eigenmaps(Belkin and Niyogi, 2001) 등이 대표적이다. 초기 연구는 주성분 분석PCA, 다차원 척도, 라플라시안 및 매니폴드 학습이라는 아이디어를 주로 차용한다. 이러한 알고리즘은 계산 복잡도가 높기 때문에 대규모 데이터셋에 적용하기 쉽지 않다. 최근에 개발된 행렬 인수 분해 기술은 네트워크 행렬을 두 행렬 간 내적product으로 나누는 네트워크 임베딩에도 적용된다(Wang et al., 2011).

9.3.3.2 이웃 기반 임베딩

이웃Neighborhood 기반 임베딩 방법의 핵심 아이디어는 표적 꼭짓점과 랜덤워크로 형성된 그 이웃과의 관계를 모델링하는 것이다.

DeepWalk(Perozzi et al., 2014)는 최초의 네트워크 임베딩 모델로, 단어 임베딩에서 아이디어를 차용한다. 단어 임베딩(예: word2vec)의 기본 요소는 문장(또는 단어 시퀀스)과 단어이며 목적은 표적 단어와 로컬 창에 있는 문맥 정보 간의 관계를 특정해서 단어의 잠재 표상을 학습하는 것이다. W는 단어를 가리키고 C_w는 해당 단어 w의 문맥을 의미한다. 단어 임베딩 모델은 $P(w \mid C_w)$ 또는 $P(C_w \mid w)$의 조건부 확률을 모델링한다. DeepWalk는 꼭짓점을 단어로 꼭짓점 시퀀스를 문장으로 여긴다. 그래프에는 명시적인 꼭짓점과 링크가 있지만 꼭짓점 시퀀스는 없다. 이 문제를 해결하기 위해 DeepWalk는 그래프 구조를 기반으로 짧은 랜덤 워크를 생성한다. 랜덤워크는 짧은 문장으로 간주되며, 주변 정점을 조건으로 특정 정점을 관찰할 가능성을 추정한다. 공식화해서 말하면 DeepWalk는 $P(N_v \mid v)$의 조건부 확률을 모델링한다. 여기서 N_v는 그래프 $\mathcal{G}$가 있는 조건에서 생성된 랜덤 워크상에 나타난 꼭짓점 v의 이웃 단어를 의미한다. 모델은 word2vec의 스킵그램 아키텍처를 사용해 구현되고 계층적 softmax 알고리즘으로 최적화된다. DeepWalk의 장점은 단어 문장과 정점 랜덤워크 간의 연결에 있다.

DeepWalk를 기반한 확장 모델 node2vec(Grover and Leskovec, 2016)이 제안됐다. 노드의 네트워크 이웃이라는 유연한 개념을 파라미터화되고 편향된 랜덤워크로 생성된 정점의 집합이라고 정의한다. 결과 알고리즘은 두 개의 조절 가능한 파라미터인 return 파라미터 p와 in-out 파라미터 q를 통해 랜덤워크를 제어하는 데 유연하다. 파라미터 p는 워크 노드를 즉시 재차 검색할 가능성을 제어하면서 파라미터 q는 검색 시 내향inward 노드와 외향outward 노드를 구별할 수 있도록 해준다. 두 파라미터 p와 q를 사용하면 검색 절차에서 폭 우선 검색과 깊이 우선 검색 사이를 연계할 수 있게 한다. 결과적으로 node2vec은 주변 검색을 파라미터된 컨트롤로 DeepWalk를 일반화한다.

9.3.3.3 인접 기반 임베딩

임베딩 모델의 두 번째 클래스는 잠재적 노드 표상을 사용해 쌍으로 구성된 pairwise 정점 유사성을 특성화하는 것을 목표로 한다. 그래프에서 쌍으로 정점 유사성을 측정하는 여러 방법이 있다. 특히 원래 그래프에서 파생된 k차 $(k \geq 1)$ 유사성을 기반으로 하는 임베딩 모델을 설명할 것이다.

LINE(Tang et al., 2015)은 임의 유형의 정보 네트워크를 모델링하고 수백만 개의 노드를 확장하는 것을 목적으로 하면서 1차와 2차 인접성 모두를 보존하는 목적함수를 정의한다. 구체적으로 1차 인접성은 네트워크에 있는 관찰된 링크로 반영되는 로컬 구조를 특성화한다. 보완 방식으로 2차 인접성은 두 개의 정점 간 공유된 1차 이웃 구조로 두 개 정점의 간접 유사성을 특정한다. 두 종류의 인접성 모두 확률값으로 모델링되며, Kullback-Leibler 발산을 채택해 목적함수를 유도한다. LINE은 효율적으로 대형 데이터를 만드는 네거티브/에지 샘플링 및 임시alias 테이블 등을 포함하는 몇 가지 중요한 실질적 도구를 제공한다.

GraRep(Cao et al., 2015)은 $k \geq 2$일 때 k차 인접성을 포착할 수 있는 임베딩 모델이다. 핵심 아이디어는 고차원 전이행렬로부터 도출된 전이확률을 사용해 인접성을 추정한다는 것이다. 이 작업은 네거티브 샘플링 스킵그램 모델이 점별 상호 정보pointwise mutual information 동시 발생 행렬에 대한 행렬 인수분해와 수학적으로 동등하다는 중요한 특성에 근거한다. 특히 GraRep은 모든 $k = 1, ..., K$에 대해 k차 전이를 모델링하며, K는 사전 정의된 파라미터다. 각각의 k차 전이행렬에 대해 그에 해당하는 노드 표상을 도출할 수 있다. 각

k차 표상에 대응하는 모든 표상을 연결해 최종 표상이 만들어진다. GraRep은 고차원 유사도를 모델링하고 다양한 순서에 대해 표상을 설정함으로써 LINE을 확장한다.

9.3.3.4 커뮤니티 강화 임베딩

앞의 방법은 주로 국지적 정점 링크에 초점을 두는 반면, 그룹 또는 커뮤니티 구조는 모델링되지 않았다. 이번에는 커뮤니티인 그룹 구조 정보를 갖는 임베딩을 논의한다. 커뮤니티 구조는 커뮤니티 구성원 관계를 특정하고 국지적 인접성보다 더 넓은 범위에서 정점 관련성을 고려한다.

Gene(Chen et al., 2016)은 네트워크 표상에 커뮤니티 구조를 통합할 수 있는 임베딩 모델이다. 핵심 아이디어는 커뮤니티를 정점으로 모델링하는 점이다. 이러한 방식으로 커뮤니티 정점은 특정 정점을 생성하기 위한 문맥으로 간주한다. 커뮤니티 정점은 해당 커뮤니티의 모든 정점에 대한 공유 문맥으로 모델링된다. Gene은 다음과 같이 비유될 수 있다. 커뮤니티를 문서라고 한다면, 정점은 일부 문서에 속하는 단어다. Gene은 분산 메모리와 분산 백 오브워즈 두 아키텍처에서 doc2vec(Le and Mikolov, 2014) 아이디어를 차용한다. Gene은 두 아키텍처를 결합해 인접 사용자와 그룹 정보를 공동으로 모델링한다.

커뮤니티 포착에 대한 초기 연구(Wang et al., 2011)와 마찬가지로, 정점 표상을 학습하고 커뮤니티 구조를 보존하기 위해 모듈화된 비네거티브 행렬 인수분해MNMF, Modularized Nonnegative Matrix Factorization(Wang et al., 2017)가 제안됐다. MNMF에서 커뮤니티 포착을 위해 고전 모듈 방식 기반 방법을 먼저 적용한다. 그런 다음 유사성 행렬 인수분해, 커뮤니티 멤버십 행렬 인수분해 그리고 커뮤니티 보존 손실 등 세 가지 요인을 포함하는 목적함수를 만든다. 처음 두 요소를 연결하는 열쇠는 공유된 정점 표상에 있으며 커뮤니티 보존 손실은 커뮤니티 멤버십 행렬를 기반으로 정의된다. 이러한 방식으로 통합 비네거티브 행렬 인수분해는 위의 세 가지 요소를 최적화한다.

9.3.3.5 이종 네트워크 임베딩

이전에는 정점 유사성을 동종 네트워크 기반으로 평가했다. 실제로 많은 정보 네트워크가 이질적이다. 예를 들어 과학계에서 여러 유형의 개체는 저자, 논문 그리고 장소 정점 등이 모이는 이종 네트워크를 형성한다. 이러한 네트워크는 다른 유형의 객체 (즉, 네트워크 정점) 간의 관계를 기술한다. 이를 위해 일반적으로 채택되는 방법은 메타 경로 기반 알고리즘(Sun et al., 2011)이다. 메타 경로는 모델링된 특정 관계에 특정 에지 유형을 갖는 관계 시퀀스다. 이종 네트워크의 네트워크 임베딩 모델을 향상시키기 위해 메타 경로 기반 알고리즘을 적용하는 방법에 대해 논의한다.

직접적인 방법은 메타 경로 기반 정보를 유사성으로 변환할 수 있다 (Huang and Mamoulis, 2017). 이 방법으로 메타 경로 기반 그래프를 만든다. 여기서 에지 가중치는 메타 경로 기반 유사성에서 도출된다. 일단 그래프의 인접 행렬인 유사성 행렬이 구성되면 차기 문제는 표준 네트워크 임베딩 작업이 되며 우리는 기존 네트워크 임베딩 모델을 적용한다. 메타 경로 기반 유사성을 계산하기 위해 절단된 k 길이 경로를 고려해서 유사성을 효율적으로 계산하도록 동적 프로그래밍 알고리즘을 적용한다. 유사성 계산 후 LINE 의 1차 손실함수로 정점 표상을 학습한다. LINE은 샘플링 기반 방법을 사용해 에지 가중치를 만든다는 점을 알아둘 필요가 있다.

메타 경로 기반의 유사성을 단순히 평가하는 대신 ESim(Shang et al., 2016)은 경로 고유의 임베딩을 투입해 메타 경로 기반 유사성을 모델링한다. 두 개의 정점이 주어진 조건에서 경로 유사성은 네 부분으로 이뤄지는데, 경로 고유 상수, 정점 임베딩 간 내적inner product 그리고 정적 임베딩과 경로 임베딩 간의 두 개의 내적이다. 경로 t를 통해 정점 v_1에서 v_2로의 경로 조건부 확률은 다음과 같다.

$$Pr(v_2|v_1, t) = \frac{\exp(f(v_1, v_2, t))}{\sum_{v' \in V} \exp(f(v_1, v', t))} \tag{9.12}$$

여기서 $f(v_1, v_2, t)$는 경로 $v_1 \rightarrow_t v_2$의 중요성을 측정하는 점수함수이며, $f(v_1, v_2, t) = \mu_t + e_{v_1}^\top \cdot e_t + e_{v_2}^\top \cdot e_t + e_{v_1}^\top \cdot e_{v_2}$로 정의된다. 정점과 경로 임베딩을 학습

하기 위해, ESim은 시퀀스 학습과 쌍별 학습 등 두 종류의 최적화 방법을 제안한다.

9.3.4 심층 신경망 모델

잠재적 정점 표상을 학습하기 위한 다양한 임베딩 모델을 광범위하게 논의했다. 주로 유사성을 유도하는 얕은 임베딩 모델에 의존한다는 공통점이 있다. 경우에 따라 네트워크 링크 정보가 매우 복잡할 수 있으며 얕은 모델로 설명하거나 생성하는 데 어려울 수 있다. 이번에는 더욱 강력한 모델링 기능을 위한 심층 신경망 네트워크를 설명한다.

9.3.4.1 심층 랜덤워크 모델

DeepWalk의 핵심은 두 가지로 요약된다. 첫째 그래프 구조를 노드 시퀀스로 변환시킨다. 둘째, 시퀀스 임베딩 모델을 기반으로 하는 노드 표상을 학습한다. 엄밀히 말하면 Word2Vec 모델은 시퀀스 모델이 아니다. 문맥 단어는 순서에 대한 개념이 없다. 노드 시퀀스를 기반하는 노드와 시퀀스 표상을 학습하기 위해 시퀀스 신경망 모델을 적용한다. 긴 시퀀스를 특정시키기 위해 GRU와 LSTM은 기본 RNN을 개선하는 데 잘 알려진 변형이다. Li 외(2016)는 노드 순서를 인코딩하기 위해 양방향 GRU를 적용했으며, 왼쪽에서 오른쪽으로 순서를 읽는 순방향 GRU와 오른쪽에서 왼쪽으로 읽는 역방향 GRU를 적용했다. 이를 GruWalk라고 부르기로 한다. 비슷하게도 여타 시퀀스 신경망은 노드 표상을 학습하는 데 적용된다.

9.3.4.2 심층 인접성 기반 모델

저차항과 고차항을 모델링하는 두 연구를 살펴본다. SDNE(Wang et al., 2016a)는 심층 신경망을 사용해 저차항 유사성의 특징을 잡아내는 첫 번째 연구다. 이 연구는 네트워크 재구성에 세 가지 중요한 특성인 비선형, 구조 보존 그리고 희박 강건성을 강조한다. 방법론 관점에서 SDNE는 LINE의 신경망 처리된 결과물 정도로 볼 수 있다. 비선형 연결 특성을 포착하기 위해 입력값 및 출력값으로써 정점의 이웃 정보(원 핫 표상을 이용)를 취하는 심층 자동 인코딩 모델이 필요하다. 자동인코더는 먼저 입력값을 여러 비선형 레이어가 있는 낮은 차원 임베딩으로 투영해 입력값을 재구성시키고 임베딩으로부터 출력값을 받는 것을 목표로 한다. 자동인코더 모델의 중간 레이어에서 임베딩은 일반적으로 코드라고 부르는 정점들의 잠재 표상으로 간주된다. 이러한 정점 코드를 사용하면 1차 인접성은 연결된 코드들을 유사하게만드는 그래프 기반 정규화regularization 손실을 통해 특정된다. 자동 인코딩 모델은 모델 파라미터가 모든 정점들에서 공유된다는 사실 때문에 2차항 인접성을 암묵적으로 특정한다. 이러한 방식으로 이웃 정보가 동일한 자동인코더모델에 투입되기 때문에 비슷한 환경을 가진 정점들은 비슷한 코드를 가지게 된다.

고차원 인접성을 포착하기 위해 사용되는 DNGR 모델(Cao et al., 2016)은 심층 신경망 모델을 사용해 GraRep 모델(Cao et al., 2015)을 확장한다. DNGR은 임의 검색을 실행하고, 재시작 시점에 사용해 전이확률을 추정한다. 원래의 DeepWalk에서는 시작 정점 효과를 고려하지 않고도 랜덤워크를 생성한다. 상대적으로 DNGR은 재시작 벡터를 통해 시작 정점의 효과를강화하고, 시작 정점에 더 가까운 정점에 더 높은 확률을 할당하는 경향이있다. 앞에서 언급한 랜덤 검색 모델은 네트워크 정점의 PMI(점수준 상호 정보) 동시 발생 행렬을 추정하는 데 사용된다. 얕은 방식으로 PMI 행렬을 직접적으로 분해하는 네거티브 샘플링 스킵그램과는 달리, DNGR은 적층 노이즈제거 자동 인코딩을 사용해 PMI 행렬을 재구성한다. 해당 두 단계를 조합해서 DNGR은 좀 더 양질의 랜덤워크를 생성하고 복잡한 관계를 특정할 수 있는능력을 강화하며, 이를 통해 네트워크 임베딩에 더 높은 성능을 낼 것으로예상된다.

9.3.4.3 심층 이질정보 네트워크 융합

이종 정보 네트워크는 일반적으로 서로 다른 유형의 노드와 링크를 포함하며, 이종 정보에 대한 효과적 표상을 유도하는 것은 어렵다. Chang 외(2015)는 이종 정보를 다른 데이터 유형과 융합시키는 HNE 모델을 제안한다. 융합방식은 직관적이다. 각 데이터 유형에 대해서 먼저 데이터 포인트를 심층 신경망으로 잠재 공간에 투영해 각 로컬 도메인에서의 데이터 특성을 보존한다. 이 모델은 일련의 비선형 변환 후에 다른 도메인에서 온 로컬 데이터 피처를 공유 공간에 매핑할 수 있음을 가정한다. 도메인 내 그리고 도메인 간유사성을 유지함으로써 최종 손실함수는 심층 아키텍처를 통해 데이터 임베딩을 공동으로 최적화한다.

9.3.5 네트워크 임베딩 적용

소셜 컴퓨팅에서 사용자 연결을 분석하는 것은 중요한 단계다. 네트워크 임베딩 접근법은 다양한 다운스트림 태스크에서 활용될 수 있는 소셜 연결 구조에서 효과적인 표상을 한다. 네트워크 임베딩 모델은 네트워크 재구성, 링크 예측, 노드 분류, 노드 클러스터링 그리고 시각화를 포함한 소셜네트워크 분석과 관련된 다양한 애플리케이션을 위한 일반적 네트워크 표상 방법을 제공한다(Perozzi et al., 2014; Tang et al., 2015). 이러한 작업에서 네트워크 임베딩은 자동적이면서 비지도 피처 엔지니어링 절차로 작동된다. 최근에 일부 연구에서 태스크 주도 네트워크 임베딩 모델을 개발하려고 시도했다. 예를 들어 네트워크 임베딩 접근법은 특정 작업의 레이블된 정보를 추가로 투입해서 확장된다(Huang et al., 2017; Chen and Sun, 2016).

9.4 딥러닝을 이용한 추천

9.4.1 소셜미디어에서 추천

소셜미디어에서 추천은 사용자의 관심사와 니즈를 적절한 정보 자원과 일치시키는 것을 목표로 하는 유비쿼터스 작업이다(Adomavicius and Tuzhilin, 2005; King et al., 2009). 예를 들어 뉴스 포털 웹사이트는 잠재적인 관심사를 가진 사용자에게 뉴스 또는 트윗을 추천할 수 있다. 자원 항목은 일반적인 방법으로 정의되며 뉴스, 트윗, 친구 등이 될 수 있다. 추천 작업에서는 사용자 집합 $\mathcal{U}$와 항목 집합 $\mathcal{J}$가 핵심 요소다.

- 예측 평가: 문맥 정보 C 조건에서 아이템 i에 대한 사용자 u의 선호도를 추론하는 것을 목표로 한다. $r_{u,i}$는 아이템 i에 대한 사용자 u의 평가를 나타낸다. 평가 예측은 $r_{u,i}$의 누락값 추론을 목표로 한다.
- Top-N 추천: 어떤 문맥 정보 C 조건에서 $\mathcal{I}$로부터 나온 N개의 아이템 추천 순위 리스트를 사용자 $u \in \mathcal{U}$를 대상으로 생성하는 것을 목표로 한다.

두 작업은 관련성이 높다. 주로 모델 자체에 초점을 맞추지만 특별히 언급이 없다면 두 작업을 구분하지 않을 것이다. 소개된 모델들은 표 9.2에서 보여주는 것처럼 얕은 임베딩과 심층 신경망 기반 방식으로 요약된다.

표 9.2 딥러닝 추천 모델 분류. "통합(integration)"은 부속 정보 활용을 의미한다.

분류		모델
얕은 모델	워드 임베딩 (Word embedding)	product2vec(Zhao et al., 2016b), MC-TEM(Zhou et al., 2016), HRM(Wang et al., 2015b)
	네트워크 임베딩 (Network embedding)	NERM(Zhao et al., 2016a)
	임베딩 정규화 (Embedding regularization)	CoFactor(Liang et al., 2016)
심층 모델	전통적 모델 (Traditional)	RBM(Salakhutdinov et al., 2007)
	상호성(다층 퍼셉트론) (Interaction(MLP))	NeuMF(He et al., 2017), NMF(He and Chua, 2017)
	상호성(자동인코더) (Interaction(Autoencoder))	CDAE(Wu et al., 2017a)
	상호성(시퀀스) (Interaction(Sequence))	NADE(Zheng et al., 2016), NASA(Yang et al., 2017)
	통합(프로파일) (Integration(Profile))	DUP(Covington et al., 2016), Wide and Deep(Cheng et al., 2016), RRN(Wu et al., 2017b), DeepCoNN(Zheng et al., 2017)
	통합(콘텐트) (Integration(Content))	SDAE(Wang et al., 2015a), DCMR(van den Oord et al., 2013)
	통합(지식) (Integration(Knowledge))	CKE(Zhang et al., 2016)
	통합(교차 영역) (Integration(Cross-domain))	MV-DSSM(Elkahky et al., 2015)

9.4.2 전통 추천 알고리즘

협업 필터링 방법(Su and Khoshgoftaar, 2009), 콘텐츠 기반 방법(Lops et al., 2011) 그리고 하이브리드 방법(De Campos et al., 2010)을 포함하는 과거의 추천 시스템에 대한 다양한 연구가 있었다. 협업 필터링은 사용자 과거 액션 뿐만 아니라 유사한 사용자가 내린 결정을 기반으로 모델을 만든다. 콘텐츠 기반 방법은 비슷한 피처를 가진 다른 항목을 추천하기 위해 아이템에서 중요한 피처 집합을 추출한다. 협업 필터링 접근법에서 행렬 인수분해는 다양한 추천 작업에 널리 사용된다(Koren et al., 2009). UserKNN 및 ItemKNN과 같은 기존 방법과 달리, 행렬 인수분해는 사용자와 아이템에 대한 잠재 요인을 생성할 수 있으며 추천 작업은 잠재성 벡터 간의 유사성을 계산해 해결한다. 행렬 인수분해의 주요 장점은 새로운 작업 설정에 적응하기 위해 다양한 종류의 문맥 정보를 통합할 수 있도록 유연하게 수정된다는 것이다. 이 방법은 실제로 매우 잘 수행되고 현재까지 많은 작업에서 경쟁력 있는 기준선 역할을 한다.

9.4.3 얕은 임베딩 기반 모델

가령 word2vec과 같은 단어 임베딩에 대한 작업은 주로 분산 표상 학습 아이디어를 차용한다. 기본 아이디어는 사용자, 아이템 그리고 관련 상황 정보를 저차원으로 매핑하는 것이다. 또한 추천 태스크는 잠재 임베딩 공간에서 유사성을 어떻게 측정할 것인가의 문제에 직면했다.

9.4.3.1 "단어" 임베딩으로써 추천

단어 임베딩의 핵심 아이디어는 주어진 단어 의미가 문맥 단어에 의존한다는 것이다. 아이템이 순차적 관련성을 보여주는 아이템 채택 시퀀스를 모델링하는 데 비슷한 아이디어를 사용할 수 있다. Zhao 외(2016b)는 추천 시스템에 단어 임베딩 모델을 직접 적용할 것을 제안한다. 이 작업에서 제품 구매 기록이 사용자별로 그룹화되고, 각 사용자별로 구입한 제품을 시간 표시에 따라 시간순으로 정렬한다. 우리는 다음과 같이 유추한다. 제품은 단어로 간주되고 사용자의 전체 구매 순서는 문서로 간주된다. 이 과정에서 doc2vec은 제품 구매 주문 순서를 모델링하는 데 적용되며, 이를 product2vec이라고 부른다. 여기서 만들어진 가정assumption은 사용자가 진행한 일련의 제품 구매가 제품 의미 측면에서 관련성이 높다는 점이다. 따라서 구매 시퀀스에서 주변 문맥을 사용해 제품 의미를 추론한다. Zhou 외(2016) 연구에서 doc2vec 모델은 사용자와 아이템에 대한 고품질 피처 표상을 학습하는 데 사용된다. 후속적으로 이러한 피처들은 피처 기반 추천 알고리즘, 즉 LibFM(Rendle, 2012)에 더 많이 사용된다.

product2vec 모델은 주로 사용자와 아이템 간의 상호작용을 포착한다. 일부 애플리케이션 시나리오에서 많은 종류의 문맥 정보가 추천 알고리즘에 활용된다. Zhou 외(2016) 연구에서 doc2vec의 DBOW 아키텍처는 더 많은 상황 정보를 통합하기 위해 확장됐으며, 이를 MC-TEM 모델이라고 한다. 확장은 비교적 간단하다. 먼저 문맥 정보를 이산값으로 처리하고, 각 값은 동일한 잠재 공간에서 고유한 임베딩과 연결된다. 다양한 문맥을 활용하기 위해 평균 풀링은 여러 종류의 임베딩을 단일 컨텍스트 임베딩에 결합하는 데 사용된다. 간단하면서도 매우 효율적으로 구현할 수 있다. 특히 모든 문맥 정보는 동일한 잠재 공간에서 모델링됐으며, 임베딩에 대한 간단한 유사성 측정(예: 코사인 유사성)을 사용해 다른 문맥 정보 간의 관계를 분석하는 데 편리하다. 잠재적 문제는 문맥 정보 자체가 잠재 표상에 더해질 수 없으며, 평균 풀링 사용으로 정보 소실이 발생해 성능이 저하될 수 있다.

이 방법은 사용자의 구매 기록을 전체 시퀀스로 본다. Wang 외(2015b)는 구매 기록을 바스켓basket이라고 부르는 거래로 분할하는 HRM 모델을 제안하며, doc2vec의 DBOW 아키텍처를 기반으로 한다. 가장 큰 차이점은 계층 방식으로 모델링된 다음 바스켓 항목을 생성하는 데 있다. 아이템을 생성하기 위해 문맥 정보는 사용자와 마지막 거래에 구매한 아이템으로 구성된다. Zhou 외(2016)와 비교할 때 HRM은 순차적 문맥에 대한 좀 더 명확하고 직관적 정의definition를 가진다. 마지막 거래에서 구입한 제품만 현재 거래의 문맥으로 간주한다. 마지막 거래의 항목을 집계하기 위해 최대 풀링 및 평균 풀링과 같은 여러 풀링 방식이 제안된다.

추천 시스템에서 행렬 인수분해 모델은 관찰된 평가 또는 상호작용 행렬을 사용자와 아이템 잠재 요인으로 분해한다. 이러한 방식은 주로 양방향인 사용자-아이템 상호작용을 특징한다. word2vec과 같은 모델을 포함하는 경우 장점은 항목 시퀀스의 로컬 또는 순차적 관련성을 포착하는 것이다. 이러한 점에 기반해, CoFactor 모델(Liang et al., 2016)은 두 가지 접근법의 장점을 통합 모델에 결합하기 위해 제안됐다. 특히 네거티브 샘플링으로 하는 스킵그램 모델은 PMI 동시 발생 행렬(Levy and Goldberg, 2014) 인수분해와 수학적으로 동일하다. 이 아이디어를 바탕으로 최종 모델은 사용자 아이템 행렬의 인수분해와 아이템-아이템 PMI 행렬의 정규화를 통합해 작성된다. 이러한 방식으로 글로벌 사용자-아이템 선호 관계와 국지적 아이템-아이템 연관성이 공동으로 고려된다.

9.4.3.2 "네트워크" 임베딩으로써 추천

서로 다른 관점에서 추천 문제를 해결할 수 있다. 관점이라는 차원에서 추천 작업을 그래프상의 유사성 평가로 볼 수도 있고 SimRank(Jeh and Widom, 2002)와 같은 추천용 그래프 기반 알고리즘을 채택할 수 있다. 9.3절에서 네트워크 임베딩에 대한 연구를 광범위하게 논의했었다. 추천 문제가 그래프 세팅으로 정형화된다면 추천을 위해 네트워크 임베딩에서 나온 기존 접근법을 재사용할 수 있다. 특히 추천 작업을 K-분할 채택 네트워크를 임베딩하는 작업으로 변환하기 위해 NERM 모델(Zhao et al., 2016a)이 제안됐다. K-분할 네트워크는 추천 시스템에 K개 유형의 개체로 구성된다. 대부분의 추천 설정은 K-분할 채택 네트워크로 나타난다. K-분할 그래프를 위해 모든 유형의 개체를 동등하게 처리해 네트워크 임베딩을 수행한다. 최종 추천은 사용자, 아이템 그리고 관련된 맥락에 대한 해당 임베딩 간 내적을 계산해서 처리한다.

9.4.4 심층 신경망 기반 모델

9.4.4.1 추천을 위한 제한된 볼츠만 머신

추천 시스템에 심층 학습을 적용한 첫 번째 연구는 평가 데이터를 모델링하기 위해 제한된 볼츠만 기계Restricted Boltmann Machines 혹은 RBM을 생성하는 2층 구조의 방향성 없는 그래픽 모델을 설명한 Salakhutdinov 외(2007)의 연구로 거슬러 올라간다. RBM 모델은 두 가지 주요 부분으로 이뤄지는데, 이진 형태의 히든 피처와 가시적인 평가 데이터(원 핫 벡터로 표상)로 구성된다. 가중치 행렬은 두 부분을 연결한다. 전반적으로 가중치 행렬에서 파라미터 수는 많으며, 학습 절차는 상대적으로 어렵고 느리다. 파라미터 수를 줄이기 위해 사용되는 기술은 가중치 행렬를 분해해 두 개의 작은 행렬로 변환하는 것이다. 이러한 방법은 성능 저하가 발생하지 않으면서 파라미터 수를 줄이는데 효과적이다. 그러나 RBM 모델은 첫 번째 시도에서 좋은 결과를 얻지 못했다. 표준 행렬 인수분해와 비교해 약간의 성능 향상이 있었다.

9.4.4.2 상호성에 대한 딥러닝 모델

기본적으로 추천 작업은 사용자와 아이템 간의 상호작용을 모델링하는 방법에 주요 관심을 둔다. 비순차 상호작용과 순차 상호작용 기반 모델을 모두 권장한다. 기존의 추천 방법은 사용자와 아이템 표상 간 선형 관계를 포착하기 때문에 복잡한 사용자 항목 상호작용을 특정하는 데 효과적이지 않을 수 있다. He 외(2017)는 신경망에 기반한 협업 필터링을 위한 일반적인 틀을 제시하는 데이터로부터 임의의 상호작용 함수를 학습하기 위해 심층 신경망을 활용하는 NeuMF 모델을 제안한다. NeuMF 모델은 룩업 테이블 층을 사용해 사용자와 아이템에 대한 원 핫 표상을 임베딩에 매핑한다. 그런 다음 결합과 요소별 합계 등 풀링 연산을 사용해 사용자와 아이템 임베딩을 집계한다. 각 사용자-아이템 간의 상호작용 쌍은 임베딩 벡터로 모델링된다. 파생된 임베딩 벡터는 비선형 변환층으로 구성된 다층 퍼셉트론MLP, Multilayer Perceptron 모델에 공급되고 MLP 구성 요소의 출력값은 손실함수와 직접 연결된다. 즉, NeuMF는 본질적으로 복잡한 데이터 관계와 특징을 포착하는 데 사용되는 심층 신경망 기능을 활용한다. NeuMF의 후속으로 선형인수분해 기계linear factorization machine의 신경망 형태(Rendle, 2012)인 NFMNeural Factorization Machine은 He와 Chua(2017)의 연구에서 제안됐다. NFM은 두 피처에 해당하는 두 가지 임베딩을 위한 양방향 상호작용 풀링을 수행하기 위해 양방향 상호작용층을 투입한다. 도출된 양방향 상호작용 풀링 벡터는 다층 퍼셉트론 구성 요소를 갖는 예측 평가값으로 변환된다.

개별 항목에 대한 결과를 개별적으로 예측하는 대신 CDAE 모델(Wu et al., 2017a)은 모든 아이템에 사용자 u의 피드백을 벡터 $\mathbf{y}$로 처리한다. 손상된 입력 $\tilde{\mathbf{y}}$를 취하고 실제 피드백 벡터 $\mathbf{y}$를 재구성하는 매핑함수를 만드는 것이 목적이다. CDAE는 히든 레이어만 있는 소음 제거 자동인코더^{DAE} 모델을 사용해 손상된 자체 매핑함수를 구현한다. 히든 레이어의 경우 학습하는 데 필요한 모델 파라미터에는 입력값을 숨겨진 레이어에 연결시키는 가중치 파라미터 $\mathbf{W}$와 숨겨진 값을 출력 레이어와 연결시키는 가중치 파라미터 $\mathbf{W}'$가 포함된다. 다음과 같은 공식화된 수식으로 정리한다.

$$\mathbf{z} = g(\mathbf{W}^{\top} \cdot \tilde{\mathbf{y}} + \mathbf{b})$$
$$\mathbf{y} = h(\mathbf{W}'^{\top} \cdot \mathbf{z} + \mathbf{b}') \qquad (9.13)$$

여기서 $g(\cdot)$와 $h(\cdot)$는 다중 비선형층으로 구성된 매핑함수다. 잠재성 벡터 $\mathbf{z}$는 종종 코드라고 부른다. DAE 모델의 파라미터는 모든 사용자에게 공유된다. 피드백만 입력값으로 사용하면 개별성을 특징하는 데 효과적이지 않을 수 있다. CDAE는 사용자별 임베딩 $\mathbf{e}_u$를 입력 레이어에 통합해 확장한다. 히든 레이어는 다음 수식을 사용해 도출된다.

$$\mathbf{z} = g(\mathbf{W}^{\top} \cdot \tilde{\mathbf{y}} + \mathbf{e}_u + \mathbf{b}) \qquad (9.14)$$

해당 방식으로 파생된 코드(즉 $\mathbf{z}$)는 더 나은 개별성을 위해 사용자 선호를 고려한다.

위의 모델은 순차적 사용자 동작을 특징할 수 없지만, 사용자와 아이템 간의 상호작용은 본질적으로 순차 프로세스다. 따라서 자연스럽게 고려해야 할 점은 추천을 위해 순차 신경망을 적용해 사용자 행동을 모델링하는 것이다. 문헌에서 RNN은 네트워크 내부 상태를 유지하면서 동적인 시간 행동을 나타내는 순차 신경망(Mikolov et al., 2010)의 주요 클래스로 본다. RNN 기반 모델은 자연어 처리와 음성 처리를 비롯한 다양한 영역에서 성공적으로 적용됐다. 긴 시퀀스를 처리할 때 RNN 적용의 주요 장애물은 소실되는 그래디언트 문제다. 이 문제를 해결하기 위해 LSTM(Hochreiter and Schmidhuber,

1997)과 GRU(Chung et al., 2014) 등 잘 알려진 두 가지 모델이 제안된다. 향상된 RNN 모델로, 긴 시퀀스를 추천 시스템에 적용하는 것은 상대적으로 간단하며 사용자의 행동 순서를 특징화하기 위해 전반적이거나 특정 사용자 기반 RNN 모델을 개발하는 것이 가능하다. Yang 외(2017) 연구는 장기 및 단기 순차 문맥을 모두 고려하는 POI 추천을 위해 확장된 RNN 모델을 활용한다. 한편, 사용자의 기호도 역시 추천 모델에 투입된다. 또 다른 종류의 순차적 추천 모델로서 평가 예측을 위해 신경망 자기 회귀 모델neural autoregressive model(Zheng et al., 2016)이 제안됐으며, 제한된 볼츠만 머신RBM과 신경 자기 회귀 분포 추정치NADE를 기반으로 구축된다. 기본 아이디어는 사용자의 평가 기록을 시퀀스로 취급하고 현재 아이템 평가는 사용자의 이전 평점에 따라 결정된다. 파라미터는 아이템 임베딩과 가중치 파라미터가 포함된다. 클래식 제한된 볼츠만 머신 모델과 같이 특정 사용자가 갖는 선호도는 임베딩 벡터를 통해 명시적으로 모델링되지 않지만 사용자의 평가 기록에 반영된다. 또한 연구진들은 여러 평가 간 파라미터를 공유하고 대규모 가중치 행렬을 분해하는 방식의 두 가지 주요 개선 기법을 제안한다.

전통 사용자 프로파일링 방법은 정적이며 사용자 관심 분야의 동적 특성을 반영할 수 없다. Wu 외(2017b)는 동적 사용자와 아이템 프로파일을 작성해 미래 행동 성향을 예측하기 위해 순환 추천 네트워크Recurrent Recommender Network 모델을 제안한다. 핵심 아이디어는 RNN을 사용해 사용자와 아이템 상태를 모델링하고 상태 전이를 특정하는 것이다. 최종 예측은 동적 프로파일링과 정적 프로파일링 결과가 결합된 모델에서 나온다.

9.4.4.3 사이드 정보 통합과 활용을 위한 딥러닝 모델

심층 신경망은 주로 사용자 아이템 상호작용의 모델링을 향상시키는 데 사용된다. 사이드 정보, 다른 말로 하자면 문맥 정보는 이러한 모델에서 고려되지 않았다. 이제는 보조 정보를 형성하는 딥러닝 활용법을 논의한다.

많은 추천 시나리오에서 아이템 측면의 콘텐츠 정보를 활용해 추천 성능을 향상시킬 수 있다. 이 방식은 실제로 아이템 설명을 기반한 추천을 수행하고 사용자의 관심 분야 프로파일을 작성하는 고전 콘텐츠 기반 접근 방식의 핵심 아이디어다(Lops et al., 2011). 일관성을 위해 아이템 설명을 콘텐츠 정보라고 한다. 이러한 목적을 달성할 때의 주요 어려움은 콘텐츠 정보 자체가 추천 작업에 직접적으로 적용 가능한 형태가 아니거나 일부 경우에 노이즈가 많고 희소성이 있을 수도 있다는 점이다. 추천 정보 시스템에 의해 효과적으로 이용될 수 있도록 적절한 형태로 콘텐츠 정보를 변환하거나 매핑할 필요가 있다. 다행히도 딥러닝은 복잡한 데이터 특성을 특정하거나 학습하는 데 탁월한 기능을 갖추고 있다. 솔루션은 딥러닝 모델을 사용해 추천 정보 시스템에 콘텐츠 정보를 통합한다. 대표적인 연구로 Wang 외(2015a)는 추천 시스템을 개선하기 위해 콘텐츠 정보를 이용하는 CDL 모델을 제안한다. 적층 잡음 제거 자동인코더 모델SDAE, Stacked Denoising Autoencoder Model을 사용해 콘텐츠 정보의 특성을 나타낸다. 최종 아이템 표상은 바이어스 벡터를 SDAE 모델에서 학습한 한가운데 층의 코드와 연결해 도출한다. CDL 모델은 이전의 협업 주제 회귀 모델CTR을 딥러닝으로 구현한다(Wang and Blei, 2011). Wang 외(2015a) 연구에서 보고된 결과는 주어진 작업에서 CDL의 성능이 CTR보다 우수함을 보여준다. CDL 모델의 직접적인 확장은 텍스트 모델링 부분의 개선이다. CDL 모델은 텍스트 모델링에 SDAE를 사용해 백오브워즈 가정을 한다. Wang 외(2016b)는 협력 필터링 환경에서 콘텐츠 시퀀스 생성을 모델링하는 잡음 제거 순환 자동인코더Denoising Recurrent Autoencoder인 협력 순환 자동인코더Collaborative Recurrent Autoencoder를 제안한다. 주요 개선 사항은 텍스트 정보의 순차 모델링에 있다. 특히 설정부터 시작해야 하는 콜드 스타트 환경에서 상호작용 데이터가 충분하지 않은 경우 콘텐츠 기반 방식은 더 매력적이다. van den Oord 외(2013)의 연구는 심층 콘텐츠 기반 추천 알고리즘으로 콜드 스타트 음악 추천에 대한 솔루션을 제시한다. 이해를 돕기 위해 van den Oord 외(2013) 연구에 있는 오리지널 모델을 간략히 설명한다. 특히 추천 시스템의 표준 행렬 인수분해 접근법은 다음과 같이 공식화된다.

$$\min_{\mathbf{x},\mathbf{y}} \sum_{u,i} (r_{u,i} - \mathbf{x}_u^\top \cdot \mathbf{y}_i) + \lambda \left(\sum_u \| \mathbf{x}_u \|^2 + \sum_i \| \mathbf{y}_i \|^2 \right) \qquad (9.15)$$

여기서 사용자-아이템 행렬(등급 $r_{u,i}$)은 사용자 잠재성 벡터(즉, $\mathbf{x}_u$)와 아이템 잠재성 벡터(즉, $\mathbf{y}_i$)의 곱으로 분해된다. 잠재성 벡터는 실제로 행렬인수분해 모델의 파라미터다. 그러나 콜드 스타트 설정에서 목표는 새 아이템을 사용자에게 권장하는 것이고, MF 모델을 훈련시키는 데 거의 상호작용 정보가 없다. van den Oord 외(2013)의 기본 아이디어는 먼저 구 아이템의 기존 상호작용 데이터로 잠재성 벡터를 학습한 다음 잠재성 벡터와 내용 정보 간의 매핑 관계를 구축하는 것이다. 공식적으로 $\mathbf{f}_i$는 아이템 i에서 추출된 콘텐츠 정보를 나타내며, 이는 딥러닝 모델을 통해 잠재 벡터 $\mathbf{y}_i$로 변환한다.

$$\hat{\mathbf{y}}_i = g(\mathbf{f}_i) \tag{9.16}$$

$\hat{\mathbf{y}}_i$와 $\mathbf{y}_i$ 사이의 차이를 최소화함으로써 매핑 함수 $g(\cdot)$가 학습된다. 일단 매핑 모델이 효과적으로 학습되면, 새로운 아이템에 대한 예측은 잠재 벡터가 콘텐츠 정보를 사용해 추론될 수 있기 때문에 단순해진다. 이 모델을 DCMR Deep Cold-Start Music Recommendation이라고 부른다. 위 두 모델에서 딥러닝은 부수적 정보를 추천 시스템에 준비된 표상으로 변형시키는 데 사용된다. 콘텐츠 정보 이외에도 구조 지식 그래프는 추천 시스템 성능을 향상시키는 또 다른 중요한 정보다. 추천 시스템의 아이템은 지식 그래프 아이템으로도 간주될 수 있다. 지식 그래프는 유형화된 에지나 관계를 통해 개체를 구성하고 색인화하는 데 효과적인 방법을 제공한다.

이 두 가지 다른 관점에서 아이템을 모델링하기 위한 CKE 모형(Zhang et al., 2016)은 구조 지식 그래프를 사용해 개체를 임베딩하고 추천 개선을 위해 도출된 구조 아이템 임베딩을 사용할 것을 제안한다. 지식 그래프에 개체를 임베딩하기 위해 베이지안 구조 임베딩 모델을 사용해왔다. 추천 시스템에 개체를 임베딩하기 위해 시각, 텍스트, 구조적 임베딩을 포함해 여러 신호를 통합해서 CDL 모델과 유사한 접근법이 제안됐다. CKE 모델은 지식 그래프, 이미지, 텍스트에서 추출된 임베딩 벡터가 합산additive 방법으로 융합될 수 있다는 중요한 가정을 한다. CKE에서 스택 자동인코더를 사용해 시각 및 텍스트 피처를 모두 추출한다.

추천 시스템의 경우 중요한 작업은 사용자 프로파일링이다. 프로파일링은 정확한 추천을 위해 효과적으로 사용자 모델을 구축하는 것을 목표로 한다 (Zhao et al., 2014, 2016c). 사용자 프로파일링은 다양한 소셜미디어 플랫폼의 기본 작업이 됐다. 사용자를 이해하는 첫 번째 단계라서 추천 시스템에 국한되지 않는다. Covington 외(2016)는 DUP 모델이라고 부르는 효과적인 사용자 프로파일링 모델을 구축하기 위한 심층 신경망 아키텍처를 제안한다. 아이디어는 딥러닝을 이용해 검색 이력, 인구통계 및 지리 정보 등의 상황 정보를 결합하는 것이다. 일련의 비선형 변환(예: ReLU 활성화함수) 후에 최종 예측은 아이템에 대한 softmax 함수로 모델링된다. 주목할 점은 Covington 외(2016)의 연구에서 후보 생성과 아이템 랭킹으로 이뤄진 2단계 추천 방법이 채택됐다. 두 단계 모두 유사한 DUP 모델 아키텍처로 구현된다. 프로파일 강화 모델의 대표인 Wide and Deep 모델(Cheng et al., 2016)은 추천을 위해 유사한 심층 신경망 구조를 구축했다. DUP 모델과의 가장 큰 차이점은 오리지널 피처와 심층 피처가 모두 최종 예측에 사용되며, 그 이유로 Wide and Deep이라고 부른다. 또 다른 흥미로운 연구로 Zheng 외(2017)는 리뷰 텍스트를 사용해 사용자와 아이템 프로파일을 구축하는 것을 목표로 하는 DeepCoNN[Deep Cooperative Neural Networks] 모델을 제안한다. 하나의 신경망이 사용자가 작성한 리뷰를 사용해 사용자 프로필을 학습하고 다른 하나는 아이템에 대해 작성된 리뷰를 사용해 아이템 프로필을 학습하는 두 개의 병렬 신경 네트워크다. 공유된 레이어는 인수분해 기계의 입력값으로써 두 개의 프로파일(즉, 2개의 임베딩)을 합친다.

실제로 사용자는 여러 추천 서비스를 사용한다. 예를 들어 사용자는 뉴스를 읽고 영화를 보기 위해 뉴스 앱과 비디오 앱을 각각 갖고 있다. 직관적으로 다른 도메인 사용자 정보는 상호 보완함을 알 수 있다. 여러 도메인의 정보를 공동으로 활용할 수 있다면 더욱 포괄적이고 정확한 사용자 프로필을 구축할 수 있다. 따라서 추천 성능을 향상시키기 위해서는 다중 뷰 유도 시스템이 바람직하다. MV-DSSM 모델(Elkahky et al., 2015)은 다중 뷰 추천 작업을 처리하기 위해 제안됐다. 정보 검색 분야에서 원래 제안된 구성 요소로 단일 뷰 심층 구조화 의미 모델[DSSM](Huang et al., 2013)을 사용한다. DSSM의 기본 구조는 두 개의 개별 DNN 요소로 구성된다. 첫 번째 구성 요소는 쿼리 모델링을 위한 것이고 두 번째 구성 요소는 문서 모델링을 위한 것이다. 일련의 비선형 변환 후에 DSSM 모델은 공유 공간에서 최종 임베딩을 연결한다. 손실함수는 일반적인 쌍pairwise 순위 방식을 따른다. 여러 도메인에서 추천을 위해 단일 뷰 DSSM을 직접 적용하려는 경우 직접적인 방식은 여러 도메인에 여러 개별 DSSM 모델을 설정하는 것이다. 각 DSSM 모델은 개별 도메인의 정보를 사용해 별도로 학습한다. 그러나 이 방식은 여러 도메인에서 사용자 정보를 공유하고 보완하는 것을 무시한다. MV-DSSM 핵심 아이디어는 직관적이며 사용자를 위한 단일 DNN 요소만 보유하면서도 각 도메인에서 아이템에 대해 다수의 DNN 요소를 설정한다. 단일 사용자 DNN 요소는 전역 추천 모델을 작성하기 위해 도메인별 DNN 아이템 구성 요소와 통합된다. 이러한 방식으로 사용자 정보가 여러 도메인에서 공유되므로 도메인 간 추천 성능이 향상된다.

9.5 요약

소셜 컴퓨팅은 온라인 소셜미디어 플랫폼을 통해 사용자 행동에 대한 중요하고 도전적인 질문에 대답하기 위해 사회과학과 컴퓨터 분야가 융합되는 다학제적 연구 영역이자, 지능형 그리고 대화형 소셜미디어 애플리케이션 제작을 목표로 하는 다양한 흥미로운 작업이다. 소셜 컴퓨팅에 대한 완전한 검토를 위해 King 외(2009)와 Wang 외(2007) 연구와 고전 교과서(Easley and Kleinberg, 2010)를 참조할 것을 제안한다.

9장에서는 소셜 콘텐츠 분석, 소셜 연결 모델링 그리고 추천과 같은 소셜 컴퓨팅의 세 가지 중요한 측면에 중점을 뒀다. 세 가지 측면은 소셜 컴퓨팅의 핵심 요소와 애플리케이션의 많은 부분을 다루고 있다. 특히 소셜 컴퓨팅의 주요 접근 방식으로 딥러닝과 딥러닝을 통한 소셜 컴퓨팅의 최근 발전 상황을 주로 검토했다. 지금까지 검토된 딥러닝 기법에는 얕은 임베딩 기반과 심층 신경망 방법이 모두 포함된다. 기존의 딥러닝 기술을 소셜 컴퓨팅 작업에 적용하는 방법을 강조했다.

현재 소셜 컴퓨팅에 딥러닝 기술을 적용하는 방법은 아직 초기 단계다. 해결해야 할 많은 과제나 어려움이 여전히 남아 있다. 주요 자연어 처리 작업과 비교할 때 소셜 컴퓨팅 작업의 입력값과 출력값이 훨씬 유연하고 다양하며 어떤 경우에는 정식으로 정의하기 어렵다. 다각적 방식의 데이터 융합, 노이즈가 많은 데이터 축소, 복잡한 출력값 예측 등 다양한 소셜 컴퓨팅 작업의 설정을 효과적으로 모델링하는 방법을 연구하는 것은 중요하고 또한 의미가 있다. 이 방향이 연구 및 산업체 모두의 관심을 끌 것으로 믿는다. 결과적으로 가까운 미래에 개선될 소셜미디어 플랫폼은 기계 지능 발전으로 사용자에게 더 나은 서비스를 제공할 것이다.

참고문헌

Adomavicius, G., & Tuzhilin, A. (2005). Toward the next generation of recommender systems: A survey of the state-of-the-art and possible extensions. *IEEE Transactions on Knowledge and Data Engineering, 17*(6), 734–749.

Alpaydin, E. (2014). *Introduction to machine learning.* Cambridge: MIT press.

Bahdanau, D., Cho, K., & Bengio, Y. (2014). Neural machine translation by jointly learning to align and translate. *CoRR.* arXiv:1409.0473.

Balasubramanian, M., & Schwartz, E. L. (2002). The isomap algorithm and topological stability. *Science, 295*(5552), 7–7.

Belkin, M. & Niyogi, P. (2001). Laplacian eigenmaps and spectral techniques for embedding and clustering. In *NIPS* (pp. 585–591).

Cao, S., Lu, W., & Xu, Q. (2015). GraRep: Learning graph representations with global structural information (pp. 891–900).

Cao, S., Lu, W., & Xu, Q. (2016). Deep neural networks for learning graph representations (pp. 1145–1152).

Chang, S., Han, W., Tang, J., Qi, G., Aggarwal, C. C., & Huang, T. S. (2015). Heterogeneous network embedding via deep architectures (pp. 119–128).

Chen, T. & Sun, Y. (2016). Task-guided and path-augmented heterogeneous network embedding for author identification. arXiv:1612.02814.

Chen, J., Zhang, Q., & Huang, X. (2016). Incorporate group information to enhance network embedding (pp. 1901–1904).

Cheng, H.-T., Koc, L., Harmsen, J., Shaked, T., Chandra, T., Aradhye, H., et al. (2016). Wide and deep learning for recommender systems. In *Proceedings of the 1st Workshop on Deep Learning for Recommender Systems, DLRS 2016* (pp. 7 - 10).

Chung, J., Gulcehre, C., Cho, K., & Bengio, Y. (2014). Empirical evaluation of gated recurrent neural networks on sequence modeling. arXiv: 1412.3555.

Cortizo, J. C., Carrero, F. M., Cantador, I., Troyano, J. A., & Rosso, P. (2012). Introduction to the special section on search and mining user-generated content. *ACM TIST, 3*(4), 65:1 - 65:3.

Covington, P., Adams, J., & Sargin, E. (2016). Deep neural networks for youtube recommendations. In *Proceedings of the 10th ACM Conference on Recommender Systems, Boston, MA, USA, September 15–19, 2016* (pp. 191 - 198).

De Campos, L. M., Fernández-Luna, J. M., Huete, J. F., & Rueda-Morales, M. A. (2010). Combining content-based and collaborative recommendations: A hybrid approach based on Bayesian networks. *International Journal of Approximate Reasoning, 51*(7), 785 - 799.

Easley, D., & Kleinberg, J. (2010). *Networks, crowds, and markets: Reasoning about a highly connected world.* Cambridge: Cambridge University Press.

Elkahky, A. M., Song, Y., & He, X. (2015). A multi-view deep learning approach for cross domain user modeling in recommendation systems. In *Proceedings of the 24th International Conference on World Wide Web, WWW 2015, Florence, Italy, May 18–22, 2015* (pp. 278 - 288).

Gong, Y. & Zhang, Q. (2016). Hashtag recommendation using attention-based convolutional neural network. In *Proceedings of the Twenty-Fifth International Joint Conference on Artificial Intelligence, IJCAI 2016, New York, NY, USA, 9–15 July 2016* (pp. 2782 - 2788).

Grover, A. & Leskovec, J. (2016). node2vec: Scalable feature learning for networks (pp. 855 - 864).

Guo, S., Wang, Q., Wang, L., Wang, B., & Guo, L. (2016). Jointly embedding knowledge graphs and logical rules. In *Proceedings of the 2016 Conference on Empirical Methods in Natural Language Processing* (pp. 1488 - 1498).

He, X. & Chua, T.-S. (2017). Neural factorization machines for sparse predictive analytics. In *Proceedings of The 40th International ACM SIGIR Conference on Research and Development in Information Retrieval.*

He, X., Liao, L., Zhang, H., Nie, L., Hu, X., & Chua, T.-S. (2017). Neural collaborative filtering. In *Proceedings of the 26th International World Wide Web Conference*.

Hochreiter, S., & Schmidhuber, J. (1997). Long short-term memory. *Neural Computation, 9*(8), 1735–1780.

Homans, G. C. (1974). *Social behavior: Its elementary forms.*

Hornik, K. (1991). Approximation capabilities of multilayer feedforward networks. *Neural Networks, 4*(2), 251–257.

Huang, Z. & Mamoulis, N. (2017). Heterogeneous information network embedding for meta path-based proximity. *CoRR.* arXiv:1701.05291.

Huang, P.-S., He, X., Gao, J., Deng, L., Acero, A., & Heck, L. (2013). Learning deep structured semantic models for web search using clickthrough data. In *Proceedings of the 22nd ACM International Conference on Information and Knowledge Management* (pp. 2333–2338). ACM.

Huang, X., Li, J., & Hu, X. (2017). Label informed attributed network embedding (pp. 731–739).

Jeh, G.&Widom, J. (2002). SimRank: A measure of structural-context similarity. In *Proceedings of the Eighth ACM SIGKDD International Conference on Knowledge Discovery and Data Mining* (pp. 538–543). ACM.

Kaplan, A. M., & Haenlein, M. (2010). Users of the world, unite! the challenges and opportunities of social media. *Business Horizons, 53*(1), 59–68.

King, I., Li, J., & Chan, K. T. (2009). A brief survey of computational approaches in social computing. In *International Joint Conference on Neural Networks, 2009. IJCNN 2009* (pp. 1625–1632). IEEE.

Koren, Y., Bell, R., & Volinsky, C. (2009). Matrix factorization techniques for recommender systems. *Computer, 42*(8), 4179.

Kwak, H., Lee, C., Park, H., & Moon, S. (2010). What is twitter, a social network or a newsmedia? In *Proceedings of the 19th International Conference on World Wide Web, WWW '10* (pp. 591–600). New York, NY, USA: ACM.

Le, Q. V. & Mikolov, T. (2014). Distributed representations of sentences and documents. In *Proceedings of the 31st International Conference on Machine Learning, ICML 2014, Beijing, China, 21–26 June 2014* (pp. 1188–1196).

Levy, O. & Goldberg, Y. (2014). Neural word embedding as implicit matrix factorization. In *Advances in neural information processing systems* (pp. 2177 – 2185).

Li, C., Ma, J., Guo, X., & Mei, Q. (2016). DeepCas: An end-to-end predictor of information cascades. arXiv:1611.05373.

Liang, D., Altosaar, J., Charlin, L., & Blei, D. M. (2016). Factorization meets the item embedding: Regularizing matrix factorization with item co-occurrence. In *Proceedings of the 10th ACM Conference on Recommender Systems, Boston, MA, USA, September 15–19, 2016* (pp. 59 – 66).

Ling, W., Tsvetkov, Y., Amir, S., Fermandez, R., Dyer, C., Black, A. W., et al. (2015). Not all contexts are created equal: Better word representations with variable attention. In *Proceedings of the 2015 Conference on Empirical Methods in Natural Language Processing* (pp. 1367 – 1372).

Lops, P., De Gemmis, M., & Semeraro, G. (2011). Content-based recommender systems: State of the art and trends. *Recommender systems handbook* (pp. 73 – 105). Boston: Springer.

Luong, T., Pham, H., & Manning, C. D. (2015). Effective approaches to attention-based neural machine translation. In *Proceedings of the 2015 Conference on Empirical Methods in Natural Language Processing, EMNLP 2015, Lisbon, Portugal, September 17–21, 2015* (pp. 1412 – 1421).

Ma, J., Gao, W., Mitra, P., Kwon, S., Jansen, B. J., Wong, K., et al. (2016). Detecting rumors from microblogs with recurrent neural networks. In *Proceedings of the Twenty-Fifth International Joint Conference on Artificial Intelligence, IJCAI 2016, New York, NY, USA, 9–15 July 2016* (pp. 3818 – 3824).

Manning, C. D., Raghavan, P., & Schütze, H. (2008). *Introduction to information retrieval*. Cambridge: Cambridge University Press.

Mikolov, T., Karafiát, M., Burget, L., Cernocký, J., & Khudanpur, S. (2010). Recurrent neural network-based language model. In *Interspeech* (Vol. 2, p. 3).

Mikolov, T., Sutskever, I., Chen, K., Corrado, G. S., & Dean, J. (2013). Distributed representations of words and phrases and their compositionality. In *Advances in neural information processing systems* (pp. 3111 – 3119).

Mnih, V., Heess, N., Graves, A., & Kavukcuoglu, K. (2014). Recurrent models of visual attention. In *Advances in Neural Information Processing Systems 27: Annual Conference on Neural Information Processing Systems December 8–13, 2014, Montreal, Quebec, Canada* (pp. 2204 – 2212).

Parameswaran, M., & Whinston, A. B. (2007). Social computing: An overview. *Communications of the Association for Information Systems, 19*(1), 37.

Perozzi, B., Al-Rfou, R., & Skiena, S. (2014). Deepwalk: Online learning of social representations (pp. 701 – 710).

Rendle, S. (2012). Factorization machines with libFM. *ACM Transactions on Intelligent Systems and Technology (TIST), 3*(3), 57.

Roweis, S.T., & Saul, L. K. (2000). Non linear dimensionality reduction by locally linear embedding. *Science, 290*(5500), 2323 – 2326.

Sahlins, M. (2017). *Stone age economics.* Routledge: Taylor & Francis.

Salakhutdinov, R., Mnih, A., & Hinton, G. (2007). Restricted Boltzmann machines for collaborative filtering. In *International Conference on Machine Learning* (pp. 791 – 798).

Schuler, D. (1994). Social computing. *Communications of the ACM, 37*(1), 28 – 108.

Shang, J., Qu, M., Liu, J., Kaplan, L. M., Han, J., & Peng, J. (2016). Meta-path guided embedding for similarity search in large-scale heterogeneous information networks. *CoRR.* arXiv:1610.09769.

Su, X., & Khoshgoftaar, T. M. (2009). A survey of collaborative filtering techniques. *Advances in Artificial Intelligence, 2009*, 4.

Sun, Y., Han, J., Yan, X., Yu, P. S., & Wu, T. (2011). PathSim: Meta path-based top-k similarity search in heterogeneous information networks. *Proceedings of the VLDB Endowment, 4*(11), 992 – 1003.

Tang, J., Qu, M., Wang, M., Zhang, M., Yan, J., & Mei, Q. (2015). LINE: Large-scale information network embedding (pp. 1067 – 1077).

van den Oord, A., Dieleman, S., & Schrauwen, B. (2013). Deep content-based music recommendation. In *Advances in Neural Information Processing Systems 26: 27th Annual Conference on Neural Information Processing Systems 2013. Proceedings of a Meeting Held, December 5–8, 2013, Lake Tahoe, Nevada, United States* (pp. 2643 – 2651).

Vinyals, O. & Le, Q. V. (2015). A neural conversational model. CoRR. arXiv:1506.05869.

Wang, C. & Blei, D. M. (2011). Collaborative topic modeling for recommending scientific articles. In *Proceedings of the 17th ACM SIGKDD International Conference on Knowledge Discovery and Data Mining* (pp. 448 – 456). ACM.

Wang, D., Cui, P., & Zhu, W. (2016a). Structural deep network embedding (pp. 1225 – 1234).

Wang, X., Cui, P., Wang, J., Pei, J., Zhu, W., & Yang, S. (2017). Community preserving network embedding (pp. 203 – 209).

Wang, P., Guo, J., Lan, Y., Xu, J., Wan, S., & Cheng, X. (2015b). Learning hierarchical representation model for next basket recommendation. In *International ACMSIGIR Conference on Research and Development in Information Retrieval* (pp. 403 – 412).

Wang, H., Shi, X., & Yeung, D. (2016b). Collaborative recurrent autoencoder: Recommend while learning to fill in the blanks. In *Advances in Neural Information Processing Systems 29: Annual Conference on Neural Information Processing Systems 2016, December 5–10, 2016, Barcelona, Spain* (pp. 415 – 423).

Wang, H., Wang, N., & Yeung, D. (2015a). Collaborative deep learning for recommender systems. In *Proceedings of the 21st ACM SIGKDD International Conference on Knowledge Discovery and Data Mining, Sydney, NSW, Australia, August 10–13, 2015* (pp. 1235 – 1244).

Wang, J., Zhao, W. X., He, Y., & Li, X. (2014). Infer user interests via link structure regularization. *ACM TIST, 5*(2), 23:1 – 23:22.

Wang, F.-Y., Carley, K.M., Zeng, D., & Mao, W. (2007). Social computing: From social informatics to social intelligence. *IEEE Intelligent Systems, 22*(2), 79 – 83.

Wang, F., Li, T., Wang, X., Zhu, S., & Ding, C. (2011). Community discovery using nonnegative matrix factorization. *Data Mining and Knowledge Discovery, 22*(3), 493 – 521.

Welch, M. J., Schonfeld, U., He, D., & Cho, J. (2011). Topical semantics of twitter links. In *Proceedings of the Fourth ACM International Conference on Web Search and Data Mining* (pp. 327 – 336). ACM.

Weng, J., Lim, E., Jiang, J., & He, Q. (2010). Twitterrank: Finding topic-sensitive influential twitterers. In *Proceedings of the Third International Conference on Web Search and Web Data Mining, WSDM 2010, New York, NY, USA, February 4–6, 2010* (pp. 261 – 270).

Weston, J., Chopra, S., & Adams, K. (2014). #tagspace: Semantic embeddings from hashtags. In *Proceedings of the 2014 Conference on Empirical Methods in Natural Language Processing, EMNLP 2014, October 25–29, 2014, Doha, Qatar, A meeting of SIGDAT, A Special Interest Group of the ACL* (pp. 1822 – 1827).

Wu, C., Ahmed, A., Beutel, A., Smola, A. J., & Jing, H. (2017a). Recurrent recommender networks. In *Proceedings of the Tenth ACM International Conference on Web Search and Data Mining, WSDM 2017, Cambridge,*

United Kingdom, February 6–10, 2017 (pp. 495–503).

Wu, C., Ahmed, A., Beutel, A., Smola, A. J., & Jing, H. (2017b). Recurrent recommender networks. In *Proceedings of the Tenth ACM International Conference on Web Search and Data Mining, WSDM 2017, Cambridge, United Kingdom, February 6–10, 2017* (pp. 495–503).

Xie, R., Liu, Z., Jia, J., Luan, H., & Sun, M. (2016). Representation learning of knowledge graphs with entity descriptions. In *AAAI* (pp. 2659–2665).

Xu, K., Ba, J., Kiros, R., Cho, K., Courville, A. C., Salakhutdinov, R., et al. (2015). Show, attend and tell: Neural image caption generation with visual attention. In *Proceedings of the 32nd International Conference on Machine Learning, ICML 2015, Lille, France, 6–11 July 2015* (pp. 2048–2057).

Yang, C., Liu, Z., Zhao, D., Sun, M., & Chang, E. Y. (2015). Network representation learning with rich text information. In *IJCAI* (pp. 2111–2117).

Yang, C., Sun, M., Zhao, W. X., Liu, Z., & Chang, E.Y. (2017). A neural network approach to jointly modeling social networks and mobile trajectories. *ACM Transactions on Information Systems, 35*(4), 36:1–36:28.

Yu, Y., Wan, X., & Zhou, X. (2016). User embedding for scholarly microblog recommendation. In *Proceedings of the 54th Annual Meeting of the Association for Computational Linguistics, ACL 2016, August 7–12, 2016, Berlin, Germany, Volume 2: Short Papers*.

Zhang, Q., Wang, J., Huang, H., Huang, X., & Gong, Y. (2017). Hashtag recommendation for multimodal microblog using co-attention network. In *Proceedings of the Twenty-Sixth International Joint Conference on Artificial Intelligence, IJCAI 2017, Melbourne, Australia, August 19–25, 2017* (pp. 3420–3426).

Zhang, F., Yuan, N. J., Lian, D., Xie, X., & Ma, W. (2016). Collaborative knowledge base embedding for recommender systems. In *Proceedings of the 22nd ACM SIGKDD International Conference on Knowledge Discovery and Data Mining, San Francisco, CA, USA, August 13–17, 2016*, pages 353–362.

Zhao, W. X., Guo, Y., He, Y., Jiang, H., Wu, Y., & Li, X. (2014). We know what you want to buy: A demographic-based system for product recommendation on microblogs. In *The 20th ACM SIGKDD International Conference on Knowledge Discovery and Data Mining,*

KDD'14, New York, NY, USA, August 24–27, 2014 (pp. 1935 – 1944).

Zhao, W. X., Wang, J., He, Y., Nie, J., & Li, X. (2013). Originator or propagator?: Incorporating social role theory into topic models for twitter content analysis. In *22nd ACM International Conference on Information and Knowledge Management, CIKM'13, San Francisco, CA, USA, October 27–November 1, 2013* (pp. 1649 – 1654).

Zhao, W. X., Huang, J., & Wen, J.-R. (2016a). Learning distributed representations for recommender systems with a network embedding approach. *Information retrieval technology* (pp. 224 – 236). Cham: Springer.

Zhao, W. X., Li, S., He, Y., Chang, E. Y., Wen, J.-R., & Li, X. (2016b). Connecting social media to e-commerce: Cold-start product recommendation using microblogging information. *IEEE Transactions on Knowledge and Data Engineering, 28*(5), 1147 – 1159.

Zhao, W. X., Li, S., He, Y., Wang, L., Wen, J., & Li, X. (2016c). Exploring demographic information in social media for product recommendation. *Knowledge and Information Systems, 49*(1), 61 – 89.

Zhao, W. X., Wang, J., He, Y., Nie, J., Wen, J., & Li, X. (2015). Incorporating social role theory into topic models for social media content analysis. *IEEE Transactions on Knowledge and Data Engineering, 27*(4), 1032 – 1044.

Zheng, L., Noroozi, V., & Yu, P. S. (2017). Joint deep modeling of users and items using reviews for recommendation. In *Proceedings of the Tenth ACM International Conference on Web Search and Data Mining* (pp. 425 – 434). ACM.

Zheng, Y., Tang, B., Ding, W., & Zhou, H. (2016). A neural autoregressive approach to collaborative filtering. In *Proceedings of the 33rd International Conference on Machine Learning, ICML 2016, New York City, NY, USA, June 19–24, 2016* (pp. 764 – 773).

Zhou, N., Zhao, W. X., Zhang, X., Wen, J.-R., &Wang, S. (2016). A general multi-context embedding model for mining human trajectory data. *IEEE Transactions on Knowledge and Data Engineering, 28*(8), 1945 – 1958.

10
이미지로부터
자연어 생성을 위한 딥러닝

샤오동 허Xiadong He, 리 덩Li Deng

소개

이미지 캡셔닝이라고 부르는 이미지에 있는 자연어 생성은 컴퓨터 비전과 자연어 처리 간의 교차점에 있는 새로운 애플리케이션이며, 또 다른 애플리케이션의 기술적 토대를 형성한다. 딥러닝 기술 발전으로 최근 몇 년 동안 상당한 발전이 이뤄진 분야다. 10장에서는 이미지 캡셔닝의 주요 발전 그리고 연구와 산업에 미친 영향을 검토한다. 딥러닝에 기반한 이미지 캡셔닝 작업을 위해 개발된 두 가지 주요 애플리케이션을 자세히 설명한다. 최첨단 캡셔닝 시스템으로 생성된 이미지 속 자연어 처리 예를 이용해 높은 품질의 자연어 처리 결과를 소개하고, 마지막으로 이미지에 스타일이 있는 자연어를 생성하는 최근 연구를 검토한다.

10.1 서론

이 책의 실질적인 마지막 장으로 자연어 처리에서 중요하지만 깊게 다뤄지지 못했던 자연어 생성을 논의한다. 자연어 생성은 최근 딥러닝이 확산될 때까지 아주 천천히 진행됐다. 3장, '대화 시스템에서 자연어 생성'은 의미 표상에서 텍스트를 생성하는 프로세스이며 자연어 이해의 역으로 간주된다.

자연어 생성은 대화 시스템의 필수 구성 요소일 뿐만 아니라 텍스트 요약, 기계번역, 이미지 및 비디오 캡셔닝 그리고 자연어 처리 애플리케이션에서 핵심적 역할을 수행한다. 이미 3장에서 초기의 범용 규칙 및 머신러닝 기반 자연어 생성 시스템은 특정 대화 시스템 적용을 위해 리뷰했었다. 이전 여러 장에서 순환 신경망과 인코더-디코더 심층 신경구조에 기반을 둔 자연어 생성용 딥러닝 방법의 최근 개발에 대해서도 간략히 조사했다. 이러한 딥러닝 모델은 정렬되지 않은 자연어 데이터로부터 학습될 수 있으며 이전 방법보다 더 길고 유창한 표상을 생성한다.

10장에서는 일반적인 자연어 생성 기술의 포괄적인 리뷰를 제공하는 대신, 이미지 속 자연어 문장을 생성하거나 이미지 캡셔닝을 작성하는 특수 애플리케이션으로 범위를 제한한다. 매우 어려운 이 작업은 지난 2년 동안 이미지 인코딩 및 차세대 자연어를 위한 딥러닝 방법이 성숙되기 전까지는 가능하지 않았다. 이미지 캡셔닝 작성에 대한 딥러닝의 성공은 9장에서 자세히 설명한 여러 다른 자연어 처리 애플리케이션 외에도 자연어 처리에서 딥러닝의 영향력을 보여주는 증거를 제시한다.

이미지 캡셔닝으로부터 자연어를 생성하는 것은 컴퓨터 비전과 자연어 처리의 교차점에서 나타나는 새로운 학제 간 주제이며 의미적 시각 검색, 채팅 로봇의 시각 지능, 소셜미디어에서 사진과 비디오 공유 그리고 시각장애인이 주변의 시각적 내용을 인지하도록 도움을 주는 등 많은 중요한 애플리케이션 기술 기반을 형성한다. 최근의 딥러닝 덕분에 특수한 자연어 생성 작업의 발전이 최근 몇 년 동안 눈부시게 이뤄졌다. 10장의 나머지 부분에서는 흥미진진한 해당 영역을 요약하고 핵심 개발 및 주요 진행 상황을 분석할 것이다. 연구와 산업으로의 실전 배치뿐만 아니라 미래의 획기적인 기술적 진보에 대해서도 논의한다.

10.2 배경

언젠가는 기계가 인간의 지능 수준에서 시각적 세계를 이해할 수 있을 것이라고 오랫동안 생각해왔다. 딥러닝(Hinton et al., 2012; Dahl et al., 2011; Deng and Yu, 2014)의 진전 덕분에 연구자들은 심층 CNN을 구축할 수 있었고, 큰 스케일 이미지 분류(Krizhevsky et al., 2012; He et al., 2015)와 같은 작업에서 놀랄 만하게 낮은 에러율을 달성했다. 주어진 이미지의 카테고리를 예측하기 위한 모델을 훈련시키도록 사전 정의된 카테고리를 이용해 카테고리 레이블을 갖는 훈련 데이터에 각 이미지 주석을 단다. 이러한 완전한 형태의 지도 학습을 통해 컴퓨터는 이미지를 분류하는 방법을 학습한다.

그러나 이미지 분류 작업처럼 분류할 중심 대상을 포함해 이미지 내용은 간단하다. 상황은 컴퓨터가 복잡한 장면을 이해해야 할 때 훨씬 어려워진다. 이미지 캡셔닝은 이러한 작업 중 하나다. 어려운 점은 두 가지 관점에서 나타난다. 먼저 의미적으로 의미 있고 구문적으로 유창한 캡셔닝을 실행하기 위해 시스템은 이미지에서 두드러진 의미적 개념을 감지하고 개념 간의 관계를 이해하며 물체 인식을 넘어서는 언어와 상식적 지식 모델링을 포함시켜서 이미지의 전반적 내용에 대해 일관된 설명을 해야 한다. 또한 이미지에 있는 장면의 복잡성 때문에 카테고리의 단순한 속성을 사용해 세밀하고 미묘한 차이점을 표현하는 것은 쉽지 않다. 이미지 캡셔닝 모델을 훈련시키기 위한 지도는 자연어로 이미지의 내용을 묘사한 것으로 가득 찼으며, 이미지의 하위 영역과 설명에 사용된 단어 사이의 미세한 정렬이 부족해 종종 지도 학습이 불분명해진다.

분류에 대한 출력값이 실제 사실과 비교해 정확하고 잘못됐는지 사람들이 쉽게 판단할 수 있는 이미지 분류 작업과 달리 이미지의 내용을 설명하는 데는 여러 유효한 방법들이 있다. 생성된 캡션이 맞는지 아닌지, 맞다면 어느 정도 맞는지 알아내는 것은 쉽지 않다. 실제로 이미지 캡션의 품질을 판단할 때 사람이 직접 참여하기도 한다. 그러나 사람의 평가는 많은 비용과 시간이 소요되므로 시스템의 개발 주기를 가속화시키는 역할을 할 수 있는 여러 다양한 자동화 메트릭이 제안됐다.

이미지 캡션 작성에 대한 초기 접근 방식은 대략 두 개의 그룹으로 나눌 수 있다. 첫 번째는 템플릿 매칭(Farhadi et al., 2010; Kulkarni et al., 2015)이다. 이 방법은 이미지의 대상, 액션, 장면 및 속성을 감지한 다음 수작업으로 디자인된 유연성이 없는 문장 템플릿에 해당 정보를 채운다. 이렇게 생성된 캡션은 항상 유창하면서 표현력이 좋은 것은 아니다. 두 번째 그룹은 검색 기반 접근 방식이다. 먼저 대규모 데이터베이스에서 시각적으로 유사한 이미지 세트를 선택한 다음 검색 이미지의 캡션을 쿼리 이미지에 맞게 전송한다(Hodosh et al., 2013; Ordonez et al., 2011). 학습 이미지 캡션에 의존해서 새 캡션을 생성할 수 없기 때문에 쿼리 이미지의 내용을 기반으로 단어를 수정할 수 있는 유연성이 거의 없다.

심층 신경망은 유창하고 표현력이 좋은 캡션을 생성해 이러한 문제를 해결할 수 있으며, 특히 이미지 분류(Krizhevsky et al., 2012; He et al., 2015)와 물체 탐지(Girshick, 2015) 분야에서 신경망을 이용한 최근의 성공은 시각적 캡셔닝을 위한 신경망 사용에 높은 관심을 불러일으켰다.

10.3 이미지에서 나온 자연어 생성을 위한 딥러닝 프레임워크

10.3.1 엔드 투 엔드 프레임워크

최근 기계번역(Sutskever et al., 2014; Bahdanau et al., 2015)에서 시퀀스 투 시퀀스 학습 성공에 힘입어 연구자들은 이미지 캡션을 위한 엔드 투 엔드 인코더-디코더 프레임워크를 연구했다(Vinyals et al., 2015; Karpathy and Fei-Fei 2015; Fang et al., 2015; Devlin et al 2015; Chen and Zitnick, 2015). 그림 10.1은 일반적 인코더-디코더 자막 시스템을 보여준다(Vinyals et al., 2015). 해당 프레임워크에서 원본 이미지는 심층 CNN을 통해 이미지의 전반적 의미 정보를 나타내는 전체 시각 특징 벡터에 인코딩시킨다. 그림 10.2에서 볼 수 있듯이 CNN은 컨볼루션, 맥스 풀링, 응답 정규화 그리고 완전히 연결된 레이어로 구성된다. 여기서 CNN은 대규모 ImageNet 데이터셋(Deng et al., 2009)으로 1,000개의 클래스 이미지 분류 작업을 학습한다. 이 AlexNet의 마지막 계층에는 1,000개의 노드가 있으며 각 노드는 범주에 해당한다. 한 편 마지막에서 두 번째에 있는 완전히 연결된 고밀도 레이어는 전역적 시각 피처 벡터로 추출돼 전체 이미지의 의미를 나타낸다. 미가공 이미지의 경우 완전 연결된 최종 레이어 두 번째에 있는 활성화 값은 전역 시각 피처 벡터로 추출된다. 이 아키텍처는 대규모 이미지 분류에 매우 성공적이었으며 학습된 피처는 광범위한 비전 작업에 적용됐다.

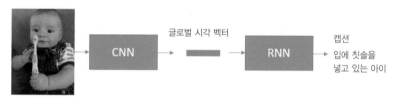

그림 10.1 엔드 투 엔드 방식으로 훈련된 CNN과 RNN을 활용한 이미지에서 나온 NLG
(그림 출처: He and Deng, 2017)

전체 시각 벡터가 추출되면 그림 10.3과 같이 캡션 생성을 위한 순환 신경 망^{RNN} 디코더에 입력된다. 초기 단계에서 이미지의 전반적인 의미를 나타내는 전역적 시각 벡터가 RNN에 입력돼 첫 번째 단계에서 히든 레이어를을 계산한다. 동시에 문장 시작 기호 〈s〉는 첫 번째 단계에서 히든 레이어 입력값으로 사용되고, 첫 번째 단어가 히든 레이어에서 생성된다. 이 과정을 계속하면 이전 단계에서 생성된 단어가 다음 단계 히든 레이어에 입력돼 다음 단어를 생성한다. 이 생성 과정은 문장 끝의 기호가 생성될 때까지 반복된다. 실제로 RNN의 LSTM(Hochreiter and Schmidhuber, 1997)과 Gated recurrent unit(Chung et al., 2015) 변형이 자주 사용되며, 두 방법 모두 긴 구간 언어 의존성을 학습하고 포착하는 데 효율적이며(Bahdanau et al., 2015, Chung et al., 2015), 동작 인식 작업에 성공적으로 적용되는 것으로 나타났다(Varior et al., 2016).

앞서 소개한 엔드 투 엔드 프레임워크를 사용한 이미지 캡셔닝 분야의 대표적 연구에는 다음과 같은 연구들이 있다. Chen과 Zitnick(2015), Devlin 외(2015), Donahue 외(2015), Gan 외(2017a, b), Karpathy와 Fei-Fei(2015),

Mao 외(2015), Vinyals 외(2015) 등이다. 비디오 캡셔닝 분야에는 다음의 연구들이 있다. Venugopalan 외(2015a, b), Ballas 외(2016), Pan 외(2016), Yu 외(2016) 등이다. 다양한 방법들이 보여주는 차이점은 주로 CNN 아키텍처 유형과 RNN 기반 언어 모델에 있다. 예를 들어 기본 RNN은 Karpathy와 Fei-Fei(2015)와 Mao 외(2015)의 연구에 사용됐으며, LSTM은 Vinyals 외(2015) 연구에서 사용됐다. 시각 피처 벡터는 Vinyals 외(2015)의 연구에서 첫 번째 단계에서 RNN으로 한 번만 입력됐지만, Karpathy와 Fei-Fei(2015) 연구에서 RNN의 각 단계에 사용됐다. 여기서 설명된 이미지-투-텍스트 애플리케이션 성공에 필수적인 심층 CNN은 이미지 입력값의 전환의 차이가 없는 특수한 속성을 고려해야 한다는 점에 주목해야 한다.

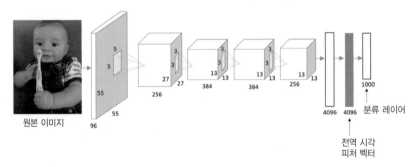

그림 10.2 이미지 캡션 시스템의 전방부 인코더로 사용된 심층 CNN(예: 알렉스넷)
(그림 출처: He and Deng, 2017)

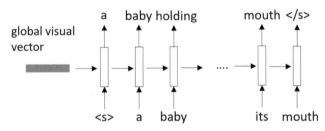

그림 10.3 이미지 캡션 시스템의 후방부 인코더로 사용된 RNN
(그림 출처: He and Deng, 2017)

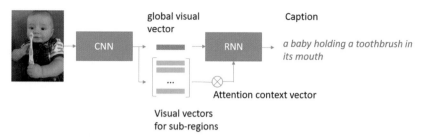

그림 10.4 이미지 캡션 시스템의 NLG 프로세스의 관심 메커니즘
(그림 출처: He and Deng, 2017)

최근 Xu 외(2015)는 관심 기반 메커니즘을 활용해 캡션 생성 중에 이미지 어디에 초점을 맞춰야 하는지 학습시켰다. 관심 아키텍처는 그림 10.4에 제시된다. 간단한 인코더-디코더 방법과는 달리, 관심[attention] 접근법은 CNN을 사용해 전역적 시각벡터를 생성할 뿐만 아니라 이미지의 하위 영역 시각 벡터 집합을 생성한다. 이러한 국지적 벡터는 CNN의 낮은 컨볼루션 계층에서 추출된다. 언어 생성에서 새로운 단어를 생성하는 각 단계에서 RNN은 국지적 영역 벡터를 참조하고 각 부분 영역이 단어를 생성하는 현재 상태와 관련되는 가능성을 결정한다. 결국 관심 메커니즘은 RNN이 후속적으로 나오는 단어를 디코딩하기 위해 관련 가능성 가중치가 적용된 하위 시각 벡터의 합인 문맥 벡터를 형성한다.

이 연구 이후 관심 메커니즘을 개선하기 위한 리뷰 모듈을 소개하는 Yang 외(2016) 연구와 비주얼 관심의 수정을 개선하기 위한 방법을 제안한 Liu 외(2016) 연구로 이이진다. 좀 더 최근 물체 탐지에 기초해 상향식 관심 모델이 가져온 이미지 캡션 최첨단 성능을 설명한 Anderson 외(2017) 연구가 있었다. 이 프레임워크에서 CNN, RNN 및 관심 모델을 비롯한 모든 파라미터를 전체 모델의 시작에서 끝까지 공동으로 학습할 수 있게 됐고, 따라서 엔드 투 엔드로 호칭된다.

10.3.2 구성 프레임워크

방금 설명한 엔드 투 엔드 인코더-디코더 프레임워크와는 달리 이미지에서 텍스트로 전환하는 방식은 캡션 생성을 위한 의미-개념-포착 프로세스를 사용한다. 포착 모델과 기타 모듈은 종종 개별적으로 학습된다. 그림 10.5는 Fang 외(2015)가 제안한 의미-개념-포착의 구성 방법을 보여준다. 이 방법은 음향 모델, 발음 모델 그리고 언어 모델 등 여러 모듈로 구성된 스피치 인식의 오랫동안 유지된 아키텍처와 가깝고 이에 영감을 받았다(Baker et al., 2009; Hinton et al., 2012; Deng et al., 2013; Deng and O'Shaughnessy, 2003).

해당 프레임워크에서 캡션 생성 파이프라인의 첫 번째 단계는 이미지 설명의 일부가 될 태그와 속성으로 알려진 의미적 개념 집합을 포착한다. 태그는 명사, 동사 및 형용사를 포함해 어떠한 품사에 해당하게 된다. 이미지 분류와는 달리 표준 지도학습 기법은 전체 이미지와 사람에 대해 주석 처리된 캡션의 전체 문장만 포함하고 단어에 해당하는 이미지 경계는 알려져 있지 않기 때문에 학습 포착기learning detector에 직접 적용할 수 없다. 이를 해결하기 위해 Fang 외(2015)는 다중 사건 학습Multiple Instance Learning의 약한 지도학습을 사용해 포착기를 학습시킨다고 제안했다(Zhang et al., 2005). Tran 외(2016)에서 이 문제는 다중 레이블 분류 작업으로 처리된다.

그림 10.5 이미지 캡셔닝의 의미-개념-포착에 근거한 구성 접근법
(그림 출처: He and Deng, 2017)

Fang 외(2015) 연구에서 포착된 태그는 캡션 가설 목록을 생성하기 위해 n-gram 기반 맥스-엔트로피 언어 모델에 입력된다. 각 가설은 특정 태그를 커버하는 완전한 문장이며, 단어 시퀀스 확률 분포를 정의하는 언어 모델로 모델링된 신택스syntax에 의해 규칙화된다.

이러한 모든 가설은 문장 전체 길이, 언어 모델 점수, 전체 이미지와 전체 캡션 가설 사이의 의미 유사성을 포함, 전체 문장과 전체 이미지로 계산된 피처의 선형 조합으로 다시 순위가 매겨진다. 그중에서도 이미지 캡션 의미 유사성은 정보 검색을 위해 개발된 심층 구조화 의미 모델의 다중 방식 확장인 심층 다중 방식^{deep multimodal} 유사성 모델로 계산한다(Huang et al., 2013). 의미 모델은 입력 양식, 이미지 그리고 언어를 공통 의미 공간에서 벡터가 되도록 매핑하는 한 쌍의 신경망으로 구성된다. 이미지 캡션 의미 유사성은 벡터 간의 코사인 유사성으로 정의한다.

엔드 투 엔드 프레임워크와 비교할 때 구성 방식은 시스템 개발과 사용의 유연성을 높이고 제한된 이미지 캡션 쌍 데이터에서 모든 모델을 학습하기보다는 다양한 데이터 소스를 활용해 여러 모듈의 성능을 효과적으로 최적화시킬 수 있다. 반면 엔드 투 엔드 모델은 일반적으로 아키텍처가 단순하며 더 나은 성능을 위해 전체 시스템의 여러 구성 요소를 공동으로 최적화할 수 있다.

최근에 인코더-디코더 프레임워크에서 명시적 의미-개념-포착을 통합하는 모델 클래스가 제안됐다. 예를 들어 Ballas 외(2016)는 캡션을 생성할 때 LSTM을 가이드하기 위해 생성된 문장을 추가 의미 정보로 적용했지만, Fang 외(2015), You 외(2016), Tran 외(2016) 연구진들은 문장을 생성하기 전에 의미-개념-포착 프로세스를 적용했다. Gan 외(2017b) 연구에서, 의미 구성 네트워크는 캡션을 구성하기 위해 포착된 의미 개념의 확률을 토대로 구성됐다. 이러한 종류의 방법들은 이미지 캡션에서 최신 기술을 대표한다.

아키텍처와 태스크 정의 관점에서 보면 이미지 캡션과 음성인식을 위한 구성 프레임워크는 여러 공통점을 공유한다. 전자의 문장 픽셀과 후자의 음성 파동의 입력값이 다르지만, 두 작업 모두 자연어로 문장을 출력한다. 이미지 캡션 속성 포착 모듈은 음성인식 모듈과 비슷한 역할을 한다(Deng and Yu, 2007). 이미지 캡션 가설 목록으로 이미지로부터 포착된 속성을 변화시키는 언어 모델을 사용하면 청각적 특징과 음성 단위를 어휘적으로 정확한 단어 가설 집합으로 그리고 언어적으로 가능한 단어 시퀀스로 전환하는 음성인식의 후기 단계와 일치한다(Bridle et al., 1998; Deng, 1998). 이미지 캡션의 최종 단계에 있는 재순위^{reranking} 결정 모듈은 초기 속성 포착 모듈이 전체 이미지에 대한 전역적 정보를 보유하지 않지만, 전체 이미지에 대한 의미 있는 자연어 문장을 생성하기 위해서는 그러한 정보가 필수적이라는 점에서 독창적인 역할을 한다. 대조적으로 입력값 및 출력값의 전역적 속성을 일치시켜야 하는 요구 사항은 음성인식에서는 필요하지 않다.

10.3.3 기타 프레임워크

이미지 캡션에 대한 두 가지 기본 프레임워크 외에도 관련 프레임워크는 시각 피처와 캡션을 공동으로 임베딩을 학습한다. 예를 들어 Wei 외(2015)는 이미지 안에 있는 개별 공간에서 고밀도 이미지 캡션을 생성하도록 연구했으며, Pu 외(2016) 연구에서 가변 자동인코더가 개발됐다. 최근의 강화학습 성공에 힘입어 이미지 캡션 연구자들은 특정 보상에 대한 자막 모델을 직접 최적화하는 강화학습 알고리즘을 제안했다. 예를 들어 Rennie 외(2017)는 자체적으로 비평하는 시퀀스 학습 알고리즘을 제안했으며, REINFORCE 알고리즘을 사용해 보통 세분화할 수 없어서 기존의 그래디언트 기반 방법으로는 최적화하기가 쉽지 않은 CIDEr와 같은 평가 메트릭을 최적화한다. Ren 외(2017) 연구는 액터와 비평 프레임워크에서 정책 네트워크와 가치 네트워크가 학습돼, 이미지와 생성된 캡션 간 유사성을 측정한 시각적 의미 보상을 최적화해서 캡션을 생성한다. 최근에 이미지 캡션 생성과 관련한 GAN 기반 모델이 텍스트 생성을 위해 제안됐다. 그중 SeqGAN(Yu et al., 2017) 모델은 텍스트와 같은 이산 출력값을 위한 강화학습에 확률적 정책으로써 생성자generator를 모델링하고, RankGAN(Lin et al., 2017) 모델은 생성된 텍스트의 질을 더욱 정확히 평가해 더 나은 생성자를 만들 수 있는 구분자discriminator에 대한 랭킹 기반 손실법을 제안했다.

10.4 평가 지표 및 벤치마크

자동으로 생성된 캡션 품질은 자동 측정 문헌과 인문 연구에서 평가되고 발표됐다. 일반적으로 사용되는 자동 평가 지표에는 이중언어 평가인 BLEU(Papineni et al., 2002), METEOR(Denkowski and Lavie, 2014), CIDEr(Vedantam et al., 2015) 및 SPICE(Anderson et al., 2016) 등이 포함된

다. BLEU(Papineni et al 2002)는 기계번역에 널리 사용되며 가설과 참조 기준 간의 공통 부분인 N-gram의 부분(최대 4-gram)을 측정한다. METEOR (Denkowski and Lavie, 2014)는 unigram 정밀도와 민감도를 측정하지만, 정확한 단어 매칭을 WordNet 동의어와 어근으로 처리된 토큰을 기반으로 구한 유사한 단어까지 확장한다. CIDEr(Vedantam et al., 2015)는 캡션 가설과 기준 사이의 n-gram 일치를 측정하며, n-gram은 TF-IDF로 가중치가 적용된다. SPICE(Anderson et al., 2016)는 기준 조건에서 이미지 캡션에 포함된 의미적 제안 내용의 F1 점수를 측정하므로 인간의 판단과의 최상의 상관관계를 보여준다. 이러한 자동 평가 지표가 효율적으로 계산되고 있어서 이미지 자막 알고리즘의 개발 속도가 크게 향상되고 있다. 그러나 이러한 모든 자동 행렬은 인간의 판단과는 대략적인 상관관계만 있는 것으로 알려져 있다(Elliott and Keller, 2014).

연구자들은 이미지 캡션 연구를 용이하게 하기 위해 많은 데이터셋을 만들었다. Flickr 데이터셋(Young et al., 2014)과 파스칼 문장 데이터셋(Rashtchian et al., 2010)은 이미지 캡션 연구를 용이하게 하도록 만들어졌다. 최근에 마이크로소프트는 일반인이 사용할 수 있는 가장 큰 이미지 캡션 데이터 집합인 COCO^{Context in Common Text} 데이터셋(Lin et al., 2015)을 만드는 데 후원했다. 대규모 데이터셋의 가용성은 지난 몇 년 동안 이미지 자막 연구를 크게 발전시켰다. 2015년에는 약 15개 그룹이 COCO 자막 챌린지에 참가했다(Cui et al., 2015). 도전 과제의 결과물은 인간의 판단에 의해 평가된다. 해당 콘테스트의 모든 제출품들은 인간이 한 캡셔닝과 동등하거나 더 좋다고 평가된 캡션의 비율인 M1, 튜링 테스트를 통과한 캡션의 비율인 M2로 평가된다. 추가로 세 가지 측정 평가 방법이 결과를 진단하고 해석하는 데 사용돼왔는데, M3인 척도 1-5(정확하지 않음-정확함)로 평가하는 평균적인 자막 정확도, M4인 1-5(자세함 부족-매우 자세함)로 평가하는 평균적인 자막의 자세함 정도 그리고 M5인 인간의 설명과 유사한 자막 비율이다. 좀 더 구체적으로 말하면 평가에서 각각의 태스크는 인간 평가자에게 이미지와 두 개의 캡션을 제시하는데, 하나는 자동 생성된 것이고 다른 하나는 인간이 만든 캡션이다. M1의 경우 평가자에게 어떤 캡션이 이미지를 더 잘 설명하는지 묻고, 동일한 품질일 때는 같다는 옵션을 선택하도록 요청한다. M2의 경우, 평가자는 두 개의 자막 중 어느 것이 인간에 의해 생성됐는지를 묻는다. 평가자가 자동 생성된 자막을 선택하거나 "알 수 없음" 옵션을 선택하면 튜링 테스트를 통과한 것으로 간주된다.

2015년 COCO 캡션 작성 챌린지에서 상위 15개 이미지 캡션 시스템과 기타 상위권 시스템에 M1에서 M5 측정 지표로 정량화된 결과는 He와 Deng(2017) 연구에서 요약되고 분석돼 있다. 이러한 시스템의 성공은 딥러닝 방법으로 인지perception에서 인식cognition으로 옮겨 가는 어려운 과제에 커다란 진전이 이뤄졌음을 보여준다.

10.5 이미지 캡셔닝의 산업 배치

연구 커뮤니티의 빠른 발전에 힘입어 업계에서 이미지 캡션 서비스를 배포하기 시작했다. 2016년 3월 마이크로소프트는 클라우드 API로 이미지 캡션 서비스를 공개했다. 이 기능의 사용법을 보여주기 위해 CaptionBot(http://CaptionBot.ai)이라는 웹 애플리케이션도 배포했다. 이 애플리케이션은 사용자가 업로드한 임의의 사진을 캡션한다. 최근 마이크로소프트는 대체 텍스트를 자동으로 생성하기 위해 널리 사용되는 오피스Office, 특히 Word 및 Power Point에 캡션 서비스를 추가했다. 캡션 서비스의 대중적 접근성이 좋아짐에 따라 페이스북은 사진에서 식별된 물체와 장면 목록을 제공하는 자동 이미지 자막 도구를 발표했으며, 구글은 커뮤니티(https://github.com/timorflow/model/tree/master/im2txt)를 위해 이미지 캡셔닝 시스템을 공개했다.

이러한 배포와 오픈소스 프로젝트를 통해 실제 엄청난 수의 이미지와 사용자 피드백이 수집돼 훈련 데이터가 지속적으로 쌓여, 끊임없이 해당 시스템의 성능을 높일 수 있게 됐다. 이는 시각적 이해와 자연어 생성을 위한 딥러닝 방법에 있어서 새로운 돌파구를 만들어낼 것이다.

10.6 예제: 이미지에 대한 자연어 설명

이번 절에서는 앞에서 설명한 다양한 딥러닝 기술을 사용해 디지털 이미지의 내용을 설명하는 자연어 캡션 생성의 일반적 예를 보여준다.

그림 10.6의 상단에 표시된 사진과 같은 디지털 이미지가 주어지면 이미지의 내용에 대한 기계가 생성한 텍스트 설명인 "부엌에서 음식을 준비하는 여성"과 인간이 주석을 단 설명인 "부엌 싱크대에서 식사를 준비하는 여성"이 그림 아랫부분에 표시돼 있다. 이번 케이스에서는 인간(아마존의 미케니컬 터커)은 기계가 생성한 텍스트를 약간 선호한 것으로 나온다. 마이크로소프트 COCO 데이터베이스의 많은 이미지 중에서 약 30%의 이미지가 이 유형이며, 시스템이 더 선호했거나 사람이 생성한 것만큼 좋다고 볼 수 있다.

그림 10.7, 10.8, 10.9, 10.10에서 미케니컬 터커mechanical Turker는 사람이 주석을 첨부한 이미지보다 기계로 작성된 텍스트 설명을 선호하거나 동등하다고 생각한 여러 다른 예를 보여준다.

앞의 예제를 제공하는 이미지 캡션 시스템은 휴대전화 사용자가 전화에서 사진을 업로드해 해당 자연어 캡션을 얻을 수 있도록 하는 마이크로소프트 인지 서비스Cognitive Services를 통해 CaptionBot에서 구현됐다. 몇 가지 예가 그림 10.11, 10.12, 10.13에서 나온다. 마지막 예에서 유명인 포착 구성 요소가 자막 시스템에 추가돼 나온 결과를 보여준다.

10.7 이미지에서 스타일리시한 자연어 생성 최근 연구

앞에서 제공한 많은 기술과 예제를 사용해 딥러닝으로 이미지로부터 생성된 자연어 캡션은 이미지 콘텐트에 대한 사실적인 설명만 제공했다(Vinyals et al., 2015; Mao et al., 2015; Karpathy and Fei-Fei, 2015; Chen and Lawrence Zitnick, 2015; Fang et al., 2015; Donahue et al., 2015; Xu et al., 2015; Yang et al., 2016; You et al., 2016; Bengio et al., 2015; Tran et al., 2016). 자연어 스타일은 종종 캡션 생성 프로세스에서 간과돼왔다. 기존의 이미지 캡션 시스템은

언어 생성의 여러 언어 패턴과 스타일을 혼합해서 명시적으로 스타일을 제어하는 메커니즘이 부족한 언어 생성 모델을 사용해왔다. 최근의 연구는 이 결핍을 극복하는 데 목표를 두고 있으며(Gan et al., 2017a) 이번 절에서 검토해본다.

기계 생성:	부엌에서 음식을 준비하는 여성
인간 주석:	부엌 싱크대에서 식사를 준비하는 여성

그림 10.6 인간이 작성한 주석과 대조되는 이미지 캡셔닝의 예

기계 생성:	강변에 놓여 있는 자전거
인간 주석:	물가 옆에 놓여 있는 자전거

그림 10.7 인간이 작성한 주석과 대조되는 이미지 캡셔닝의 예

| 기계 생성: | 테니스 코트에서 테니스 라켓을 쥐고 있는 남자 |
| 인간 주석: | 남자는 테니스 코트에서 게임을 플레이하고 있음 |

그림 10.8 인간이 작성한 주석과 대조되는 이미지 캡셔닝의 예

로맨틱하거나 익살스러운 자연어로 하는 이미지 설명은 캡션의 표현성을 풍부하게 하고 더 매력적으로 만들 수 있다. 매력적인 이미지 캡션은 이미지에 시각적 관심을 더해줌으로 캡션 시스템의 고유한 트레이드마크가 된다. 특정 애플리케이션에 특히 유용한데, 가령 채팅 봇에서 사용자 참여를 높이거나 소셜미디어를 이용해 사진 캡셔닝을 사용자에게 알리는 데 효과적이다.

Gan 외(2017a)는 단일 언어로 스타일링된 말뭉치와 표준화된 사실적 이미지/비디오-자막 짝만을 사용해 스타일이 있는 매력적이면서 시각적인 캡션을 생성할 수 있는 StyleNet을 제안했다. StyleNet은 이미지 캡셔닝을 위해 컨볼루션 신경망CNNs과 순환 신경망RNNs을 조합해 이미지 캡션을 작성하는 최근에 개발된 방법을 기반으로 한다. 이 연구는 멀티태스킹 시퀀스-투-시퀀스 학습 방법에 힘입어(Luong et al., 2015), 멀티태스킹 훈련을 통해 문장에서 사실적 요소와 스타일 요소를 풀어내는 데 사용할 수 있는 새로운 LSTM 모델을 소개한다. 스타일 요소는 이미지에 또 다른 스타일의 캡션을 생성할 수 있도록 투입된다.

기계 생성:	나무로 된 캐비닛과 싱크대가 있는 부엌
인간 주석:	투박한 나무 부품으로 디자인된 화려하게 장식된 부엌

그림 10.9 인간이 작성한 주석과 대조되는 이미지 캡셔닝의 예

기계 생성:	거리 중앙에 있는 시계 탑
인간 주석:	주차장 근처에 있는 시계가 있는 동상

그림 10.10 인간이 작성한 주석과 대조되는 이미지 캡셔닝의 마지막 예

그림 10.11 마이크로소프트 Cognition Service를 이용해 "산 앞에 여러 명의 사람이 서 있는 것 같아"라는 자연어 문장을 자동으로 생성한 이미지

그림 10.12 마이크로소프트 Cognition Service를 이용해 "눈 덮인 산 위를 비행하는 비행기의 뷰인 것 같아"라는 자연어 문장을 자동으로 생성한 이미지

"사샤 오바마, 말리아 오바마, 미쉘 오바마, 펑리위안 등이
자금성을 배경으로 포즈를 취하다."

그림 10.13 유명인사 포착 기능이 추가된 마이크로소프트 Cognition Service를 이용해 자연어 문장을 자동으로 생성한 이미지

 F: 아이가 그네에 앉아 있어.
R: 아이가 인생에서 높고 낮음을 경험하기 위해 방향을 바꾼다.
H: 아이는 비상할 준비가 된 그네에 앉아 있다.

 F: 검은색 개가 물속에 서 있다.
R: 한 마리의 개가 데이트하기 전에 물속에서 샤워를 하고 있다.
H: 한 검은 개가 고기를 잡기 위해 물속으로 뛰어들고 있다.

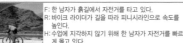 F: 한 남자가 흙길에서 자전거를 타고 있다.
R: 바이크 라이더가 길을 따라 피니시라인으로 속도를 높인다.
H: 수업에 지각하지 않기 위해 한 남자가 자전거를 빠르게 타고 있다.

 F: 갈색 개와 검은색 개가 눈에서 놀고 있다.
R: 사랑에 빠진 두 마리의 개가 눈에서 같이 놀고 있다.
H: 갈색의 개와 검은색 개는 뼈를 두고 싸우고 있다.

 F: 붉은색 유니폼을 입은 풋볼 선수가 볼을 가지고 달리고 있다.
R: 붉은색을 입은 풋볼 선수가 게임에 이기기 위해 달리고 있다.
H: 붉은색을 입은 풋볼 선수가 게임에서 선수를 위협하고 있다.

 F: 두 명의 남자가 나무 아래 벤치에 앉아 있다.
R: 두 명의 남자는 그들의 진정한 사랑을 기다리고 있다.
H: 두 명의 남자가 포켓몬 고를 잡기 위해 시티파크에 앉아 있다.

그림 10.14 StyleNet으로 생성된 자연어 캡션의 6가지 예. 각 이미지에는 3개의 다른 스타일이 포함돼 있다.

StyleNet은 새로 수집된 Flickr 이미지 캡션 데이터셋을 기반으로 평가됐고, 그 결과는 StyleNet이 자동 측정 지표와 사람 평가로 측정된 이전의 최첨단 이미지 캡션 접근 방식보다 월등히 뛰어남을 보여준다. 스타일이 있는 캡션 생성의 몇 가지 전형적인 예가 그림 10.14에 나와 있으며 표준적이며 사실적 스타일의 캡션은 이미지의 사실을 따분한 언어로 설명하지만, 로맨틱하면서 유머러스한 스타일 캡션은 이미지의 내용을 설명할 뿐만 아니라 낭만적(예: in love, true love, enjoying, dating, win the game)이거나 유머러스(예: find gold, ready to fly, catch Pokemon Go, bone)한 감각을 갖는 방식으로 내용을 표현하는 것이 관측된다. 나아가 StyleNet은 이미지의 시각적 내용을 일관되게 생성해서 캡션을 시각적으로 적절하고 매력 있게 만들어준다.

10.8 요약

이미지 캡션이라고 하는 이미지에서 자연어를 생성하는 것은 컴퓨터 비전과 자연어 처리를 모두 활용하는 새로운 학습 애플리케이션이다. 또한 많은 실제 애플리케이션의 기술 기반을 형성한다. 딥러닝 기술 덕분에 최근 이 분야에서 상당한 진전이 있었다. 10장에서는 커뮤니티가 만든 이미지 캡션의 주요 개발 내용과 연구 그리고 산업 배치에 미치는 영향을 검토했다. 딥러닝을 기반으로 하는 이미지 캡션 작성의 개발된 두 가지 주요 프레임워크가 자세히 검토됐다. 두 가지 최신식 캡션 시스템에 의해 생성된 이미지 자연어 설명에 대한 많은 예를 제공하면서 시스템이 만들어내는 뛰어난 결과물을 보여줬다.

향후 이미지 캡션은 자연어 처리 분에서 자연어 생성에 대한 특정 응용 분야이며, 이미지 분야의 하위 영역인 자연어 다중방식 인텔리전스 분야이기도 하다. 시각적 질의응답(Fei-Fei and Perona, 2016; Young et al., 2014; Agrawal et al., 2015), 시각적 스토리텔링(Huang et al., 2016), 시각 기반 대화(Das et al., 2017) 그리고 텍스트 설명에 시각적 합성(Zhang et al., 2017) 등이 이 분야의 주요 과제가 될 것으로 최근 제안됐다. 미래의 일반적인 인공지능 능력을 구축하기 위해서는 자연어와 관련된 다중 방식 인텔리전스의 발전이 중요하다. 10장에서 제공된 리뷰가 학생과 연구자 모두에게 흥미진진한 이 분야에 기여할 수 있는 계기가 되기를 희망한다.

참고문헌

Agrawal, A., Lu, J., Antol, S., Mitchell, M., Zitnick, L., Batra, D., & Parikh, D. (2015). Vqa: Visual question answering. In *ICCV*.

Anderson, P., Fernando, B., Johnson, M., & Gould, S. (2016). Spice: Semantic propositional image caption evaluation. In *ECCV*.

Anderson, P., He, X., Buehler, C., Teney, D., Johnson, M., Gould, S., & Zhang, L. (2017). Bottom-up and top-down attention for image captioning and VQA. arXiv:1707.07998.

Bahdanau, D., Cho, K., & Bengio, Y. (2015). Neural machine translation by jointly learning to align and translate. In *Proceedings of ICLR*.

Baker, J., et al. (2009). Research developments and directions in speech recognition and understanding. *IEEE Signal Processing Magazine, 26*(4),

Ballas, N., Yao, L., Pal, C., & Courville, A. (2016). Delving deeper into convolutional networks for learning video representations. In *ICLR*.

Bengio, S., Vinyals, O., Jaitly, N., & Shazeer, N. (2015). Scheduled sampling for sequence prediction with recurrent neural networks. In *NIPS* (pp. 1171 – 1179).

Bridle, J., et al. (1998). An investigation of segmental hidden dynamic models of speech coarticulation for automatic speech recognition. *Final Report for 1998 Workshop on Language Engineering, Johns Hopkins University CLSP*.

Chen, X., & Lawrence Zitnick, C. (2015). Mind's eye: A recurrent visual representation for image caption generation. In *CVPR* (pp. 2422 – 2431).

Chen, X., & Zitnick, C. L. (2015). Mind's eye: A recurrent visual representation for image caption generation. In *CVPR*.

Chung, J., Gulcehre, C., Cho, K., & Bengio, Y. (2015). Gated feedback recurrent neural networks. In *ICML*.

Cui, Y., Ronchi, M. R., Lin, T. -Y., Dollar, P., & Zitnick, L. (2015). Coco captioning challenge. In http://mscoco.org/dataset/captions-challenge2015.

Dahl, G., Yu, D., & Deng, L. (2011). Large-vocabulry continuous speech recognition with context dependent DBN-HMMs. In *Proceedings of ICASSP*.

Das, A., et al. (2017). Visual dialog. In *CVPR*.

Deng, L. (1998). A dynamic, feature-based approach to the interface between phonology and phonetics for speech modeling and recognition. *Speech Communication, 24*(4),

Deng, L., & O'Shaughnessy, D. (2003). *SPEECH PROCESSING A Dynamic and Optimization-Oriented Approach*. New York: Marcel Dekker.

Deng, L., & Yu, D. (2007). Use of differential cepstra as acoustic features in hidden trajectory modeling for phonetic recognition. In *Proceedings of ICASSP*.

Deng, L., & Yu, D. (2014). *Deep Learning: Methods and Applications*. Breda: NOW Publishers.

Deng, J., Dong, W., Socher, R., Li, L. -J., Li, K., & Fei-Fei, L. (2009). Imagenet: A large-scale hierarchical image database. In *CVPR* (pp. 248–255).

Deng, L., Hinton, G., & Kingsbury, B. (2013). Newtypes of deep neural network learning for speech recognition and related applications: An overview. In *Proceedings of ICASSP*.

Denkowski, M., & Lavie, A. (2014). Meteor universal: Language specific translation evaluation for any target language. In *ACL*.

Devlin, J., et al. (2015). Language models for image captioning: The quirks and what works. In *Proceedings of CVPR*.

Donahue, J., Anne Hendricks, L., Guadarrama, S., Rohrbach, M., Venugopalan, S., Saenko, K., & Darrell, T. (2015). Long-term recurrent convolutional networks for visual recognition and description. In *CVPR* (pp, 2625–2634).

Elliott, D., & Keller, F. (2014). Comparing automatic evaluation measures for image description. In *ACL*.

Fang, H., Gupta, S., Iandola, F., Srivastava, R. K., Deng, L., Dollár, P., Gao, J., He, X., Mitchell, M., Platt, J. C., et al. (2015). From captions to visual concepts and back. In *CVPR* (pp. 1473–1482).

Farhadi, A., Hejrati, M., Sadeghi, M. A., Young, P., Rashtchian, C., Hockenmaier, J., & Forsyth, D. (2010). Every picture tells a story: Generating sentences from images. In *ECCV*.

Fei-Fei, L., & Perona, P. (2016). Stacked attention networks for image question answering. In *Proceedings of CVPR*.

Gan, C., et al. (2017a). Stylenet: Generating attractive visual captions with styles. In *CVPR*.

Gan, Z., et al. (2017b). Semantic compositional networks for visual captioning. In *CVPR*.

Girshick, R. (2015). Fast r-cnn. In *ICCV*.

He, X., & Deng, L. (2017). Deep learning for image-to-text generation. In *IEEE Signal Processing Magazine*.

He, K., Zhang, X., Ren, S., & Sun, J. (2015). Deep residual learning for image recognition. In *CVPR*.

Hinton, G., Deng, L., Yu, D., Dahl, G., Mohamed, A. -r., Jaitly, N., Senior, A., Vanhoucke, V., Nguyen, P., Kingsbury, B., & Sainath, T. (2012). Deep neural networks for acoustic modeling in speech recognition. *IEEE Signal Processing Magazine, 29*.

Hochreiter, S., & Schmidhuber, J. (1997). Long short-term memory.

Neural Computation, 9(8), 1735 – 1780.

Hodosh, M., Young, P., & Hockenmaier, J. (2013). Framing image description as a ranking task: Data, models and evaluation metrics. *Journal of Artificial Intelligence Research, 47.*

Huang, P., et al. (2013). Learning deep structured semantic models for web search using click through data. *Proceedings of CIKM.*

Huang, T. -H., et al. (2016). Visual storytelling. In *NAACL.*

Karpathy, A., & Fei-Fei, L. (2015). Deep visual-semantic alignments for generating image descriptions. In *CVPR* (pp. 3128 – 3137).

Krizhevsky, A., Sutskever, I., & Hinton, G. (2012). Imagenet classification with deep convolutional neural networks. In *Proceedings of NIPS.*

Kulkarni, G., Premraj, V., Ordonez, V., Dhar, S., Li, S., Choi, Y., Berg, A. C., & Berg, T. L. (2015). Babytalk: Understanding and generating simple image descriptions. In *CVPR.*

Lin, K., Li, D., He, X., Zhang, Z., & Sun, M.- T. (2017). Adversarial ranking for language generation. In *NIPS.*

Lin, T. -Y., Maire, M., Belongie, S., Bourdev, L., Girshick, R., Hays, J., Perona, P., Ramanan, D., Zitnick, C. L., & Dollar, P. (2015). Microsoft coco: Common objects in context. In *ECCV.*

Liu, C., Mao, J., Sha, M., & Yuille, A. (2016). Attention correctness in neural image captioning. preprint arXiv:1605.09553.

Luong, M. -T., Le, Q. V., Sutskever, I., Vinyals, O., & Kaiser, L. (2015). Multi-task sequence to sequence learning. In *ICLR.*

Mao, J., Xu, W., Yang, Y., Wang, J., Huang, Z., & Yuille, A. (2015). Deep captioning with multimodal recurrent neural networks (m-RNN). In *ICLR.*

Ordonez, V., Kulkarni, G., Ordonez, V., Kulkarni, G., & Berg, T. L. (2011). Im2text: Describing images using 1 million captioned photographs. In *NIPS.*

Pan, Y., Mei, T., Yao, T., Li, H., & Rui, Y. (2016). Jointly modeling embedding and translation to bridge video and language. In *CVPR.*

Papineni, K., Roukos, S., Ward, T., & Zhu, W. -J. (2002). BLEU: A method for automatic evaluation of machine translation. In *ACL* (pp. 311 – 318).

Pu, Y., Gan, Z., Henao, R., Yuan, X., Li, C., Stevens, A., & Carin, L. (2016). Variational autoencoder for deep learning of images, labels and captions. In *NIPS.*

Rashtchian, C., Young, P., Hodosh, M., & Hockenmaier, J. (2010).

Collecting image annotations using amazons mechanical turk. In *NAACL HLT Workshop Creating Speech and Language Data with Amazons Mechanical Turk*.

Ren, Z., Wang, X., Zhang, N., Lv, X., & Li, L. -J. (2017). Deep reinforcement learning-based image captioning with embedding reward. In *CVPR*.

Rennie, S. J., Marcheret, E., Mroueh, Y., Ross, J., & Goel, V. (2017). Self-critical sequence training for image captioning. In *CVPR*.

Sutskever, I., Vinyals, O., & Le, Q. V. (2014). Sequence to sequence learning with neural networks. In *NIPS* (pp. 3104 – 3112).

Tran, K., He, X., Zhang, L., Sun, J., Carapcea, C., Thrasher, C., Buehler, C., & Sienkiewicz, C. (2016). Rich image captioning in the wild. arXiv preprint arXiv:1603.09016.

Varior, R. R., Shuai, B., Lu, J., Xu, D., & Wang, G. (2016). A siamese long short-term memory architecture for human re-identification. In *ECCV*.

Vedantam, R., Lawrence Zitnick, C., & Parikh, D. (2015). Cider: Consensus-based image description evaluation. In *CVPR* (pp. 4566 – 4575).

Venugopalan, S., Rohrbach, M., Donahue, J., Mooney, R., Darrell, T., & Saenko, K. (2015a). Sequence to sequence-video to text. In *ICCV*.

Venugopalan, S., Xu, H., Donahue, J., Rohrbach, M., Mooney, R., & Saenko, K. (2015b). Translating videos to natural language using deep recurrent neural networks. In *NAACL*.

Vinyals, O., Toshev, A., Bengio, S., & Erhan, D. (2015). Show and tell: A neural image caption generator. In *CVPR* (pp. 3156 – 3164).

Wei, L., Huang, Q., Ceylan, D., Vouga, E., & Li, H. (2015). Densecap: Fully convolutional localization networks for dense captioning. *Computer Science*.

Xu, K., Ba, J., Kiros, R., Cho, K., Courville, A., Salakhudinov, R., Zemel, R., & Bengio, Y. (2015). Show, attend and tell: Neural image caption generation with visual attention. In *ICML* (pp. 2048 – 2057).

Yang, Z., Yuan, Y., Wu, Y., Salakhutdinov, R., & Cohen, W. W. (2016). Encode, review, and decode: Reviewer module for caption generation. In *NIPS*.

You, Q., Jin, H., Wang, Z., Fang, C., & Luo, J. (2016). Image captioning with semantic attention. In *CVPR*.

Young, P., Lai, A., Hodosh, M., & Hockenmaier, J. (2014). From image descriptions to visual denotations: New similarity metrics for semantic inference over event descriptions. In *Transactions of ACL*.

Yu, H., Wang, J., Huang, Z., Yang, Y., & Xu, W. (2016). Video paragraph captioning using hierarchical recurrent neural networks. In *CVPR*.

Yu, L., Zhang, W., Wang, J., & Yu, Y. (2017). Seqgan: Sequence generative adversarial nets with policy gradient. In *AAAI*.

Zhang, H., et al. (2017). Stackgan: Text to photo-realistic image synthesis with stacked generative adversarial networks. In *ICCV*.

Zhang, C., Platt, J. C., & Viola, P. A. (2005). Multiple instance boosting for object detection. In *NIPS*.

11
에필로그:
딥러닝 시대에 자연어 처리의 경계

리 덩Li Deng, 양 리우Yang Liu

소개

에필로그 전반부는 두 가지 관점에서 이번 책을 요약한다. 첫 번째 태스크 관점은 머신러닝 패러다임으로 논의된 광범위한 자연어 처리 기술적 범위를 연결하고 범주화한다. 이러한 방식으로 이 책의 대부분 장과 절은 분류, 시퀀스 기반 예측, 고차원 구조 예측 그리고 순차적 의사 결정이라는 네 가지 분류로 자연스럽게 묶인다. 두 번째 표상 관점은 자연어 처리의 기본 표상인 기호 표상과 분산 표상 측면과 인지과학 측면에서 종합적으로 분석된 개별 장에서 통찰을 얻는다. 에필로그 후반부는 자연어 처리 딥러닝에서 최근 이뤄진 연구 진전을 업데이트한다. 최근 급속한 발전의 리뷰를 토대로 일반화, 자연어 처리와 복잡한 연계를 위한 비지도학습과 강화학습, 자연어 처리를 위한 메타러닝 그리고 딥러닝 기반 자연어 처리 시스템에서 사용되는 약한 감성 해석과 강한 감성 해석 등 1장에서 제시한 자연어 처리 연구 경계선에 대한 글에 구체적인 생각을 제시한다.

11.1 서론

자연어 처리는 이 시대의 가장 중요한 기술로, 음성 및 텍스트 형식의 복잡한 자연어를 이해해 인공지능의 중요한 부분을 구성한다. 자연어 처리는 인공지능 개발의 세 가지 주요 물결과 밀접한 평행을 이루는 매력적인 역사를 갖고 있다. 자연어 처리의 현재 떠오르고 있는 물결은 지난 몇 년 동안 딥러닝으로 추진됐다. 2017년 11월 에필로그를 작성한 시점에 여러 가지 방향으로 이 책에서 제시된 많은 딥러닝과 신경망 방법 등이 다양한 방향으로 확장되고 있고 그 확장 속도가 느려지지 않음이 확인됐다.

약 1년 전 이 책을 쓰는 프로젝트를 시작한 이래로 자연어 처리 분야는 딥러닝으로 혜택받은 방법과 애플리케이션에서 상당한 진전을 목격했다. 예를 들어 비지도학습 방법이 최근 들어 문헌에 많이 등장했다(예: Lample et al., 2017; Artetxe et al., 2017; Liu et al., 2017; Radford et al., 2017). 또한 훌륭한 튜토리얼과 조사 자료들이 최근 출판돼 자연어 처리의 다양한 딥러닝 방법과 종합적 최신 결과들이 새로운 통찰력을 제공하고 있다(예: Goldberg, 2017; Young et al., 2017; Couto, 2017; Shoham et al., 2017). 11장 마지막 부분의 최근 발전과 연구 문헌 등은 자연어 처리의 최첨단 방법과 미래 방향에 관해서 1장에서 썼던 내용을 업데이트하고 추가한다. 우선 신선하면서 종합적 관점에서 이번 책의 전체 기술 내용을 요약하겠다는 목표를 갖고 시작한다.

11.2 두 가지 새로운 관점

우리는 이성주의, 실증주의(Brown et al., 1993; Church and Mercer, 1993; Och, 2003), 현재의 딥러닝 물결(Hinton et al., 2012, Bahdanau et al., 2015, Deng and Yu, 2014)로 특징되는 자연어 처리 역사적 개발 내용과 함께 딥러닝과 자연어 처리 기본 내용 소개로 시작했다. 자연어 처리를 위한 딥러닝 기술은 이전 두 가지 물결에서 개발된 자연어 처리 기술로부터 발생한 패러다임 이동임을 강조했다. 딥러닝 역사에 대한 조사를 통해 딥러닝만의 특징으로 자연어 처리 작업의 여러 성공 사례(음성인식 및 이해, 언어 모델링, 기계번역 등) 개요를 설명하기 위한 배경을 제공하고 딥러닝을 적용할 수 있는 자연어 처리 10가지 핵심 영역을 설명했다.

2장에서 10장까지 각 장은 딥러닝으로 크게 영향을 받은 애플리케이션 중 하나씩 다룬다.

- 음성인식(1장 일부)
- 음성언어 이해(2장)
- 음성 대화(3장)
- 어휘 분석 및 구문 분석(4장)
- 지식 그래프(5장)
- 기계번역(6장)
- 질의응답(7장)
- 감정 분석(8장)
- 소셜 컴퓨팅(9장)
- 언어 생성(10장)

심층 의미 표상을 활용하는 공통된 범위가 있는 여러 장에서 나온 통찰을 요약해서 제공하기 위해, 각 장들을 관통하는 두 가지 새로운 관점으로 리뷰한다.

11.2.1 태스크 관점

"태스크와 패러다임" 측면에서 자연어 처리 방법과 애플리케이션을 분석하고 주요 4개의 범주로 모으기 위해 머신러닝 패러다임 기반 관점(예: Deng and Li, 2013)을 취한다.

첫 번째 범주는 분류이며 지도 머신러닝에서 가장 인기 있는 태스크다. 텍스트 분류는 전자메일 스팸 탐지와 정서 분석 등 매우 성공적인 애플리케이션으로 자연어 처리에서 오랜 역사를 지니고 있다. 8장에서 다룬 정서 분석은 문장, 단락, 문서 등 큰 뭉치 텍스트에 의미 구성 능력을 갖춘 딥러닝 방법으로 탁월한 결과를 만드는 것을 보여줬다. 2장에서 음성언어 이해의 세 가지 주요 문제인 도메인 탐지, 의도 결정 그리고 슬롯 채움 중 도메인 탐지와 의도 결정 두 가지는 모두 텍스트 분류 범주에 속한다. 질의응답과 기계 이해를 위한 딥러닝 방법(7장) 또한 분류로 간주된다. 현재의 접근 방식에서 응답 복잡성을 제한시키기 위해 문맥 정보를 제공해야 한다는 점에서 더욱 정교한 유형 분류 문제다. 7장에서 지적했듯이 미래 연구는 텍스트 이해와 추론을 달성하기 위해 그러한 제약을 완화하고 더욱 원칙적인 방식으로 질의응답 문제를 해결할 필요가 있다.

자연어 처리의 두 번째 범주는 시퀀스 구조 예측이다. 이 범주는 출력값이 순차 구조가 없는 단일 개체인 첫 번째 범주였던 분류와 달리 순차가 있는 패턴 인식이라고도 부른다(He et al., 2008). 머신러닝에서 구조화된 예측의 주요 사례는 대부분 자연어 처리 애플리케이션에서 가져온 것이다. 이 책은 대화 언어 이해(2장), 음성인식(1장), 어휘 및 텍스트 분석을 위한 단어 세분화와 품사 태깅(4장), 기계번역(6장), 이미지에서 자연어 생성(10장) 그리고 고급 질의응답(7장) 등 관련 주제들을 자세히 다뤘다. 인기 있는 자연어 처리 애플리케이션인 문서 요약 그리고 텍스트 요약은 이 범주의 시퀀스 투 시퀀스 학습 및 예측에 적합하지만 다루지 않았다.

머신러닝 관점에서 보는 자연어 처리 태스크의 세 번째 범주는 고차원 구조화된 예측(예: 트리 기반 및 그래프 기반)이다. 1장에서 논의했듯이 고차원 구조는 자연어에서 나타나는 독특한 특징이다. 이 책은 고차원 구조 예측으로 텍스트 구문 분석 문제를 해결하기 위해 딥러닝 모델을 제시했다(4장). 기존의 그래프 기반과 전이 기반 프레임워크에 효과적으로 통계 모델을 보강하거나 대체하기 위해 딥러닝 모델을 사용할 수 있음을 보여준다. 이는 단순한 모델링 기능을 뛰어 넘는 신경망의 강력한 표상 능력을 입증하는 것이다. 5장에서는 그래프 기반의 구조 예측과 학습을 다루며, 딥러닝 기술을 사용해 지식 그래프 표상을 위한 개체와 그들의 관계를 임베딩한다. 또한 딥러닝은 지식 그래프 구성을 위한 관계 추출에서 관계를 표상하고 개체 연결의 이질적 증거를 나타내기 위해 사용된다. 고차원 그래프 구조는 질의응답, 텍스트 이해와 상식 추론의 원칙적 방법에 견고한 토대를 제공하기 때문에 지식 그래프에 딥러닝을 적용하는 것은 매우 유도 전망한 방식이다. 이 모든 것은 현재의 자연어 처리 시스템 대부분에서 빠져 있는 심층적 의미 처리가 필요한 어려운 자연어 처리 애플리케이션이다. 9장의 소셜 컴퓨팅 세 가지 주요 요소 중 두 가지인 사용자 사회 연결 구조 모델링과 추천은 딥러닝으로 이뤄지는 네트워크 임베딩을 통한 그래프 기반 학습과 예측을 포함한다. 이러한 네트워크 임베딩은 네트워크 재구성, 링크 예측, 노드 분류 그리고 노드 클러스터링 및 시각화를 포함한 수많은 소셜네트워크 분석 작업에 자동 및 비지도 피처 엔지니어링을 촉진하고 있다.

머신러닝에 힘입어 앞에서 설명한 자연어 처리 작업의 세 가지 범주는 크게 지도 심층 학습과 패턴 인식으로 묶일 수 있지만, 네 번째 범주인 순차적 의사 결정은 지도학습을 넘어선다. 3장에서 다룬 대화 시스템은 대화 시스템의 주요 구성 요소인 대화 관리자의 심층 강화학습의 일환으로 순차적 의사 결정 프로세스를 사용한다. 대화 관리자의 출력값은 대화 시스템과 다차례 대화를 수행하는 데 사용자가 수신하는 자연어다. 이 유형의 자연어 처리 작업인 순차적 의사 결정은 위에서 요약한 다른 세 가지 범주의 지도학습과는 매우 다르다. 차이점은 대화를 "관리"하는 의사 결정 과정에서 "행동"으로 자연어 출력 여부를 대화의 각 단계마다 지도해주는 신호가 없다는 점이다. 오히려 대화의 전반적인 목표는 사용자가 대화를 만족스럽게 완료했는지와 사용자의 대화 회전 횟수가 바람직한지 여부로 측정된다. 이러한 유형의 "지도" 신호는 지도학습에서의 신호보다 훨씬 멀리 떨어져 있으며 기술 측면에서 볼 때 더욱 어렵다.

11.2.2 표상 관점

대안으로 표상 중심의 관점은 이 책의 모든 장 전반에 걸쳐 설명된 다양한 자연어 처리 방법과 애플리케이션에서 나온 통찰력을 요약, 분석 및 추출하는 데 사용한다.

전체적으로 자연어 표상의 두 가지 기본 유형이 사용됐다. 첫 번째 유형은 1장에서 논의된 자연어 처리 역사에서 이성주의와 경험주의 물결이 치는 동안 폭넓게 채택된 기호이면서 국지적인 원 핫 표상법이다. 기호 표상의 가장 보편적인 예는 텍스트의 경우 백오브워즈 및 N-gram이다. 여기서 단어와 텍스트는 임의 기호로 취급되며 빈도가 추출되고 활용된다. 백오브워즈와 N-gram을 개선하기 위해 역문서-빈도에 기반한 가중치를 추가해 벡터 공간 모델을 만든다. 텍스트의 기호 표상의 개선에 토픽 모델이 포함되며, 여기서 각 토픽은 단어 분포로 모델링되고 각 문서는 토픽 분포로 모델링된다. 대부분 장에서는 앞서 논의된 다양한 유형의 기호 표상들이 하위 기호 의미 표상을 활용한 딥러닝 기반 시스템과 비교하기 위해 기준 시스템으로 사용됐다. 예를 들어 텍스트로 하는 정서 분석(8장)에서 텍스트의 기호 표상에 기반한 인기 있는 기본 시스템은 정서 사전을 사용하는 것이다. 사전은 포지티브와 네거티브, 이 두 세트의 단어 목록으로 구성된다. 문서에서 포지티브 대 네거티브 단어를 상징적으로 카운팅함으로써 모든 단어와 관련된 정서 수치를 결정한다.

기호 표상은 종종 수작업으로 진행한다. 예를 들어 단어 사이 관계를 수동으로 지정해 기호적 단어의 의미를 컴퓨터에 코딩해 표상하는 방식이다. 지식 그래프(5장)는 개체에 대한 기호 관계를 컴파일하는 일반 방법이다. 이러한 종류의 일반 지식 그래프는 5장에서 자세하게 설명됐다.

개체 기반 지식 그래프(예: WordNet과 Freebase 등)의 개선 결과는 FrameNet, ConceptNet 및 YAGO와 같은 의미 기반 네트워크로 나타난다. 음성언어 이해(2장 일부)에서 설명된 공간 채우기와 대화 시스템(3장 일부)에서 그 사용은 자연어 처리의 두 번째 물결 기간 중에 개발된 언어 이해에 대한 실증 방식으로 FrameNet에 기반한다.

자연어 텍스트 의미 표상 두 번째 유형은 하위 기호 또는 분산 표상이다. 이 표상은 각 단어, 구문, 문장, 단락 또는 전체 문서는 하나의 언어 개체가 아니라 복수의 개체에 영향을 미치는 고밀도 임베딩 벡터로 표상된다. 각 장에 제시된 모든 자연어 처리 애플리케이션에서 분산 표상의 사용은 최첨단 시스템을 구현하기 위해 설명됐고 언어 개체에 대한 고차원 희소성 벡터를 띠는 기호 표상으로 만들어진 기준 시스템과는 대조된다. 모든 딥러닝 시스템은 분산 표상을 기반으로 하지만 얕은 머신러닝은 기호 표상 또는 분산 표상 둘 중 하나에 의존한다. 9.2절은 소셜 컴퓨팅에서 사용하는 사용자가 생성한 텍스트 콘텐트의 기호 표상과 분산 표상 모두에 대해 유익한 리뷰를 제공했다. 이 두 가지 표상은 전통적(기호적), 얕은 학습, 딥러닝 등 다양한 자연어 처리 접근법과 연관된다.

이번 책의 전 장을 관통하는 가장 중요한 내용은 자연어 처리 문제를 해결하기 위해 다양한 크기의 텍스트(예: 단어, 구, 문장, 단락, 문서)에 대한 분산표상과 함께 자동으로 학습된 중재 피처를 폭넓게 사용되고 있다는 사실이다. 특히 저수준 단위(예: 단어)에서부터 고수준 단위(예: 문서)에 이르기까지 자연어 구성 속성을 이용해 표상 학습을 위한 계층 신경망의 형태로 딥러닝 구조를 자연스럽게 합리적인 방식으로 구축한다. 심층 모델을 사용해 언어적 세밀도 수준별로 구축된 임베딩 벡터는 사람이 제공한 레이블 정보가 없는 비지도 방법으로 학습된다. "레이블" 정보는 텍스트 문맥에서 내재적으로 포착돼 도출된 분산 표상의 분포 특성을 만들어낸다. 자연어 처리에서 비지도 딥러닝 접근법의 선구적인 성공은 6장에서 리뷰했듯이 순환 신경망을 사용한 언어 모델링이다. 이러한 유형의 비지도학습은 종종 문맥적 예측 학습이라고 부르고 자연어 처리에서 단어 순서 예측부터부터 비디오 시퀀스 예측(Villegas et al., 2017; Lotter et al., 2017)까지 널리 보급됐다.

학습을 위한 궁극적인 자연어 처리 작업이 명확히 지정되고 충분한 양의 레이블 데이터가 학습에 사용 가능한 경우 비지도 문맥 예측으로 학습된 완전 분포된 표상을 띠는 임베딩 벡터를 미세 조정할 수 있고 엔드 투 엔드 방식으로 학습할 수 있다. 대화 시스템에서 구두 언어 이해(2, 3장), 기계번역(6장), 질의응답(7장), 정서 분석(8장), 소셜 컴퓨팅 추천(9장), 이미지 캡션(10장) 등은 비지도 표상 학습에서 부트스트랩된 엔드 투 엔드 학습 유형의 성공적인 예를 모두 포함한다.

11.3 자연어 처리를 위한 딥러닝의 주요 발전과 연구 경계선

1장에서 자연어 처리에만 국한되지 않고 머신러닝에서 일반적으로 널리 알려진 몇 가지 딥러닝 과제를 분석했다. 그 분석에서 신경-기호 통합을 위한 프레임워크, 더 나은 기억 모델 활용, 비지도학습 및 생성 학습을 포함하는 개선된 지식 활용, 멀티모달 및 멀티태스킹 학습, 메타러닝 등 자연어 처리 미래 연구 방향을 논의했다. 딥러닝과 자연어 처리의 긴밀한 연결 때문에 앞에서 제시한 분석에 관해 업데이트한다.

11.3.1 일반화를 위한 구성

지도 환경에서 현재의 딥러닝이 갖는 일반적인 단점은 레이블이 있는 많은 양의 학습 데이터가 필요하다는 것이다. 자연어 처리에서 자연어 데이터는 멱함수 분포를 따르기 때문에 긴 꼬리(롱테일) 현상을 처리해야 하는 어려움이 있다. 즉, 자연어 학습 데이터의 거대한 크기는 항상 학습 데이터가 처리할 수 없는 경우를 남겨둔다. 이것은 모든 학습 시스템에서 국지적 표상 또는 기호 표상에 대한 본질적 문제다. 이러한 어려움은 최소한 원칙적으로 데이터 범위 문제로부터 자유로운 분산 표상을 기반으로 하기 때문에 딥러닝에 대한 우수한 연구 방향을 제시한다. 연구 경계선은 자연어 데이터의 변형이라는 주요 요인을 해결할 수 있는 분산 표상의 속성을 효과적으로 활용할 수 있는 새로운 딥러닝 아키텍처와 알고리즘을 설계하는 방법에 있다. 비디오 및 이미지 데이터(Denton and Birodkar, 2017; Gan et al., 2017)에 대한 최근 연구는 엄청난 양의 자연어 데이터 없이 일반화 문제를 해결할 것을 약속한다. 첫 번째 단계로, Larsson과 Nilsson(2017)의 최근 연구는 의미를 보존하면서 자연어 감성을 조작하는 데 효과가 있는 표상을 개발했다. 제안된 알고리즘은 8장에서 조사한 모든 정서 분석 기법보다 효과적으로 일반화하는 능력이 있다.

11.3.2 자연어 처리에 대한 비지도학습

순차적 출력 구조를 이용하는 새로운 방법, 입력값과 출력값 간의 관계, 값비싼 병렬 자료의 필요성을 없애기 위한 고급 최적화 방법으로 비지도학습을 다룬 유망한 연구에 대해 1장에서 다뤘다(Russell and Stefano, 2017; Liu et al., 2017). 그 이후로 유사한 유형의 비지도학습은 대규모 기계번역 작업 (Artetxe et al., 2017; Lample et al., 2017; Hutson, 2017)으로 최근에 확장됐다. 6장에서는 2017년 11월 이후에 나온 기계번역의 새로운 진전을 포함하지 않았다.

Artetxe 외(2017) 및 Lample 외(2017) 연구에서 기계번역을 위해 발표된 두 가지 비지도학습 방법은 각 학습 시스템에서 역번역back translation과 잡음 제거denoising를 사용했다. 이 학습은 입력값과 출력값을 페어링하지 않고 수행되며, 입력값인 이미지와 출력값인 텍스트 사이의 구조와 관계를 활용한 Chen 외(2016)와 Liu 외(2017)의 연구에서 설명된 비자연어 처리 작업에 대한 초기 작업과 동일한 설정으로 수행된다. Lample 외(2017) 및 Artetxe 외(2017) 연구에서 제안된 역번역 단계는 입력값과 출력값 간의 관계를 활용하는 방법이며, 입력값과 출력값의 정보 비율 유사성을 활용한다. 구체적으로 말하면 역번역에서 입력값인 소스 언어 문장은 출력값인 표적 언어로 대략적으로 번역되고 다시 소스 언어로 재번역된다. 역번역된 문장이 소스 언어 원문과 동일하지 않다면, 심층 신경망은 가중치를 조정해서 다음 번에 더 가까워질 수 있도록 학습한다. 두 연구의 소음 제거 단계는 유사한 기능을 보여주지만 문장에 노이즈를 추가한 다음 소음 제거 자동인코더를 사용해 원래의 깨끗한 버전을 복구하며 한 언어에만 국한시킨다. 핵심 아이디어는 소스 언어와 표적 언어 사이에 공통의 잠재 공간을 구축하고 소스 도메인과 표적 도메인에서 재구성시켜 번역 방법을 배우는 것이다. 소스(입력값) 영역과 표적(출력값) 영역 간의 관계를 효과적으로 활용하면 기계번역 시스템을 학습하기 위해 원본 소스와 표적 문장의 짝을 생성하는 데 드는 많은 비용을 절감할 수 있다.

자연어 처리에서 비지도학습과 관련된 또 다른 흥미 있는 최근 연구인 감성 분석은 Radford 외(2017) 연구에서 나왔다. 이 연구의 원래 목표는 주어진 텍스트(아마존 리뷰)에서 다음 문자를 예측하기 위한 바이트 수준의 LSTM 언어 모델 속성을 탐색하는 것이었다. 실수로 그리고 다소 놀랍게도, 비지도학습 방식으로 학습된 승법적 LSTM의 뉴런 하나가 리뷰를 포지티브 또는 네거티브로 정확하게 분류할 수 있음이 밝혀졌다. 동일한 모델이 다른 정서 데이터Stanford Sentiment Treebank로 테스트를 받았을때, 해당 모델은 매우 잘 작동했다.

11.3.3 자연어 처리를 위한 강화학습

Artetxe 외(2017)와 Lample 외(2017) 연구에서 최근 보고된 기계번역을 위한 비지도학습의 초기 성공은 Silver 외(2017)의 연구에서 보고된 인간 데이터가 포함되지 않고 알파고 제로의 강화학습에서 셀프 플레이 전략 성공을 연상케 한다. 셀프 플레이를 통해 알파고는 자체적으로 지도하는 선생님이 돼 심층 신경망을 통해 알파고 제로의 이동 선택 항목과 알파고 게임의 승자를 예측할 수 있었다. 이 예측은 강화학습 알고리즘을 안내하는 셀프 플레이에서 승자와 패자를 알려주는 선생님이 있기 때문에 가능하다. 비지도 기계번역의 경우, 역번역은 알파고 제로의 셀프 플레이와 동일한 역할을 한다. 단, 승과 패 정보와 선생님은 없다. 그러나 역번역 문장이 원래 문장과 비교해 얼마나 좋은지에 관한 척도로 강화학습에 사용된 승과 패 신호를 대체할 경우 측정값은 심층 신경망 가중치 파라미터를 위해 비지도학습을 가이드하는 목적함수로써 사용할 수 있다.

위의 비교는 기존 그리고 새로운 자연어 처리 애플리케이션을 위한 강력한 알고리즘 집합을 개발한 강화학습의 잠재력을 보여준다. 자연어 처리 문제에서 원거리 티칭 신호를 정의하는 데 "셀프 플레이" 개념이나 입출력 관계 개념이 사용될 수 있도록 형성된다면 강화학습은 특히 유망하다. 이 연구 경계에서 성공은 자연어 처리와 딥러닝의 현재 병목현상 주요 측면을 극복하기 위해 강화학습에서 나온 강력한 방법을 추가하는 것이다. 이 병목현상은 주로 패턴 인식과 지도학습 패러다임에 기반하므로 많은 양의 라벨 데이터가 필요하고 추론 능력이 부족하다.

자연어 처리에서 전형적인 강화학습 시나리오는 대화 시스템이다. 3장에서 다뤘듯이 대화 관리는 마르코프 결정 프로세스의 표준 도구와 불확실성을 처리하기 위한 여러 버전이 사용된 자연어 처리를 위한 강화학습 첫 번째 주요 성공 중 하나였다. 최근에는 강화학습에 의해 통제되고 학습된 심층 신경망은 세 가지 유형의 대화 시스템과 대화 로봇(지능형 보조 장치)에 적용됐다(Deng 2016, Dhingra 등, 2017). 강화학습을 위한 "보상"은 작업 완성(또는 기타)의 전체 조합, 대화 회전 횟수, 챗봇과 사용자 간의 참여 수준 등의 측면에서 합리적으로 명확하게 정의됐지만, 다량의 대화 데이터 요구는 여전히 어려운 문제로 남아 있다. 인간-챗봇 대화를 위한 훌륭한 통합모델이나 시뮬레이터가 개발되기 어렵다면, 강화학습에서 거대한 훈련 데이터 요구는 "셀프 플레이" 개념을 포함하는 형태가 수립될 때까지 쉽게 극복될 수 없다. 챗봇 대화가 실제 애플리케이션에서 더욱 현실화될 것으로 예상되므로 이 연구 경계선의 확장은 더욱 절실해지고 있다.

자연어 처리 문제에 강화학습을 적용하는 최근의 발전에는 해당 학습의 한 종류인 정책 그래디언트policy gradient(Yu et al., 2017)에 의해 효과적으로 순차 생성 적대적 네트워크 SeqGAN을 학습해서 창의적 텍스트를 생성하는 SeqGAN 방법이 있다. 강화학습의 또 다른 유명 방법인, 배우-비평가actor-critic 알고리즘에 대한 최근 연구가 Bahdanau 외(2017)에서 보고됐다. 방법과 실험 결과 분석은 기계번역, 자막 생성과 대화 모델링 등 많은 자연어 생성 작업에서 유망한 것으로 나타났다. 또한 강화학습은 텍스트 기반 게임의 자연어 처리 문제를 해결하고 텍스트 포럼(예: Reddit 토론 스레드)에서 인기 있는 스레드를 예측하는 데 효과적이라는 것을 알게 됐다. 특히 최근 문헌에 보고된 실험(He et al., 2016; He, 2017)은 자연어 형태를 취하는 상태 공간과 행동 공간의 개별 모델링이 단순히 문자열을 암기하는 것이 아니라 텍스트에서 의미 정보를 추출할 수 있음을 보여준다. 최근에 발표된 자연어 처리 강화학습의 또 다른 애플리케이션은 텍스트 요약이다(중요한 자연어 처리 작업이지만 텍스트 요약 부분에 딥러닝이 최근에 적용되기 시작했기 때문에 이 책에서 다루지 않았다). Paulus 외(2017) 연구는 신경망 인코더-디코더 모델에서 지도학습을 사용하는 표준 단어 예측이 강화학습을 통한 전역 시퀀스 예측 학습과 결합될 때 요약된 텍스트는 더욱 판독 가능하게 된다.

마지막으로 자연어로부터 구조 질의를 생성하는 데 강화학습을 성공적으로 적용시킨 사실에 관심을 가지고 지켜본다(Zhong et al., 2017). 해당 자연어 처리 작업은 2장에서 "슬롯 채우기"라고 불렸으며, 제한된 도메인 안에서 이뤄지는 언어 이해의 핵심이다. 2장에서 조사한 바와 같이 과거에는 구조화된 지도학습을 사용해 처리했다. 2장과 3장에서 설명된 것처럼 강화학습이 실질적으로 유용한 도메인에서 일관된 우월성을 입증할 수 있다면 음성 언어 이해 및 대화 시스템의 연구 경계선이 확장될 것으로 본다.

11.3.4 자연어 처리를 위한 메타러닝

2017년 12월에 열린 메타러닝 NIPS 심포지엄에서 볼 수 있듯이 메타러닝은 연구자마다 매우 다른 범위와 정의를 갖고 있다. 여기서는 Vilalta와 Drissi(2002) 연구에 적용한 일반적인 관점을 채택한다. 메타러닝은 학습에 대한 지식을 축적함으로써 경험을 통해 역동적으로 편견을 개선하는 적응적이면서 지속적인 학습자를 만드는 것을 목표로 한다. 메타러닝은 지식 획득뿐만 아니라 경험을 통해 학습 능력을 꾸준히 향상시킬 수 있는 능력을 갖춘 지적 존재의 핵심이다.

1장에서 하이퍼파라미터 최적화, 신경 네트워크 아키텍처 최적화 그리고 빠른 강화학습 등과 같은 몇몇 비자연어 처리 애플리케이션에서 메타러닝의 초기 진행을 간략하게 설명했다. 메타러닝이 현실적인 자연어 처리 애플리케이션에 영향을 줄 것으로 기대되는 비옥한 연구 영역이 새로운 인공지능과 딥러닝 패러다임이라고 지적했다.

최근에는 네비게이션 및 운동 능력(Finn et al., 2017a), 로봇 기술(Finn et al., 2017b), 개선된 능동적 학습(Anonymous-Authors, 2018b), 원샷 이미지 인식(Munkhdalai and Yu, 2017) 등에서 메타러닝 애플리케이션의 엄청난 발전이 이루어졌다. 자연어 처리 작업에 메타러닝의 애플리케이션이 나타나기 시작했으며 여기에서 간단히 검토한다.

익명의 연구자(anonymous authors, 2018a)가 진행한 연구에서 메타러닝은 하방 자연어 처리 작업을 해결하는 데 사용되는 단어 임베딩을 지속적으로 조절해서 학습시키기 위해 적용된다고 한다. 이전의 많은 도메인과 새로운 분야에서 나온 약간의 말뭉치로부터 학습된 지식 환경에서 제안 방법은 효과적인 알고리즘과 메타러닝자를 활용해 점진적 방식으로 새로운 영역에 단어 임베딩을 효과적으로 생성할 수 있도록 한다. 메타러닝자는 도메인 수준에서 단어 문맥 유사성 정보를 제공한다. 실험 결과는 작은 말뭉치와 제품 유형에 대한 텍스트 분류, 이진법 의미 분류 그리고 제품의 한 면aspect 추출 등 세 가지 자연어 처리 태스크를 위한 예전 도메인 지식으로 새로운 영역에 임베딩을 형성하는 제안된 메타러닝 방법이 효과가 있음을 보여준다.

새로운 도메인에서 하방 작업의 성능을 향상시키기 위해 여러 도메인에 대해 임베딩을 활용하는 동일한 목표는 Bollegala 외(2017) 연구에서 제안된 다른 메타러닝 방법으로 달성할 수 있다. 연구진들은 이전 도메인에서 사전 학습된 소스 임베딩 세트에서 메타임베딩meta-embedding이라고 하는 새 도메인에 대한 임베딩을 학습하기 위해 비지도 국지 선형 방법을 개발했다. 의미적 유사성, 단어 유추, 관계 분류 그리고 간단한 텍스트 분류 등 네 가지 자연어 처리 작업에 대한 실험 결과는 새로운 메타임베딩이 여러 벤치마크 데이터를 사용할 때 이전 방법보다 훨씬 우수함을 보여준다.

Anton과 ven den Hengel(2017)의 연구는 질의응답 자연어 처리 작업에 메타러닝을 적용하는 흥미로운 작업을 소개한다. 딥러닝 모델은 처음에 적은 수의 질문과 답변을 학습하고 테스트 시점에 예제를 추가로 받는다. 이 설정에서 모델을 재학습할 필요 없이 즉각적이면서 점진적이고 지속적으로 추가 데이터를 학습하는 방법을 배운다. 이 연구에서 제안된 딥러닝 모델은 메타러닝 시나리오를 이용한다. 희소한 대답에 대해 향상된 민감도 성과를 보여준다. 또한 더 나은 표본 효율과 참신한 답을 만들기 위한 독특한 학습 능력을 제공한다. 연구에서 어려운 점은 대규모 지식베이스나 웹 서치에서 얻은 종합적 데이터셋의 미래 활용으로 해당 연구에서 보고된 현재의 질의응답 데이터 활용을 확장하는 부분이다.

마지막으로 최근 연구들은 그래디언트 기반 메타러닝 환경(Al-Shedivat et al., 2017)에서 만들어진 급작스러우면서 비정적인 악조건 환경에서 딥러닝 시스템의 지속적 적응이라는 매우 흥미로운 문제에 주목한다. 이 새로운 방법은 비정상성nonstationary 작업을 일련의 정상성 작업으로 처리해 멀티태스킹 학습으로 바꾸도록 설계됐다. 다수의 딥러닝 시스템(즉, 다중에이전트)이 테스트 시점에 나타나는 고속의 비연속성이 효과적으로 처리되는 정도에 맞게 연속적인 작업 간 의존성을 활용하도록 훈련된다. 좋은 정책을 생성하는 데 사용되는 높은 수준의 절차를 학습하는 일반적인 메타러닝 패러다임이 채택되고, 환경이 바뀔 때마다 수행된다. 즉, 에이전트는 환경 변화를 예상하기 위해 메타러닝하고 그에 따라 정책을 업데이트한다.

다중 에이전트 환경의 중요한 특징은 모든 행위자가 동시에 학습하고 변화하기 때문에 어떤 개별 에이전트의 관점에서는 비정적이라는 것이다(Lowe et al., 2017; Foerster et al., 2017). 결과는 다른 적대적 에이전트가 다른 에이전트를 경쟁자로 가정해 설계된 정책을 채택하면 이 가정을 하지 않는 정책보다 우월함을 보여준다. 이러한 우월성의 가장 큰 이유는 경쟁 다중 에이전트 환경에서 대리인이 실행 시점에 비정상성을 처리할 수 있도록 연속 준정상성quasi-stationary 태스크(마르코프 체인으로 모델링됨) 간의 의존성을 활용할 수 있는 현실적인 환경 모델을 갖추고 있다는 점이다. 구체적으로 말하면 메타러닝은 태스크 쌍 사이의 전이와 관련해 에이전트의 정책을 최적으로 업데이트해 환경이 훈련 시점으로부터 벗어나면서 성능 저하가 발생할 수 있는 문제를 막아주는 적응을 가능케 한다.

Al-Shedivat 외(2017)에 보고된 바와 같이 급속하게 비정상성nonstationary적이며 경쟁적으로 돼 가는 환경에서 지속적인 적응을 위한 메타러닝 방법이 로봇 공학과 게임을 위해 설계되고 적용되고 있다. 잠재적 미래 자연어 처리와 관련 애플리케이션에 대한 시사점이 깊다. 특히 환경이 경쟁이 치열해지고 있는 몇몇 자연어 처리 애플리케이션 영역(예: 금융)에서 시사점이 크다. 빠른 경쟁으로 인해 필연적으로 매우 불안정한 환경이 조성돼 최근 자연어 처리 애플리케이션에서 추출된 신호가 효과를 빨리 잃게 된다. 자연어 처리의 흥미진진한 연구 경계로써 메타러닝 프레임워크를 사용해 고급 자연어 처리 시스템을 위한 환경을 모델링하면 자연어 처리 분석 및 기타 도구에서 추출된 신호의 효율성을 높일 수 있다.

11.3.5 해석 가능성: 약한 센스와 강한 센스

딥러닝 모델, 특히 자연어 처리 애플리케이션의 성공은 신경망의 연속 표상과 계층 비선형성으로 인해 해석 가능성이 희생된다. 대부분의 심층망의 "블랙박스" 품질은 애플리케이션을 제어하고 디버그하기 어렵게 만들어버렸다. 이러한 어려움은 종종 자연어 처리를 위한 신경 모델을 개발하는 데 드는 높은 비용뿐만 아니라 실제로 이러한 비해석 모델 확산을 거부하는 결과를 낳았다. 분명한 케이스는 3장에서 논의된 대화 시스템이다. 현재까지 업계에 배포 중인 대다수의 대화 시스템은 기술 우위에도, 딥러닝 기반으로 하지 않는다. 오히려 규칙 기반 시스템이 주로 해석, 디버그, 제어 기능 측면에서 여전히 보편적이다.

질의응답 및 독해와 같은 다른 자연어 처리 애플리케이션의 경우 비슷한 문제가 많이 발생한다. 가령 질의응답과 독해를 위해 설계된 거의 모든 기존 데이터셋에는 질의에 대한 응답을 기존 텍스트의 개체와 그 범위로 제한해야 한다는 등의 바람직하지 않은 특성이 있다. 종종 복잡한 추론을 필요로 하는 어려운 텍스트 이해 문제를 텍스트에 대한 추론이나 해석이 필요 없는 블랙박스 품질 정도로 하는 패턴 인식 문제로 바꿔버린다. 이 연구 분야에서 실질적인 발전을 하는데, Nguyen 외(2017)에서 제안했듯이 해석 능력을 갖추고 인간과 유사한 독해력에 집중하는 연구를 평가하고 촉진하기 위해 더욱 진보된 데이터셋과 딥러닝 방법의 개발이 있어야 한다.

2010년경부터 패턴 분류와 인식 작업에서 딥러닝의 성공 사례가 입증됐다. 지난 2년 동안 이러한 성공이 확장되면서 현재의 딥러닝 기반 질의응답 및 독해 방법에서 복잡한 추론 프로세스는 관심 메커니즘과 분류를 위해 깔끔한 지도 정보를 갖는 여러 단계의 메모리 네트워크에 의존했다. 이러한 인공적 기억 요소는 인간의 기억 메커니즘과는 거리가 멀며, 주로 지도학습 패러다임을 사용해 네트워크 가중치 학습을 안내하는 레이블이 있는 데이터(레이블로서의 단일 또는 복수 응답)에서 힘을 얻었다. 이것은 인간이 어떻게 추론하는지와 완전히 다르다. 질의-응답 쌍으로 학습된 현재의 신경 추론 모델에 의도된 분류 작업에서 벗어난 추천, 대화 그리고 언어 번역과 같은 다른 작업을 수행하도록 요청받는 경우 완전히 실패할 것이다.

이 노력을 성공적으로 수행하려면 장기적인 연구 노력이 필요하지만, 2017년에는 학습 모델을 (학습 과정에서 해석 가능성 목표를 주입하지 않고) 해석 가능하게 만들어 이번 목표를 향한 의미 있는 예비 단계의 진행을 보았다. 약한 의미에서 해석 가능성은 모델이 기계번역과 같은 원하는 자연어 처리 작업을 수행하는 방법에 대한 간접적인 설명을 제공할 수 있는 이미 훈련된 신경 모델로부터 통찰력을 이끌어 낼 수 있는 것으로 느슨하게 정의된다. Ding 외(2017)는 시각화에 의한 신경기계번역을 해석하기 위해 제안된 레이어 수준의 관련성 전파 방법을 사용해 한 히든 레이어에 있는 특정 뉴런이 다른 히든 레이어에 있는 뉴런에 얼마나 기여하는지를 정량화하기 위해 관련성 점수relevance scores 계산했다. 관련성 점수는 학습된 신경 모델의 내부 작동을 간접적으로 보여주는 하나의 뉴런이 아래 단계에 있는 다른 뉴런에 얼마나 영향을 미치는지를 보여주는 직접적 측정값이다. 또 다른 예로 학습 과정에서 엔드 투 엔드 신경번역 모델이 소스 및 표적 언어에 대해 배우는 것은 거의 알려져 있지 않지만 Belinkov 외(2017)의 최근 연구는 다양한 세밀도granularity 수준에서 신경번역 모델로 학습된 표상을 주의 깊게 분석했다. 형태학습을 위한 표상 질은 음성과 형태학적 태깅 작업의 일부를 통해 평가된다. 이 데이터 중심의 정량적 평가는 단어 구조를 포착할 수 있는 능력 측면에서 신경번역 시스템의 주요 측면을 조명한다. 최근 또 다른 연구(Trost and Klakow, 2017)는 연속형 고차원적 특성으로 인해 단어 임베딩 벡터를 해석하는 어려움을 극복하도록 단어 임베딩에 클러스터링을 수행해 계층트리 구조를 만든다. 계층 구조는 단어 간 본래의 관계를 기하학 형태의 의미 있는 표상으로 나타내므로 해석 불가능한 임베딩 벡터에서 이웃 구조를 탐색할 수 있어서 좀 더 인간이 해석할 수 있는 방법을 제공한다.

위에서 살펴본 약한 감각 해석 가능성은 비교적 쉽게 구현할 수 있다. 강한 감각 해석 가능성을 가진 딥러닝 모델, 즉 학습 목표의 일부로써 해석 가능성을 가지고 학습된 모델은 구축하기가 훨씬 어렵지만 더욱 유용하다. 1장 6절에서 논의된 신경-기호 통합은 강한 감각 해석 가능성을 달성하기 위한 일반 원리와 관련 있다. 인지과학(Smolensky et al., 2016; Palangi et al., 2018; Huang et al., 2018)에 의해 영감을 얻은 이 원리는 강력한 연속형 신경 표상과 인간의 이해와 논리적 사고에 친숙한 직관적인 기호 표상 간의 자연스런 "조화"를 추구한다.

딥러닝 시스템의 강한 감각 해석 가능성은 앞에서 언급한 질의응답, 추천, 대화 및 번역 등 여러 자연어 처리 작업 등 실용적인 애플리케이션을 사용할 수 있도록 하면서 레이블을 요구하지 않거나 많아야 적은 수의 레이블만을 요구한다. 이는 시스템이 지도된 패턴 인식에 크게 의존하는 현재의 자연어 처리 시스템과 달리 진정한 이해와 추론 능력을 가질 수 있기 때문에 가능한 것이다.

강한 감각 해석 가능성을 갖는 심층 자연어 처리 시스템의 강력한 이점 중 하나는 시스템이 응답 뒤에 논리 추론을 제공할 수 있기 때문에 이러한 시스템의 응답을 인간 사용자가 신뢰할 수 있다는 것이다. 예를 들어 자연어 처리 독해 시스템은 스릴러 책을 읽은 후 희생자를 누가 살해했는지에 대한 질문에 올바르게 대답할 수 있다. 그러나 논리 추론 단계(탐정의 두뇌 내부의 사고 과정)가 대답과 함께 제공된다면 그 답은 더욱 신뢰받게 된다.

이와 관련된 간단한 예제는 대수학 문제를 해결하는 방법을 보여주면서 동시에 그 문제를 푸는 방법을 배우는 것이다. 최근의 연구(Ling et al., 2017) 는 이를 성공적으로 시도했다. 이 연구는 문제의 정답을 얻을 뿐만 아니라 문제를 해결하는 데 사용된 방법에 설명을 생성해 수학 문제에 대한 이론적 근거를 생성해 특정 이슈를 해결한다. 다양한 실험들은 제안된 방법이 생성한 근거의 설득력과 문제를 해결하는 능력 측면에서 초기 신경 모델을 능가함을 보여준다. Lei(2017)의 연구에서 보고된 또 다른 최근 연구는 심층 자연어 처리 시스템에서 강한 감각 해석 가능성을 목표로 삼는다. 다양한 방법들이 동일 예측을 할 만큼의 동일한 시간에 짧고 일관되게 맞춰진 타당한 이유로써 입력 텍스트의 일부를 추출하는 방법을 학습하도록 개발됐다. 다중 측면 감성 분석의 자연어 처리 작업에 대한 실험들은 신경망 예측을 정당화할 수 있게 만들어 인간 사용자에게 해석 가능하도록 한다는 것이 희망하는 목표임을 보여준다.

강한 감각 해석 가능성을 갖춘 자연어 처리를 위한 딥러닝에 대한 매우 초기 단계의 연구들이 과거 1~2년 사이에 시작됐고, 11장에서 논의된 방향은 현재 딥러닝 시대에 자연어 처리 연구의 흥미로운 개척 경계선을 보여준다.

11.4 요약

자연어 처리와 딥러닝은 모두 빠르게 진행되고 있다. 지난 3년 동안 특히 이 책의 앞부분이 완성된 이래로 지난 몇 개월 동안 딥러닝은 자연어 처리의 광범위한 문제를 해결하는 데 중심적인 패러다임이자 방법론이 됐다. 그러므로 2017년 말까지 완성된 에필로그 장은 전체 책을 요약하는 역할뿐만 아니라 자연어 처리의 딥러닝에 대한 최근 진행 상황을 업데이트하고 연구 분야 개척에 대한 우리의 견해를 업데이트하는 다소 독특한 역할을 한다.

11장의 전반부는 두 가지 관점에서 책을 전체적으로 요약했다. 태스크 중심의 관점과 표상 중심의 관점이다. 이러한 관점들은 머신러닝 패러다임과 인지과학에서 각각 영감을 얻었다. 11장의 후반부는 자연어 처리에 적용된 딥러닝의 최신 발전을 업데이트했다. 주로 앞장에서 다루지 않은 2017년 후반 부분에 관한 내용이었다. 그리고 급속한 진보에 의해 뒷받침돼 다음 다섯 영역에서 미래 방향을 제시함으로써 1장에서 다룬 자연어 처리의 연구 범위를 확장했다. (1) 일반화를 위한 자연어의 구성 (2)자연어 처리에 대한 비지도학습 (3) 자연어 처리를 위한 강화학습 (4) 자연어 처리를 위한 메타러닝 (5) 딥러닝을 기반 자연어 처리를 위한 신경-기호 통합 및 해석 가능성이다.

딥러닝은 엔드 투 엔드 학습과 정보 추출를 위해 많은 양의 계산과 데이터를 활용하는 강력한 도구다. 더욱 정교한 분산 표상(예: McCann et al., 2017), 더욱 정교한 모듈식 블록(예: 계층적 관심) 그리고 효율적인 그래디언트 기반 학습으로 무장된 딥러닝은 지배적인 패러다임이면서 자연어 처리 문제의 증가에 최신 방안이 되고 있다. 11장 초반부에서 논의된 최신 자연어 처리 문제와 더불어 1장에서 10장까지 다뤄진 많은 부분에 신경망이 확장됨으로써 자연어 처리 문제를 공통으로 처리하는 딥러닝의 힘을 봤다(Hashimoto et al., 2017). 트위터 텍스트에 대한 감성 분석과 같이 매우 노이즈가 많은 조건에서 어려운 자연어 처리 작업은 최근 딥러닝에 의해 상당 부분 정복됐다(Cliché, 2017).

1장의 5절에서 현재의 딥러닝 기술, 특히 자연어 처리 방법과 애플리케이션과 관련된 여러 제한 사항에 대해 논의하고 분석했다. 이전의 모든 장과

11장 앞부분에서 알 수 있듯이 딥러닝 방법의 기능이 빠르게 향상되고 있으며, 식별된 한계는 부분적으로 또는 전체적으로 하나씩 극복됐다. 딥러닝의 새로운 발전이 지도학습 패러다임에서 비지도, 강화 그리고 메타러닝의 패러다임으로 이동하고, 딥러닝 모델이 점점 더 복잡해짐에 따라 딥러닝이 왜 그리고 어떻게 많은 태스크에서 잘 작동하는지 혹은 어떤 조건에서는 잘 작동하지 않는지에 대한 기본 통찰력이 필요하다. 이것은 특히 자연어 처리에 대한 딥러닝 연구의 커다란 도전이자 돌파해 나아가야 할 연구의 경계다.

이 책에 정리된 것처럼 놀랍도록 풍부한 딥러닝 방법론과 자연어 처리의 거의 모든 영역에 전념하는 활발한 연구 활동을 고려할 때 현재 보고 있는 추세가 계속될 것이라고 확신한다. 더 많고 더 좋은 딥러닝 모델 아키텍처가 나타날 것으로 기대하며, 11장의 앞부분에서 요약한 내용을 뛰어넘는 심층 강화학습, 비지도학습 그리고 메타러닝을 통해 새로운 자연어 처리 애플리케이션을 사용할 수 있을 것으로 기대한다.

11장과 전체 내용에 대한 최종 메모로서 딥러닝의 범위를 특히 자연어 처리와 관련된 세분화할 수 있는 프로그래밍이라고 부르는 좀 더 일반적 딥러닝으로의 확장에 대한 최근 인기 있는 논의를 간략하게 소개하려고 한다. 일반화의 본질은 파라미터화된 기능 블록을 위한 계산 그래프로써 심층 신경망을 고정에서 동적으로 만드는 것이다. 즉, 일반화 후 많은 세분 가능한 모듈로 구성된 네트워크 아키텍처를 데이터만 의존하는 방식으로 즉석에서 만들 수 있다. 여러 장에서 살펴봤듯이 이러한 세분 가능 프로그래밍 패러다임에서 메모리, 관심, 스택, 대기열^{queue} 및 포인터 모듈 등을 포함하는 심층 신경망 아키텍처가 논리적 표현식, 다양한 조건, 할당 및 루프 등과 함께 절차에 맞게 구성된다. 이러한 종류의 유연성은 현재의 많은 딥러닝 프레임워크(예: PyTorch, Tensorflow, Chainer, MXNet, CNTK 및 그 이후의 프레임워크는 Yu와 Deng(2015)의 14장을 참조하길 바란다)가 제공하려는 목표다. 고효율 컴파일러로 개발하게 되면 새로운 종류의 소프트웨어를 갖게 되는데 루프 및 조건부와 같은 일반적인 프로그래밍의 전통적인 제어 구조를 특징으로 하지 않고 각각이 신경망 자체인 파라미터화된 기능적 블록의 그래프를 조합해 구축될 것이다. 결정적으로 조립된 그래프의 모든 파라미터(예: 신경망 가중치와 네트워크 비선형성 및 메모리 모듈을 정의하는 파라미터)는 매우 효율적인 그래디언트 기반 최적화 방법을 사용해 데이터에서 자동으로 학습될 수 있다. 그 이유는 조립된 그래프가 아무리 복잡하더라도 세분 가능성이 역전파를 통해 엔드 투 엔드 방식으로 학습할 수 있도록 하기 때문이다.

세분 가능 프로그래밍은 기존 소프트웨어 스택 위에 구축된 흥미로운 기술 분야에서 시작됐으며, 이제는 파라미터화되고 세분돼 매우 효율적으로 학습할 수 있다. 일반적인 알고리즘과 딥러닝 구현 방법 사이의 격차를 해소하는 패러다임일 뿐만 아니라 기호 처리와 신경망 중심 딥러닝이 조화롭게 통합된 일반 인공지능을 향한 경로이기도 하다. 딥러닝을 생각하는 새로운 방식은 자연어 처리와 특별한 관련이 있다. 첫째, 인간의 인지에서 비교적 후반 단계에 개발되는 기호 처리는 논리 추론을 높은 효율로 할 수 있고 쉽게 해석할 수 있으며, 기호 처리와 논리 추론 둘 다 자연어 처리 애플리케이션에서 바람직한 특징들이다. 신경 구조 및 언어 구조 표상 통합을 목표로 하는 텐서곱과 같은 인코딩 체계를 사용하면 세분 가능 프로그래밍으로 제공되는 복잡하고 유연하며 동적으로 구성된 신경 네트워크에서 높은 학습 효율성으로 기호와 신경 부분 모두에서 최상으로 완성할 수 있다. 둘째, 이 책의 각 장에서 설명했듯이 자연어 처리 모델의 동적 특성이 점점 더 널리 보급되고 있다. 문서, 문장 또는 단어의 (입력) 길이 그리고 구조와 같이 본질적으로 가변성을 갖는 언어와 텍스트가 자연어 처리 연구 대상의 본질이기 때문이다. 그 인기는 가변적 텍스트 입력값에 맞게 동적으로 변하는 신경망 아키텍처를 지원하는 딥러닝 프레임워크의 기능에 있다. 마지막으로 자연어는 최근 여러 가지 어려운 머신러닝 문제를 해결하기 위해 최적화를 수행할 수 있는 매우 유용한 잠재 공간인 것으로 나타났다(Andreas et al., 2017). 언어의 불연속성으로 인해 엔드 투 엔드 학습이 세분 가능 프로그래밍의 필요조건인 세분화 가능성의 장점을 활용할 수 없도록 한다. 그러나 제안 모델을 통한 근사치에 기반한 완화 기술은 이러한 어려움을 극복해 자연 발생 언어 데이터를 활용할 수 있는 폭넓은 기회들이 머신러닝과 자연어 처리 작업을 개선시키고 있다.

요약하자면 일반화된 딥러닝 또는 세분화 가능 프로그래밍 프레임워크를 갖춘 더욱 강력하고도 유연한 고도의 딥러닝 구조가 머지않아 10장과 11장에서 연구 프론티어로 제기된 여전히 어려운 문제로 남아 있는 자연어 처리 과제를 해결할 것으로 예상된다. 이 책에서 제시한 것 이상의 새로운 성공은 자연어 처리가 필수인 인공 일반 지능에 우리 인류를 더 가까워질 수 있게 할 것이다.

참고문헌

Al-Shedivat, M., Bansal, T., Burda, Y., Sutskever, I., Mordatch, I., & Abbeel, P. (2017). Continuous adaptation via meta-learning in nonstationary and competitive environments. In arXiv: 1710.03641v1.

Andreas, J., Klein, D. & Levine, S. (2017). Learning with latent language. arXiv:1711.00482.

Anonymous-Authors(2018a). Lifelong word embedding via meta-learning. *submitted to ICLR*.

Anonymous-Authors(2018b). Meta-learning transferable active learning policies by deep reinforcement learning. *submitted to ICLR*.

Anton, D. T. & van den Hengel (2017). Visual question answering as a meta learning task. In arXiv:1711.08105v1.

Artetxe, M., Labaka, G., Agirre, E., & Cho, K. (2017). Unsupervised neural machine translation. In arXiv:1710.11041v1.

Bahdanau, D., Cho, K., & Bengio, Y. (2015). Neural machine translation by jointly learning to align and translate. In *Proceedings of ICLR*.

Bahdanau, D., et al. (2017). *An actor-critic algorithm for sequence prediction*. ICLR: Proc.

Belinkov, Y., Durrani, N., Dalvi, F., Sajjad, H., & Glass, J. (2017). *What do neural machine translation models learn about morphology?*. ACL: Proc.

Bollegala, D., Hayashi, K., & ichi Kawarabayashi, K. (2017). Think globally, embed locally locally linear meta-embedding of words. arXiv:1709.06671v1.

Brown, P. F., Della Pietra, S. A., Della Pietra, V. J., & Mercer, R. L. (1993). The mathematics of statistical machine translation: Parameter estimation. *Computational Linguistics*.

Chen, J., Huang, P., He, X., Gao, J., & Deng, L. (2016). Unsupervised learning of predictors from unpaired input-output samples. In arXiv:1606.04646.

Church, K. & Mercer, R. (1993). Introduction to the special issue on computational linguistics using large corpora. *Computational Linguistics, 9*(1),

Cliche, M. (2017). Bb twtr at semeval-2017 task 4: Twitter sentiment analysis with cnns and lstms. *Proc. the 11st International Workshop on Semantic Evaluations.*

Couto, J. (2017). Deep learning for NLP, advancements and trends in 2017. *blog post at https://tryolabs.com/blog/2017/12/12/deep-learning-for-nlp-advancements-and-trendsin- 2017/.*

Deng, L. (2016). How deep reinforcement learning can help chatbots. *Venturebeat.*

Deng, L., & Li, X. (2013). Machine learning paradigms for speech recognition: An overview. *IEEE Transactions on Audio, Speech, and Language Processing, 21*(5), 1060 – 1089.

Deng, L. & Yu, D. (2014). *Deep Learning: Methods and Applications.* NOW Publishers.

Denton, E. & Birodkar, V. (2017). Unsupervised learning of disentangled representations from video. In *NIPS.*

Dhingra, B., Li, L., Li, X., Gao, J., Chen, Y.-N., Ahmed, F., et al. (2017). *Towards end-to-end reinforcement learning of dialogue agents for information access.* ACL: Proc.

Ding, Y., Liu, Y., Luan, H., & Sun, M. (2017). *Visualizing and understanding neural machine translation.* ACL: Proc.

Finn, C., Abbeel, P., & Levine, S. (2017a). Model-agnostic meta-learning for fast adaptation of deep networks.

Finn, C., Yu, T., Zhang, T., Abbeel, P., & Levine, S. (2017b). One-shot visual imitation learning via meta-learning. arXiv:1709.04905v1.

Foerster, J.N., Chen, R., Al-Shedivat, M., Whiteson, S., Abbeel, P., & Mordatch, I. (2017). Learning with opponent-learning awareness.

Gan, Z. et al. (2017). Semantic compositional networks for visual captioning. In *CVPR.*

Goldberg, Y. (2017). *Neural Network Methods for Natural Language Processing.* Morgan & Claypool Publishers.

Hashimoto, K., Xiong, C., Tsuruoka, Y., & Socher, R. (2017). A joint many-task model: Growing a neural network for multiple NLP tasks. In *Proceedings of EMNLP.*

He, J. (2017). Deep reinforcement learning in natural language scenarios,

Ph.D. Thesis, University of Washington, Seattle.

He, J., Chen, J., He, X., Gao, J., Li, L., Deng, L., & Ostendorf, M. (2016). Deep reinforcement learning with a natural language action space. In *ACL*.

He, X., Deng, L., & Chou, W. (2008). Discriminative learning in sequential pattern recognition. 25(5).

Hinton, G., Deng, L., Yu, D., Dahl, G., Mohamed, A.-r., Jaitly, N., Senior, A., Vanhoucke, V., Nguyen, P., Kingsbury, B., & Sainath, T. (2012). Deep neural networks for acoustic modeling in speech recognition. *IEEE Signal Processing Magazine*.

Huang, Q., Smolensky, P., He, X., Deng, L., & Wu, D. (2018). *Tensor product generation networks for deep NLP modeling*. NAACL: Proc.

Hutson, M. (2017). Artificial intelligence goes bilingual —without a dictionary. In *Science*.

Lample, G., Denoyer, L., & Ranzato, M. A. (2017). Unsupervised machine translation using monolingual corpora only. In arXiv:1711.00043v1.

Larsson, M. & Nilsson, A. (2017). Disentangled representations for manipulation of sentiment in text. *Proc. NIPS Workshop on Learning Disentangled Representations: from Perception to Control*.

Lei, T. (2017). Interpretable neural models for natural language processing. *Ph.D. Thesis, Massachusetts Institute of Technology*.

Ling, W., Yogatama, D., Dyer, C., & Blunsom, P. (2017). *Programinduction by rationale generation: Learning to solve and explain algebraic word problems*. EMNLP: Proc.

Liu, Y., Chen, J., & Deng, L. (2017). Unsupervised sequence classification using sequential output statistics. In *NIPS*.

Lotter, W., Kreiman, G., & Cox, D. (2017). *Deep predictive coding networks for video prediction and unsupervised learning*. ICLR: Proc.

Lowe, R., Wu, Y., Tamar, A., Harb, J., Abbeel, P., & Mordatch, I. (2017). Multi-agent actor-critic for mixed cooperative-competitive environments.

McCann, B., Bradbury, J., Xiong, C., & Socher, R. (2017). *Learned in translation: Contextualized word vectors*. NIPS: Proc.

Munkhdalai, T., & Yu, H. (2017). *Meta networks*. ICML: Proc.

Nguyen, T. et al. (2017). MS MARCO: A human generated MAchine Reading Comprehension dataset. arXiv:1611.09268.

Och, F. (2003). Maximum error rate training in statistical machine translation. *Proceedings of ACL*.

Palangi, H., Smolensky, P., He, X., & Deng, L. (2018). *Deep learning of*

grammatically-interpretable representations through question-answering.
AAAI: Proc.

Paulus, R., Xiong, C., & Socher, R. (2017). A deep reinforced model for abstractive summarization. arXiv:1705.04304.

Radford, A., Józefowicz, R., & Sutskever, I. (2017). Learning to generate reviews and discovering sentiment. arXiv:1704.01444.

Russell, S. & Stefano, E. (2017). Label-free supervision of neural networks with physics and domain knowledge. In *Proceedings of AAAI*.

Shoham, Y., Perrault, R., Brynjolfsson, E., & Clark, J. (2017). *Artificial Intelligence Index — 2017 Annual Report*. Stanford University.

Silver, D. et al. (2017). Mastering the game of go without human knowledge. In *Nature*.

Smolensky, P. et al. (2016). Reasoning with tensor product representations. arXiv:1601,02745.

Trost, T., & Klakow, D. (2017). *Parameter free hierarchical graph-based clustering for analyzing continuous word embeddings*. ACL: Proc.

Vilalta, R. & Drissi, Y. (2002). A perspective view and survey of meta-learning. *Artificial Intelligence Review, 25*(2), 77 – 95.

Villegas, R., Yang, J., Hong, S., Lin, X., & Lee, H. (2017). *Decomposing motion and content for natural video sequence prediction*. ICLR: Proc.

Young, T., Hazarika, D., Poria, S., & Cambria, E. (2017). Recent trends in deep learning based natural language processing. arXiv:1708.02709.

Yu, D. & Deng, L. (2015). *Automatic Speech Recognition: A Deep Learning Approach*. Springer.

Yu, L., Zhang, W., Wang, J., & Yu, Y. (2017). SeqGAN: Sequence generative adversarial nets with policy gradient. In *AAAI*.

Zhong, V., Xiong, C., & Socher, R. (2017). Seq2SQL: Generating structured queries from natural language using reinforcement learning. In arXiv:1709.00103.

전문용어

관심 메커니즘 Attention mechanism   인간의 시각 관심에서 영감을 얻는 관심 메커니즘은 예측할 때 신경망이 무엇에 포커스를 둬야 하는지 학습하는 데 도움을 준다.

평균 퍼셉트론 Averaged perceptron   표준 퍼셉트론 알고리즘의 확장으로, 각 학습 인스턴스로 추정한 평균 가중치와 편향을 사용한다.

역전파Back-propagation   역전파 알고리즘은 네트워크 출력값에서 시작해 미분 체인룰을 적용하고 그래디언트를 뒤로 전파함으로써 신경망의 그래디언트를 효율적으로 계산한다.

믿음 추적장치 Belief tracker   대화 모든 단계에서 사용자 목표를 추정하는 통계 모델

쌍방향 순환 신경망 BiRNN, Bidirectional Recurrent Neural Network   시퀀스 요소의 과거와 미래 문맥에 기반한 시퀀스 각 요소를 예측하거나 레이블링하기 위해 유한 시퀀스를 사용한다. 왼쪽에서 오른쪽으로 처리되고 오른쪽에서 왼쪽으로 처리되는 두 개의 RNN 결괏값을 합쳐서 처리된다.

복합값 유형CVT, Compound Value Typed   복잡하고 구조화된 데이터를 표상하기 위해 프리베이스에서 사용하는 특수 데이터 유형

조합분류문법CCG, Combinatory Categorial Grammar   애플리케이션, 구성, 유형 올리기(인자를 함수로 전환)를 통해 어휘 카테고리를 구문에 할당하고 새로운 카테고리를 도출하는 구문 형식

CYK 알고리즘 Cocke-Younger-Kasami   개발자 John Cocke, Daniel Younger, Tadao Kasami의 이름을 딴 문맥에서 독립적인 문법을 위한 문장 분석 알고리즘. 상향식 문장 분석과 동적 프로그래밍을 사용한다.

대화 매니저 Dialog manager   대화 상태와 흐름을 담당하는 대화 시스템 구성 요소

대화 상태 추적기 Dialog state tracker 제한된 대화 회전 안에서 사용자의 요청을 이해하고 명확한 목표를 가진 관련 태스크를 완료하기 위해서 대화 상태를 예측할 수 있는 "추적기"를 만드는 음성 대화 시스템의 구성 요소

드롭아웃Dropout 각각의 학습 반복에서 뉴런 비율을 0으로 임의 설정해 과적합을 방지하는 신경망 정규화 기법

엔드 투 엔드 대화 시스템 End-to-end dialog systems 피처 엔지니어링(아키텍처 엔지니어링에만 해당)을 요구하지 않는 대화 시스템을 위한 학습법은 다른 도메인으로 이전되고 각 모듈에서 지도 데이터를 요구하지 않는다.

목표 지향 대화 시스템 Goal-oriented dialog system 제한된 대화 회전 안에서 사용자의 요청을 이해하고 명확한 목표를 갖는 태스크를 완료해야 한다.

정보 추출IE, Information Extraction 비정형 또는 준정형 기계 판독 문서에서 정형 정보를 자동으로 추출하는 태스크

잠재 의미 색인화LSI, Latent Semantic Indexing 쿼리와 문서를 잠재 의미 차원이 있는 공간에 투영하는 차원 축소 기법

제한 메모리 BFGS Limited-memory BFGS Broyden-Fletcher-Goldfarb-Shanno (BFGS) 알고리즘을 근사하는 제한 메모리 준-뉴턴 최적화 알고리즘

LSTMLong short-term memory LSTM 메모리 네트워크는 메모리 게이팅 메커니즘을 사용해 RNN에서 그레디어트 소실 문제를 방지하는 것을 목표로 한다.

기계 이해 Machine comprehension 전통 질의응답 확장으로 특정 문서에서 나온 사용자 질의에 답변한다.

오류 투입된 완화 알고리즘MIRA, Margin-Infused Relaxed Algorithm 다중클래스 분류 문제에 대한 온라인 알고리즘으로, 현재 학습 예제가 최소한 분류의 손실만큼 잘못된 분류에 대한 마진으로 올바르게 분류된다.

최대우도추정MLE, Maximum Likelihood Estimation 통계 모델의 모수 추정 방법이며 관측 데이터의 우도를 최대화할 수 있는 파라미터를 찾는다.

최대확장트리MST, Maximum Spanning Tree 최대가중치를 갖는 가중치 그래프의 확장 트리다. 각 모서리의 가중치를 무시하고 Kruskal 알고리즘을 적용해 최대확장트리를 계산한다.

최소오류율학습MERT, Minimum Error Rate Training 오류 측정을 최소화하거나 BLEU 및 TER과 같은 번역 평가값을 최대화하기 위해 통계 기계번역 하위 모델 피처의 최적가중치를 검색하는 학습 알고리즘

최소리스크학습MRT, Minimum Risk Training 훈련 데이터의 실증적 위험을 최소화하기 위해 모델의 파라미터를 찾는 학습 알고리즘

다중 레이어 퍼셉트론MLP, Multiple Layer Perceptron 선형으로 분리할 수 없는 데이터를 구별하는 일종의 순방향 인공 신경망. 일반적으로 최소 2개 이상의 비선형 레이어로 구성된다.

개체명 인식NER, Named Entity Recognition 자연어 문서에 있는 개체명을 찾고 사람, 조직, 위치명과 같은 사전에 정의된 범주로 분류하는 태스크

자연어 생성NLG, Natural Language Generation 지식 기반 또는 논리 형식과 같은 기계 표상 시스템에서 자연어를 생성하는 자연어 처리 태스크

신경기계번역NMT, Neural Machine Translation 신경망을 이용한 번역 프로세스를 엔드 투 엔드 방식으로 모델링하는 기계번역 패러다임

어휘 리스트 외 단어OOV, Out-Of-Vocabulary 기존의 사전 정의된 어휘집에 나타나지 않는 단어 세트

품사POS, Part Of Speech 일반적으로 유사한 행동을 보여주는 단어 범주. 통사론 측면에서 품사는 문장의 문법 구조 내에서 비슷한 역할을 한다. 형태학 측면에서 유사한 특성 때문에 형태소 변화를 겪는다.

점수준 상호 정보PMI, Point-wise Mutual Information 정보 이론과 통계에서 사용되는 연관 측정값

주요인 분석PCA, Principal Component Analysis 상관관계가 있는 많은 변수들을 주요인이라 부르는 상관성이 없는 변수들로 변환하는 수학적 절차

의미 분석SP, Semantic Parsing 자연어를 의미 표상으로 변환하는 태스크

소프트맥스Softmax 원시 점수 벡터를 신경망의 출력 레이어에서 클래스 확률로 변환하는 데 사용된다.

음성 대화 시스템SDS, Spoken Dialog Systems 음성을 가진 사람과 대화할 수 있는 컴퓨터 시스템으로 텍스트 대화 시스템에는 존재하지 않는 음성인식기와 텍스트 투 음성 변화 모듈(텍스트 대화 시스템은 OS에서 제공되는 다른 입력 시

스템을 사용) 두 가지 필수 구성 요소를 지닌다.

음성언어 이해SLU, Spoken Language Understanding   인공지능에서 자연어 처리의 하위 주제로, 기계로 향하는 인간언어에 대한 이해를 말한다.

통계 기계번역SMT, Statistical Machine Translation   통계 모델로 번역을 하는 기계번역 패러다임으로 모델의 파라미터는 별령 말뭉치에서 학습된다.

의미 역할 레이블링SRL, Semantic Role Labeling   (얕은 의미 문장 분석이라고도 함) 문장 술어와 관련된 의미적 인수 포착과 의미적 역할 분류로 구성된 태스크

사용자 생성 콘텐트UGC, User-Generated Content   시스템 또는 서비스 사용자가 만들어 시스템에서 일반인이 접근할 수 있는 모든 유형의 콘텐츠

사용자 목표 User goal   사용자의 정보 탐색 행동을 인식하고 해석하는 태스크

사용자 시뮬레이터 User simulator   대화 시스템에서 사용자 역할을 하는 통계 모델은 (음성) 대화 시스템의 성능을 학습하고 평가하는 효율적이며 효과적인 방법이다.

찾아보기

자연어 처리와 딥러닝

딥러닝으로 바라보는 언어에 대한 생각

발 행 | 2021년 1월 29일

지은이 | 리 덩 · 양 리우
옮긴이 | 김 재 민

펴낸이 | 권 성 준
편집장 | 황 영 주
편 집 | 조 유 나
디자인 | 윤 서 빈

에이콘출판주식회사
서울특별시 양천구 국회대로 287 (목동)
전화 02-2653-7600, 팩스 02-2653-0433
www.acornpub.co.kr / editor@acornpub.co.kr